소비자행동과 문화

나남
nanam

나남신서 · 1221

소비자행동과 문화

2007년 9월 25일 발행
2007년 9월 25일 1쇄

지은이_ Marieke de Mooij
옮긴이_ 김유경 · 이상훈 · 김병희
발행자_ 趙相浩
발행처_ (주) 나남
주소_ 413-756 경기도 파주시 교하읍
출판도시 518-4
전화_ 031) 955-4600 (代)
FAX_ 031) 955-4555
등록_ 제 1-71호(79. 5. 12)
홈페이지_ www.nanam.net
전자우편_ post@nanam.net

ISBN 978-89-300-8221-1
ISBN 978-89-300-8001-9 (세트)
책값은 뒤표지에 있습니다.

나남신서 · 1221

소비자행동과 문화

마리케 드 무이 지음

김유경 · 이상훈 · 김병희 옮김

나남
nanam

옮긴이 머리말

광고는 커뮤니케이션이다. 이는 메시지로서의 광고의 역할(*role*), 전달과정(*process*) 및 커뮤니케이션 수단(*means*)을 동시에 설명하는 명제이다. 그러나 이와 같은 광고의 효과는 주로 마케팅의 관점, 즉 소비자행동의 차원에서 논의되었다. 다시 말해서, 소비자는 광고를 어떻게 받아들이며 어떤 형태로 반응할까? 이 과정에 개입되는 문화적 특성과 시장조건은 소비자의 다양한 행동에 어떠한 영향을 미치게 될까? 이와 같은 연구문제 가운데 글로벌 시장이라는 인위적이며 조건적 특성을 고려하면 문화와 소비자라는 거대한 테마가 글로벌 브랜드를 목표로 하는 다국적 기업의 핵심의제임이 틀림없다.

이런 중요성에도 불구하고 글로벌 브랜드의 관행과 전략적 쟁점을 다루는 이론서는 물론 실무 지침서가 극히 빈약한 것이 현실이다. 저자 드 무이의 독보적 노력은 인류학적 관점에서의 소비자를 가장 체계적이고 과학적으로 검증하는 의미로부터 해외시장에서의 마케팅 커뮤니케이션 관행을 분석하고 응용하는 업적을 잉태하게 했다고 해도 과언이 아니다.

글로벌한 마케팅 커뮤니케이션은 오직 보편적 가치를 지닌 글로벌한 소비자의 존재가 전제되어야만 가능한 것이다. 소비자의 가치와 행동이 문화권에 따라 천차만별이기에 전 세계적으로 표준화된 광고의 효과는 국가별로 다르다. 각 나라의 소비자행동이 동질화되고 있다는 증거는 어디에도 없다는 것이 이 책의 핵심 주제이다. 소비자행동의 차이는 너무나 광범위하고 너무나 안정적이라는 문제의식에서 이 책은 출발한다.

대부분의 소비자행동 이론은 미국에서 발달했는데, 다른 나라의 학계에서는 그러한 이론들을 마치 절대적 진리인 것처럼 받아들였다. 각 문화권별로 소비자행동을 비교하는 연구는 거의 없는 실정이다. 문화는 사람들의 가치에 영향을 미치고 있음에도 불구하고 국제 마케팅 교재에서는 문화가 소비자행동에 대하여 단지 환경적 영향만을 미칠 뿐이라며 그 중요성을 간과했던 것이 사실이다.

소비자행동에 대한 문화적 영향력을 이해하기 위해서 문화는 소비자행동 이론의 다양한 측면에서 통합되어야 한다. 이상적으로 소비자행동 이론은 각 문화권 내에서 발전되며 사람들의 행동은 개별 국가에서 연구되어야 한다. 각 문화를 비교하기 위해서는 각 문화집단이 어떻게 다르며 혹은 어떤 식으로 유사한지를 발견해 낼 수 있는 변인과 구성개념을 찾아내야 한다.

이 책에서는 다양한 문화의 소비자행동을 연구함에 있어서 우선 기존 연구를 재검토하고 문화라는 변인을 각 이론들과 접목시키고 있다. 특히, 소비자의 제반 특성과 관계를 다양한 속성, 사회적 과정, 정신적 과정, 행동유형을 기준으로 각국의 흥미진진한 사례들을 제시하며 역동성 있게 분석하고 있다.

대부분의 소비자행동은 국가별로 실질적으로 다양한 양상을 띠고 있다. 경제적 수준은 유사해지고 있지만 국가간 소비자행동의 차이에 대한 설명력은 약해지고 있으며 주로 문화적 변인이 그 차이를 보다 잘 설명한다. 문화적 변인은 소비자행동의 뿌리에 자리잡고 있기 때문에 글로벌 마케팅에서 성공하기를 바라는 사람들이라면 문화적 영향력을 이해하는 것은 필수적이다. 문화는 소비와 소비자행동의 모든 양상에 골고루 스며들어 있으므로 소비자행동 이론의 모든 요소와 통합되어야 한다.

소비자행동에 대한 대부분의 개념들과 이론들은 서구중심적이다. 세계적으로 학생들과 실무자들은 미국문화를 위해 개발된 이론들의 도움으로 소비자행동에 대해서 배우고 있다. 이 이론들을 한국이라는 상황에서 이해하고 알맞게 사용하기 위해서는 수정이 필요하다. 사람들이 무엇을, 왜 구매하는지는 그들이 지니고 있는 한국의 문화적 가치에 따라 영향을 받는다. 예를 들어, 개성이나 정체성의 개념은 서구적 개념으로 우리나라 기업이나 대학에서 다루어진 지 그리 오래되지 않는다. 개념적 정의보다 사례로 인식하여 활용하려는 것이 그동안의 관례였다. 최근 기업에서 글로벌 시장과 브랜드 경쟁력이라는 관점에서의 연구가 보편화되자 이와 같은 서구적 개념에 대한 문화적 재해석과 수정 적용에 대해 관심을 가지기 시작했다.

이 번역서는 드 무이(Marieke de Mooij)의 *Consumer Behavior and Culture: Consequences for Global Marketing and Advertising*(Sage,

2004)을 원문에 충실하여 번역한 것으로 드 무이가 최근 개정판을 낸 《글로벌 브랜드 커뮤니케이션》(*Global Marketing and Advertising*)에서 다룬 내용들을 보다 이론적 시각에서 분석하고 향후 과제를 논의하기 위한 목적으로 꾸며져 있다. 문화와 소비자행동에 대한 논의는 급변하는 글로벌 시장에 대해 어느 정도 효율적으로 그리고 효과적으로 대응할 수 있는지에 대한 처방을 찾는 방향에서 이루어지고 있다. 이 책에서는 그런 논의의 중심 의제들을 일목요연하게 제시한다.

소비자, 즉 글로벌 리더십을 지향하며 고객 중심의 브랜드 관리를 지향하는 현대 기업의 실무자나 연구자들에게 이 책은 필독서가 될 것이다. 이 책이 번역되기까지 지원하고 권고해 주신 나남출판의 조상호 사장님과 방순영 부장님께 감사드린다. 《글로벌 브랜드 커뮤니케이션》(나남출판, 2007)의 후속편이라고 할 수 있는 이 책이 광고와 마케팅 커뮤니케이션 그리고 비교문화연구로 고민하는 연구자들과 실무자들에게 한줄기 빛을 던져주는 '지혜의 書'가 되기를 바란다.

2007년 9월

김유경 · 이상훈 · 김병희

지은이 머리말

1998년에 《글로벌 브랜드 커뮤니케이션》(*Global Marketing and Advertising*)을 출간한 이래, 많은 사람들로부터 소비자행동에 문화가 미치는 영향에 대해 후속연구를 이어줄 것을 요청받았다. 나는 《글로벌 브랜드 커뮤니케이션》에서는 소비자행동에 대해서는 간단한 언급에 그쳤고 문화가 브랜딩과 광고에 미치는 영향에 집중하였다. 이 책에서는 사람들이 무엇을 구매하며, 왜 구매하며, 어떻게 구매하는지를 집중적으로 살펴보는 소비와 소비자행동에 초점을 맞추었다. 이 책의 기본 메시지는 글로벌 소비자는 없다는 것이며 소비자행동은 전세계적으로 동질화되지 않는다는 것이다. 그 결과 문화간에 소비자행동의 차이를 이해하는 것이 가장 중요하다는 결론에 이르게 된다.

문화로 소비의 변화양태를 설명하고 그것을 입증하기 위하여 소비에 관한 현재와 과거의 데이터들을 수집하고 분석하였다. 내가 자료를 통해서 배운 것은 역사의 중요성이다. 소비자행동은 매우 안정적이고 지속적으로 나타난다. 그래서 과거의 습관이 현재와 미래의 행동을 가장 잘 설명해줄 수 있다. 새로운 행동이라고 생각되는 행동은 종종 오래된 행동의 새로운 형태로 나타난다. 많은 소비자행동 모형에서 문화를 환경적 요소로 보고, 소비자행동 교재에서 문화를 다룰 때는 문화적 관습에 초점을 맞추는 경향이 있다. 이 책에서는 소비자의 심리 속에 문화가 미치는 영향의 근원을 탐색하고자 하였다. 나는 소비자행동의 다양한 요소를 새로운 방법으로 구조화하고 인간의 자아와 개성을 모든 면에서 문화와 통합하는 모델을 제시하였다. 이를 위해 비교문화 심리학에서 얻어진 문화의 영향력에 대한 자료들을 활용하였다. 이 내용의 대부분은 아직 문화간 소비자행동을 설명하는 데 사용되지 않은 것들이다.

이 책의 구성은 다음과 같다. 서문에 이어지는 제 1장에서는 글로벌 마케팅 현상을 살펴보고, 제 2장에서는 문화의 개념을 설명하였다. 이론과 실무 측면에서 대표적으로 사용되는 두 가지 문화적 모델을 비교하기 위해 주로 홉스테드의 모델을 채용하여 설명하였다.

제 3장에서는 소비와 소비자행동의 동질화와 이질화의 문제를 다루었다. 국가간의 차이를 비교분석하기 위해서 국민소득과 사회-인구통계학적 변인들을 살펴보았다.

제 4장에서는 인간행동을 이해하는 데 가장 중심개념이 되며 브랜딩과 기업전략에 비유로 사용되는 자아, 개성, 정체성의 개념을 살펴보았다. 특히 앵글로색슨 계열의 심리학자들에 의해 개발된 개성이론들은 전 세계적으로 마케팅과 광고분야에도 광범위하게 적용되었다. 이러한 이론들은 생각하는 것만큼 보편적이지 않고, 전략개발의 함축적 의미를 내포한다. 여기서 내 자신이 스스로 배운 것은 강력한 브랜드를 구축하는 문제에서 일본기업들은 미국기업들과 상당한 인

식 차이를 보였다. 제 5장에서는 사회적 환경에서의 자아의 문제를 다루었다. 참고로 지구상의 대부분 지역에서 그동안 서구 심리학의 가르침과는 달리 자아라는 개념은 여전히 "자아"라는 말로 동일하게 정의되었다.

제 6장에서는 지각, 학습, 언어 같은 정신적 과정을 설명하였다. 이러한 과정의 다양함이 마케팅 커뮤니케이션에서 얼마나 중요한 역할을 하는지를 설명한다.

제 7장에서는 다양한 소비자행동 영역과 통계자료에 나타난 문화가 소비에 미치는 영향을 살펴보고 관찰하였다. 마지막으로 제 8장에서는 실제적인 적용 사례를 살펴보았다.

이 책에서 사용된 많은 경험론적 자료들은 2001년 나바라 대학교(University of Navarra)에서의 필자의 박사학위 논문에서 인용하였다. 실험을 통해 발견한 많은 것들이 내 자신의 분석과 경험을 통해 얻은 것이다. 또한 앞선 저술에 기초한 가설을 통한 조사에서도 많은 것을 배울 수 있었다. 나는 이 책이 다른 책들과 마찬가지로 학문과 앞으로 이루어질 연구들에 대해 큰 도전이 되기를 바란다. 또 다시 나를 크게 후원해주고 이 책의 초고를 면밀하게 살펴준 홉스테드(Geert Hofstede)에 큰 빚을 졌다. 일본 오타루 대학교의 프렛(Carlo Praet), 틸버그 대학교 IRIC의 빈켄(Henk Vinken), 네덜란드 니메겐 대학교의 훼켄(Hans Hoeken)에게도 감사한다. 다음으로 나의 박사 학위과정 동안 독려해준 나바라 대학교의 안젤리스(Juan de los

Angeles)와 아레세(Angel Arrese)에게 감사한다. 가장 중요한 후원자는 또 다시 나의 남편 하프(Anne Van't Haaff)였다. 마지막으로 지난 몇 년간 온전하게 휴일마다 관심을 가져주지 못한 나의 손자 손녀, 모리츠(Maurits), 프리소(Friso), 알렉스(Alex)와 스테판(Stefan)에게 용서를 구한다. 다시는 안 그럴게!

마리케 드 무이(Marieke de Mooij)
Burgh Haamstede
mdemooij@knoware.nl

나남신서 · 1221

소비자행동과 문화

차 례

지구촌의 글로벌 소비자? 제1장

캐나다 태생의 미디어 철학자 마셜 맥루한(Marshall McLuhan)[1]은 지구촌(*global village*)의 개념을 만들었을 때, 그는 대중연설자의 목소리를 들을 수 있을 정도의 사람 수 같은 한 도시의 적정규모에 대한 플라톤의 정의를 언급하였다. 맥루한은 지구촌 개념으로 그가 살던 시대의 전화와 텔레비전같이 공간적 차원을 없애는 새로운 전자매체를 설명하였다. 전기라는 수단을 활용함으로써 어느 곳에 있는 사람들과도 마치 아주 작은 마을에 사는 것처럼 대인관계를 할 수 있다. 따라서 맥루한은 전자매체를 인간존재의 확장으로 보았다. 전자매체는 인간의 활동을 향상시키지만 사람들을 똑같이 만들지는 못한다. 만약 사람들이 어디에 있건 모두 동일하다고 가정한다면 글로벌 매체는 동질성을 확장시킨다. 만약 사람들이 다르다는 점을 인식한다면, 확장은 그 차이를 강화시킨다. 맥루한은 지구촌 개념에 문화적 수렴

1) McLuhan, Marshall, *Understanding media: The extensions of man*, New York: McGraw-Hill, 1964, pp. 225, 268, and 276.

성(*cultural convergence*)은 포함시키지 않았다. 사실, 그는 이전에 없던 전자적 조건 하에서 독창성과 다양성이 촉진될 수 있다는 반대되는 주장을 하였다.

이것은 정확히 새로운 기술이 성취한 그 무엇이다. 사람들은 현재의 활동을 향상시키기 위해 새로운 기술을 받아들였다. 음식을 눈 속에 보관하는 극지에서 사람들은 더욱 열정적으로 급속냉동 기술을 채택하였다. 기온이 차가울수록 급속냉동 기술을 더 이용하고, 아이스크림을 더 많이 소비한다. 이동전화는 이미 선진된 정보통신 기반이 구축된 국가들에서 보다 빠르게 도입되었다. 인터넷이 권위주의 정권을 퇴진시킬 것으로 가정하였으나 오히려 정권을 강화하는 데 사용되기도 한다. 인터넷은 사람들을 변화시키지 못한다. 인터넷은 수렴시키는 대신 다양해지려는 기존 습관들을 강화시켰다. 국가간에 걸쳐 소비자행동이 수렴되고 있다는 증거는 어디에도 없다. 이런 현상은 소비자행동의 차이가 너무 크고 무시하기에는 너무나 안정적인 증거를 제공하는 것이 이 책에서 논의하는 핵심주제이다.

기술과 국부는 발전된 세계에서 대부분의 사람들이 먹을 것을 충분히 살 수 있고 신기술과 기타 내구재 상품에 투자할 부가적 수입이 있는 한도에서 수렴된다. 결국, 그런 상품들의 침투에 알맞게 각 나라들은 비슷해진다. 그들의 소유물로 사람들이 무엇을 하는지는 수렴되지 못한다. 많은 소비자행동은 실질적으로 경계를 넘어 다양하다. 국부가 국가를 초월하여 수렴되듯이 그것의 설명력은 약해져, 주요 문화적 변인들이 국가간 차이를 설명할 수 있다. 문화적 가치는 소비자행동의 근거이며 따라서 글로벌 시장에서 성공하려는 사람에게 문화의 영향력에 대한 이해는 필수적이다. 문화는 소비와 소비자행동의 모든 국면에 퍼져 있으며, 소비자행동론의 모든 요소로 통합되어야 한다. 그것이 이 책에서 의도하는 목표이다. 제1장에서는 동질화(*homogenization*)의 가정들을 알아보고 이런 가정의 원인을 살펴본다.

1. 지구촌

글로벌 마케팅에 대한 위대한 신화의 하나는 지구촌에서 살고 있는 글로벌 소비자에 대한 것이다. 한편 이론적으로는, 새로운 커뮤니케이션 기술이 이 세계를 언제 어디에서나 모든 것을 듣고 볼 수 있는 하나의 지구촌이나 도시로 바꾸어왔다. 문제는 실제로 우리가 언제 어디에서나 모든 것을 듣고 보게 하는지의 여부에 있다. 그리고 심지어 우리가 그렇게 하더라도 핵심 질문은 이것이 우리 서로를 유사하게 하는지의 여부에 있다. 제러미 불모어(Jeremy Bullmore)[2]는 "여러 면에서 소비자들은 더 닮아가고 있으며 우리 모두는 그 이유를 알고 있다. 매스 커뮤니케이션, 여행, 다국적기업, 지구촌의 모든 기구 때문이다"라고 말한다. 우리는 세계의 다른 지역 사람들로부터 청바지나 운동복 같은 몇몇 소비의 상징을 채택했기 때문에, 우리 행동의 다른 측면도 그렇게 변할 것이라고 가정해왔다. 특히, 국제적 뉴스 저널은 우리에게 동질화 과정이 보편적(미국적) 가치가 되고 있음을 믿도록 한다.

2) Bullmore, Jeremy, "Alice in Disneyland, A creative view of international advertising," in *International advertising realities and myths*, edited by John Philip Jones, Thousand Oaks, CA: Sage, 2000. p. 48.

2000년 11월 20일 〈비즈니스 위크〉 기사 인용

많은 생생한 면에서, (유럽에서의) 경향은 확산(*divergence*)이 아닌 수렴(*convergence*)을 지향한다는 것이다. 전 유럽의 기업과 산업계에 걸쳐 지속적으로 통합이 진행중이다. 자신과 가족들이 정든 고향을 등지고 더 나은 기회를 찾아 다른 유럽국가들로 떠나는 모바일 세대는 대륙의 정체성을 향해 조심스럽게 나아가고 있다. 그리고 일종의 미국 모델을 흉내내는 것이라도 단일한 청년문화가 유럽에서 형성되고 있다. 유럽의 10대들은 MP3 플레이어로 MC Solaar의 프랑스 음악을 듣고, Nokia GSM 전화로 통화하며, 인터넷에서 서핑하고 채팅도 한다. 많은 유럽인들은 지금 서로 차이가 나기보다 점점 더 닮아가고 있다.[3)]

또한, 학계에서는 기술, 글로벌 매체, 교역의 증가, 그리고 여행의 통합이 사람들을 결합시킨다고 확신한다. 국제 마케팅과 소비자 행동에 관한 교과서에서는 라이프스타일과 가치의 수렴에 대한 언급은 많지만 실증적 증거를 제시하지는 못했다. 소비자행동에 관한 주요 교과서의 저자인 애사엘(Assael)[4)]은 다음과 같이 주장한다.

> 세계적인 유선 네트워크의 출현 때문에 텔레비전은 글로벌 매체가 되었다. 이런 현상을 추진시키는 것은 MTV, 록 비디오 채널, 그리고 국제적 뉴스채널인 CNN의 지구적 영향력이다. 텔레비전의 중(重)시청자들은 유사한 자극에 노출되기 때문에 유사한 현실인식을 하게 될 것이다. 이는 MTV와 CNN 같은 글로벌 텔레비전 네트워크가 국제적 원칙에 따른 유사한 규범과 가치를 촉진시킨다는 점을 함축한다.

---

3) Rossant, John, "A common identity for Europe? You better believe it," *BusinessWeek*, November 20, 2000. p. 72.

4) Assael, Henry, *Consumer behavior and marketing action* (6th ed.), Cincinnati, OH: South-Western College Publishing, 1998. p. 499.

실제로 국제적(영어) 텔레비전 프로그램을 정기적으로 시청하는 사람들은 없다. 영어로 국경을 넘나드는 채널인 CNN은 자국어 버전을 도입해왔다. MTV는 유럽전역에서 콘텐츠를 지역화하였다. 사람이 교류하는 정도가 제한되면, 글로벌 매체가 국가를 초월하여 소비와 소비자행동을 수렴시킨다는 실증적 증거는 없다.

2. 글로벌화와 글로벌 소비자 문화

글로벌화는 신문에서 주기적으로 다루는 주제이다. 사람들은 지방정부와 중앙정부보다 거대 다국적기업에 더 복종하려 한다. 그런 결과의 하나는 세계무역기구(WTO) 같은 글로벌 무역기구에 대한 저항이 늘고 있다는 점이다. 글로벌화와 글로벌 소비자 문화란 무엇일까?

1) 글로벌화 (*Globalization*)

로버트슨(Robertson)에 따르면,[5] 글로벌화는 몇 가지 의미에서 그리고 정확도를 달리하며 학계, 업계, 매체, 그리고 기타 영역에서 일상용어가 되었다. 그는 1990년에 글로벌화라는 용어를 근대성과 탈근대성이라는 개념과 관련지었다. 글로벌화라는 개념 자체는 세계의 구조 전반에 관련된 일련의 발전과정을 의미한다. 이러한 발전과정은 자본주의의 확산, 서구제국주의, 글로벌 미디어 등의 체계화 과정을 말한다.

서구 제국주의라는 명제는 특별히 글로벌화라는 용어에 부정적 함

5) Robertson, Ronald, "Mapping the global condition: Globalization as the central concept," in *Global culture*, edited by Mike Featherstone. London: Sage, 1990.

의를 부여했다. 글로벌화의 비판자들은 맥도날드, 나이키, 리바이스, 바비 인형과 미국 텔레비전 프로그램으로 대표되는 최근의 전 세계적 단일문화에 반대한다. 문화 제국주의(*cultural imperialism*)라는 용어는 몇몇 미국 브랜드에 의해 적용된 효과적 마케팅 기법의 매력적 제안에 저항할 자유의지가 거의 없는 수동적 소비자 개념을 내포한다.

글로벌화는 코카콜라, 맥도날드, 나이키 같은 세계적 브랜드들에 의해 가장 두드러지게 드러나며, 이들은 그 브랜드가 의미하는 상징작용 때문에 종종 비난의 표적이 된다. 이들 중 일부는 미국 기업의 경영자들이 지구촌에서는 모두 같은 차를 몰고, 같은 음식을 먹으며, 동일한 텔레비전프로그램을 본다는 믿음을 강요하기 때문이다. 이러한 생각은 세계적 신문사의 기자들과 편집자—대부분 앵글로색슨 계열의—들에 의해서 더욱 강화되는 경향이다. 그들은 글로벌화를 논의하는 맥락에서 주로 코카콜라와 맥도날드 등 일부 미국 브랜드의 확산을 묘사하는 사진을 사용하고는 한다. 그러나 몇몇 세계적 브랜드가 전체 소비행동을 대표하지 못할 뿐더러 초국가적 무역을 대표하지도 못한다.

유엔무역개발회의(UNCTAD)는 초국가성 지수(*index of transnationality*)를 개발하였다. 이를 통해서 총자산 대비 국외자산, 총판매 대비 해외판매, 총고용 대비 해외고용 등의 비율을 알아낼 수 있다. 초국가성 지수는 이들의 평균값이다. 측정결과, 스위스 식품기업인 네슬레가 해외지향성이 가장 높은 기업으로 선정되었는데, 자산의 87%, 판매의 98%, 직원의 97%가 해외에 기반을 둔 것으로 나타났다. 몇몇 국제적 기업을 보면 작은 국내시장에서도 발달된 현지경제에 힘입어 초국가적 기업으로 발돋움했다. 가장 잘 알려진 글로벌 브랜드인 코카콜라와 맥도날드는 초국가성 지수에서 각각 겨우 31위와 42위를 차지했을 뿐이다.[6] 그럼에도 이들 브랜드는 글로벌화와 서구

문화제국주의의 상징이 되었다.

2) 글로벌 소비자 문화 (*Global Consumer Culture*)

이론적으로 글로벌 문화는 세계가 하나의 단일장소로 여겨질 만큼 통합되는 지구적 이해의 과정으로 설명될 수 있다.[7] 벨크(Belk)에 의하면, 글로벌 문화는 글로벌 소비의 동질화를 유도한다.[8] "지구의 도처에서 같은 음식을 먹고, 같은 음악을 듣고, 같은 패션을 따르고, 같은 텔레비전 프로그램과 영화를 즐기며, 같은 차를 운전하고, 같은 레스토랑에서 식사하며, 같은 호텔에서 묵는 소비자들이 늘고 있다."

글로벌 소비자 문화는 글로벌화된 소비주의와 소비의 동질화만이 아니라 초국가적 기업과 글로벌화된 자본주의와도 연관되어 있다.[9] 알덴(Alden), 스틴캠프(Steenkamp), 그리고 바트라(Batra)[10]는 광고 속에서 글로벌 소비자 문화가 어떻게 나타나는지를 분석하였다. 이들은 글로벌 문화를 소비와 연관된 공유된 상징들의 집합(상품범주, 브랜드, 소비행동)으로 보았다. 이런 공유된 상징들은 특정 집단의 사람들에게 의미를 지닌다. 주로 미국에서 유입되는 매스미디어 프로

---

6) *The Economist*, September 27, 1997. p. 123.

7) Robertson, 1990.

8) Belk, R. W., "Hyperreality and globalization: Culture in the age of Ronald McDonald," *Journal of International Consumer Marketing*, 8, 1995. pp. 23~37.

9) Ger, Gülize and Belk, Russell, "I'd like to buy the world a Coke: Consumptionscapes of the 'less affluent world'," *Journal of Consumer Policy*, 19, 1996. pp. 271~304.

10) Alden, Dana L.; Steenkamp, Jan-Benedict E. M.; and Batra, Rajeev, "Brand positioning through advertising in Asia, North America, and Europe: The role of global consumer culture," *Journal of Marketing*, 63, 1999. pp. 75~87.

그램이 그와 같은 소비문화의 상징기호를 만들고 알리며 공유되도록 한다. 결과적으로, 글로벌화된 소비자 문화의 상징기호는 미국 입장에서 지역으로 간주하는 본질적으로 미국적 상징이다. 분석된 광고물 중 미국에서는 오직 5.5%만이 글로벌 문화의 상징을 담고 있는데 비해 다른 나라에서는 25.6%의 광고물이 글로벌화를 상징하는 것으로 나타났다. 그러나 글로벌 상징의 확산이 사람들의 습관이나 가치를 반드시 동질화시킨다고 할 수는 없다.11)

실제로 텔레비전과 인터넷이 사람들의 생활 속에 그리고 음악이든 스포츠든 소비나 오락습관에 있어서 전 세계적으로 영향을 미치고 있음에도 불구하고 다른 나라의 사람들은 다른 습관, 기호, 충성도를 유지한다. 글로벌화는 수렴을 유발하는 대신 세계 곳곳에서 고유한 지역문화의 정체성을 부활시키는 근거이다.12)

지구촌의 민족들은 제각각 다양한 스포츠를 즐긴다. 크리켓은 영국과 이전 식민지의 스포츠이며, 럭비는 뉴질랜드의 스포츠이다. 사이클은 네덜란드와 프랑스 및 스페인에서 중요한 스포츠다. 말레이시아에서는 배드민턴이 인기다. 아마도 축구 정도를 범세계적 운동으로 볼 수 있을 것이다. 하지만 미국에서의 농구 인기란 유럽과 남미에 비길 만한 수준이 아니다. 물론 마이클 조던 같은 세계적 스포츠 스타들이 있기는 하지만 그렇다고 그들의 스포츠가 세계적인 것이라고 할 수는 없다. 세계적 가수도 드물다. 음악은 점점 지역성을 띤다. 지난 10년간 지역적 음악은 전 세계적으로 시장점유율을 확보하였다.13) 글로벌 상품과 글로벌 브랜드는 수적으로 제한되며 글로벌

11) Featherstone, Mike, *Consumer cultural and postmodernism*, London: Sage, 1991.

12) Giddens, Anthony, *Runaway world*, New York: Routledge, 2000.

13) Pepper, Tara, "The dance of the independents," *Newsweek*, June 3, 2002. pp. 44~46.

소비자란 존재하지 않는다. 이 책에서는 예측가능한 미래에 경제개발과 기술이 소비의 수렴을 유도하지 못한다는 증거를 제시한다.

3. 소비자행동의 수렴과 확산

하버드대 교수 테드 레빗(Ted Levitt)[14]은 그의 유명한 논문 "시장의 글로벌화"(*The Globalization of Markets*)에서, 소비자들은 고가의 맞춤식 상품보다 표준화된 고품질 저가상품을 선호할 것이기 때문에 새로운 기술이 소비자의 욕구와 필요를 동질화시킬 것이라고 주장했다. 레빗의 주장은 소비자행동이 합리적이고 소비자들은 항상 이익의 극대화를 원한다는 가정에 기초한다. 합리성의 가정은 점점 비현실적으로 간주되며 소비자들을 문화적 맥락에서 벗어나게 한다.[15] 취향의 수렴이 가격 지향성적 소비자 세분화를 보여줄 실증적 증거는 제시되지 않았다.[16]

수렴에 대한 실증적 증거는 주로 전화기, 텔레비전 보유대수나 인구 1,000명당 차량보유대수 등의 거시경제적 자료를 통해서 구할 수 있다. 미국의 사회학자 알렉스 잉켈레스(Alex Inkeles)[17]는 그러한

14) Levitt, Theodore, "The globalization of markets," *Harvard Business Review*, May-June, 1983. pp. 2~11.

15) Süerdem, Ahmet, "Social de(re)construction of mass culture: Making (non)sense of consumer behavior," *International Journal of Research in Marketing*, 11, 1993. pp. 423~443.

16) Usunier, Jean-Claude, "Consommation: Quand global rime avec local (Consumption: When global rhymes with local)," *Revue Française de gestion*, 110, 1996. pp. 100~116.

17) Inkeles, Alex, *One world emerging?: Convergence and divergence in industrial societies*, Boulder, CO: Westview, 1998.

거시경제적 자료가 종종 미시적 수준의 다양성을 은폐한다고 주장한다. 거시적 수준에서의 수렴(예를 들어 국민총생산의 수렴)이 소비자 선택의 수렴을 반드시 함축하지는 않는다. 경제규모가 유사한 나라 간에도 소비행동, 미디어 이용 및 이용패턴 면에서 차이가 나타난다.[18] 교육과 경제수준이 높아지면 기호가 다양해지면서 사람들은 부의 증가에 따라 자신들의 문명적 정체성을 보다 중요하게 여긴다.

전 세계를 돌아다니며 휴가를 보내고, 사업을 할 수 있다고 사람들이 똑같아질 거라는 증거는 어디에도 없다. 보통사람들은 다른 문화를 접할 정도로 자주 여행을 다니진 않는다. 사람들이 경제적 능력이 된다고 하더라도 여행을 다니는 정도는 각각 다르다. 1997년에 유럽의 고액소득자들을 대상으로 실시한 유럽의 미디어 마케팅조사(EMS)에서 54.3%는 유럽 이외의 지역에 여행을 가지 않는 것으로 나타났다. 만약 이들이 그토록 여행을 뜸하게 다닌다면 전체 인구는 어떠할 것인가?

또한, 젊은이들도 상이한 습관과 가치를 채택할 정도로 여행을 다니지는 않는다. 2001년 유럽에서는 15~24세의 젊은이 중 44%가 지난 2년간 다른 나라에 가본 적이 없다고 하였다. 이는 1997년과 동일한 수치다. 지난 2년간 다른 유럽국가에 가보았다는 응답자 중 86%가 여행이 목적이었다.[19] 화이트(White)[20]는 휴가를 보내는 사람들이 자국 내 구매행동과 깊이 연계되는 맥락이 아니므로 그들이 보는

---

18) Sriram, Ven and Gopalakrishna, Pradeep. "Can advertising be standardized among similar countries? A cluster based analysis," *International Journal of Advertising*, 10, 1991. pp. 137~149.

19) Eurobarometer report 151. Young Europeans in 2001 (See Appendix B). Retrieved from http://europa.eu.int.

20) White, Roderick. "International advertising. How far can it fly?," in *International advertising*, edited by John Philip Jones, Thousand Oaks: Sage, 1998. p. 34.

어떤 광고와의 상관성은 제한적이라는 점을 덧붙인다. 미국인의 2.4%가 자신이 성장한 곳이 아닌 다른 주에서 근무하는 데 비해, 유럽인은 연간 0.4%(150만 명)만이 유럽 내의 다른 나라에서 근무하고 있다.[21]

또한, 유럽 이외 지역의 경향은 확산을 지향하는 경향이다. 기본적으로 부의 증가는 생활기준을 비슷하게 하지만 자세히 보면 많은 차이가 있다. 라틴 아메리카에서는, 빈부의 격차가 크기 때문에 각 나라 부자들의 생활은 자국민보다 다른 나라 부자들의 생활과 더 흡사하지만, 중산층의 생활은 나라마다 다르다. 그들이 자유재량으로 수입상품을 사용하는 면은 매우 다양하다. 모든 라틴 아메리카인은 치약과 샴푸를 매일 사용하지만 브랜드 선호도는 다양하다. 라틴 아메리카인의 25%가 콜드 시리얼을 아침으로 먹고 있음에도 국가별 비율을 보면 중앙아메리카 48%에서 남아메리카 11%에 이르기까지 다양하다.[22] 일본은 가장 빠르게 성장한 국가였고 다른 아시아 국가들도 같은 발전과정을 거치리라고 생각했지만 예상은 빗나갔다. 말레이시아나 인도네시아의 발전은 완전히 다른 방식을 취했다.[23] 2002년에 발표된 연구에 의하면, 미국과 유럽의 엘리트간에도 가치관의 격차가 커지는 것으로 나타났다.[24]

수렴이란 오직 거시적 수준에서 감지될 수 있는 그 무엇이며, 냉장고, 식기세척기, 그리고 컬러 텔레비전 수상기 같은 상품이 가정에 침투하는 것 같은 경제발전이 뒷받침되어야 한다. 기본적 의식주 문

---

21) NRC Handelsblad, March 23, 2001.

22) Allman, James. "Variety is the spice of Latin life," *M&M Europe*, January 1997. pp. 49~50.

23) Hirsch, Michael, "Which Asian model?," *Newsweek*, November 20, 1995.

24) Living with a superpower, *The Economist*, January 4, 2003. pp. 18~20.

제가 해결되고 텔레비전이나 자동차 같은 내구재를 구비하는 정도의 경제수준에 도달하면 사람들은 높은 수준의 욕구 불만족을 느낀다. 이 순간 문화적 가치가 부상하며 상품과 브랜드 선택에 반영된다. 유럽에서는 각 나라들이 경제적으로 수렴되었다. 흥미로운 질문은 사람들이 그들의 늘어나는 수입으로 무엇을 할 것이며, 안락한 생활을 영위하는 데 필요한 내구재를 산 다음 남는 돈으로 무엇을 할 것인가이다. 그런 수준에서 각 나라는 확산화하는 경향이다. 이 현상은 제3장에서 논의한다.

4. 탈결핍 사회와 문화 패러다임

사람들이 보다 부유해지면 소비도 증가한다는 사실에 많은 경제학자들이 동의한다는 점에서, 만약 국부(國富)의 증가가 소비에 미치는 효과가 없다고 한다면 놀랄만한 일이다. 그러나 그 영향은 다양하고 상이한 형태로 나타난다. 소비는 습관의 문제라는 점이 하나의 이유가 될 수도 있다. 많은 소비자행동은 장기적 습관에 달려있다. 인도에서 판매된 1억 2천만 켤레의 신발 중에서 5,600만 켤레가 대체로 인도 브랜드인 바타스(Batas) 상품이었다.[25]

사회학자들은 부가 증가할수록 사람들의 가치관이 변할 것으로 가정한다. 부가 증가하면 교육과 미디어에 대한 지출이 늘어나고, 보다 인류 평등주의적 가치와 민주주의적 체계를 갖추게 된다. 이런 과정을 거쳐 소비행동이 수렴된다는 것이다. 그러나 보다 나은 교육으로 인해 가치의 차이를 더욱 자각하게 된다. 개방화와 자본주의가 도입

---

25) Kripalani, Manjeet, "If the cheaper shoe fits," *BusinessWeek*, April 27, 1998. p. 19.

된 이후 중국인이 서구적 가치를 추구하리라고 생각했지만, 대신에 그들은 오랜 세월 자신들의 도덕적 기준이었던 유교의 가르침을 재조명하고 있다. 중국인은 그들의 핵심가치들을 유지하면서 근대화를 이룩하기를 원한다.[26)]

외국과 강한 유대를 맺고 있는 보다 국제적인 지역에서도 성장을 바탕으로 사투리와 고유어를 강화시키거나 부활시키려는 움직임이 있다.[27)] 대륙에서는 동질화 대신 이질화가 이루어지고 있다. 1945년 유럽에는 31개의 독립국이 있었지만 지금은 45개국이다. 같은 기간에 아프리카에는 독립국이 21개에서 53개로 늘어났다. 유럽연합(EU)이 개인의 가치와 국가관을 바꾸지는 않을 것이다. 독일은 더 독일적으로 바뀔 것이고 이탈리아 사람은 그 어느 때보다 이탈리아인다워질 것이다. 소비자는 자신에게 친숙한 '자신의'(*own*) 상품과 브랜드, 이미지와 감정을 대할 때 가장 편안함을 느낄 것이다.

경제학에서는 소비자들이 효용을 극대화하려고 하며 고가와 부가가치 브랜드보다 저가의 고품질 상품을 보다 선호할 것이라고 본다. 그런 생각은 세탁기를 살 것이냐, 휴가를 보낼 것이냐 등 하나의 선택을 강요받던 이전의 결핍사회(*the old scarcity societies*)에서나 적합한 것이다. 탈결핍사회에서는 선택의 여지가 보다 많기 때문에 구매행동에서 이성적이지 않아도 된다. 경제적으로 수렴된 탈결핍사회들을 비교해 보면 국부는 소비행동의 차이를 설명하는 유용한 변인이 아니라는 점을 알 수 있다. 새로운 패러다임은 문화인데, 이는 소비의 차이와 브랜드 선호도를 설명하는데 갈수록 중요한 변인이 되고 있다.

제 3장에서는 사람들의 습관이 동일한 방향으로 수렴하지 않으며 부의 증대와 함께 어떤 습관은 심지어 다양한 양태를 나타낸다는 점

---

26) Mooney, Paul, "Learning the old ways," *Newsweek*, May 27, 2002.
27) Chinese whispers, *The Economist*, January 30, 1999. p. 83.

을 알려주는 소비에 대한 장기간에 걸친 자료들을 제시한다. 많은 신상품의 경우, 국가 경제력은 국가별 해당상품 소유권간의 차이를 설명해 주기도 한다. 어느 시점에서는 초국가적 소유권은 극도로 수렴화된다. 그 시점에 도달하면 소유권과 이용은 확산되기 시작한다. 그 차이는 문화로 설명할 수 있다.

유럽에서는 1990년경 국가별 1,000가구당 텔레비전과 자동차 보유 정도는 수렴되었다. 세기말 각국은 가구당 텔레비전 보유대수, 와이드 스크린 텔레비전 보급률, 시청시간, 가구당 자가용 보유대수에 있어서 다양화되었다. 낡은 기술에 수반되는 패턴은 새로운 기술패턴을 예측하게 할 수도 있다. 신기술(즉, 컴퓨터)은 아직 수렴의 시점에 이르지 못함에 따라 국부와 관련하여 국가간에 차이가 있으나 미래의 발전을 예측할 수는 있다.

일반적으로 말해서, 오래된 상품군일수록 문화의 영향도 강력하다. 식품군이 이런 이유로 오랜 세월동안 문화에 의해 좌우되었다. 국가가 부유해질수록 문화는 소비에 보다 두드러지게 영향을 미친다. 어느 정도 필요한 물건들이 갖추어지면, 사람들은 남는 돈을 그들의 가치관에 부합하는 곳에 쓸 것이다. 앞으로 미국인은 자동차에, 네덜란드인은 여행용 트레일러에, 그리고 스페인 사람은 외식에 지금보다 더 많은 돈을 쓸 것이다. 부의 증가가 국가마다 같은 상품에 대한 소비를 증가시키는 것은 아니다.

돈을 더 많이 벌면 구매결정에서 수입과 합리적 판단이 덜 중요해진다. 탈결핍사회에서 합리적 소비자는 폐기된 개념이며 가치가 소비자행동을 설명하는 가장 중요한 변인이다. 소비자의 브랜드 선호도는 점점 부가가치에 의해 좌우된다. 덴마크 코펜하겐 미래학연구소(Copenhagen Institute for Futures Studies)의 소장 롤프 얀센(Rolf Jensen)은 100년 전에 소비자의 투표로 최고의 상품으로 선정된 것이 최고의 품질과 가치를 제공했다고 말한다. 이제, 상품은 우리 마음에 가깝게 다가옴으로써 승리한 최고의 이야기이다.[28] 수렴-확산 과정은 제 3장의 주요 주제이다.

5. 글로벌 커뮤니티

글로벌 광고가 가능하려면 유사한 가치로 국경을 초월하여 존재하는 동질적 글로벌 세분집단이 있어야 한다. 국제 마케터들은 차이보다는 유사점과 마케팅의 보편성에 초점을 맞춰 국경을 초월한 유사한 라이프스타일과 가치를 지닌 이른바 글로벌 커뮤니티나 글로벌 종족 같은 사람들의 세분시장을 찾아 나선다. 이런 마케팅 전략에서는 18세의 덴마크 젊은이는 같은 나라의 어른들보다 같은 나이의 프랑스 젊은이와 유사성이 더 많고,[29] 긴자거리에서 쇼핑하는 일본여성은 자신의 부모보다 맨해튼에서 쇼핑하는 미국여성과 더 비슷한 생활을 할 것으로 가정한다.[30] 비즈니스 여행자와 10대들은 그런 동질적 집단의 사례로 자주 인용되었다. 새뮤얼 헌팅턴(Samuel Huntington)은 유창하게 영어를 구사하고 놀거나 일할 때 비슷한 옷을 입고 유사하게 행동하는 사람들을 언급하며, '다보스 문화'(Davos culture), '패컬티(Faculty)클럽 문화',* 또는 '국제적 여피'(Yuppie internationale) 등의 용어를 사용하였다.[31] 이러한 사람들은 피상적으로만 닮았을 뿐,

---

28) Jensen, Rolf, "Are your customers sitting comfortably?," *M&M Europe*, March 2001. p. 20.

29) Carter, Meg, "Gearing up for youth," *M&M Europe*, October 1995. p. viii.

30) "Comparing consumer segments in the U. S. and Japan," *Adweek*, June 22, 1992. p. 12.

* 역자주) 의사, 변호사 등 엘리트 계층의 동일한 라이프스타일과 직업으로 구성된 클럽 등이 사례임.

그들의 사고방식과 행동이 반드시 같지는 않다.

유럽 젊은이들이 같은 영화를 보거나 코카콜라나 리바이스[32] 같은 세계적 브랜드들을 자주 접하기 때문에 이들을 위한 시장은 동질적이라고 일컫는다. 그러한 (문화)상품들이 보편적 규범과 가치를 지닌 글로벌 10대집단을 만들었다고 믿기 때문이다. 그러나 가치에 관한 몇몇 연구들을 보면 성인만큼이나 젊은이도 차이가 나타난다. 문화간 가치차이를 측정하여 비교문화 심리학자들이 성인간의 차이를 밝히기 위해서 학생들을 대상으로 조사하기 때문이다(성인간의 가치차이가 있다면 그것은 실험대상인 젊은 학생의 가치차이일 수도 있다). "이탈리아의 10대들은 음악과 신발 브랜드를 고를 경우 이외의 대부분의 구매행동에서 네덜란드의 젊은이들과는 완전히 달라진다."

스톡홀름과 세빌(Seville)의 젊은이들은 같은 형식의 휴대전화나 컴퓨터를 사용할지는 모르지만, 각각 다른 이유로 구매했을지도 모른다.[33] 젊은이들은 각각 다른 방식으로 컴퓨터를 사용한다. 광고회사 유로 RSCG가 2001년에 행한 조사에서는 젊은 층의 기술에 대한 태도가 유럽 대도시별로 큰 차이가 나타난다는 점을 밝혔다. 예를 들어, 조사에 응한 암스테르담 시민 중 16%가 기술을 사용하는 가장 중요한 이유가 오락(*entertainment*)이라고 응답한 반면, 헬싱키와 런던에서는 9%, 밀란에서는 단지 4%만 응답하였다.[34]

서구의 잡지계들은 아시아의 10대들이 행동과 복장을 따라하면서

---

31) Berger, Peter L, "Introduction. The cultural dynamics of globalization," in *Many globalizations. Cultural diversity in the contemporary world*, edited by Peter L. Berger and Samuel P. Huntington, Oxford, U.K. : Oxford University Press, 2002.

32) Carter, 1995. p. viii.

33) White, 1998. p. 34.

34) Galloni, Alessandra, "Marketers face divergent tech targets," *Marketing& Media*, February 2002, p. 26.

미국과 유럽의 10대들을 닮아가고 있으며, 그러한 것들을 서구의 개인주의적 행동이라고 착각하고 있다고 말한다. 하지만 이러한 행동은 개인주의 가치에 따라 추구하는 것이 아니다. 더욱이 아시아 10대의 라이프스타일은 다양하다.[35] 아시아의 젊은 층은 겉보기에 전형적으로 서구적일지 모르지만 부에 대한 열정과 명품을 통한 성공의 과시 외에 근면함 같은 전통적 가치를 유지한다.[36] 봄베이나 델리, 캘커타에서 전형적인 인도의 10대를 만난다면 아마도 라코스테 셔츠나 나이키 운동화를 신고 있을지 모르지만, 그의 가치 속에 인도적인 것이 상당히 많다. 그는 부모를 공경하고 가족들과 같이 살며 예배당에 들어갈 때는 신발을 벗는다.[37]

서양인들은 18~25세의 일본 젊은이들의 극단적 행동을 보면서 일본인이 변하고 있다고 착각할지도 모른다. 하지만 외국인이 깨달아야 하는 것은 이 시기가 일본 젊은이에게 유일한 자유시절이라는 것이다. 직장을 구하자마자 젊은 일본인들은 전형적인 그들의 행동양식을 따른다.[38] 한편 AC닐슨(ACNeilson)의 1998년 연구에서 인도네시아인들은 점점 더 자국의 전통상품을 구매하고 인도네시아 모델이 나오는 광고를 좋아하며, 아플 때도 국산약품을 선호하는 것으로 나타났다.[39]

인도에서 실시한 서구의 음악, 패션, 브랜드에 대한 실험조사에서

---

35) Lau, Sulin, "I want my MTV, but in Mandarin, please," *Admap*, March 2001. p. 34.

36) Cooper, Peter, "Western at the weekends," *Admap*, October 1997. pp. 18~21.

37) Malkin, Elisabeth, "X-ers," *Advertising Age International*, October 17, 1994. pp. 1~15.

38) Dijkgraaf, Margot, "Interview with Amélie Nothomb," *NRC Handelsblad*, December 17, 1999. p. 5.

39) ACNielsen, *Insights*, 88, November 1998. p. 8.

가족과 종교는 여전히 사회를 지탱하는 굳건한 장벽으로 남아 있는 것으로 나타났다. 많은 사람들에게 외국 브랜드와 패션은 지위를 표현하는 수단이다. 소수의 사람만 글로벌 미디어를 접하다 보니 사진을 보고 패션을 흉내내기는 해도 하나의 패션이 지닌 태도상의 맥락을 이해하기는 어려워하는 듯하다. 인도에서 인도적인 것에 대한 자긍심은 글로벌화와 함께 병행하여 확산되었는데, 이는 방그라 랩(Bangra Rap) 같은 세계적 유행음악을 인도화하는 과정에도 나타났다.[40] 아시아의 10대는 서구의 10대에 비해 일본의 음악, 책, 만화와 텔레비전 프로그램을 추종한다.[41] 글로벌 미디어는 다양성의 결과로 이해되었다. 음악채널인 MTV는 젊은이를 위한 세계적 음악채널을 표방했지만 그 내용을 지역화했다.

동질적인 글로벌 시장은 국제시장을 겨냥한 마케팅 담당자와 광고 전문가들의 머릿속에만 존재한다. 비슷하게 생활하는 사람들도 가치관을 공유하지는 않기 때문에 하나의 소비자 집단처럼 지속적으로 행동하지는 않는다. 물론 상식적으로 경제적·인구통계학적 측면에서는 젊은 층과 여피(yuppies: young urban professionals, 도시거주 전문직에 종사하는 젊은 층), 부유층, 그리고 노년층이 존재하지만 마케팅 커뮤니케이션에서는 타깃이 같은 가치관을 갖지 않기 때문에 유사한 동기와 주장을 펴서는 안 된다.

이는 유럽의 매체와 마케팅 조사(European Media and Marketing Survey)에서 나타난 사치품의 소유권에 따라 입증되었다. 국제적 매체를 접하는 사람들로 구성된 유럽의 고소득층은 하나의 동질적 집단이 아닌, 고감도 하이테크 사치품을 추구하는 국경을 초월하는 표적 집단이다. 유럽에서 비싼 사치품에 대한 고소득층의 비용지출은 천

---

40) Lau, 2001. p. 36.

41) "Advance of the amazones," *The Economist*, July 22, 2000. p. 69.

차만별이다. 이러한 차이는 오직 문화적 변인에 의해서만 설명이 가능하다. 이는 제 7장에서 자세히 다룰 것이다.

각 문화 내에서 라이프스타일은 가치라는 기준을 경제나 인구통계학적 구분에 포함시키기 때문에 유용한 기준이 될 수 있다. 초국가적 마케팅의 경우, 국가간 가치관의 차이가 너무 커서 이 개념을 적용하기는 어렵다. 비행기로 뉴욕과 런던을 수시로 오가며 생활을 영유하는 NYLON (New York + London)[42] 같은 예외적 집단의 경우에서나, 레스토랑과 극장이용 같은 기준에서는 다소 유사성이 발견될지 모른다. 이는 오직 제한된 상품들과 서비스에서나 가능한 일이다. 나라별로 특정상품의 사용집단을 정의할 수는 있지만 해당상품에 대한 구매동기는 너무 다양하기 때문에 이에 대한 초국가적 마케팅 프로그램을 수립하기란 쉽지 않다. 구매동기의 차이와 문화와의 연관성에 대한 논의는 제 5장에서 다룰 것이다.

비즈니스 종사자들은 대체로 소비자의 의사결정과정에 비해 보다 합리적으로 판단하기 때문에 문화의 영향을 거의 받지 않는 집단으로 분류된다. 그러나 그들의 결정과정도 자세히 보면 그들이 평소에 수행하는 많은 비즈니스 습관과 마찬가지로 문화의 영향을 많이 받기도 한다. 예컨대, 1999년 한 설문에서는 가장 중요한 고객들과 비즈니스를 하는 사무실 이외의 장소가 어디인지를 알아보았다. 49%의 스페인 사람들은 호텔이나 레스토랑에서의 점심식사를 선호한 반면, 이탈리아인은 이에 8%가 응답했으며 대신 아침과 저녁식사에 보다 높은 점수를 주었다. 독일사람들은 공항이나 회의장을 좋아했다. e-메일 같은 신기술을 얼마나 사용하는지를 물었을 때, 영국 기업의 관리자들은 94%, 프랑스의 경우에는 53%가 이메일을 사용한다고 응답했다.[43] 비즈니스에서의 의사결정의 차이가 문화와 어느 정도나

42) "High rollers," *The Economist*, June 16, 2001.

관련되는지에 대해서는 제 6장에서 기술한다.

6. 뉴 미디어

인터넷에 대한 기대는 인터넷이 사람들의 가치를 동질화시킬 것이라는 점이었다. 2000년 MIT의 니콜라스 네그로폰테(Nicholas Negroponte)는 "인터넷에 대한 감사로 미래의 어린이들은 민족주의를 모르고 살 것"[44]이라고 선언했다. 빌 클린턴은 "외국의 개입과 인터넷이 결국 중국을 민주화할 것"이라고 말했다. 그러나 정보기술에 대한 대량투자는 중국 정부의 중앙집권화를 오히려 도와주고 있다.[45] 2003년 1월 〈이코노미스트〉의 보도에 따르면 인터넷의 세계적 확산은 권위주의에 조종(弔鐘)을 울리기도 하면서 기회를 제시한다.[46] 서구와는 달리 아시아의 인터넷 보급은 정부에 의해서 주도된다. 1999년 대만정부는 5만 개의 기업에 온라인화를 요구했고, 태국에서는 2000년까지 모든 수출입 문서를 온라인화하라는 법령이 통과되었다.[47]

인터넷은 사람들을 동질화시키는 요인이 아니다. 그 대신 언어와 광고를 지역별 특성에 알맞게 바꾸고 인터넷 사용자 개개인이 거주하

---

43) "There was a German, a Belgian and a Spaniard," *The Economist*, January 23, 1999. p. 68.

44) "What the Internet cannot do," *The Economist*, August 19, 2000. p. 9.

45) "Wired China," *The Economist*, July 22, 2000. pp. 24~25.

46) Kalathil, Shanti and Boas, Taylor, "Open networks, closed regimes: The impact of the Internet on authoritarian rule," in *Digital dilemmas, a survey of the Internet society*. *The Economist*, January 25, 2003. p. 16.

47) Moore, Jonathan and Einhorn, Bruce, "A biz-to-biz e-boom," *Business-Week*, October 25, 1999. pp. 30~31.

는 지역 내 관련법을 적용하는 능력이 갈수록 요구되고 있다. 수렴에 대한 기대는 많은 사람들로 하여금 효과적 커뮤니케이션의 기본원칙이 뉴미디어에도 역시 적용된다는 사실을 무시하도록 하는 원인이 되었다.[48]

인터넷은 사람들의 습관과 가치를 바꾸지는 않으며 현존하는 가치와 습관 그리고 관행을 확고하게 향상시킨다. 문화의 특성을 감안하여 인터넷을 도입한 사례는 일본의 반다이(Bandai) i-서비스이다. 일본에서 만화잡지는 매우 인기가 높다. NTT 도코모의 i-서비스(모바일폰에 의한 인터넷 서비스) 가입자에게 근자에 가장 인기 있는 서비스 중 하나가 바로 반다이 서비스에 의한 것이다. 사람들은 이를 통해 만화 캐릭터들을 휴대전화에 다운로드 받을 수 있게 되었다.[49]

온라인 소매상(*e-tailer*)들은 사람들의 기호를 바꾸지 않는다. 이들은 고객이 이미 갖고 있는 물건들을 판다. 전자상거래는 하나의 새로운 판매방법일 뿐이다.

인터넷은 기존의 미디어를 대체하지는 않는다. 미디어는 문화의 일부이기 때문에 국가간에 미디어 사용차이가 꾸준히 나타난다. 신문구독자의 수가 중요한 예가 될 것이다. 1950년 이래 전 세계적으로 일간신문 발행부수의 차이는 거의 변화가 없었다. 텔레비전 보유대수는 국가를 초월하여 수렴되었다 하더라도 시청시간은 수렴되지 않았으며 문화에 따라 차이가 있었다.

사람들은 자신이 성장한 국가에서 얻은 관심사와 습관을 위해 뉴미디어를 활용할 것이다. 뉴미디어는 유럽에서의 확산을 주도하고 있으며 아마 세계적으로는 더할 것이다. 킴벌리 클락(Kimberly Clark) 유럽지사의 매체책임자인 올리버 클리버(Oliver Clever)[50]는 이 관점

---

48) Percy, Larry, "Marketing communication in evolution," *Admap*, February 2001. p. 31.

49) Nikkei Trendy, March 2000.

을 지지한다. 그는 "뉴미디어는 범세계적 사업이며 머리 좋고 부유하며 최신의 네트워크 설비를 갖춘 — 아마도 이보다 더한 잠재력을 갖춘 — 소수 소비자들의 전유물에 다름 아니다. 뉴미디어는 지구촌을 창조하기보다 오히려 지구촌을 파괴하는 데 기여한다"고 말한다. 매체행동은 제 7장에서 다루는 주제이다.

7. 보편주의 (*Universalism*)*

수렴에 대한 많은 가정들의 근간에는 보편주의적 사고방식이 깔려 있다. 서구적인 것을 미국적으로 간주하는데도, 사람들은 종종 수렴이라는 용어를 서구화의 의미로 받아들인다. 미국에서 시작된 유행은 환경이나 소비자의 습관이 달라서 상업화되지 못하는 지역에까지 무차별적으로 퍼진다. 하나의 사례는 "서구사회에서는 식사의 15%가 집 밖의 차안에서 이루어진다"[51] 같은 주장이다. 자동차 계기판에 음식을 놓고 먹는 것은 미국인의 전형적 습관이지만, 대부분의 유럽인에게는 생소한 것이며 아마도 그들의 습관이 될 것 같지도 않다.

미국은 물론이고 북유럽 사람들도 현상을 지각하거나 가정할 때는 이를 보편화하는 경향이 있다. 이들은 그들의 가치가 어디서나 들어맞으며 모든 사람들에게 공유되어야 한다고 생각한다.[52] 반면에 대부분의 아시아인의 성격은 보편적이기보다는 특수하며(*particularistic*),

50) Cleaver, Oliver, "The digital divide," *M&M Europe*, January 2000. pp. 38~39.

* 역자주) 보편적인 것, 보편성, 보편주의, 보편구제설(神學).

51) Nuttall, Claire, "Trend-spotters don't have to follow fashion," *M&M Europe*, September 2001. p. 18.

52) Adler, Nancy J, *International dimensions of organizational behavior* (2nd ed.). Belmont, CA: Wadsworth, 1991. p. 47.

유사함보다는 차이에 초점을 맞춘다. 그들은 자신의 문화가 매우 독특해서 외국인은 이해하지 못할 것이라고 생각한다. 일본인이 세계에 자신의 문화적 독특함을 드러내는 방식은 일본의 문화적 정체성을 표현하는 담론의 구조인 '일본인론'(*nihonjinron*)이다. 일본의 사회학자 카즈후미 마나베(Kazufumi Manabe)[53]의 조사에 따르면 82%의 일본인이 이 주제에 관심이 있고 관련된 기사를 매체에서 접한다고 했는데, 이들 중 63%는 외국인이 일본의 문화를 완전히 이해하는 것은 불가능하다고 답했다고 한다.

서구적 관점에서 보면 민주주의와 인권은 보편적인 것이어야 하며, 이는 미국 언론에 자주 등장하는 일상적 주제이기도 하다. 이러한 편협한 관점은 중국인을 자극한다. 중국인은 자신이 자유를 누리지 못하는 노예로 묘사되는 데 크게 분노한다.

> 한 인터뷰에서 〈뉴스위크〉의 조지 위프리츠(George Wehrfritz)는 신화(新华) 통신사의 한 기자에게 중국 젊은이를 화나게 하는 이야기가 무엇인지 물었다. 대답은 다음과 같다.
>
> "서구언론은 항상 인권에 대해서 이야기한다. 미국에 있는 당신에게는 인권이란 대통령으로 뽑힐 수 있고, 정부를 교체하거나 정당을 설립하는 권리를 의미한다. 그러나 13억의 중국인에게 인권이란 가족이나 친구와 함께 있을 수 있는 권리와 돈을 벌고 학교에 가며 좋은 의료시설을 이용할 기회를 의미한다."[54]

---

53) Manabe, Kazufumi, Cultural nationalism from a comparative perspective. Paper presented at the IRIC Conference, *Comparing Cultures*, Tilburg University, The Netherlands, 2001.

54) Wehrfritz, George, "The great stone curtain. Do American journalists obscure the real China?," *Newsweek*, February 17, 1997, p. 39.

다수의 국제마케팅 책임자들은 자신의 사고나 전문적 경험이 보편적 지혜를 드러낸다고 믿으며 이를 모두에게 적용하려 한다. 대부분의 국제 광고회사와 다국적기업에는 앵글로색슨 계열의 경영진이 포진해 있다. 보편주의 때문에 그들은 유사성에 초점을 맞추며 차이점을 무시한다. 그러한 유사성은 때로 거짓인데도 말이다.

광고에서 미국적 가치는 전 세계적으로 타당한 것으로 보이지만 다른 문화들의 가치는 미국 내 광고에서 받아들이지 않는다. 미국인은 자신의 마케팅과 광고 개념을 쉽게 세계로 수출하지만, 외국의 광고 캠페인을 거의 국내로 받아들이지 않는다.

예컨대 유럽국가간에 계급적 사고와 행동에서 상당한 차이가 있는데도 영국을 유럽을 대표하는 국가로 보거나 모든 유럽 국가를 계급사회[55]로 구분하는 것처럼, 보편주의는 또한 유럽국가의 가치와 습관을 전 유럽국가의 그것으로 보는 실수의 원인이 될 수도 있다. 또 다른 실수는 유럽을 스칸디나비아 반도나 라틴지방(라틴민족: 프랑스, 스페인, 포르투갈, 이탈리아, 루마니아의 여러 민족)과 지중해 지역까지 확장하고, 베네룩스 3국을 하나의 테스트 시장으로 간주할 때이다. 중요한 문화적 차이가 유럽국가간에 현존하며 이것이 소비자행동의 차이를 만들기도 한다. 이는 지중해 연안의 이탈리아와 스페인의 경우에도 마찬가지다. 벨기에와 네덜란드는 같은 언어를 쓰는 접경(接境)국가지만 유럽의 어느 나라도 이 둘만큼 다르지는 않을 것이다. 그러나 기업들은 이들을 하나로 묶어 이들을 베네룩스라고 부르려고 하며, 한 국가의 연구결과를 나머지 다른 국가에 적용하려고 한다. 제 8장에는 보다 유용한 문화적 시장세분화의 사례가 포함되어 있다.

보편주의적 사고를 강화시키면 다른 나라와 문화에 대한 지식이 결

---

55) Rossant, John, "Old world, new mandate," *BusinessWeek*, January 31, 2000. p. 49.

여되는 문제가 있다. 코카콜라의 전 사장인 더그 이베스터(Doug Ivester)는 벨기에에서 오염문제가 발생했을 때 "도대체 벨기에가 어디 있는 나라지?" 하며 무시했다고 한다.[56] 최고경영자들은 출장중에 일반인을 거의 접하지 않는다. 당신이 회사의 최고위직에 있다면 모든 사람이 똑같다고 생각하기 쉽고, 당신의 사업 동반자들은 갈등을 피하려고 동의하는 경향을 보이게 마련이다.

지식이 부족하면 다른 나라의 사람들이 지닌 유사성을 확대해서 보게 마련이다. 국제 마케팅에서 미국인은 모든 유럽인을 비슷한 존재로 보고, 유럽인은 같은 방식으로 아시아인을 보며, 아시아인은 서구문화를 말할 때 보통 미국문화를 의미한다.

언어가 이러한 오해를 불러일으키기도 한다. 대략 3억 8천만의 사람이 영어를 제 1언어로 사용하고, 제 2외국어로 사용하는 사람은 이것의 약 1.5배에 달한다. 그러나 영어를 제 2외국어로 사용한다는 것이 과대평가되는 경향이 있다. 2001년 조사에서 EU지역 국민의 거의 절반이 외국어를 사용하지 못하는 것으로 나타났고,[57] 15~24세의 젊은이 가운데 31%가 모국어만 사용하는 것으로 나타났다.[58]

글로벌한 언어로 영어가 발전하면 자국의 문화를 파괴할 것이라고 우려하기도 하지만, 모국어에 영어를 추가한다고 해서 문화가 바뀌는 것은 아니다. 문제는 외국인이 영어사용을 통해서 영어 원어민의 사고방식을 따르리라는 것은 영어 원어민의 생각이다. 물론 많은 나라에서 영어를 사용하기는 하지만 영어 원어민을 충분히 이해할 만큼은 아니며, 이 때문에 국제 마케팅에서 오해가 발생할 수도 있다.

---

56) "Who's wearing the trousers?," *The Economist*, September 8, 2001. p. 29.

57) *The Economist*, February 24, 2001, p. 33, and December 22, 2001. pp. 33~35.

58) Eurobarometer report 151. Young Europeans in 2001 (See Appendix B). Retrieved from http://europa.eu.int.

바카르디(Bacardi Breezer)라는 영국 술의 2002년 광고를 예로 들어보자. 이 상품의 광고는 네덜란드에서도 방영이 되었으며, '탐캣'(tomcat, 바람둥이, 호색꾼이라는 은어)이라는 캐릭터와 용어가 등장한다. 'tomcat'은 네덜란드어로 'kater'이고, 이는 '숙취'를 의미하기도 한다. 이는 주류상품으로서 본래 의도한 것은 아니었을 것이다. 게다가 광고에 등장하는 그 'tomcat'은 "새들 뒤를 쫓아다니냐"(*chasing birds*)는 질문을 받는데, 이는 "여자들의 꽁무니를 쫓아다닌다"는 것을 의미하는 것으로 대부분의 네덜란드인이 이해할 수 있는 수준을 넘어선다. 문화와 관련된 정신적 과정으로서의 언어는 이 책의 제6장에서 다루는 주제이다.

끝으로, 보편주의가 앵글로 아메리칸(*Anglo-American*) 마케팅이론을 세계적으로 적용되도록 유도해왔다. 이는 미국의 제국주의에 기인한 것이 아니라 발전된 마케팅과 광고 실무와 이론이 미국에서 태동하였다는 사실에 기인한다. 이 이론들은 단지 다른 나라에 수출된 것으로 끝나지 않고, 실무자들과 학자들은 이 모든 이론과 개념이 자국에서 타당한지 알아보지도 않고 실제와 이론을 열광적으로 베껴왔다. 이는 유럽과 아시아를 포함하여 세계 각지에서 있었던 일이다. 특히, 개발도상국에서는 서구의 개념이 '입증된' 것으로 간주하기 때문에 서구적 아이디어는 광고회사의 광고주에게 손쉽게 받아들여진다.[59] 마케팅 해독력이 높아지면서, 비즈니스 관련자들은 모든 미국적 개념과 이론이 자국의 문화에 적용 가능하지 않다는 사실을 점차 이해하기 시작했다.

---

59) Interview with Jimmy Lam, Regional Executive Creative Director and Chairman of D'Arcy Greater China. In *New Sunday Times*(Malaysia), November 12, 2000. p.12.

8. 역사감각의 결여

실수의 또 다른 원인은 역사감각의 결여이다. 최근의 여러 현상들은 단지 과거의 새로운 형태에 불과한데도 새로운 것으로 지각된다. 역사에 대한 지식은 새롭게 보이나 실제로는 그렇지 않은 현상들을 이해하는 데 도움이 된다. 소비에트 점령 이전 동구권 유럽에 대해서 모르는 사람은 서구 자본주의와 글로벌화가 새로운 행동양식을 만들어냈다고 생각했지만 실제로 사람들은 단지 옛 방식을 되찾은 것뿐이다.

> 다음의 글은 〈뉴스위크〉의 기사를 읽고 보낸 한 독자의 글이다. 해당 기사는 글로벌화가 헝가리인의 행동양식을 변화시켰다고 본다.
>
> 당신의 통찰력 있는 기사는 U2나 휘트니 휴스턴의 공연을 보기 위해서 비엔나로 비행기를 타고 날아가는 것에 대해서 아무렇지도 않게 생각하지 않는 헝가리의 사업가들을 다루고 있지요. 이것은 어쩌면 글로벌화의 징조라기보다는 이전의 생활의 방식으로 돌아가는 것일지도 모릅니다. 우리 아버지의 할아버지 세대들은 오페라 한 편을 보기 위해 비엔나로 향해 떠나는 것을 아무렇지도 않게 생각했어요. 그들은 알파 로메오(Alfa Romeo, 이탈리아산 고급차) 대신 기차를 탔고, 휘트니 대신 베르디를 들었습니다. 차이점은 당시에는 이러한 경험이 엘리트만의 것만은 아니었다는 것이죠.[60]
>
> 메이트 헤게더스(Mate Hegedus), 헝가리 부다페스트

60) Letters to the editor, re: "Globalization in Eastern Europe," September 25 Special Report on Prague's IMF summit. *Newsweek*, October 23, 2000.

오스트리아와 헝가리는 합스부르크 왕가의 지배를 오랫동안 받았기 때문에 많은 유사성이 있고 양국간에 왕래가 쉽고 빈번한 것은 그리 놀랄 만한 일이 아니다. 공산주의 지배가 이를 일시적으로 막았을 뿐이다.

역사적 맥락에서 이해 가능한 행동이 때때로 새로운 것으로 해석되는데 이는 역사에 무지했기 때문이다. 국가간에 많은 차이는 예전부터 존재했다. 글로벌화는 대부분의 사람들에게 세계 각 지역과 국가간의 활발해진 무역과 투자를 의미하지만, 많은 나라에서는 처음부터 글로벌한 성격을 지녔다.

세계 경제사에서 가장 중요한 주제의 하나는 이념적 측면에서보다 조직적 측면에서의 민족주의와 국제주의 간의 균형이었다. 역사가인 조지 홈스(George Holmes)[61]는 근대 같은 국가간 경제관계는 이미 중세 후기 유럽에서 태동했다고 한다. 14세기 유럽의 도시국가인 베니스(Venice), 플로렌스(Florence), 제노아(Genoa)는 국가와 상업주의가 융합된 공화국이었다. 베니스는 무역귀족에게 국영 해운서비스를 제공했으며, 영국에서 알렉산드리아까지 모든 도시에 이탈리아 무역상만의 공동체가 있었다. 13세기 후반에 서구에 중국을 소개한 마르코 폴로도 베니스 상가 가문의 일원이었다. 당시에 이탈리아 상인의 무역은 흑해에서 중국까지 아시아 전역에 걸쳐 아주 활발했다. 베니스의 산업은 그다지 발전되지 않아서 오직 무역으로 국가를 꾸려나갔다. 15세기에 가장 유명한 기업가 가문이었던 메디치가는 로마, 제네바, 브뤼주,* 런던, 리옹, 나폴리, 밀란 등의 도시에 지사를 두었다. 각 지사에는 국제무역에 관한 전문가가 있었고, 이들은 문서를

---

61) Holmers, George, *Europe: Hierarchy and revolt 1320~1450*. Glasgow: William Collins Sons, 1975. pp. 71~72, 119.

* 역자주) Bruges, 벨기에 서쪽 해변에 있는 작은 도시. 브뤼셀로 들어가는 길목에 있다.

통해 유럽 곳곳으로 돈을 보내는 일을 맡았다.

국가간 관계가 증대하면서 국제무역, 화폐교환, 정보교류도 꾸준히 증가했다. 빌 게이츠나 리처드 브랜슨 같은 개인과 월렌버그나 구치 같은 가문에서는 메디치가에서 그랬던(다소 작은 범위였지만) 것처럼 교역으로 전 세계를 연결하고 있다. 변한 것은 현대의 브랜드활동과 매체가 글로벌화 현상을 보다 돋보이게 했다는 점이다. 가문은 브랜드가 되어왔다.

기술적 진보는 특정지역의 경제적 중요성을 변화시키는 변인이다. 최신 기술은 20세기에는 실리콘 밸리에서, 15세기에는 중국에서 나왔고, 21세기에는 다시 중국이 신기술의 원산지가 될지도 모른다. 최신 기술을 받아들이는 정도가 국가와 지역이 세계경제에서 차지하는 구조적 역할을 좌우한다. 중세시대에 적합한 무역 균형점은 유럽과 아랍 세계 사이에 존재했다. 금과 은은 동으로, 향신료와 보석들은 서쪽으로 이동했다. 그러나 금의 부족은 무역을 위해 금으로 동전을 만들던 플로렌스와 제노아 지방에서 문제를 일으켰다. 금은 어디에선가 확보되어야 했다. 포르투갈 사람들은 유일하게 보통의 탐험항해보다 훨씬 더 멀리 가는 것에 관심이 있었다. 그 지리학적 특징 때문에 포르투갈은 바다를 통해서 뻗어갈 수밖에 없었다. 제노아인의 재정적 후원을 바탕으로 포르투갈 사람들은 그들의 탐험항해를 시작했다. 유럽인은 무역하기 위해서 세계를 여행했다. 13세기에서 15세기 중국에는 유럽과 같은 수준의 인구가 살고 있었던 것으로 보인다. 2세기에서 15세기까지 중국은 기술적으로 우위에 있었다. 1450년이 되서야 유럽은 기술발전을 시작했다. 하나의 이유는 정치적 문제였는데, 유럽은 국가간 잦은 전쟁으로 인하여 무기개발에서 뒤쳐질 겨를이 없었다. 반면에 중국에서는 내부의 평화를 증진하기 위하여 정부가 무기산업의 발전을 제한하기로 결정했다.

중국인과 포르투갈인은 같은 시기에 탐험항해를 시작했다. 그러나

18년 뒤 환관출신 제독인 정화(鄭和, Cheng Ho)*의 죽음(1434) 이후 중국은 갑작스럽게 이를 중단한다. 가장 중요한 이유는 문화적 차이에 있다. 중국인은 무엇을 얻기보다 무엇인가를 전파하려고 항해를 시작했다. 먼 나라에 자신의 훌륭한 문화를 알리면서 자신의 우월함을 인정받고자 했다. 그들은 다른 나라를 식민지화하는 데는 관심이 없었다. 그들은 이미 자신이 세계의 중심이라고 믿었기 때문이다. 훗날 정화의 탈선으로 그들의 보물이 모두 고갈되었을 때, 탐험은 중지되었고 중국은 스스로 고립되었다.[62]

역사적, 정치적, 문화적 요인은 국제무역에서 통합적 역할을 했던 국가의 경제발전을 설명할 수 있다. 세계무역기구가 있어도 국가간 무역전쟁은 상존한다. 달라진 점이 있다면 상업적 공동체간에 군사전쟁이 없다는 것뿐이다. 정부의 군대는 콜라전쟁을 지지하지 않는다.

무역의 역사와 국제무역을 발전시킨 각 나라의 맥락을 이해하면 여러 글로벌한 발전양상을 보다 잘 이해할 것이다. 인도 원주민의 습관은 이전의 영국 식민지배의 영향력을 통해서 설명할 수 있다. 중국에서 오래 전에 기술발전을 어떻게 취급했는지를 알아보면, 이 점에서 그 나라가 새로운 발전을 어떻게 취급할지를 적절히 설명할 수 있다. 중국인은 과거와 마찬가지로 새로운 기술을 받아들이려고 하지만 오랜 세월 동안 강력한 중앙집권화를 이룩한 정부가 기술의 수용방식을 선도(서구의 시각으로는 '통제')하려고 한다.

신상품과 새로운 브랜드를 가지고 새로운 시장에 들어갈 때 역사감

---

* 역자주) 윈난성〔雲南省〕 쿤양〔昆陽〕 출생. 남해(南海) 원정의 총지휘관. 1382년 윈난이 명나라에 정복되자 명나라 군대에 체포되어 연왕(燕王) 주태(朱)를 섬겼다. 1405년부터 1433년까지 영락제의 명을 받아 전후 7회에 걸쳐 대선단(大船團)을 지휘하여 동남아시아에서 서남아시아에 이르는 30여 국에 원정하여 명나라의 국위를 선양하고 무역상 실리를 취하였다.

62) Wallerstein, Immanuel, *The modern world system I*, New York: Academic Press, 1974.

각은 도움이 된다. 사람들이 수세기 동안 과일주스와 허브차를 마신 체코 같은 지방에서 그들의 습성을 바꿔 콜라를 마시게 하기가 쉽지 않을 것이다. 브랜드에 대한 인식은 시장이 지닌 역사에 의해서 구성된다. 1996년 광고회사 그레이(Grey)의 조사에 따르면 파나소닉은 베이징, 상하이, 광저우, 칭다오 같은 중국의 도시에서 가장 우수한 전자상품 브랜드로 인정받고 있었다. 하지만 역설적으로 파나소닉은 유행이 지난 카세트 녹음기를 수입하던 1980년대에 이미 중국 소비자에게 소개된 브랜드였다. 많은 중국 소비자에게 파나소닉은 그들의 첫 번째 외국브랜드였던 것이다.[63]

9. 브랜딩과 광고 : 글로벌에서 복합지역성까지

국가를 초월하여 광고를 표준화하는 문제의 장단점에 대한 논의는 오랫동안 지속되었다. 가장 자주 들을 수 있는 장점의 하나는 규모의 경제(*economies of scale*)에 따른 비용절감이다. 또 다른 이유들은 일정 시간 동안 다양한 미디어를 통해서 상이한 국가들에 전달되는 광고의 품질을 보장하고 일관성을 부여한다는 것이다. 그것은 누군가의 커뮤니케이션을 통제하려는 국제 비즈니스의 좋은 실제이지만, 글로벌 브랜딩과 마케팅 커뮤니케이션의 표준화는 원칙에서 잘못되었고 실제로 불가능하다. 글로벌광고는 보편적 가치를 지닌 글로벌한 소비자가 존재할 경우에만 효과적이다. 소비자의 가치와 행동이 문화를 초월하여 다양하기 때문에 세계적으로 표준화된 광고는 모든 시장에서 효과가 같지는 않다. 그런 광고의 대부분은 광고캠페인과 다른 가

63) Liang, Ellen, "Solving the consumer jigsaw puzzle," *Asian Marketing*, July 12, 1996. p. 10.

치를 지닌 시장에서는 좋은 결과를 얻지 못했다. 이 때문에 글로벌 광고의 개념을 처음으로 도입한 광고회사인 사치 & 사치(Saatchi & Saatchi) 조차 의견을 바꾸고 말았다. 이 회사의 최고경영자 케빈 로버츠(Kevin Roberts)는 2002년에 다음과 같이 말했다. "누구든 글로벌화를 원한다면 지역성(the local, 자신의 지역과 모든 고객의 지역성)을 이해해야 한다. 사람들은 지역에서 살아간다. 나는 글로벌 소비자를 만난 적이 없고, 기대하지도 않는다. 우리는 우리의 차이에 따라 스스로를 정의한다. 그것은 자아, 가족, 국가 같은 정체성으로 지칭된다."[64]

'시장은 사람'이라는 생각은 낡은 마케팅 패러다임이다. 글로벌한 상품은 있을지 몰라도 글로벌한 사람은 없다. 글로벌 브랜드가 있을 수 있지만 이런 브랜드를 구매하는 글로벌한 동기란 존재하지 않는다. 글로벌한 시장은 존재해도 대부분의 소비패턴은 지역적이다. 코카콜라의 최고경영자인 더글라스 대프트(Douglas Daft)는 2000년에 "사람들은 음료를 글로벌하게 구매하지 않는다"고 주장했다.[65] 코카콜라는 오랫동안 글로벌 마케팅의 성공사례로 자주 인용되었다. 코카콜라의 가장 중요한 성공요인은 아마 글로벌한 광고라기보다 효율적 분배체계일 것이다. 오랫동안 코카콜라의 주요 목표는 "욕구에 미치는 범위 내에서"[66]였으며, "언제 어디에서나 코카콜라"는 그들의 오랜 슬로건이다.

이전까지 글로벌한 광고의 대표주자였던 코카콜라는 2000년 수익감소에 따라 지역시장에 보다 가깝게 다가가기로 결정했다. 최고경영자 더글라스 대프트는 〈파이낸셜 타임스〉[67]와의 인터뷰에서 "우리는

---

64) Roberts, Kevin, *Running on Empty*, *M&M Europe*, January 2002. p. 8.
65) "Debunking Coke," *The Economist*, February 12, 2000. p. 74.
66) "New Doug, old tricks," *The Economist*, December 11, 1999. p. 59.
67) Daft, Douglas, "Back to classic Coke. Personal View," *Financial Times*,

성공하려면 지역성에 민감해야 한다는 점을 깨닫기 전까지 업무전반을 표준화했다"라고 말했다. 대프트에 의하면, 그 일반적 지침이란 글로벌 광고에서 벗어나는 것이다. "우리는 광고를 가급적 지역시장과 관련시킬 필요가 있다."[68] 이런 접근은 그 결과도 모르고 보편적 브랜드 가치를 세계의 대중에게 수출하는 것보다 마케팅 과정을 통제하는 더 좋은 방법이다. 사회인류학자 데이비드 하우스(David Howes)[69]가 말하듯이, "코카콜라 같은 상품이 원산지 국가의 문화적 가치를 고스란히 유지하고 이를 전파할 것이라는 가정에 의문을 제기해야 한다. 때때로 이런 상품들은 수용하는 문화의 가치에 알맞게 변형된다." 이는 세계적으로 표준화된 마케팅 커뮤니케이션의 목적인 통제 대신에 통제의 실패로 나타난다.

1990년까지 사업과 광고를 표준화하여 시행한 많은 거대 다국적 기업의 경우 중앙에서 통제만 하다 보니 지역성에 둔감하여 이익이 감소하는 현상을 지켜볼 수밖에 없었다. 1990년대 중반 포드사는 해외업무를 중앙에서 총괄했다. 포드의 경영진은 요즘 "이 때문에 포드 유럽지사의 중심활동이 지역적 특성에서 멀어졌다. 결과적으로 포드는 시장점유율이 35%나 되는 유럽에서 경쟁력을 잃었다"[70]고 생각한다. 반면에 도요타의 성공은 상품개발과 마케팅에서의 탈중심화(*decentralization*) 전략에서 기인한 바가 크다고 한다.[71] 의류소매업체인 C&A는 1997년 유럽 내 광고와 구매업무를 표준화했다. 상당량의

March 27, 2000. Retrieved March 3, 2000, from http://news.ft.com.

68) Crawford, Anne-Marie, "New Coke chief cans 'universal' message," *M&M Europe*, March 2000. p. 8.

69) Crawford, 2000. p. 5

70) Welch, David and Terney, Christine, "Can the Mondeo get Ford back into the race?," *BusinessWeek*, October 16, 2000. p. 29.

71) Oude Weernink, Wim, "Het familiegevoel van Toyota(Toyota's family feeling)," *NRC Handelsblad*, November 9, 2000. p. 16.

손해를 본 C&A는 영국과 아일랜드에 있는 109개의 점포를 폐점했다. 영국과 아일랜드의 소비자들은 나머지 유럽인들과는 다른 취향을 갖고 있다.[72] 유럽대륙 내 국민들도 다양하기는 마찬가지다. 예를 들어, 캐주얼 의류는 사람들이 더 격식있게 입고 다니는 독일에서보다 네덜란드에서 더 잘 판매된다. 2000년 말 C&A는 구매와 광고에서 지역적 특성을 살리는 지역화 전략을 도입했다.

영국의 소매업체 마크 & 스펜서(Mark & Spencer)는 그 당시까지 각 지역의 특성을 살리는 광고캠페인을 전개하다 유럽 전체에 동일한 광고를 하기 시작했다. 2001년 말 마크 & 스펜서는 유럽 대륙에서 철수했다. 지역에 따른 다양한 성향은 표준화 상품의 판매를 막는 것만이 아니라 판매방식에도 영향을 미치게 된다.

1996년 미국 소매업체 월마트는 인도네시아에 아주 효율적이고 청결한 분점을 설립했다. 하지만 인도네시아 사람들은 근처에 있는 더 허름한 상점을 선호했는데 이들은 흥정할 수 있는 길거리의 상점을 연상시켰다.[73] 많은 국제적 기업들은 그들이 진입하는 해외시장에서 내국상품의 위력을 낮춰보는 동시에 자사의 명성을 과대평가하는 경향이 있다. 켈로그 인도지사에서는 기름기 많은 인도음식 대신 몸에 좋은 시리얼로 대체하려고 시도했으나 인도인의 반응은 미온적이었다. 켈로그는 서구적 취향을 가진 일부 틈새시장의 고객에게만 소비되었을 뿐이다.[74]

개발도상국에서는 외국 브랜드가 잠시 유명세를 누릴 수는 있지만, 성장기를 거치면 사람들은 보통 자국의 오래된 브랜드를 선호하는 경향을 보인다. 1990년대 초반 러시아에서는 모든 서구상품의 판매가 가능했지만, 1996년이 되서야 코카콜라나 네슬레 같은 다국적

---

72) *NRC Handelsblad*, June 15, 2000.

73) "Shopping all over the world," *The Economist*, June 19, 1999. pp. 73~75.

74) "Spice with everything," *The Economist*, November 22, 1997. p. 87.

기업은 광고 메시지를 그 나라의 성격에 맞추기 시작했다. 러시아인이 민족주의적 경향을 보이자 기업들은 그들의 상품을 지역화하려고 노력했다.[75)]

맥도날드의 강력한 브랜드 이미지 유지와 세계적으로 일관성 있는 서비스 다음으로 중요한 성공요인을 꼽으라면, 아마도 그들의 광고가 지역적 특성을 반영하고 상품 또한 지역적 느낌을 주는 점이라고 해도 과언은 아니다. 예컨대, 뉴질랜드의 키위버거, 인도의 마하라자맥(Maharaja Mac), 말레이시아의 행운(*prosperity*) 버거, 네덜란드의 맥크로켓(Mckroket), 노르웨이의 구운 연어 버거, 프랑스의 크로케맥도(Croque McDo, 프랑스어 Croque Monsier* 같은 맥도날드 광고는 지역의 관습과 상징을 잘 표현했다. 예를 들어, 프랑스 맥도날드 지사는 프랑스에서 가장 유명한 만화인 "아스테릭스와 오벨리스크"(Asterix and Obelisk)를 이용해서 광고를 창작했다.

글로벌 마케팅에서는 일관성보다 유연한 전략이 더 중요하다. 〈리더스 다이제스트〉가 2001년과 2002년에 행한 '유럽 브랜드 신뢰도'(European Trusted Brand)[76)] 조사는 글로벌 브랜드가 아닌 국내 브랜드나 복합지역성(*multi-local*)을 지닌 브랜드들이 지닌 저력을 보여주었다. 이들 지역 브랜드는 다국적 기업에 비해 상당한 경쟁력을 보여주었다. 이들은 오랜 역사를 가지고 있거나 국가적 가치를 지닌 것이다.

글로벌화에서 지역화로의 변화추세는 매체의 지역화에 의해서 더욱 강화된다. 범세계적이며 범지역적인 텔레비전 채널들은 지역의 언어를 받아들이고, 광고주들에게 문호를 개방하고 있다. 2002년까

---

75) Aris, Ben, "Tsarevich Ivan makes Russian fairy tale come true for Coke," *M&M Europe*, September 1998. p. 12.

* 역자주) 치즈와 햄을 넣은 따뜻한 샌드위치.

76) *European Trusted Brands 2001 and 2002*, London: Reader's Digest.

지 전 세계적으로 CNN 산하 지역방송국은 22개에 달했다. 매체는 제 7장(매체 이용)에서 더 논의할 것이다.

지역화는 문화의 영향력을 이해해야 할 마케터와 광고인들에게 점점 중요해지고 있다. 글로벌 광고는 런던과 뉴욕 같은 지역적/세계적 중심부에서 발전되며, 대체로 해당 광고창작자들의 습관과 가치를 반영하게 마련이다. 앵글로 아메리카의 가치는 세계의 모든 다른 문화적 가치에 부합될 필요는 없다. 이런 문화적 효과는 종종 경제적 결과보다 분명하지도 않고 도달하기도 어렵지만, 그것은 결국 널리 퍼지며 보다 심각할 수 있다.[77]

10. 교차문화의 소비자행동론

대부분의 소비자행동 이론은 미국에서 개발되었다. 다른 나라 학계에서는 이런 이론들이 보편적인 것처럼 적용했다. 문화를 초월하여 소비자행동을 비교한 연구는 없다. 문화가 사람들의 가치에 영향을 미치고 있음에도 불구하고 국제마케팅 교재에서는 문화가 소비자행동에 단지 환경적 영향을 미칠 뿐이라며 그 중요성을 간과했다. 현대 마케팅은 효과적인 마케팅과 광고 프로그램을 개발하기 위해서 이런 가치들을 활용한다.

소비자행동에 필요한 문화의 결과를 이해하기 위하여 문화는 소비자행동론의 다양한 측면에서 통합되어야 한다. 이상적으로 소비자행동론은 각 문화 내에서 발전하며 사람들의 행동은 개별 국가에서 연구되어야 한다. 각 문화를 비교하기 위해서는 각 문화나 문화집단이

77) Clark, Terry, "International marketing and national character: A review and proposal for an integrative theory," *Journal of Marketing*, October 1990. pp. 66~79.

어떻게 다르며, 또는 어떻게 유사한지 알 수 있는 변인과 구성개념을 찾아야 한다. 이러한 보편문화적(*etic*)* 접근방식(제 2장을 참고하라)을 따르면 각 문화의 특성을 간과하는 우를 범할 수 있으나, 이런 방식이 비교문화 심리학과 여타 비교사회학 연구에서 가장 실용적이고 일반적이다.[78)]

이 책에서는 다양한 문화의 소비자행동을 연구하는 데 있어 먼저 기존연구를 재검토하고 문화라는 변인을 각 이론과 접목할 것이다. 이 책의 중심개념은 소비자이다. 다양한 속성, 사회적 과정, 정신적 과정, 행동유형을 바탕으로 다양한 맥락에서 소비자를 분석할 것이다. 소비자에게 문화적 가치란 단순한 환경적 요소가 아닌 통합적 요소이다.

---

* 역자주) ① 네이버 오픈 백과사전(http://opendic.naver.com)
문화상대주의 개념이 야기하는 중대한 문제점은 문화상대주의가 인류학자들로 하여금 사회와 문화의 일반적 비교를 위한 이론적 기반을 세우지 못하게 한다는 점이다. '특수문화적'은 원주민의 범주 그 자체를 말하고, '보편문화적'은 검증할 수 있는 과학적 판단을 말한다. 보편문화적 모형은 비교와 일반화를 수립하기 위해서 각 문화간 경계를 초월한다. 그러므로 보편문화적 모형으로 설명한다는 것은 특정의 민족적 맥락에 구애받지 않고 가설이나 이론을 사용하는 것이다. 그런데 문화상대주의적 입장은 원주민의 관점에서, 곧 특수문화적 모형으로 민족지적 자료를 이해해야 한다는 것이다. 그러므로 보편문화적 모형의 사용을 어렵게 하는 결과를 가져온다. 일부 인류학자들은 문화상대주의 개념에 동조해서 보편문화적 모형을 사용한 과학적 일반화는 불가능하고, 인류학이 할 수 있는 것은 특정 문화를 서술, 해석하는 작업뿐이라고 주장한다. 그러나 대부분의 인류학자들은 여러 사회체계에서 사회구조나 역사적 과정의 규칙성과 법칙을 찾는 일이 가능하다고 믿는다.
② Meriam-Webster Online Dictionary
etic: of, relating to, or having linguistic or behavioral characteristics considered without regard to their structural significance compare EMIC.

78) Luna, David and Forquer Gupta, Susan, "An integrative framework for cross-cultural consumer behavior," *International Marketing Review* 18, 2001. pp. 377~386.

11. 결 론

이 장에서 언급한 주제들은 학계와 실무현장에서의 일반적 가정들을 개략적으로 보여준다. 그 가정들은 글로벌 광고에 의해 전파되는 보편적 가치를 지닌 글로벌한 소비자 또는 글로벌한 공동체가 존재한다는 것이다. 하지만 현실은 다르다. 상품과 커뮤니케이션 전략을 표준화했던 기업들이 부정적 결과를 얻었다는 점에서도 알 수 있다. 글로벌 광고는 국가를 초월하는 소비자행동이 기술과 국부를 수렴할 것이라는 가정에서 출발하였다. 하지만 이러한 주장을 뒷받침하는 증거는 없다. 대신에 부의 수렴과 함께 탈결핍(*post-scarcity*) 사회에서 살아가는 사람들이 늘어나면서, 그 차이는 더 뚜렷해지고 있다. 오해의 뿌리들은 보편주의, 영어의 확산, 역사감각의 결여이다. 탈결핍 사회를 비교하는 데 있어서 소득은 더 이상 설명변인이 될 수 없으며, 문화가 새로운 패러다임이 된다.

가치와 문화 제2장

그동안 상이한 가치지향성이 상품과 브랜드에 대한 선호를 다양화시키는 원인이라고 이해되었다.[1] 소비자와 마케터 모두의 가치는 자신들의 문화에 따라 규정되는데, 따라서 가치개념과 문화를 이해하는 것이 중요하다. 문화가 어떻게 작동하는지를 이해하기 위하여 우리는 그것을 구체화시켜야 한다. 문화적 차이를 관찰하여 도표화시킨 문화의 모형은 이것을 용이하게 한다. 이 장에서는 그런 모형들에 대하여 설명한다. 가치개념, 문화, 그리고 문화의 다양한 차원에 대하여 기술함으로써 소비자행동의 차이들을 설명할 수 있다.

1) Vinson, Donald E., Scott, Jerome E., and Lamont, Lawrence M., "The role of personal values in marketing and consumer behavior," *Journal of Marketing*, April 1997. pp. 44~50.

1. 가 치

가치(*value*)에 대해 연구했던 초기의 미국 연구자 중 한 명인 로키치(Rokeach)[2]는 가치를 "특정 양식의 행동이나 특정 시점에서 최종적 존재상태가 다른 것보다 낫다고 생각하는 지속적 신념이다. 가치체계(*value system*)란 관련된 중요도의 연속성에 따라 더 선호하는 행동 양식이나 최종적 존재상태에 대한 신념을 지속적으로 조직화하는 것"으로 정의했다. 가치체계에서 가치는 다른 가치들과 견주어 우선순위를 부여받는다. 이 때문에 어떤 저자들은 '가치 우선순위'라는 용어를 가치와 번갈아 사용하기도 한다.

가치란 다른 것을 능가하는 하나의 존재상태에 대한 선호이기 때문에 그것들은 종종 극단 척도(*polar scales*)로 측정되며, 예컨대 다음과 같다.

- 건강한 - 아픈
- 깨끗한 - 더러운
- 능동적 - 수동적
- 낙천주의자 - 염세주의자
- 근대적 - 전통적

하나의 대상이나 맥락을 둘러싼 몇 가지 신념의 조직체인 '태도'와 달리 '가치'는 매우 특정한 성격의 믿음을 말한다.[3] 태도에는 인지적, 정서적, 행동적 요소가 담겨 있다. 가치가 추상적 용어로 표현되기는 하지만 사람들은 대체적으로 그들이 선호하는 '존재상태'가 무엇

2) Rokeach, M., *The nature of human values*, New York: Free Press, 1973, p. 5.

3) Rokeach, 1973, p. 18.

인지 알고 있다. 사람들이 가치에서 어떤 감정을 느낀다는 점에서 가치는 정서적이다. 행동을 유발하는 중재변인으로서 가치는 행동적 요소를 담고 있다.

로키치는 가치를 궁극적 가치와 도구적 가치라는 두 가지 차원에서 구별한다. 궁극적 가치는 존재의 바람직한 최종상태를 말하며, 도구적 가치는 행동의 바람직한 상태를 말한다. 도구적 가치는 행동의 최종상태에 도달하는 데 필요한 동기를 부여한다. 예를 들어, 도구적 가치인 '야심'과 '능력'은 '안락한 생활'과 '성취감'이라는 궁극적 가치로 이어진다.

1) 바람직한 가치와 바라는 가치

가치에는 구분해야 할 두 가지 측면이 있는데, 첫째, 생활의 지침으로서의 가치이고, 둘째, 다른 것보다 선호하는 하나의 행동양식으로서의 가치이다. 이런 차이는 '바람직한 가치'(*the desirable*) 와 '바라는 가치'(*the desired*) 와의 관계와 밀접하다. 또한, 이것은 사람들이 욕구의 대상이 되어야 한다고 생각하는 것과 실제로 그들이 갈망하는 것과의 관계와도 연결된다. 이것은 '세상이 어떤 모습이어야 하는지'에 대한 사람들의 생각과 그들 자신을 위한 욕구 간의 대립이다.[4)]바람직한 가치는 한 사회의 일반적 규범을 말하며, 옳고 그름을 구분하는 절대적 용어로 표현된다. 바라는 가치는 우리가 원하는 것, 우리 스스로에게 중요한 것을 의미한다.

로키치는 자신의 정의에서 의도적으로 바람직한 가치라는 개념을 필사적으로 배제시킨 점을 언급한다. 가치에 대한 그의 정의에서, 그는 가치가 도덕적 원칙이 아니라 더 나은 상태라고 말한다. 가치측정

4) Hofstede, Geert, *Cultures and organizations: Software of the mind*, London: McGraw-Hill, 1991, New York: McGraw-Hill, 1997, p. 9.

에 있어서, 도덕적 기준에 대해 묻는다면 더 선호하는 존재상태에 대해 질문할 때와는 다른 답변을 얻게 될 것이다. 평등에 대한 질문을 예로 들어보자. 일부 문화권에서는 상급자와의 관계(예를 들어, 사장이나 직장상사)에서 불평등은 암묵적으로 용납된다. 하지만 사람들의 관계가 좀더 평등해져야 하겠냐고 묻는다면 사람들은 그렇다고 대답하는 경향이 있다.

시장조사 전문가 그루넛(Grunert)과 뮬러(Muller)[5]는 연구에서 추가적 간섭유형을 지적한다. 바람직한 가치는 사람들이 갖기를 바라는 것은 물론 실제로 사람들의 일상생활을 안내하는 그 무엇도 나타낼 수 있지만, 그러나 주어진 현재 맥락에서 얻을 수는 없다. 연구를 수행할 때 우리는 '실제'(*real*) 생활의 가치와 '이상적'(*ideal*) 생활의 가치를 구분할 필요가 있다.

바람직한 가치와 바라는 가치가 항상 겹치는 것은 아니며 때때로 대립하거나 모순적 관계에 놓이기도 한다. 각 사회에서는 가치의 이러한 대립적 요소의 결과인 특별한 가치 패러독스(*value paradoxes*)를 가지게 마련이다.[6] 하나의 사례가 미국의 많은 가치목록에서 나타나는 가치인 '소속감'(*belonging*)인데, 이는 똑같이 중요한 가치인 '막된 개인주의'(*rugged individualism*)의 관점에서도 역설적으로 나타난다. 중국문화에서의 역설적 요소의 사례는 서구적 가치의 관점에서 보면 대립적 가치인 데 비해 중국광고에서는 근대성과 전통이 함께 나타나며 조화를 이룬다는 점이다.[7] 문화의 가치 패러독스(역설)에 대한

---

5) Grunert, Suzanne C. and Muller, Thomas E., "Measuring values in international settings: Are respondents thinking 'real' life or 'ideal' life?", in *Global perspectives in cross-cultural and cross-national consumer research*, edited by Lalita Manrai and Ajay Manrai, New York/London: International Business Press/Haworth Press, 1996.

6) De Mooij, Marieke, *Global marketing and advertising, understanding cultural paradoxes*, Thousand Oaks: Sage, 1998, pp. 179~186.

이해는 바람직한 가치, 해야 할 것, 사람들이 바라는 것, 또는 그들이 갖지 못한 것에 치중하려한 광고를 분석할 때 대단히 중요하다. 예를 들어, 가족이 자아의 통합된 일부에 불과한 문화권에서는 광고에서 가족의 중요성을 그다지 강조할 필요가 없다. 가족 가치관이 희박한 문화권에서는 광고에서 바람직하고 행복한 가정생활을 하는 데 필요한 상품의 역할에 더 초점을 맞춰야한다.

2. 가치의 지속

가치란 의식적이지는 않지만 암시적으로 어린이가 처음 배우는 것 중 하나이다. 발달심리학자들은 대부분의 아동이 열 살 때쯤 기본 가치체계를 확립한다고 한다.[8] 가치는 세대를 거치며 안정화된다. 몇몇 연구에서 이런 안정성을 입증한다. 얀켈로비치(Yankelovich)[9]는 미국인에게 가장 중요한 많은 가치가 장기간에 걸쳐 확고히 계승되었음을 밝혔다. 자유, 평등, 공평, 성취, 애국심, 민주주의와 종교 등을 대표적 예로 들 수 있다. 1934년부터 갤럽은 오랫동안 미국인이 지닌 의견과 신념을 측정했다. 미국은 이 조사에서 다른 나라에 비해 종교적 성향을 더 많이 지닌 것으로 나타났다. 1995년 갤럽의 조사에서 61%의 미국인이 어느 종류든 신에 대한 확고한 믿음 없이는 민주

7) Cheng, Hong and Schweitzer, John C., "Cultural values reflected in Chinese and U.S. television commercials," *Journal of Advertising Research*, May/June 1996, pp. 27~45.

8) Hofstede, 1991, p. 8.

9) Yankelovich, D., "How changes in the economy are reshaping American values," in *Values and public policy*, edited by H. J. Aaron, T. E. Mann, and T. Taylor., Washington, DC: Brookings Institution, 1994, pp. 23~24.

주의가 살아남을 수 없다고 응답했다.[10]

시간이 흐르면 일본은 서양으로 수렴될 것으로 기대되었지만 일본의 가치는 비교적 안정적으로 유지되었다. 안정적 가치의 사례는 실용주의와 근면성이다. 중국에서는 문화혁명에 따라 변화를 겪었지만 유교적 가치가 여전히 중요하게 남아있다.[11]

또한, 광고연구자들도 가치의 안정성을 보고했다. 상업적 커뮤니케이션은 서구에서든 아시아에서든 문화적 특성과 조화를 이루었다. 예를 들어, 홍콩 사회의 급격한 변화에도 불구하고 사람들은 구매결정과 광고메시지에 대한 반응방식에 영향을 미치는 많은 전통적 태도를 고수한다.[12] 폴리(Pollay)와 갤리거(Gallagher)[13]는 1970년에서 1980년 사이의 미국광고에 강한 일관성을 지닌 가치들이 담겨 있다고 밝혔다. 특히, 인쇄광고와 텔레비전광고에서 유사한 가치가 발견되었다. 와일즈(Wiles)와 동료들은[14] 20년 전과 현재의 광고에 나타난 가치를 비교했는데, 동일한 가치가 발견되었다.

사람들은 교육수준과 부가 증가하면서 성차별이 감소될 것이라 생각하는 경향이 있으나, 미국에서의 역할패턴은 지속되거나 오히려

---

10) "Dr. Gallup's finger on America's pulse," *The Economist*, September 27, 1997, p. 102.

11) Inkeles, Alex, *Continuity and change in popular values on the Pacific Rim*, Stanford, CA: Hoover Institution, Stanford University, 1997.

12) Tai, Susan H. C. and Tam, Jackie L. M., "A comparative study of Chinese consumers in Asian markets—a lifestyle analysis," *Journal of International Consumer Marketing* 9, 1996, pp. 25~42.

13) Pollay, Richard W. and Gallagher, Katherine, "Advertising and cultural values: Reflections in the distorted mirror," *International Journal of Advertising*, 9, 1990, pp. 359~372.

14) Wiles, Charles R., Wiles, Judith, and Tjernlund, Anders, "The ideology of advertising: The United States and Sweden," *Journal of Advertising Research* May/June 1996, pp. 57~66.

증가한다는 증거도 있으며,[15] 1975년과 1993년 사이에 아버지의 역할에서 어떤 본분, 의무, 그리고 신념과 관련한 성별간의 차이는 증가되었다.[16]

3. 마케팅에서의 가치

로키치의 가치조사(Rokeach Value Survey)는 많은 연구자에게 사례를 제공한 최초의 가치연구의 하나였다. 가치목록(LOV, *List Of Values*)으로 불리는 가치에 대한 보다 간편한 접근은 팀머(Timmer)와 카일(Kahle)[17]에 의해 수행되었다. 가치목록은 ① 소속감, ② 흥분, ③ 인생의 재미와 즐거움, ④ 타인과의 따뜻한 인간관계, ⑤ 자기만족, ⑥ 타인으로부터의 존경, ⑦ 성취감, ⑧ 안정감, ⑨ 자존심 같은 9가지 가치로 구성되어 있다. 가치목록(LOV)의 9개 항목은 미국 마케팅과학연구소(the United States Marketing Science Institute)에서 개발한 다중 가치목록(MILOV, *Multi-Item List Of Values*) 측정방법을 개발하는 근간이 되었다. 클로슨(Clawson)과 빈슨(Vinson)[18]은 가치

---

15) Inkeles, Alex, *One world emerging?*, Boulder, CO: Westview, 1998, p. 173.

16) Cafferata, Patricia; Horn, Martin I., and Wells, William D., "Gender role changes in the United States," in *Values, lifestyles, and psychographics*, edited by Lynn Kahle and Larry Chiagouris, Mahwah, NJ: Lawrence Erlbaum, 1997, p. 258.

17) Kahle, L. R. and Goff Timmer, S., *Social values and social change: Adaptation to life in america*, New York: Praeger, 1983.

18) Clawson, C. Joseph and Vinson, Donald E., "Human values: A historical and interdisciplinary analysis," in *Advances in consumer research*, Vol. 5, edited by H. Keith Hunt, Ann Arbor, MI: Association for Consumer Research, 1978, pp. 396~402.

를 마케팅에 접목한 초기의 학자들이다. 그들의 주장에 따르면 소비자 가치는 개인적, 사회적, 문화적 학습을 통해 형성되기도 하고 수정되기도 한다. 미국인의 가치목록은 다른 나라의 가치연구에도 사용되었다.

마케팅과 광고에서의 가치개념은 문화기술지 방식으로 사용되기도 한다. 하나의 문화에서 발달한 가치연구는 그 적합성을 따져보지 않고 타문화 연구에 적용되기도 한다. 폴리(Pollay)[19]가 정의하여 광고에 적용한 가치목록의 사례는 단지 미국적 가치만을 포함하고 있다. 이것은 미국광고에 대한 분석 결과이므로 논리적이다. 60년간 수백 개의 광고물을 분석하여 도출한 문화적 가치는 미국인의 문화적 생활의 근간이 되었으며, 소비자 문화에 깊숙이 침투한 것으로 나타났다. 한편, 폴리의 목록은 광고에 관한 비교문화연구에도 사용되었다. 하나의 문화에서 도출한 가치체계를 문화의 본질에 대한 탐구 없이 비교문화의 맥락에 적용하는 것은 민족적 소비자중심주의(*ethno-consumerism*)이다.[20] 연구자는 동일한 가치목록이 같은 마케팅 자극에 반응하는 각각 다른 두 집단의 소비자에게 영향을 미친다거나 또는 한 나라에서의 행동 요인이 다른 나라에서도 같다고 가정해서는 안 된다.[21] 가치와 관련된 행동 모두 문화에 따라 달라진다.

---

19) Pollay, Richard W., "The identification and distribution of values manifest in print advertising 1900~1980," in *Personal values and consumer psychology*, edited by Robert E. Pitts, Jr. and Arch G. Woodside, Lexington, MA: Lexington Books, 1984, pp. 111~135.

20) Venkatesh, Alladi, "Ethnoconsumerism: A new paradigm to study cultural and cross-cultural consumer behavior," in *Marketing in a multicultural world*, edited by Janeen Arnold Costa and Gary J. Bamossy, Thousand Oaks: Sage, 1995.

21) Lowe, Anthony Chun-Tung and Corkindale, David R., "Differences in 'cultural values' and their effects on responses to marketing stimuli. A cross-cultural study between Australians and Chinese from the People's

4. 문화의 정의

문화는 집단을 서로 묶어주는 접착제와 같다. 문화적 양식 — 의미 있는 상징을 위한 조직적 체계 — 이 없다면, 사람들은 같이 살아가는 데 어려움을 겪을 것이다. 문화는 인간사회와 구성원 그리고 사회조직을 규정한다. 인류학자인 클리포드 기어츠(Clifford Geertz)[22]는 문화를 사람들의 행동을 조종하기 위한 통제의 기제 — 계획, 비책, 규칙, 지시사항(컴퓨터 전문가들이 '프로그램'이라고 부르는) — 라고 본다. 사람들은 자신의 행동에 질서를 부여하기 위해 문화라는 통제기제에 의존한다. 이런 연장선에서 홉스테드(Hofstede)[23]는 문화를 "하나의 환경 속에서 살아가는 사람들의 정신을 조작하는 집합적 프로그램이다. 문화는 개인의 성격을 말하는 것이 아니라 같은 교육과 인생경험에 의해 조건화된 몇몇 사람들을 둘러싸는 것"이라고 정의한다.

개인들이란 그들의 문화와 사회집단의 산물이므로 사회적 환경 속에서 특정 방식으로 행동하도록 통제된다. 문화는 개인으로부터 분리될 수 없으며, 그것은 개인으로부터 독립적으로 존재하는 추상적 가치체계가 아니다. 문화는 또한 역사적 맥락으로부터 분리될 수 없다. 문화가 사회에 가지는 의미는 기억이 개인에게 지니는 그것과 같다. 문화는 과거에 '일어났던' 것들을 포함한다. 문화는 특정한 역사적 시기에 특정 지역에서 살아가며 특정 언어를 사용하는 사람들에게 공유된 믿음, 태도, 규범, 역할, 그리고 가치를 포함한다. 이러한 주관적 문화의 공유요소는 세대를 통해서 전승되기도 한다. 언어, 시대, 장소는 문화의 정의에 유용하다.[24]

Republic of China," *European journal of marketing* 32, 1998, pp. 843~867.

22) Geertz, Clifford, *The interpretation of cultures*, New York: Basic Books, 1973, p. 44.

23) Hofstede, 1991, p. 5.

미국의 사회학자 알렉스 잉켈레스(Alex Inkeles)[25]는 개인은 사회를 구성하며 특정 사회의 특정한 생활조건은 구성원의 성격에 어떠한 변별적 패턴으로 부각되기 때문에 '국가적 특성'(*national character*)이라는 용어를 사용한다. 이러한 국가적 특성은 정해진 국민에 의해서 천명된 사회심리학적 특성들의 묶음이다. 그 중 일부는 다른 나라의 국민과 공유할 수도 있다. 하지만 전체적 내용은 차별적이기 쉽다. 최빈값이 국가문화에 근접하는 경향이 있는 어떤 사회에서도 많은 다양한 개인적 특성이 존재하지만, 가치와 성격적 기질 같은 개성적 특성의 분포는 정상분포를 따른다.

5. 문화비교

문화적 차이는 몇 가지 방식으로 드러난다. 홉스테드[26]는 상징, 주도층(*hero*), 의식, 가치를 구분한다. 상징, 주도층, 그리고 의식은 문화의 가시적 측면인 문화의 실제나 표현이다. 이면적 가치들은 드러나지 않는다. 종종 사람들이 문화의 수렴을 제안할 때 그들은 종종 문화적 상징들을 언급한다.

---

24) Triandis, H., *Individualism and collectivism*, Boulder, CO: Westview, 1995.

25) Inkeles, Alex., *National character*, New Brunswick, NJ: Transaction Publishers, 1997, pp. 3~17.

26) Hofstede, Geert, *Culture's consequences* (2nd ed.), Thousand Oaks: Sage, 2001, p. 11.

1) 특수문화와 보편문화

문화를 비교하는 두 가지 다른 방법은 특수문화적(*emic*) 및 보편문화적(*etic*) 관점이다. '에믹'(*emic*)과 '에틱'(*etic*)이라는 용어는 언어학의 분류인 '음소'(*the phonemic*)와 '음성'(*the phonetic*)의 뒷부분에서 따온 것이다. 음소연구는 특수성에 관한 것이고 음성은 일반성에 관한 것이다. 특수문화적 접근은 어떤 특정 문화에서의 행동양식을 묘사하려는 반면, 보편문화적 접근은 다른 문화 내에서의 행동을 묘사하고 비교하기 위해서 외적 준거를 사용한다.[27] 설명변인으로써 문화가 지닌 유용성은 문화의 개념을 '풀어내는' 능력에 달려있다. 이를 위하여 보편문화적 접근이 필요하며, 문화적 가치는 해석 가능한 차원에서 배열되어야 한다.[28] 이런 차원에 따른 문화적 위치의 차이는 행동 패턴, 규범, 태도, 그리고 개성 변인의 분포에서 문화간 차이를 설명하는 데 유용하게 활용될 수 있다.

2) 가치 측정

사회를 특징짓는 가치를 직접 관찰하는 것은 불가능하다. 그러한 가치들은 다양한 문화적 산물(전래동화, 아동용 도서, 광고)을 통해서 추론해 볼 수 있다. 다른 방법으로는 사회구성원에게 몇 가지 대안 중 그들이 좋아하는 것을 말하게 하여 개인적 가치를 평가하고, 다음에 그러한 응답의 집중경향을 파악하는 것이다. 가치의 차이를 문화

---

27) De Mooij, 1998, p. 65.

28) Schwartz, Shalom H, "Beyond Individualism/collectivism: New cultural dimensions of values," in *Individualism and collectivism*, edited by Uichol Kim, Harry C., Triandis, Çigdem Kâgitçibasi, Sang-Chin Choi, and Gene Yoon, Thousand Oaks: Sage, 1994, p. 85.

상품이나 문화의 부산물로부터 추론할 때 우리는 항상 순환논리의 위험을 겪는다.[29] 가치는 개인에 대한 연구로부터 도출된 문화정보와 연계되어야 한다. 이는 쉬운 일은 아닌데, 가치란 무의식적으로 학습되기 때문에 사람들은 단지 가치를 부분적으로만 자각한다. 가치는 자동 조종사처럼 작동하며 사람들은 단지 가치를 추상적 방법으로 묘사할 수 있다.[30]

개인적 수준에서 가치를 측정할 경우 문화는 언제나 일정한 역할을 한다. 많은 (문화적) 가치연구에서는 자아반영(*self-reflective*) 보고서를 활용한다. 즉, 응답자에게 자신에 대한 진술문(즉, "나는 나만의 일을 하는 경향이 있다")에 대한 동의여부를 응답하도록 한다. 비교문화심리학자 기타야마(Kitayama)[31]는 이러한 면접은 사람들이 실제 사회생활을 하며 행하는 정신적 반응을 제대로 반영하지 못한다고 주장한다. 사람은 자신에 대한 어떤 판단을 내릴 때 은연중에 다른 사람과 자신을 비교하게 된다. 그러나 이때 참고하는 타인은 문화마다 다르다. 난폭운전이 일반화된 사회의 운전자는 자신을 난폭운전자라고 생각하지 않을 테지만, 대부분의 사람이 안전운전을 하는 사회에 가면 자신이 난폭하게 운전한다는 사실을 인정할 것이다.

문화는 의미의 공유와 실천 그리고 이와 연계된 정신적 과정과 반응으로 구성된다. 문화는 머릿속에만 존재하지 않으며 또한 '외부에도 존재'하며, 그것은 정신적 과정, 맥락, 그리고 행동에 영향을 주는 맥락의 조합이다.

보편문화적(*etic*) 접근법에 따른 가치연구를 위해서는 유사한 설문

---

29) Inkeles, 1997, p. 103.

30) Hofstede, 1991, p. 8.

31) Kitayama, Shinobu, "Culture and basic psychological processes. Toward a system view of culture: Comment on Oyserman et al. (2002)," *Psychological Bulletin* 128, 2002, pp. 89~96.

항목이 사용되어야 하고 질문이 번역되어야 한다. 그러나 언어 역시 문화의 표현이다. 가치에 대한 질문은 번역이 가능해야 하고 질문이 사용되는 모든 문화를 초월하여 개념의 동등성(*conceptual equivalence*)을 확보해야 한다. 어떤 문화권에만 해당되는 몇몇 특정 가치를 보편문화적 접근법으로 직접 측정할 수는 없고, 다만 다양한 보편문화적 척도에 포함된 가치를 해석함으로써 측정이 가능하다. 하나의 문화권에만 존재하는 가치는 다른 문화권에서는 동일한 개념이 존재하지 않을 수도 있다. 개인과 연계된 경쟁의식의 개념을 사례로 들어보자. 개인적인 사람을 가리켜 영어로 그나 그녀가 "경쟁심이 강한 사람"이라고 말할 수 있다. 네덜란드어로 경쟁의식은 사람에게 연결되지 않는다.

3) 개인과 문화 수준

문화적 요소들은 개인들에 의해 유지되며 개인은 물론이고 사회에도 영향을 미친다. 국가를 초월하여 비교할 때, 각 사회구성원이 인식하는 평균적 가치의 우선순위를 비교한다. 한 조직의 평균적 가치의 우선순위란 한 단체나 국가의 구성원이 공유하는 것이다. 개개인의 가치는 부분적으로는 공유된 문화의 산물이고 일부는 개인의 고유한 성격과 경험에서 우러나온 것이다. 관습이나 사회적 제도가 구성원에게 공유되는 사회적 가치를 반영하기 때문에 개인적 가치와 문화적 가치는 겹치기도 한다. 그렇지 않다면 개인은 적절한 행동을 할 수 없을 것이다. 사회의 개별 구성원은 사회제도의 요구에 부합되는 내재적 가치를 지닌다. 개인은 그들의 문화적 우선순위에 따라 움직이며 그러한 행동을 바탕으로 사회체제를 재강화한다.[32]

---

32) Hofstede, 2001, pp. 15~17 and Schwartz, 1994, pp. 92~93.

소비자심리학자들은 일반적으로 사회제도(국가, 문화권)의 범위 내에서 개인의 행동을 측정한다. 개인은 모집단에 대한 결론을 도출하기 위하여 모집단으로부터 표집된다.[33] 비교연구에서, 한 국가 내에서 관찰된 개인의 속성들(즉, 연령이나 문맹률)은 종합되며 나아가 국가수준의 변인으로 간주된다. 국가수준의 현상들(즉, 국가간 컴퓨터 보유의 차이)을 설명하기 위해서, 수집한 자료와 다른 국가수준 변인(즉, 1인당 GNP)간의 상관관계를 알아볼 수 있다. 원천적으로 여러 나라의 개인으로부터 수집된 자료들이 사용되지만, 이는 체계간(*between-system*) 비교 또는 국가간(*between-country*) 비교라고 불린다. 자료들은 종합된 것이기 때문에, 체계내(*within-system*)의 차이를 설명하는 데는 더 이상 사용할 수 없다.

홉스테드[34]는 문화는 총체적인 것(*wholes*)이며 문화의 내적 논리는 개인의 측정에 사용된 용어로는 이해될 수 없다고 언급한다. 문화적 수준(또한 생태학적 수준으로 일컬어지는)에서 관찰된 패턴은 개인적 수준에서 관찰되는 그것과 다를 수 있다. 문화는 거대한 개성이 아니라 각각 다른 개성이 갈등하고 보완하면서 부분의 총합보다 더 큰 전체를 창조하는 상호작용 과정을 통해서 형태를 갖춘다.[35] 따라서 문화적 수준에서 특정가치들이 연상되는 형식은 개인적 수준에서의 그러한 연상과는 다를 수 있다. '자유'를 예로 들어보자. 국가적 수준에서의 '자유'라는 가치가 연상시키는 것과 개인적 수준에서의 '자유'가 연상시키는 것은 다르다. 자유를 중요한 가치로 인정하는 국가에서

---

33) Van Raaij, W. Fred, "Micro and macro economic psychology," in *European perspectives on consumer behaviour*, edited by Mary Lambkin, Gordon Foxall, Fred van Raaij, and Benoît Heilbrunn, London: Prentice Hall, 1998.

34) Hofstede, 2001, pp. 16~17.

35) Hofstede, 2001, p. 463.

는 타인의 복지에 대한 가치를 중요하게 여기는 반면, 지배나 부유함은 낮은 가치로 여길 것이다. 개인적 수준에서, 개인의 자유를 중시하는 사람은 타인의 안녕을 강조하지 않고 그들 자신의 독립에 관한 생각과 행동을 증진하는 가치를 강조할 것이다.[36]

개인의 행동을 해석하기 위하여 문화수준의 상관관계를 이용하다가 잘못된 해석('생태학적 오류')을 할 수도 있다. 체계 내 상관관계는 체계간 상관관계와는 다를 수 있다. 따라서 문화적 수준의 변인간 관계에서 도출한 개인적 수준에서 결론은 오류일 가능성이 있다는 말이다. 이러한 고전적 사례는 미국 전체에서 문맹률과 흑인 인구비율 사이에 나타난 강한 상관관계인데, 실제로 각 주 단위에서는 흑인과 문맹이 관련이 없을지도 모른다.[37] 반대로 생태학적 오류는 개인적 수준에서 상관관계가 있는 변인으로부터 생태학적 지표를 구성할 때 저질러진다. 문화는 마치 그것이 개인인 것처럼 취급되거나 범주화될 수 없다. 역 생태학적 오류는, 예컨대 국가별 (문화)비교를 하는데 로키치의 핵심적, 도구적 가치구조를 사용하듯이, 문화비교를 위하여 이미 개발된 미국 척도를 사용하는 것이다.

4) 유사성 또는 차이점 찾기

국가간 유사성을 찾기 위한 연구는 한 문화 내에서 자신들끼리는 비슷하지만 다른 것들과는 상이한 문화의 형태 또는 하위집단(젊은이, 사업가, 특정 생활유형 집단)을 결정하기 위해서 문화 수준의 (생태학적) 변인을 사용한다.[38] 차이에 초점을 맞추는 연구들은 사회적

---

36) Schwartz, 1994, p. 104.

37) Przeworski, A. and Teune, H., *The logic of comparative social inquiry*. New York: Wiley-Interscience, 1970, pp. 59~60.

38) Hofstede, 2001, p. 27.

변인으로 구성되는 사회의 다양한 차원을 결정한다. 차원을 정한 다음 이를 여러 유형으로 나눈다. 유형화는 상상하기 쉬운 이상적 유형을 사용하여 서술한다. 따라서 유형화는 상상된 소비자에게 메시지를 전달하는 마케팅과 광고전문가에게 유용하다. 이러한 접근의 사례로 유럽의 사회적 환경에 관한 연구를 들 수 있다.[39] 사회적 환경은 사회계급과 가치지향성과 관련된 사회의 구조를 묘사하는 것이다. 문화의 내부에서 사람들은 일, 여가, 관계에 대해서 공유하는 가치와 신념에 따라 구분된다. 각 집단들은 '근대적', '보수적', '순응적' 또는 '유물론적'으로 명명된다. 이러한 집단들이 문화권을 초월하여 유사할 필요는 없다.

5) 국가적 문화

논의의 초점은 국경에 따른 문화집단의 구분이다. 자주 들어온 주장은 국경 내와 국경간에 많은 다양성이 존재한다는 점이다. 홉스테드[40]는 국가를 사회와 다르게 봐야 한다고 주장한다. 역사적으로 사회란 유기적으로 발달한 사회적 조직체이고, 엄밀히 말해서 공통된 문화의 개념은 국가가 아닌 사회에 적용해야 한다는 것이다. 그럼에도 불구하고 많은 국가는 명백히 다른 집단으로 구성되더라도 역사적으로 전체가 발달된 형태를 갖춘다. 일정기간 동안 지속된 국가는 그 내부에 통합을 위한 강한 기제들을 갖는다. 일반적으로 하나의 지배

---

39) Homma, Norbert and Ueltzhoffer, Joerg., The internationalisation of everyday-life research markets and milieus. ESOMAR Conference on America, Japan and EC '92: The Prospects for Marketing, Advertising and Research, Venice, Italy, 18-20 June 1990. See also www.motivaction.nl

40) Hofstede, Geert and Hofstede, Gert-Jan, *Cultures and organizations. Software of the mind* (2nd ed), New York: McGraw-Hill, 2004.

적 언어, 대중매체, 국민 교육체계 그리고 상품과 서비스를 위한 전국적 시장이 그 예이다. 정치적 단위로서의 국가 또한 국민에 대한 각종 통계수치를 내놓는다. 국제적 시장으로서의 가능성을 타진하기 위해서 기업들은 인구통계학적 변인, 1인당 GNP, 소비자 선호도 등을 기준으로 국가들을 비교한다. 텔레비전, 신문, 그리고 잡지 등 국가의 대중매체는 한 국가의 대중을 공략하는 데 필요한 주요 커뮤니케이션 수단이다.

저명한 글로벌 광고 컨설턴트 중 한 사람인 사이먼 앤홀트(Simon Anholt)는 홉스테드의 국가문화 차원을 바탕으로 자신의 문화적 지도를 그린다. 그는 다음과 같이 말한다. "광고회사와 광고주에게 문화적 지도 그리기(즉, 홉스테드의 차원에 따라)는 그 진가를 발휘한다. 그것은 대중 마케팅을 위해서 만들어진 것이다. 대중 마케팅에서 개성은 그다지 중요한 것이 아니며, 당신이 원하는 것은 믿을 만하고 진실되지만 총체적 일반화(*gross generalization*)에 불과하다. 당신은 한 국가 내 대부분의 사람들이 얼마나 유사한지, 그리고 특정 자극에 대해 한 나라의 사람들이 어떻게 반응할 것인지를 알 필요가 있다."[41]

41) Anholt, Simon, *Another one bites the grass*, New York: John Wiley & Sons, 2000, p. 66.

6. 문화의 차원

문화는 구체적 특성에 따라 묘사되거나 가치범주(*value categories*) 또는 국가적 문화의 차원(*dimensions of national culture*)으로 분류될 수 있다. 국제적 경영 컨설턴트인 해리스(Harris)와 모란(Moran)[42]에 의해서 묘사된, 국가를 구분할 수 있는 문화적 특성들은 자아와 공간 인식, 소통과 언어, 음식과 식습관, 시간인식, 가치와 규범, 신념과 태도, 그리고 업무습관과 실제 등에서 나타난다. 이러한 특성들은 많은 관찰에 따른 것이며 그 중 많은 것들은 광범위한 조사에서 도출된 차원적 모형에 포함된다.

실증적 연구를 배경으로 한다는 점에서 다차원적 분석이 기술적 연구보다 낫다. 차원들은 대체로 요인분석 같은 통계적 자료의 축소 방법을 이용하여 다수의 변인으로부터 개발되며, 국가별 순위에 관한 척도를 얻게 된다. 의미심장하게 문화의 순위를 매긴 차원들은 실증적으로 입증되어야 하며 많건 적건 독립적이어야 한다.

사회에 순위를 매기는 가장 보편적 차원은 전통에서 근대까지 사회의 순위를 매기는 경제발전이나 근대성 정도이다.[43] 〈세계가치조사〉(World Values Survey)의 주도자인 미국의 정치학자 로널드 잉글하트(Ronald Inglehart)가 사용하는 두 차원 중 하나는 위의 사회분류 기준에 따른다. 잉글하트[44]는 세계의 가치를 크게 두 가지 기준으로 분류한다. 첫째는 '전통적' 대 '현세적·합리적'이라는 기준이며, 두 번째는 '생존'에서 '웰빙'까지 아우르는 '생활의 질'이라는 기준이다.

---

42) Harris, Philip R. and Moran, Robert T., *Managing cultural differences*, Houston, TX: Gulf Publishing, 1987, pp. 190~195.

43) Hofstede, 2001, p. 29.

44) Inglehart, Ronald, Basañez, Miguel, and Moreno, Alejandro, *Human values and beliefs*, Ann Ardor: The University of Michigan Press, 1998.

여기에서 후자인 '웰빙'은 탈유물론자의 가치라고 불린다. 이 점에 대해서는 제 4장의 "소비에 대한 태도 : 유물론"에서 자세히 논의할 것이다.

보다 복잡한 모형들의 개발이 늘어나고 있다. 그들 중 대부분은 모든 사회에 공통적이며 더 작은 단위의 집단과 개인의 기능에 영향을 미치는 기본 문제들을 유형화한다. 통계적 의미에서 독립적 의미를 가진 진정한 차원(*true dimensions*)은 아주 드물다. 그러한 범주는 가치지향성(*value orientations*)이나 가치범주라고 부르는 것이 낫다. 이러한 차원들도 개인적 수준과 문화적 수준으로 나누어야 할 것이다. 개인적 수준의 차원은 개인을 평가한 점수를 분석한 결과에서 도출할 수 있다. 문화수준의 차원은 개인들이 자기가 살아가는 사회와 국가의 의미를 토대로 어떻게 구성하는지를 반영한다. 사회간 또는 생태학적 상관관계는 각 사회의 평균값이나 변인들 또는 (예/아니오 변인의 사례에서는) 확률로 계산된다.[45]

기본적인 공통의 문제가 존재한다는 생각은 새로운 것이 아니다. 초기의 분석을 수행한 알렉스 잉켈레스(Alex Inkeles)와 다니엘 레빈슨(Daniel Levinson)[46]은 세계의 보편적인 기본문제로, ① 권위에의 관련성, ② 자아정체성을 포함한 자아개념, 그리고 ③ 갈등의 우선적 딜레마와 해결이라는 쟁점을 제시했다. 이러한 기본문제는 다른 연구에서도 자주 발견된다. 미국의 인류학자 클럭혼(Kluckhohn)과 스트롯백(Strodtback)[47]은 미국 남서부의 작은 공동체에 관한 기초연구

---

45) Hofstede 2001, p. 16.

46) Inkeles, 1997, pp. 45~50.

47) Kluckhohn, C., "Values and value orientations in the theory of action," in *Toward a general theory of action*, edited by T. Parsons and E. A. Shils, Harvard University Press, 1952; Kluckhohn, Florence and Strodtbeck, Fred, *Variations in value orientations*, Evanston, IL: Row, Peterson 1961.

를 수행하며, ① 인간본성(선/악)의 지각, ② 인간의 환경에 대한 관계(복종-지배), ③ 시간 지향성(과거-현재), ④ 환경에 대한 지향성(존재와 행위), ⑤ 인간관계에 대한 지향성(위계적-개인주의적)이라는 다섯 가지 가치지향성을 제시했다. 다섯 가지 가치지향성은 이후의 연구에서도 재확인되었는데, 예컨대 트롬피나르(Trompenaars)[48]는 이런 지향성들을 여러 국가에 적용하고 노동에 관련된 일곱 가지 가치범주를 제시했다. 이들은 보편주의-특수주의(*universalism-particularism*), 성취-귀속(*achievement-ascription*), 개인주의-집단주의(*individualism-collectivism*), 감정적-중립적(*emotional-neutral*), 분명함-산만함(*specific-diffuse*), 시간지향성, 그리고 자연지향성 같은 가치이나, 이 범주들은 국가별 점수로 합쳐지지 못했다. 트롬피나르의 자료들을 분석한 영국의 심리학자 피터 스미스(Peter Smith)[49]는 다양한 내적 상호작용을 하는 개인주의 성향을 측정한 그 자료에서 단지 두 개의 개별차원만을 확인하였다. 트롬피나르의 차원들은 통계적으로 구별되지 않으며 그의 연구에는 국가별 점수가 없으므로, 그의 연구결과는 소비자료의 분석에는 유용하지 않다.

인류학자 에드워드 홀(Edward Hall)[50]은 맥락, 공간, 시간, 그리고 정보흐름에 따라 문화의 패턴을 구분했다. 특히, 맥락의 개념은 문화에 따른 소비자행동을 이해하는 데 유용하다. 홀 역시 국가별 점수를 개발하지 않았지만 맥락 지향성(*context orientation*)은 개인주의-

48) Trompenaars, Fons, *Riding the waves of culture. Understanding cultural diversity in business*. London: Nicholas Brealy Publishing, 1993.

49) Smith, Peter B.; Dugan, Shaun; and Trompenaars, Fons. National culture and the values of organizational employees. A dimensional analysis across 43 nations. *Journal of Cross-Cultural Psychology* 27, 1996, pp. 231~264.

50) Hall, Edward, *Beyond culture*, New York: Doubleday, 1976 and Hall, Edward, *The dance of life*, New York: Doubleday, 1984, pp. 85~128.

집단주의 차원과 관련된다. 이 차원은 국가를 평가하는 홉스테드의 차원 중 하나로 볼 수 있다. 필자는 맥락 지향성을 분리하여 기술할 것이다. 인간과 자연 사이의 관계에 따른 문화간 차이는 보다 독특한데, 필자는 자연과 맥락 지향성 역시 분리하여 기술한다.

소수의 차원 모형만이 국가를 초월하여 소비에 관한 자료와 소비자 행동에 상관관계가 있는 여타 문화적 변인의 다채로운 현상들을 분석하는 데 독립변인으로 쓸 수 있는 국가별 점수를 제시한다. 이 책 전반에 걸쳐 그런 분석결과가 제시될 것이다.[51] 이 중 두 가지 모형은 보다 상세히 설명하는데, 홉스테드의 국가적 문화에 관한 다섯 가지 차원과 슈워츠(Schwartz)가 제시한 일곱 가지 동기적 영역이다.

---

51) 이 책에서의 상관분석은 피어슨의 적률상관계수(*product-moment correlation coefficient*)를 이용하였고, 단측검증(*one-tailed*)이다. 유의수준은 $^{*}p<.05$; $^{**}p<.01$; 그리고 $^{***}p<.005$에서 측정되었다. 회귀분석을 추가하면, 다중회귀분석이 단계적으로 이루어졌다. 결정계수 혹은 R^2는 설명변량의 비율을 나타낸다. 이 표본 R^2는 모델이 얼마나 모집단과 일치하는지를 판단하는 긍정적 기준이 된다. 모델은 추출된 표본뿐만 아니라 종종 모집단과 일치하지 않을 때도 있다. 통계는 수정결정계수 R^2를 정확한 R^2로 변환하여 모집단의 모델에 더 잘 일치함을 반영하려 한다. 수정결정계수 R^2는 추가된 변량들이 등식에 첨가되는 것처럼 증가시킬 필요가 없다. 부분적으로 다양한 변인들이 사용될 때, 수정결정계수 R^2 분석이 중요하다. 필자의 분석에 따르면, 독립변인의 숫자는 5로 항상 같았다(홉스테드의 5개 차원과 1인당 GNP). 결과적으로, R^2와 수정결정계수 R^2의 차이는 항상 같은 규모인 것이다. 임의 추출표본 100개(단계적 회귀분석)의 연산을 분석한 결과 수정결정계수 R^2와 R^2의 평균오차는 .024로 나타났는데, 최대치는 .062, 최소치는 .004였다. 결과의 일관성과 정확성을 위해 모든 표에서는 조정되지 않은 R^2가 사용되었다.

1) 인간과 자연의 관계

인간과 자연의 관계는 기본적으로, ① 자연의 지배(*mastery-over-nature*, 인간은 자연을 정복한다), ② 자연과의 조화(*harmony-with-nature*, 인간은 자연과의 조화 속에 살아간다), ③ 자연에의 복종(*subjugation-to-nature*, 인간은 자연에 지배당한다)이라는 세 가지 유형이 있다. 서구에서는 인간을 자연과 분리된 존재로 본다. 북미에서는 특히 자연을 인간의 편의를 위해 정복되고 통제되어야 하는 그 무엇으로 간주한다. 대부분의 북미인에게 "산을 옮기기 위해"라는 표현은 불가능을 상징하는 은유라기보다 낙관적 도전을 의미한다. 미국문화의 관점에서 길을 막는 장애물을 극복하는 것은 인간의 책무인 것이다. '자연과의 조화' 지향성은 인간의 생활과 자연 그리고 초자연 사이를 전혀 구분하지 않는다. 각각은 다른 것의 확장이다.[52] 자연에 대한 일본인의 경험은 일체감(*communion*)이자 교환이며 오묘한 친밀감으로 특징지을 수 있다. 그것은 자연과 동일시하는 경험이다. 서양인은 아시아인의 자연숭배(*reverence*)를 자연과의 조화로운 생활에 관여하는 신과 그들이 맺는 관계로 설명하려는 경향이 있다. 일본의 정신과 의사 타케오 도이(Takeo Doi)[53]는 일본에서 창조자로서의 신은 존재하지 않기 때문에 인간은 자연에 완전히 몰입함으로써 안락을 추구한다고 언급한다. 아프리카 같은 다른 문화권에서는 인간이 자연의 지배를 받는다고 보며 초자연적 능력이 종교에서 중요한 역할을 한다. 이러한 '자연에의 복종' 관점은 자연을 통제하기 위해서 할 수 있는 일은 아무것도 없다는 믿음과 관련된다.

---

52) Gudykunst, W. B. and Ting-Toomey, S, *Culture and interpersonal communication*, Newbury Park, CA: Sage, 1988, p. 52.

53) Doi, Takeo, *The anatomy of self*, Tokyo: Kodansha International, 1985.

2) 고맥락 커뮤니케이션 문화와 저맥락 커뮤니케이션 문화

고맥락(*high-context*) 커뮤니케이션이나 메시지에서 대부분의 정보는 맥락의 일부이거나 그 사람에게 내재화되는데, 메시지의 일부만이 나타나는 일은 없다. 저맥락 메시지(*low-context message*)의 정보는 메시지의 명시적 신호로 전달된다. 대체로 고맥락 커뮤니케이션이 경제적이고 빠르고 효율적이다. 그러나 진행하는 데 시간이 필요하다. 만약 진행되지 못한다면 커뮤니케이션은 불완전하다. 미지의 상징이 의사소통에서 중요한 역할을 하는 고맥락 문화는 외부의 관찰자를 어리둥절하게 만들게 마련이다. 따라서 고맥락 문화는 쉽게 다가갈 수 없는 것으로 규정되기도 한다. 저맥락 커뮤니케이션 문화는 명시적 언어 메시지로 특징지을 수 있다. 효과적인 언어적 커뮤니케이션은 직접적이며 애매하지 않아야 한다. 저맥락 커뮤니케이션 문화에서는 언어를 높이 평가하며 긍정적 태도를 보인다. 저맥락 문화권의 광고에서는 적극적 주장과 수사학이 두드러지는 반면, 고맥락 문화권의 광고에서는 상징이나 간접적 언어표현이 그 특징으로 나타난다.[54]

홉스테드는 집단주의와 고맥락 문화 간의 상관관계를 제시했다. 집단주의 문화권에서 정보는 집단의 구성원 사이에서 보다 잘 유통되고, 개인주의적 문화에서보다 명시적 커뮤니케이션을 덜해도 될 것이다. 고맥락을 다르게 설명하면 문화의 동질성이다. 동질적 문화권에는 문화유산이 많을 것이며 이질적 문화권의 구성원에 비해 공유된 상징에 더 의존할 수 있다.

문화는 맥락의 정도에 따라 일련의 척도 위에 위치한다. 대부분의 서구문화가 저맥락 문화권인 데 비해 대부분의 아시아 문화권은 고맥

---

54) De Mooij, 1998.

락 문화이며, 일본과 중국은 척도의 한쪽 극단인 고맥락에, 독일과 스위스 및 미국은 또 다른 극단인 저맥락 문화에 놓이게 된다.

7. 홉스테드: 국가적 문화의 다섯 가지 차원

거트 홉스테드(Geert Hofstede)[55]는 기본적인 가치 차이를 이해하는 데 유용한 국가적 문화의 다섯 가지 차원에 대한 모형을 개발했다. 이 모형에서는 ① 권력거리(*power distance*), ② 개인주의-집단주의(*individualism-collectivism*), ③ 남성성-여성성(*masculinity-femininity*), ④ 불확실성의 회피(*uncertainty avoidance*), ⑤ 장기 지향성(*long-term orientation*)이라는 다섯 가지 차원에 따라 문화를 구분한다. 그 차원들은 0에서 100까지의 척도로 측정된다. 이 모형에서는 양적 조사를 바탕으로 75개 국가와 지역을 대상으로 점수를 얻는다.

1) 권력거리(PDI)

권력거리는 '권력이 취약한 사회구성원들이 권력의 불평등한 배분을 수용하고 기대하는 정도'로 정의할 수 있다. 권력거리는 권력이 있든 없든 모든 구성원의 가치에 반영된다. 권력거리는 사람들이 권력을 이양하고 권위를 인정하는 방식에 영향을 미친다. 권력거리가 먼 문화권(권력거리지수에서 높은 점수를 얻은 문화)에서는 모든 사람이 사회적 위계에서 적절한 위치를 차지하며 결국 자연스럽게 권력을

---

55) The descriptions of the dimensions are summaries from *Cultures and organizations*, 1991, respectively from pages 23~48(Power Distance), 49~78(Individualism-Collectivism), 79~108(Masculinity-Femininity), 109~138(Uncertainty Avoidance), and 159~174(Long-Term Orientation).

이양하고 권위를 받아들인다.

일본인에게 위계질서를 인정하는 행동은 호흡만큼이나 자연스럽다. 이는 '모든 것은 제자리가 있음'을 의미한다. 권력거리 지수에서 점수가 낮은 덴마크 같은 나라의 문화에서는 권위란 부정적 함의를 갖는다. 이러한 문화권에서는 권리와 기회에서의 평등을 강조한다. 반대의 문화권에서는 부모와 자식, 상사와 부하, 교수와 학생 간의 관계가 상당히 의존적이다.

권력거리가 낮은 문화권에서 아동은 어렸을 때부터 독립심이 강조된다. 미국인은 남에게 의지하기를 싫어하고, 직계가족 외에 남이 자신에게 의존하는 것도 원치 않는다. 권력거리가 높은 문화권에서는 사회적 위치를 드러내기 위해서 지위를 중요하게 생각하며, 어른에 대한 공경 때문에 나이가 많은 사람을 대접해야 한다. 권력거리가 낮은 문화권에서는 권력자가 권력을 덜 가진 듯이 보이려고 애쓰며 어른들은 젊은이처럼 보이려고 한다.

2) 개인주의-집단주의 (IDV)

"사람들은 자신과 직계가족만 돌보거나 배타적 소집단에 들어가 그에 충성하며 이에 대한 대가로 보호를 받는다." 개인주의 문화권에서 가치는 각자에게 내재되며 사람들은 타인으로부터 자신이 구별되기를 원한다. 집단주의 문화권에서 정체성은 자신이 속한 사회적 관계에 기반을 둔다. 개인주의 문화권에서 사람들은 '나'를 의식하며, 개인의 의견을 피력할 수 있고 자아의 실현을 매우 중요하게 여긴다. 개인의 결정이 집단의 결정보다 높이 평가된다. 개인주의자는 다양성과 모험을 우선시하는 반면, 집단주의자는 조화를 선호한다.

보다 분명한 언어적 커뮤니케이션이 있다. 집단주의 문화권에서는 '우리'라는 개념에 민감하다. 그들의 정체성은 사회체제에 근거한다.

이러한 문화권에서는 배타적 소집단 구성원과의 융화와 체면유지가 중요하다. 대부분의 서구사회는 개인주의적이며 아시아와 남미 국가는 집단주의적이다. 남유럽은 북유럽보다는 덜 개인주의적이다. 개인주의 문화는 보편적 문화인 반면 집단주의 문화는 특수한 경우라고 볼 수 있다.

3) 남성성-여성성(MAS) 또는 국가의 성(강인함 대 유연함)

"남성적 사회에서의 지배적 가치는 성취와 성공이다. 여성적 사회에서의 지배적 가치는 타인에 대한 배려와 생활의 질이다." 남성적 사회에서는 업무수행과 성취가 중요하다. 지위란 성공을 과시하기 위해서 중요한 것이다. 큰 것과 빠른 것은 아름답다. 남성성 지수 점수가 낮은 사회는 보다 서비스 지향적이고 사람을 중시하며, 작은 것을 아름답게 여긴다. 이런 사회에서는 합의를 추구하려는 성향이 강하다. 생활의 질이 경쟁보다 중요하다. 지위는 성공을 과시하는 데 그다지 중요하지 않다.

'승자'가 되는 것은 남성적 문화에서는 긍정적이나 여성적 문화에서는 그렇지 않다. 남성적 문화권의 아이들은 강한 것을 숭배하도록 배우는 반면, 여성적 문화권의 아이들은 약자를 동정하는 법을 배운다. 이러한 차원에서 볼 때 역할 차이의 정도는 사회마다 편차가 있다. 이러한 차이는 여성적 사회에서는 작고 남성적 사회에서는 크다. 여성적 사회에서 남자가 전형적인 여성의 직업을 갖는 것은 '계집애 같은'(*sissy*) 일이 아니다. 남성적 문화권에서 사람들은 보여주기 위해서 소비한다. 여성적 사회에서 구매는 사용하기 위해 이루어진다. 남성성-여성성의 차원은 문화간에 광고의 소구법으로 사용된 승리, 성공, 그리고 지위에 따라 차이가 나타나며, 따라서 이것은 마케팅과 광고에서 중요한 차원이다.

4) 불확실성의 회피 (UAI)

'불확실성과 모호함에 불안감을 느끼고 이를 회피하려는 정도'를 말한다. 어떤 사람은 불확실한 것을 그다지 꺼리지 않는 반면, 다른 사람은 모호함을 회피하기 위해 규칙과 사전 행동규범에 따라 문제를 해결한다. 불확실성의 회피 지수가 높은 문화권에서는 생활을 영위하는 데 규칙과 절차가 필요하며 전문가를 믿는 경향이 있다. 사람들은 결과보다 상품이 작동하는 과정에 더 관심을 갖는다. 순수함은 주요 가치이다. 보다 형식적인 커뮤니케이션이 이루어진다. 이런 문화권의 사람들은 불안감의 수준이 높고 공격성향이 강하며 감정표현을 쉽게 받아들인다. 갈등과 경쟁은 위협적이다.

불확실성의 회피지수가 낮은 문화권에서는 규칙이 적을수록 좋다. 그들은 과정 지향적이지 않고 결과 지향적이다. 그들은 두루 아는 사람과 일반상식을 보다 신뢰하며 의례적 행동은 거의 하지 않는다. 갈등과 경쟁은 위협적이지 않다. 불확실성의 회피 차원은 문화간에 혁신을 도입하는 속도에 따라 구별된다.

5) 장기 지향성 (LTO)

다섯 번째 차원은 마이클 본드(Michael Bond)[56]와의 공동연구에서 도출된 차원이다. 이를 "유교적 과업 역동성"이라고 명명한 본드는 중국학자들이 구조화한 가치의 영역을 조사하기 위해서 표집을 실시했다. 본드는 중국문화연대(Chinese Culture Connection)라는 일단의 연구자들과 23개국에서 온 학생들에게 이상의 가치들을 제시했다.[57]

---

56) Hofstede, Geert and Bond, Michael Harris, "The Confucius connection: From cultural roots to economic growth," *Organizational Dynamics*, 16, Spring, 1988, pp. 4~22.

도출된 차원은 생활에 있어서 장기지향성 대 단기지향성과 관련된다.

장기지향성의 결과는 하나의 진실이란 없다는 것이며, 변화의 수용, 인내, 근검절약, 그리고 마음의 평화를 추구한다는 것이다. 반대로 단기지향성(*short-term orientation*)에서는 현재의 소비를 미래를 위한 저축보다 더 소중하게 생각한다. 장기지향성과 집단주의가 결합된 문화권에서는 가족의 단결, 장기적 사고, 그리고 가부장주의나 효 같은 유교철학의 요소들이 중요하다는 사실을 보여준다. 대부분의 동아시아 국가들, 특히 중국계 인구가 많은 국가들이 이 항목에서 높은 점수를 받는다. 앵글로색슨계 사회는 점수가 낮지만 브라질과 네덜란드 같은 일부 서구국가들은 중간 정도의 점수를 얻기도 한다. 이 지수의 측정에서 종종 역설적으로 인식되는 것은 어른 공경과 조상숭배가 아시아 가치체계의 강력한 요소인데도, 상당수의 서구국가에서 전통에 대한 강한 존중과 단기지향성이 결합된다는 점이다. 그 이유는 이 지수가 다른 것에 따른 상대적 가치로 측정되기 때문이다. 아시아인이 전통을 중시한다고 하지만, 그들은 실용주의와 근검절약을 보다 중요시한다.

이 차원은 다른 차원보다 측정이 늦게 이루어졌기 때문에 평가한 국가의 수는 더 적다.

6) 타당성 검증(*Validation*)

홉스테드의 차원들은 비교문화연구에서 자주 독립변인으로 사용되고, 소비자행동에 있어서 문화간 차이를 설명하는 데 유용하다. 그 이유의 하나는 이 차원들이 독립적이기 때문이다. 단지 권력거리와 집단주의만이 상호의존적이다. 이 두 가지는 부(1인당 국민총생산,

57) Smith et al., 1996, pp. 231~264.

GNP/capita)와 상관관계가 있지만, 부가 통제될 경우 이 상관관계는 거의 사라진다.

때때로 까다로운 질문이 제기되기도 하는데 1960~1970년대에 만든 홉스테드의 국가별 점수가 30년이 지난 요즘에도 타당하냐는 것이다. 더욱이 홉스테드의 차원은 오직 IBM 직원들의 응답에서 도출된 것이므로 다른 응답자로 구성된 대응표본(*matched sample*)에서도 같은 차원들이 발견될 것이냐는 질문이 제기되기도 한다. 다른 대응표본이나 비대응표본을 이용한 홉스테드의 반복연구에서 그의 자료가 여전히 타당하다는 점이 입증되고 있다. 손더가드(Sondergaard)[58]는 1980년대에 수행한 홉스테드의 업적을 적용하여 반복연구를 하였다. 연구결과에 따르면 홉스테드의 차원에 따라 예측된 차이가 대체로 확인되었으며 거의 예외가 없었다. 홉스테드는《문화의 결과들》(*Culture's Consequences*)의 제 2판에서 자신의 지수를 지지한 200개 이상의 비교연구와 반복연구에 대해 기술했다.[59]

마케팅 면에서 가장 유용한 반복연구는 1996년에 15개 유럽 국가를 대상으로 수행되었다. 1996년과 1997년의 EMS 조사에서는 전화면접과 홉스테드의 가치조사모형(VSM, *Value Survey Model*, 1994년)에서 제시된 94개 항목의 설문지 방법을 병행하였다(n=6,680).[60] 표본들이 예상만큼 일치하지 않는다는 사실을 감안하더라도 국가별 점수는 기대를 넘어선다. 원래의 4가지 차원 중 3가지 차원(IDV, MAS, 그리고 UAI)이 IBM 표본에서 추출한 홉스테드의 국가별 점수와 유의한 상관관계를 나타냈으며, 유럽에서는 처음으로 다섯 번째

---

58) Søndergaard, Mikael, Research note: Hofstede's consequences: A study of reviews, citations and replications, *Organization Studies*, 15, 1994, pp. 447~456.

59) Hofstede, 2001.

60) 부록B를 참고하라.

차원이 발견되었다. 표본의 이질성 때문에 권력거리 차원은 측정할 수 없었다.

홉스테드의 차원들은 고유한 환경을 넘어서는 개념적 기틀로 자주 사용되고 있으며, 다양한 연구주제에 미치는 문화적 영향을 분류하고 설명하는 데 유용하다.

8. 슈워츠: 7가지 가치유형 또는 동기영역

이스라엘의 심리학자 샬롬 슈워츠(Shalom Schwartz)[61]는 38개국 41개 문화권의 학생과 교사들로 구성된 87명의 표본을 가지고 직무 관련 가치의 우선순위에 관한 연구에서 문화적 차원을 도출하기 위하여 대안적 개념과 조작적 접근법을 제시한다. 이 분석은 홉스테드의 연구를 지지하며 보다 정교하고 보다 포괄적으로 통합적인 일련의 가치를 분석할 때 상이한 문화적 가치들이 출현할 것으로 예측되었다. 원래 슈워츠와 빌스키(Bilsky)[62]는 인간이 지닌 가치의 보편적 심리적 구조에 관한 이론을 추적했다. 개인수준의 가치유형은 그것이 문화적 수준으로 확장되는 것과 다르다.

---

61) Schwartz, 1994, pp. 101~116.

62) Schwartz, Shalom H. and Bilsky, Wolfgand, "Toward a universal psychological structure of human values," *Journal of Personality and Social Psychology*, 53, 1987, pp. 550~562; Schwartz, Shalom H. and Bilsky, Wolfgang, "Toward a theory of the universal content and structure of values: Extensions and cross-cultural replications," *Journal of Personality and Social Psychology*, 58, 1990, pp. 878~891; Schwartz, Shalom H., "Beyond individualism/collectivism," in *Individualism and collectivism: Theory, method, and applications. Cross-cultural research and methodology series*, Vol. 18, edited by Uichol Kim, Harry C. Triandis et al., Thousand Oaks, CA, Sage, 1994, pp. 85~119.

56개의 가치관련 질문들이 사용되었다. 응답자들은 각 가치가 '자신의 생활을 안내하는 지침'으로 얼마나 중요한지를 평가하였다. 여기서 10개의 개인수준의 가치유형이 추출되었다. 여기에 최소공간분석(*smallest space analysis*) 기법이 사용되었다. 이 기법에서 결과가치의 유형들은 독립적이지 않은 것으로 나타났다. 10개의 가치유형은 2개의 기본적 양극 차원으로 구분되었다. 각 극단은 10개 유형 중 2개나 그 이상을 조합한 가치유형을 갖추게 된다. 한 극단은 변화에 대한 개방성(자기통제와 자극)을 보존(*conservation*)에 대치하는 것이다. 나머지 극단은 자기초월(*self-transcendence*, 보편주의와 박애주의 등)을 자아성취(*self-enhancement*, 성취와 권력 등)에 대치하는 것이다. 비록 이 구조가 개인적 가치에 적용되었지만, 이는 문화적 수준의 가치구조를 위한 가설로 활용되었다.

47개의 문화권을 분석한 연구를 통해 56개 가치들의 구조모형이 수립되었고, 이 중 45개의 가치들이 문화를 초월하여 거의 유사한 의미를 가지는 것으로 나타났다. 다음과 같은 사회적 인정(*social recognition*), 지적 능력, 자존감(*self-respect*), 내적 융화, 진정한 우정, 영적 생활(*spiritual life*), 성숙한 사랑, 생활의 의미, 공평, 소속감, 건강 같은 가치는 문화를 초월하여 그 의미가 일치하지 않는 것으로 나타났다. 결국, 45개의 질문에서 7개의 가치유형이 구분되었다. 차원이란 통계적으로 독립적이어야 하는데 슈워츠의 가치유형은 부분적으로 중복되기 때문에, 슈워츠의 가치구조는 차원보다는 범주에 가깝다. 슈워츠[63]가 구분한 7개의 가치유형(또는 동기영역)은 다음과 같다.

---

63) Schwartz, 1994, pp. 101~105.

① 보수주의

보수주의(*conservatism*) 가치유형에는 한 사람의 이익을 자신이 속한 집단의 이익과 따로 분리하여 생각할 수 없으며 밀접한 인간관계에 바탕을 두는 사회에서 중요하게 여기는 가치들이 포함된다. 현상을 유지하고 전통질서를 위협하는 개인적 행동을 피해야 한다. 개인은 자율적으로 중요한 존재라기보다 공동체의 일부로서 의미를 가진다. 집단주의 가치를 강조하는 문화권에서는 안정과 적응, 전통을 중시한다. 헌신, 복종, 사회적 질서, 그리고 가족의 안전이라는 가치가 포함된다.

② 두 가지 유형의 자율성 : 지적 자율성과 정서적 자율성

자율성(*autonomy*)은 개인을 자신만의 독립적 이익과 욕구를 추구하는 자율적 개체로 보는 사회에서 중요한 가치다. 여기에서 개인은 자신의 이익과 그에 대한 합의를 통해 서로 연결된다. 핵심가치는 사적 이익의 추구이다. 관련 양상에는 자기 관리, 자극, 쾌락주의에 대한 강조가 있다. 이러한 가치유형은 보수주의라는 가치유형과 부적 상관관계를 가진다. 따라서 자율성 대 보수주의라는 극단대립이 존재한다. 지적 자율성(*intellectual autonomy*)에 포함되는 가치는 개인적 사고, 호기심, 창조성, 관대함이다. 정서적 자율성(*affective autonomy*)에 포함되는 가치는 다양한 생활, 자극적 행동, 열정적인 생활이다. 흥분, 모험, 인생 즐기기는 조화를 해치는 가치들이다.

③ 위계

위계(*hierarchy*)의 가치유형은 위계적 역할의 합법성을 강조한다. 여기에는 사회권력, 권위, 영향력, 검소, 자기계발 같은 가치가 포함된다. 이 가치유형은 강한 정적 상관관계를 갖는 지배(*mastery*)라는 가치유형과 함께 광범위한 자기계발 영역을 형성한다.

④ 지 배

이 유형에 포함되는 가치는 자기주장(*self-assertion*)을 통해 주변 환경을 적극적으로 지배할 것을 강조한다. 지배라는 가치는 환경을 변화시키고 남들보다 앞서기 위해 적극적인 노력을 장려한다. 용기, 능력, 성공, 야망, 독립, 자기관리 같은 개인적 수준의 가치와 사익의 추구 같은 가치가 지배의 가치유형에 포함된다.

⑤ 평등주의적 헌신

사익을 넘어서 타인의 복지를 위해 노력하는 것이 평등주의적 헌신(*egalitarian commitment*)에 포함되는 가치다. 사회적 헌신은 동질성을 가진 사람들 가운데서 일어난다. 이러한 가치유형은 보수주의와 부적 상관관계를 가지며, 자율성과는 정적 상관관계를 가진다. 사회적 정의, 책임감, 온정, 충성, 정직, 평등, 자유 같은 가치가 여기에 포함된다.

⑥ 조 화

자연과의 조화(*harmony*)를 강조하는 이 가치유형은 지배의 반대쪽에 나타나며, 단지 클럭혼과 스트롯백이 제시한 인간과 자연과의 관계이다. 또한, 가치로서의 사회적 조화도 포함된다. 여타의 가치로는 평화로운 세계, 사회 정의, 온정, 그리고 아름다운 세상이 있다. 조화의 가치는 자기과시와 사람과 자원의 착취를 통해서 세상을 적극적으로 바꾸려는 가치유형의 맞은편에 위치한다.

9. 모형의 비교

홉스테드와 슈워츠의 모형은 소비자료의 분석에 사용할 수 있는 국가별 점수를 제공하는 유일한 모형이다. 홉스테드의 점수는 이 책의 '부록 A'에 있다. 슈워츠의 국가별 점수는 1994년에 만든 것이다. 그 동안 그는 보다 많은 국가의 자료를 확보하려 하였지만, 필자가 이 책을 집필할 때까지 출판되지는 않았다.[64]

1994년에 작성된 슈워츠의 국가별 점수와 홉스테드의 국가별 점수는 몇 가지 관련성이 있다. 슈워츠의 보수주의라는 가치유형은 홉스테드의 개인주의와는 부적 상관관계가 있으며, 권력거리와는 정적 상관관계가 있다. 자율성은 홉스테드의 개인주의와 정적 상관관계를, 권력거리와는 부적 상관관계를 가진다. 가치로서의 조화는 홉스테드의 불확실성의 회피성향과 약한 상관관계가 있는 것으로 나타났다. 조화를 제외한 슈워츠의 모든 범주는 1인당 GNP와 유의미한 상관관계를 가지는 것으로 나타났다.[65] 슈워츠가 연구한 24개국은 홉스테드에 의해서도 연구되었다. 유럽에서는 오직 9개국에서 슈워츠의 차원에 대한 점수가 유용하였고, 해당 국가는 덴마크, 핀란드, 프랑스, 독일, 그리스, 이탈리아, 네덜란드, 포르투갈, 그리고 스페인이다.

슈워츠의 모형은 양적 비교문화연구에서 자주 활용되지는 않지만, 이는 추상적 기호를 바탕으로 상상적 소비자의 묘사를 즐기는 광고인들에게 매력적인 용어인 기쁨, 감각적 만족, 흥분, 진기함, 도전, 쾌락주의 같은 가치유형을 나타내므로 광고업계에는 매력적이다. 이

64) 2002년에 이 책이 쓰일 때, Shalom Schwartz는 그의 연구를 진행중이었고 가능한 많은 국가의 결과를 요구하였으나, 그가 여전히 데이터를 수정중이었기 때문에 제공받지 못했다.

65) Hofstede, 2001, p. 265.

두 가지 모형은 종종 매우 다른 결과를 유도한다. 이는 두 모형 사이에 존재하는 약간의 개념적 및 방법론적 차이에 기인한 것일지도 모른다.

1) 두 가지 가치개념 : 바람직한 가치와 바라는 가치

각 연구에서 사용된 질문유형은 두 가지 상이한 가치개념에 바탕을 두고 있다. 슈워츠는 가치를 "사람들의 생활지침으로 작용하는 중요도에서 달라질 수 있는 바람직하며 상황을 초월하는 목표"[66]로 정의한다. 가치를 측정하는 그의 질문은 이 정의에 바탕을 두고 있다. 홉스테드는 '바라는 가치'(*the desired*)를 측정하는 반면에, 슈워츠는 사람들에게 생활의 지침을 질문함으로써 '바람직한 가치'(*the desirable*)를 측정한다. 홉스테드는 선호 또는 실제의 존재 상태인 행동적 선호에 대해 질문한다. 가정생활에 보내는 시간, 타인과의 협력, 직업의 다양성, 신경질이나 긴장감을 느끼는 빈도 같은 질문들이 그 예이다. 따라서 가치들은 행동적 진술에서 도출된다.

2) 추상적 가치 대 행동적 선호의 측정

홉스테드가 조직에서 일하는 모든 영역의 사람들을 결합표본으로 사용한 데 비해, 슈워츠는 학생과 교사들을 응답자로 사용했다. 슈워츠가 사용한 가치도구는 응답자로 하여금 추상적 가치의 중요도를 평가하도록 했는데, 교육받은 사람일수록 더 잘 이해할 수 있는 질문이었다. 방법의 이런 측면은 방법의 보편타당성에 대한 함의가 있다. 슈워츠와 바르디(Bardi)[67]에 의하면, 이런 추상적인 방법은 세계의

66) Schwartz, 2001, p. 269.

67) Schwartz, Shalom and Bardi, Anat, "Value hierarchies across cultures.

어떤 사람들에게는 부적절하기 쉽고, 신뢰할 수 없고 타당하지 않은 가치의 순위를 도출하기 쉽다고 한다. 또한, 그 조사는 사람들이 가치있게 생각하는 것의 중요도에 대한 사람들의 자가보고(*self-report*)에 바탕을 두고 있다. 따라서 가치 우선순위에 대한 자가보고가 실제 행동과 얼마나 의미있게 관련되는지를 규명할 필요가 있다.

사람들의 상태(즉, 신경증)에 대한 일반적 질문에 이어지는 홉스테드의 질문의 문제점은 질문들이 업무관련 행동과 선호에 대한 것이라 관련된 업무환경에 있는 사람들만 응답할 수 있다는 점이다. 그 결과는 다른 상황에도 적용되어야 한다.

3) 개인적 수준 대 문화적 수준의 측정

슈워츠는 개인적 수준과 문화적 수준의 가치유형을 제시한다. 그는 언제 어떤 유형을 사용하느냐에 대한 혼선의 위험에 대해서도 언급한다.[68] 문화적 수준의 유형은 제도, 상징체계, 행동양식에서 각 문화가 어떤 차이가 있는지를 이해하는 데 활용되어야 한다. 개인적 수준의 유형은 신념, 태도, 행동의 차이가 가치 우선순위의 차이와 어떤 관계가 있는지를 이해하는 데 활용되어야 한다.

개인적 수준의 정보처리 과정이 문화권에 따라 어느 정도 일반화할 수 있는지를 결정하기 위해서는 몇몇 문화권과 국가를 대상으로 같은 연구를 반복해야 한다. 개인과 집단은 가치유형을 구성하는 다양한 가치에 부여하는 중요도가 본질적으로 다를 수 있듯이, 국가 내에서 나타난 가치유형은 요인 적재량(*factor loading*)도 매우 차이가 있기 때문에 국가를 초월하여 나타나는 가치유형과도 다를 수 있다.

Taking a similarities perspective," *Journal of Cross-Cultural Psychology*, 32, 2001, pp. 268~290.

68) Schwartz, 1994, p. 117.

4) 양극척도 대 단극척도

홉스테드의 척도는 양극(*bipolar*) 척도인데, 각 차원에는 긍정적 극단치와 부정적 극단치가 모두 포함되며, 이 점이 결과를 쉽게 해석할 수 있도록 한다. 슈워츠의 척도는 반대로 보이는 듯한 단극(*unipolar*) 척도이지만, 한 척도와의 부적 상관관계가 반대되는 척도와의 정적 상관관계를 의미하지 않으며, 때때로 그 결과를 해석하기 어렵다.

5) 소비자행동에의 적용

국가적 문화차원은 비교문화적 소비자행동을 분석하는 데 적용할 수 있는 훌륭한 변인들을 제시한다. 국부와 더불어 홉스테드의 문화적 차원은 소비와 소비자행동의 차이를 반 이상 설명할 수 있다.[69] 다음 장에서 관련 연구결과를 제시할 것이다. 슈워츠의 차원에서 나타나는 결과는 홉스테드의 차원의 결과만큼 일관적이지는 않다. 슈워츠의 차원이 홉스테드의 차원과 유사한 가치를 포함하기는 하지만 상관관계가 자주 반대로 나타나기도 한다. 같은 자료를 분석한 다음 상이한 설명이 추가되기도 한다. 그 현상을 설명하는 약간의 사례가 있다. 여기에는 두 가지 유형의 자료가 활용되는데, 〈세계개발보고서 2000〉에 있는 신문 발행부수와 1,000명 당 PC 보유율에 대한 자료, 그리고 유럽의 젊은이를 대상으로 한 서베이 결과이다.

신문 열독률에서 홉스테드의 권력거리 차원은 부적 상관관계를 나타낸다. 전세계적으로 신문 열독률은 국부와 관련되지만, 선진국에서 열독률, 발행부수, 또는 판매율 같은 많은 다양한 자료는 권력거

69) De Mooij, Marieke, *Convergence and divergence in Consumer behavior. Consequences for global marketing and advertising*. Unpublished doctoral dissertation, Universidad de Navarra, Pamplona, Spain, 2001.

리와 부적 상관관계를 보이는 것으로 나타났다. 계산에 포함된 9개 나라를 보았을 때 상관계수(r)는 −.75**이었다. 보다 평등지향적인, 권력거리가 낮은 국가는 권력거리가 높은 나라에 비해 신문을 더 많이 읽는 것으로 나타났다. 이 책의 제 4장과 제 7장에서 이 관계를 깊이있게 논의할 것이다. 홉스테드의 낮은 권력거리와 같이 평등주의적 헌신이라는 슈워츠의 차원도 동등함과 자유 같은 가치를 포함하며, 정적 상관관계를 보일 것으로 예측할 수 있다. 하지만 신문 발행부수에 대한 동일한 자료는 평등주의적 헌신이라는 차원과 부적 상관관계를 나타냈다.

이러한 현상은 같은 9개국의 PC보유율에서도 마찬가지인데, 홉스테드의 권력거리(r=−.86***) 및 불확실성의 회피(r=−.89***)와 부적 상관관계가 있는 것으로 나타났다. 독립성과 새롭게 시도하는 의지는 권력거리가 낮고 불확실성의 회피가 낮은 문화권에서 발견되는 가치이듯이, 이런 조합은 논리적 설명이 가능해보인다. 하지만 슈워츠의 차원과 유의한 상관관계를 나타내는 것은 평등주의적 헌신과의 부적 상관관계(r=−.58*)뿐이다.

두 모형을 비교하기 위한 또 다른 연구는 15~24세가량의 유럽 젊은이를 대상으로 유로바로미터(Eurobarometer)에서 수행한 2001년 서베이다.[70] 질문에서는 젊은 세대의 사회참여, 직업에 대한 관심, 일상, 교육은 물론 유럽연합에 대한 관심과 기여한 사람들에 대해 질문하였다. 홉스테드와 슈워츠가 다룬 9개 국가는 덴마크, 핀란드, 프랑스, 독일, 그리스, 이탈리아, 네덜란드, 포르투갈, 스페인이다. 사용된 하나의 질문은 “다음과 같은 활동 목록 중에서, 만약 있다면, 당신의 여가시간에 규칙적으로 할 것인가?”이다. 응답의 범주는 운

---

70) Eurobarometer report 151, Young Europeans in 2001(See Appendix B), Retrieved from http://europa.eu.int.

동, 영화, 텔레비전 시청, 쇼핑, 컴퓨터, 친구 만나기, 악기 다루기, 음악감상, 춤추기, 부업하기, 손수 만들기(DIY) 등 아주 다양했다.

다른 질문은 조직에 속해 있느냐 하는 것이었다. 분석에 사용된 답변의 영역은 복지재단, 스포츠 모임, 또는 '단체 없음' 등이었다. 이 조사에서 젊은이들이 얼마나 자주 외국여행을 하는지, 목적은 무엇이었으며 어려움은 없었는지에 대한 질문도 하였다. 목적에 대한 응답에는 휴가, 교환학생 프로그램, 어학연수를 제시했다. 물론 "다른 나라에 가본 적 없음"이라는 범주도 있었다. 어려움의 예는 다른 나라 언어 구사력 부족과 향수병이다. 마지막 질문은 "다음 중 일주일에 최소한 한 번이라도 사용하는 것은?"이었다. 응답 범주는 데스크톱 컴퓨터, 노트북, 이메일, 인터넷이 사용되었다. 〈표 2-1〉은 홉스테드와 슈워츠의 차원 간에 나타난 상관계수를 나타낸다.

상반되는 결과들이다. 슈워츠의 '지배'라는 가치유형이 자기과시를 통한 사회적 환경의 지배를 강조하는 용기, 유능함, 독립과 자기관리 같은 가치를 포함하지만, 운동, 악기연주, 직접 가구 만들기나 이메일 보내기와는 부적 상관관계를 나타냈다. 유일한 정적 상관관계는 "다른 나라에 가본 적 없음"이었다.

운동, 쇼핑, 개인용 컴퓨터 사용, 악기연주, 이메일 및 인터넷 사용은 모두 홉스테드의 개인주의 차원과 정적 상관관계를 나타냈다. 반면에 슈워츠의 경우에는 자기관리, 자극과 쾌락주의를 포함하는 지적 자율성과 상관관계를 나타낸 것은 운동과 영화관람 두 가지 여가활동뿐이다.

홉스테드의 차원으로는 설명이 불가능하지만 슈워츠의 모형으로는 가능한 경우도 있다. 그것은 외국에 나가지 않는 이유가 되는 향수병에 대한 설명이다. 슈워츠의 지적 자율성(변화에 대한 개방성)은 향수병과 부적 상관관계를 보이는데, 이는 자기관리와 자극수용성(*stimulation*)의 수준이 낮은 사람은 다른 나라에 가면 향수병을 겪을 것이라는 점을 암시한다. 지배와의 정적 상관관계는 다소 혼란스럽다. 슈워츠의 가치유형에 따라 용감하고 유능하며, 야망 있고 독립적이라고 알려진 젊은이들이 왜 향수병 때문에 해외여행을 즐기지 않는 것일까?

이 연구는 슈워츠가 제안한 일곱 개의 가치유형이 홉스테드의 개인주의-집단주의 차원과 유사한 생활에 대한 적극적 또는 소극적 태도를 대립시킬 것이라는 생각과는 달리, 사실 한 개의 차원임을 의미한다. 지적 자율성과 정서적 자율성이라는 두 가지 가치유형은 더 소극적인 생활에 대한 응답과 상관관계를 갖는 나머지 다섯 가지 가치유형과는 달리, 생활에 대한 적극적 태도를 반영하는 응답과는 상관관계가 있는 것으로 나타났다.

문헌조사에 따르면 마케팅과 광고에 적용할 때 사용되는 대부분의 문화적 차원은 홉스테드의 차원이다. 그의 차원은 다섯 가지로 제한되고, 대부분의 국가를 다루면서도 개념적으로 중복된 부분이 거의 없기 때문에 매우 유용하다. 홉스테드의 차원은 광범위한 연구에서 핵심 변인 또는 설명적 특징으로 사용되었다.[71] 광고 전략가들은 국가별로 특수한 광고 소구법을 선택할 때, 홉스테드의 개념적 기틀을 방향을 제공하는 지침으로 활용할 수 있다.[72]

---

71) Milner, Laura M; Fodness, Dale; and Speece, Mark W. Hofstede's reserch on cross-cultural work-related values: Implications for consumer behavior, *European Advances in Consumer Research*, 1, 1993, pp. 70~76.

72) Milner, Laura M. and Collins, James M., "Sex-role portrayals and the gender of nations," *The Journal of Advertising*, 29, 2000, pp. 67~79.

〈표 2-1〉 홉스테드와 슈워츠 비교

	1인당 GNP	홉스테드					슈워츠						
		권력거리	개인주의	남성성	불확실성의 회피	장기 지향성	보수성	위계	지배	정서적 자율성	지적 자율성	평등주의적 헌신	조화
매체활용													
신문구독률	.65**	−.75***	.53	−.25	−.70*	−.28	−.07	.38	−.64*	.20	.31	.78**	−.22
개인용 컴퓨터 보급률	.91***	−.86***	.65*	−.21	−.89***	−.42	−.29	.28	−.55	.27	.52	.58*	−.25
젊은 세대의 여가활동													
운동	.72*	−.31	.84***	−.14	−.59*	.41	−.40	.27	−.75**	.11	.78***	−.06	−.13
영화	.06	.32	.11	−.11	.06	−.29	−.90***	.55	−.01	.71*	.60*	.22	−.40
텔레비전 시청	.21	−.14	−.09	−.63***	−.20	.10	−.34	.76**	−.35	.47	.14	−.13	−.67*
쇼핑	.73*	−.48	.65*	−.62***	−.73*	.57	−.35	.38	−.47	.30	.38	.02	−.73*
컴퓨터 이용	.78**	−.53	.86***	−.43	−.75**	.62	−.24	.37	−.67*	.05	.50	−.21	−.46
친구 만나기	.05	−.13	.05	−.16	−.07	−.21	−.27	.84***	−.23	.08	.11	−.34	−.32
악기연주	.75**	−.59***	.71*	−.59*	−.71*	.89***	.22	.21	−.80***	.11	.22	−.50	−.40
음악감상	−.07	.22	−.06	−.18	.17	−.16	−.45	.95***	−.14	.32	.17	−.24	−.46
춤추기	.39	−.22	.32	−.37	−.41	−.05	−.59*	.53	−.18	.38	.38	.29	−.60*
부업, 업무	.84***	−.83***	.49	−.44	−.83***	.58	−.20	.13	−.37	.42	.20	−.31	−.49
손수 만들기	.74*	−.36	.58	−.55	.55	.82**	−.20	.36	−.61*	.43	.38	−.48	−.59*

〈표 2-1〉 계속

	1인당 GNP	홉스테드					슈워츠						
		권력거리	개인주의	남성성	불확실성의 회피	장기 지향성	보수성	위계	지배	정서적 자율성	지적 자율성	평등 주의적 헌신	조화
소속 집단													
복지재단	.50	−.47	.69*	−.58	−.65*	.51	.17	−.05	−.42	−.27	.14	−.05	−.40
스포츠 모임	.77**	−.74*	.66*	−.37	−.76**	.62	−.12	.40	−.30	.12	.08	−.41	−.62*
소속된 집단 없음	−.87***	.84***	−.75**	.54	.89***	−.79**	−.09	−2.1	.57	.01	−.13	.45	.53
해외 여행 목적													
휴가	.70*	−.67*	.46	−.53	−.72*	.63*	.04	.38	−.68*	−.02	.17	−.18	−.44
교환학생프로그램	.25	.27	.24	.06	.05	.25	−.65*	.17	−.03	.76**	.53	−.18	−.22
어학연수	.42	−.06	.49	.21	−.28	−.05	−.53	−.30	−.39	.41	.85***	.04	.35
경험없음	−.90***	.79***	−.69*	.52	.88***	−.87***	−.09	−.17	.77**	.00	−.26	.31	.39
해외여행의 어려움													
언어장벽	−.57	.76**	−.27	.43	.59	−.80**	−.41	−.06	.27	.04	.33	.66*	.39
향수병	−.42	.25	−.52	−.06	.37	.30	.49	−.28	.68*	−.18	−.83***	.24	−.24
일주일에 한 번 이상 사용													
데스크톱 컴퓨터	.63*	−.66*	.62*	.78**	−.79**	.64*	.19	.14	−.68*	−.17	.16	−.22	−.49
노트북	.84***	−.84***	.72*	−.47	−.89***	.72*	.02	.17	−.40	−.00	.07	−.26	−.58
이메일	.76**	−.84***	.67*	−.63*	−.87***	.75*	.29	.13	−.67*	−.22	.06	−.43	−.42
인터넷	.69*	−.76**	.64*	−.68*	−.81***	.73*	.32	.17	−.66*	−.26	.03	−.41	−.46

출처 : World Development Report 2000 · 2001; World Bank; Eurobarometer Report 151; The Young Europeans in 2001(부록B 참조).

10. 문화적 관련성

홉스테드의 모형이 가장 강력하기 때문에, 이 모형은 이 책에서 소비자행동에 미치는 문화적 영향을 설명하는 데 사용된다. 이 모형은 조직 내의 인간 행동을 위해 개발되었으므로 소비자행동과 관련해서는 몇 가지 추가적 분석기술이 요구된다. 그것은 문화의 원인과 효과에 대하여 잘못된 결론으로 유도하기 쉽다. 문제점들은 가설을 설정할 때 그리고 분석을 위해 국가나 국가 집단을 선정할 때 나타날 수 있다. 다음은 몇 가지 일반적 주의사항이다.

1) 인과관계

빈번한 질문의 하나는 문화와 사회적 현상 간의 인과관계(*cause-effect relationship*)에 대한 것이다. 사회체계의 특성(즉, 법적, 정치적, 경제적 체계)은 사람들의 개인적 기질에 따라 나타나는가, 아니면 사람들의 개인적 기질이 그들이 살고 있는 사회체계의 근원에 따라 발생되는가? 대개의 경우 국가적 문화를 형성한 보통의 역사적 교훈은 변량을 설명하는 최고의 요인이다. 그러나 관찰된 것이 역사의 원인인지, 또는 기능적 관계성인지를 결정하는 문제가 빈번히 발생한다. 이런 식의 전통적 논란은 프로테스탄트적 가치를 자본주의자의 지향성에 연결하는 베버주의자(*Weberian*)의 가설들과 관련된다.

프로테스탄트적 가치와 기업가정신(*entrepreneurship*)의 관계는 '기능적'인가 아니면 공유된 접촉이나 보편적 역사적 교훈에 근거를 둔 것인가?[73] 이는 후자가 타당할 것이다. 자본주의는 프로테스탄트주의가 가능한 특정한 문화적 외형을 갖춘 나라에서 융성했다.[74] 종교

---

73) Przeworski and Teune, 1970, pp. 51~56.

적 기원 그 자체는 가정하는 것에 비해 때로는 관련성이 약하다. 각국의 종교사를 거슬러 올라가 보면 국민이 어떤 종교를 받아들이는지는 문화적 차이의 원인보다 기존의 문화적 가치 패턴의 결과인 경우가 많다.75)

유럽대륙에서의 또 다른 사례는 낮은 영어구사 능력과 낮은 인터넷 사용률 간의 관계성이다. 두 가지 모두 홉스테드의 불확실성의 회피 차원과 관련된다. 불확실성의 회피가 강한 문화권에서 사는 사람들은 언어학습의 어려움76)은 물론 신기술과 관련된 혁신적 행동을 피하려고 한다(제 7장 참조). 따라서 기능적 관계성에는 불확실성의 회피 성격이 있다.

2) 문화집단간 비교

진화론에서는 발달 단계가 같은 문화권에서만 의미 있는 비교가 가능하다고 본다.77) 개발도상국과 선진국을 비교하는 것은 의미가 있더라도 해석하기 어려운 차이가 있다. 예컨대, 청년층 조사에서 인도

---

74) Hofstede, 2001, p. 114.

75) Hofstede and Hofstede, 2004.

76) 외국어로 된 몇몇 자료는 불확실성의 회피와의 관계에 대해 보여준다. 영어에 대해서는, 영어와 유사한 구조를 가지고 있는 언어(모든 독일식 언어)를 쓰는 국가들은 영어를 배우는 데 유리하다는 주장이 있을 수 있다. 몇몇 독일식 언어 문화권은 낮은 불확실성의 회피를 보인다고 일컬어진다. 그러나 독일식 언어를 쓰는 국가들 중에서도(영국과 아일랜드 제외) 영어를 쓰는 것과 낮은 불확실성의 회피 간에 유의한 상관관계가 나타났다(예: 영어를 사용하는 사람들의 비율은 대화를 하는 데 충분하다, EMS 1997, 7개 국가, r=−.82*).

77) Van Raaij, W. F., "Cross-cultural research methodology as a case of construct validity," *Advance in Consumer Research*, 5, 1987, edited by Keith Hunt, pp. 693~701.

같은 개발도상국의 청년이 실제로는 불합리한 수준의 낙관적 태도를 지니는 것을 알 수 있다. 반대로 스웨덴이나 네덜란드의 젊은이들은 비교할 수 없을 만큼 많은 기회를 접하지만 우울함을 느끼는 것으로 나타났다.[78] 따라서 어떤 나라를 선정하느냐가 연구결과의 타당도와 일반화 가능성에 영향을 미치기도 한다.

타당한 비교를 가능하게 하는 문화의 하위계층을 확보하기는 쉽지 않다. 여러 나라의 상이한 집단간의 상관관계는 다른 결과를 도출할 것이다. 홉스테드의 권력거리 차원은 국가 내 상이한 집단이 어떻게 다른 관계를 나타내는지에 대한 사례가 된다. 개발 수준이 뒤섞인 세계 33개국을 하나로 묶어 조사한 결과 권력거리는 부와 상관관계가 나타났는데, 1인당 GNP가 높을수록 권력거리 점수는 낮았고 따라서 국부와 권력거리는 부적 상관관계가 있었다. 이 관계성은 선진국 집단에서는 존재하지 않는다.

3) 문화 내 집단의 비교

개인적 수준과 문화적 수준의 차이와 같은 맥락에서, 하위계층(국가 내 집단)의 비교는 국가간 비교와 다른 결과를 유도할 수 있다. 홉스테드가 문화적 수준에서 측정한 권력거리는 단지 사회 체계의 특성으로만 활용할 수 있지 개인이나 국가 내 집단에는 적용할 수 없다. 33개 각국의 국민은 부의 수준에 따라 다양한 하위집단으로 구분될 수 있고, 이러한 하위집단은 권력거리와 다른 상관관계를 나타낸다.

---

78) Scheuch, Erwin K., "Theoretical implications of comparative survey research: Why the wheel of cross-cultural methodology keeps on being reinvented," in *Comparing nations and cultures*, edited by Alex Inkeles and Masamichi Sasaki, Englewood Cliffs, NJ: Prentice Hall, 1996, p. 68.

예컨대, 국가의 수준에서 1인당 GNP가 권력거리와 부적 상관관계가 있는 데 비해 국부의 20%를 보유한 어떤 집단은 권력거리와 정적 상관관계를 나타낸다. 이 집단이 권력거리와 정적 상관관계를 가지고, 하위 20%의 소득계층이 그 반대의 관계가 있다면 그런 결과는 하위집단이 기능적으로 같지 않다는 점을 의미한다. 이러한 연구결과는 권력거리 점수가 높은 문화권에서의 소득수준의 차이는 권력거리 점수가 낮은 문화권에 비해 크다는 것을 의미한다. 유사한 효과들이 학생 집단의 비교에서도 나타나는데, 어떤 나라의 학생들은 자기 나라에서 엘리트 계층에 속한다.

11. 결 론

각각 다른 나라의 사람들은 상품과 브랜드의 선호에 있어서 다양성을 유발하는 상이한 가치지향성(*value orientations*)을 지니고 있다. 효과적인 국제마케팅과 커뮤니케이션을 위하여 사람들은 이러한 차이들을 이해해야 한다. 많은 소비자행동 연구가 개인적 수준에서 이루어진다. 이 장에서 필자는 문화적 수준에서의 비교연구에 대해 논의하였다. 가치범주와 문화적 차원을 구분하는 모형들은 문화 수준의 차이를 분석하는 데 유용하다. 그 모형은 문화적 차원에 따른 국가별 점수 및 소비와 소비자행동에 대한 자료 사이의 관계성을 발견할 수 있는 통계분석을 가능하게 한다. 모든 모형이 똑같이 실질적인 것은 아니다. 이 장에서는 두 가지 모형이 검토되었다. 마케팅과 광고에 가장 많이 적용되는 모형은 거트 홉스테드가 개발한 국가적 문화 모형이다. 가치의 차이들이 시간을 초월하여 안정적이며 향상된 부를 나타내게 되므로, 문화의 효과에 대한 분석은 갈수록 중요해진다. 이는 다음 장에서 더 다루게 될 주제이다.

제3장 소비자행동의 수렴과 확산

제 1장에서는 소비자행동의 수렴에 대한 가정들을 살펴보고 몇 가지 반론도 제시하였다. 서구사회의 보편주의는 미국이 세계를 선도하는 성숙된 소비시장을 따르는 독특한 세계가 출현할 것으로 예상한다. 미국의 광고학 교수 존 필립 존스(John Philip Jones)[1]가 언급하듯이, "다른 나라의 소득수준이 미국에 근접할수록 논점이 유사한 패턴을 나타낸다". 또한, 헨리 애사엘(Henry Assael)[2] 같은 소비자행동 이론가들은 세계의 소비자가 자신의 지위에 대한 상징으로 미국상품을 원하고, 이 과정에서 미국 소비자의 가치를 습득한다는 주장에 동의한다. 이 장에서는 근대화, 도시화, 교육수준의 향상, 인구통계학적 특성의 변화, 국부의 균등화 같은 소비자행동의 수렴으로 간주되

1) Jones, J. P., "Introduction, the vicissitudes of international advertising," in *International advertising, realities and myths*, edited by John Philip Jones, Thousand Oaks, CA: Sage, 2000, p. 5.

2) Assael, Henry, *Consumer behavior and marketing action* (6th ed.). Cincinnati, OH: South Western College Publishing, 1998, p. 501.

는 사회경제적 현상의 저변을 고찰하고자 한다. 소비자행동의 수렴과 확산에 대한 다양한 형태의 증거를 제시하고 수렴이론에 대해 설명하고자 한다.

1. 수렴이론

수렴이론(*convergence theory*)에서는 각 나라의 문화와 역사적 전통, 정치와 경제 체제의 차이에도 불구하고 모든 나라에게 동일한 산업화와 근대화를 하자고 제안한다.[3] 사회경제적 수렴 양상은 사회적 관계의 유형, 과학과 기술에의 의존도가 높은 생산양식, 공중의 태도와 정치경제적 통제체제로 나타난다.[4]

지구상의 거의 모든 나라에서 이미 산업화를 시작했으며 다음 세기까지는 대부분의 사람들이 산업화된 도시에서 살게 될 것으로 보인다. 하지만 이것이 모든 사회가 똑같아진다는 의미는 아니다. 산업사회는 광범위하고 다양한 문화와 제도를 가진다. 산업사회의 유사성은 실제로 예외 없이 고도의 도시화, 기술과 과학의 활용, 높은 수준의 정규교육이라는 특징이 있다.[5]

산업화와 근대화는 보편적 가치와 소비패턴을 포함한 보편적인 문

---

3) Williamson, John B. and Fleming, Jeanne J., "Convergence theory and the social welfare sector: A cross-national analysis," in *Comparing nations and cultures*, edited by Alex Inkeles and Masamichi Sasaki, Englewood Cliffs, NJ: Prentice Hall, 1996.

4) Inkeles, Alex, *One world emerging?: Convergence and divergence in industrial societies*, Boulder, CO: Westview, 1998, pp. 20~23.

5) Inglehart, Ronald, *Modernization and postmodernization. Cultural, economic, and political change in 43 societies*, Princeton, NJ: Princeton University Press, 1997, p. 18.

명의 변화를 가져올 것으로 예상되었다. 이는 전형적인 서구적 사고의 산물이다.[6] 이러한 보편적 문명화의 소비상징은 주로 미국적인 것이다. 이런 맥락에서 문화적 동질성은 예컨대 아놀드 슈왈제네거, 〈치어스〉(역주 : 미국의 유명한 시트콤), 펩시, 맥도날드, 디즈니랜드, 의류, 자동차, 건축양식과 같이 동일한 대중적 상품이나 매체상품을 소비하는 것으로 공통의 소비행태를 갖는 집합적 정체성을 형성하는 초월적 문화를 만든다. 이러한 소비는 공유된 소비 유형에 바탕을 두고 집단적 정체성(*collective identity*)을 형성하는 메타문화(*meta culture*)를 만들어낸다.[7]

수렴에 대한 논쟁은 새로운 것이 아니며 1960년대 근대화이론의 결과이다. 수렴을 지지하는 사람들은 거의 모든 사회가 각각 속도가 다르기는 하지만 산업화된 인간[8]이라는 지향점을 향해 달려간다고 주장한다. 반면 확산을 주장하는 사람들은 단지 근대성의 다른 형태를 보면서 수렴은 존재하지 않는다고 주장한다.[9] 문화적 수렴을 위한 미국의 소비상징이 확산되는 실수를 범하지 않기 위해, 우리는 글로벌 수렴이라는 가설의 이면에 있는 근대화의 다양한 국면을 이해해야 한다.

---

6) Huntington, S. P., *The clash of civilizations and the remaking of world order*, New York: Simon & Schuster, 1996, p. 58.

7) Ferguson, Marjorie, "The mythology about globalization," *European Journal of Communication*, 7, 1992, pp. 69~93.

8) Kerr, Dunlop; Harbison, F. H.; and Myers, C. A. Industrialism and industrial man, London: Heinemann, 1960. Quoted in Ronald Robertson, *Globalization*, London: Sage, 1992. p. 11.

9) Robertson, Roland, *Globalization*, London: Sage, 1992.

2. 근대화

문자 그대로 근대적(*modern*)이라는 말은 이전에 받아들인 것을 최근에 다소 수정했음을 말한다.[10] 근대적이라는 말은 전통적의 상대개념으로 여겨지며, 전자는 긍정적으로 후자는 부정적인 것으로 이해된다. 이 용어들은 개인과 국가의 성격을 묘사하는 데 쓰인다. 한 국가나 사회가 근대적이라고 하면 이들은 대중교육, 도시화, 산업화, 관료화, 고속통신과 교통이라는 특징을 공유한다. 어떤 연구자는 여기에 문화적 동질성과 종교의 세속화라는 특징을 더하기도 한다.[11]

경제적 근대화의 특징은 다음과 같다. 과학기술의 광범위한 적용, 무생물 에너지의 이용, 고도화된 노동의 특화, 시장의 상호의존, 경제적 의사결정의 집중화와 연계된 대단위 재정정책, 물질적 복지의 꾸준한 향상 등을 들 수 있다.[12] 근대화에 대한 사회심리학적 접근은 근대화를 지각, 표현, 가치부여 방식에서의 변화로 이야기한다.

미국의 사회과학자 알렉스 잉켈레스와 데이비드 호턴 스미스(David Horton Smith)[13]는 다양한 개인적 성향을 포함하는 개인적 수준의 근대성 차원을 개발하였다. 새로운 경험에 대한 개방성, 사회변화에 대한 적응력, 의견을 형성하거나 의견 차이를 인지하는 능력, 정보력, 시간관념, 환경통제력, 계획지향성, 추산능력과 신뢰도, 교육과 직업에 대한 포부, 자긍심, 타인에 대한 존경심이 그것이다. 한 나라 국민의 성격이 발전에 얼마나 중요한 역할을 하는지에 대한 과학적

---

10) Inkeles, Alex and Smith, David H., *Becoming modern*, New York: Harvard University Press, 1999, p. 15.

11) Giddens, Anthony, *Introduction to sociology*, New York: Norton, 1991, p. 795.

12) Inkeles and Smith, 1999, p. 16.

13) Inkeles and Smith, 1999, pp. 19~25.

정보를 알아내기 위해서는 개인적 수준의 근대성을 측정해야 한다. 이러한 차원에 의해 근대적이라고 파악된 주요 국가는 일본을 제외하고는 유럽의 전통에 바탕을 두고 있다. 서구의 시각에서 대부분 근대화된 사회의 기업가들과 엘리트들의 복식은 서구의 것을 수용하기는 했지만 여전히 그들이 속한 사회는 전통사회라고 볼 수 있다. 이러한 현실은 마케팅과 광고에도 적용 가능하다. 프랑스의 마케팅학자 장 클로드 유수니에(JeanClaude Usunier)[14]에 따르면, 일부 연구자들이 국가별 차이를 인식함에도 불구하고 다국적 마케팅 활동을 단지 변화와 혁신의 과정으로 보며, 이 과정은 전통문화가 근대문화에 자리를 점점 양보하는 가운데 전 세계로 수렴되고 있다.

1) 전근대에서 탈근대로

전근대(*premodern*)에서 근대 그리고 탈근대(*postmodern*)로 이어지는 사회발달의 단계별 차이와 그것이 사람들의 행동과 가치에 미치는 효과는 서구사회의 발달을 반영한다. 전근대는 생활 유지를 위한 주요 수단으로서의 농업, 3대가 같이 사는 가족형태, 영주와 귀족 중심의 봉건사회 그리고 시간에 대한 순환적 관념이라는 특징이 있다. 산업화는 확대되는 도시화, 부부와 자녀 중심의 핵가족화, 대량생산, 시간에 대한 선형적 관념을 수반하며 근대화를 가져왔다.[15] 세 번째의 사회발달 단계는 탈산업화시기로 대부분의 직업이 정보의 보유와 전환 그리고 집적과 관련된다.

---

14) Usunier, Jean-Claude, "Atomistic versus organic approaches," *International Studies of Management & Organization*, 26, 1996/1997, pp. 90~112.

15) Antonides, Gerrit and Van Raaij, W. Fred., *Consumer behaviour. A European perspective*. Chichester, UK: John Wiley and Sons, 1998, pp. 41~44.

'후'(後) 또는 '탈'(脫)을 의미하는 접두사 '포스트'(*post*)를 쓰는 여러 명칭은 산업 발달기 이후의 새로운 사회질서를 묘사하기 위해 사용된다. 예를 들어, 탈근대, 탈결핍 사회, 탈산업주의사회, 정보사회, 서비스사회, 지식사회 등이 그것이다.[16] 탈근대라는 용어는 아직 제대로 정립된 용어가 아니며 서로 상이한 방식으로 사용된다. 탈근대성은 유동적이며 분열된 관계에 의해서 흔들리는 기존의 사회구조로 대표되는 서구사회의 상태를 말한다. 글로벌한 경제와 문화적 성장은 탈 근대적 맥락의 핵심에 있으며 이 맥락에서 글로벌한 사건은 지역에, 지역적 사건은 글로벌하게 영향을 미친다.[17] 잉글하트(Inglehart)[18]에 의하면, 탈근대사회에서 강조되던 경제적 성공은 생활의 질의 중요성에 대한 강조에 점점 그 자리를 내주고 있다.

근대화는 사회의 분열로 이어질 수 있는 개인 자율성의 증가와 공동체 의식의 감소라는 측면에서 개인주의와 같은 것으로 간주된다. 그러나 근대화는 개인주의와 집단주의 구도와 다른 측면에서 파악해야 한다. 개인주의와 근대화를 동일하게 놓는 것은 사회적 현상을 심리학적으로 고찰하는 것이 될 것이다.[19]

한 국가의 경제발전 과정에서 농경사회에서 산업사회로 변하는 것은 나라마다 정도의 차이는 있을지언정 생활환경의 변화를 포함하는 보편적 과정이다. 이런 변화가 개인의 행동과 유사한 사회적 함의를 가지며 비슷한 결과를 초래할 것이라는 가정은 서구적 사고의 산물이

---

16) Giddens, 1991, p. 798.

17) Lawson, Tony and Garrod, Joan, *The complete A-Z sociology handbook* (2nd ed.), London: Hodder & Stoughton, 2000, p. 215.

18) Inglehart, Ronald; Basañez, Miguel; and Moreno, Alejandro, *Human values and beliefs*, Ann Arbor: University of Michigan Press, 1998.

19) Kagitçibasi, Çigdem, "Individualism and collectivism," in *Handbook of cross-cultural psychology*, Vol. 3, edited by John W. Berry, Marshall H. Segall, and Çigdem Kagitçibasi, Boston: Allyn& Bacon, 1997, p. 31.

다. 고도로 도시화되고 근대화된 일본에서 계획적이고 선형적인 시간관념은 일본사회의 주류로 자리 잡지 못하고, 아직은 사업의 영역에만 국한되어 있을 뿐이다. 봄의 개화와 가을의 낙엽 같은 계절에 많은 관심을 기울이는 일본문화의 징후들을 보면 순환적 시간관념은 근대화의 등장에도 불구하고 사라지지 않았다.

수렴의 원인으로 자주 언급되는 근대화가 가치의 수렴과 동의어는 아니다. 퍼킨(Perkin)[20]은 근대화에 대하여 탈근대라는 용어와 마찬가지로 해당 국가의 문화에 내포된 가치와 관습에 대한 선호를 은폐하려는 신조어라고 말한다.

3. 수렴: 거시적 및 미시적 수준

수렴을 분석하기 위해서, 미시적 수준의 수렴과 거시적 수준의 수렴을 구분해야 하지만 거시-미시의 이분법은 아직 정교화되지 않았다. 다음에서는 거시-미시의 이분법에 대한 정의들과 필자의 정의에 대해 기술하고자 한다.

1) 거시-미시의 이분법

다양한 연구영역에서 각각 다른 방식으로 수렴에 대한 거시-미시의 이분법에 대하여 정의를 하고 있다. 국제마케팅 관련 자료를 살펴보면 거시적 정보는 인구관련 자료, 1인당 GNP, 생산과 소비의 성장률을 포함한다.[21] 정치적, 법적, 경제적, 사회적, 문화적, 기술적

20) Perkin, Harold, 1999, Review: One world emerging? Convergence and divergence in industrial societies, by Alex Inkeles, *Journal of Social History*, 33, 1999, pp. 461～462.

차원을 포함하는 거시적 환경이라는 용어도 사용된다.[22] 거시적 경제환경에는 고유한 경제요소 이외에도 교육수준, 사회기반시설, 기술수준 같은 인간, 기술, 자연자원에 대한 다양한 요인들이 포함될 수 있다.

1인당 GNP, 소비, 교통 및 통신설비, 도시화, 투자자본, 기술, 매체, 소비구조 같은 거시적 수준의 경제성장은 측정이 가능하다. 미시적 경제환경은 대체로 기업의 관심사가 되는 시장과 상품을 둘러싼 환경을 말하며 본질적으로 경쟁에 대해서 언급한다. 다른 경쟁자들(현존하는, 잠재적, 초기적)은 시장의 다양한 요구에 부응하고 있을 것이다. 미시적 경제환경에서는 이러한 특정 소비자에 대해서 부분적으로 언급한다.

헌트(Hunt)[23]는 집단성(*aggregation*)의 수준을 미시와 거시로 구분한다. "미시적 수준은 대개 회사 같은 사적 조직과 소비자, 가계와 같은 개별 단위의 활동을 말하고 거시적 수준은 높은 수준의 집단성을 보이는 시장체계나 소비자 집단에 대한 것이다."

거시-미시적 관점의 구분은 국제시장을 세분화할 때 사용되는데, 거시적 수준의 범주는 언어, 종교, 지리, 경제권역, 경제발전 수준 같은 객관적으로 규정된 변인들이 포함된다. 미시적 수준의 범주들은 행동, 라이프스타일, 태도 같은 주관적 변인들이다.

피터슨(Peterson)과 맬호트라(Malhotra)[24]에 따르면 거시적 수준은

---

21) Jain, Subhash C., "Standardization of international marketing strategy: Some research hypotheses," *Journal of Marketing*, 53, 1989, pp. 70~79.

22) Mühlbacher, Hans; Dahringer, Lee; and Leihs, Helmuth, *International Marketing. A global perspective* (2nd ed.), London: International Thomson Business Press, 1999, pp. 50, 85.

23) Hunt, Shelby D, "The nature and scope of marketing," *Journal of Marketing*, 40, 1976, pp. 17~28.

24) Peterson, Mark and Malhotra, Naresh, "Country segmentation based on

전통적이며 전형적인 것으로 셀 수 있고 기록할 수 있으며 국가의 특징을 나타내는 이차자료로 사용할 수 있다. 미시적 수준은 대체로 소비자 조사에 사용된다. 소비자행동 연구자들은 전형적으로 미시적 수준과 소비자행동의 거시적 과정에 관심을 가진다. 미시적 수준에 대한 연구의 관심사는 개인의 정보추구 방식, 대안에 대한 평가, 정서적 반응 양식, 행동의 계획과 의사결정, 실행, 사후평가 등이다. '다소 거시적' 수준에서는 가정과 이웃, 집단행동과 라이프스타일의 세분화를 이해하려고 한다.[25]

국가적 수준에서의 비교분석을 위해서는 거시와 미시의 집합적 수준에서의 구분은 유용하지 않은데, 이는 모든 자료를 집합적 수준에서 구한 것이기 때문이다. 헌트와 피터슨, 그리고 맬호트라의 설명은 소비자의 구매행동에 더 중점을 두는 미시적 수준의 자료를 강조하는 유사성이 있다. 이는 거시적 수준의 국가 경제적 환경의 지표가 되는 거시적 수준의 자료와는 반대된다. 이와 같은 다소 정교하지 않은 구분은 나중에 언급할 것이다. 다른 현상의 혼합 또는 요약이기도 한 국가의 개발정도에 대한 통계적 지표는 거시적 수준의 자료로 제시된다. 예를 들어, 인구 1,000명당의 전화, 자동차, 텔레비전 보유 정도를 사례로 들 수 있다. 대부분의 다른 거시적 수준의 자료는 소비와 소비자행동에서 차이가 있다. 앞서 언급한 거시적 수준의 자료에 관련된 사례는 가구당 전화통화 횟수, 자동차나 텔레비전의 보유대수 등이다.

---

objective quality-of-life measures," *International Marketing Review*, 17, 2000, pp. 56~73.

25) Andreasen, Alan R., "Cultural interpenetration: A critical consumer research issue for the 1990s," *Advances in Consumer Research*, Vol. 7, edited by Marnu Goldberg and Richard W. Pollay. Provo, UT: Association for Consumer Research, 1990, pp. 847~849.

2) 거시적 수준에서의 수렴과 확산

거시적 수준에서의 수렴에서는 국부, 사회간접자본, 건강, 사회복지, 국가별 교육수준, 전화·컴퓨터·자동차·텔레비전·신문 같은 커뮤니케이션 수단의 보급정도, 테러와 육체적 안전에 대한 욕구 증대에 관한 것들을 다룬다. 거시적 변인들은 일반적으로 산업적 특성이 있지만 후기산업사회의 성격을 지니기도 한다.

국부는 세계의 부유한 지역에서는 수렴되고 있지만 세계 보편적 토대가 있는 것은 아니다. 이는 자유무역이 증가하고 정보와 기술에 국제적 접근이 증가하면서 개발도상국이 선진국을 따라잡을 것이라는 일반적인 생각과 상충한다. 장기간의 연구를 분석해 보면 수렴에 대한 이러한 가설에 의문을 갖게 된다. 홀랜더스(Hollanders)와 그 동료들[26]은 선진국과 개발도상국의 경제발전에 대한 장기동향을 분석했다. 1973년까지의 연구결과를 보면 미국과 유럽에서 고도성장과 소비유형에서 수렴현상이 일어나고 있었지만, 이러한 수렴경향은 1973년부터 1991년 기간에 실종되었다.

1991년에서 1998년까지, 비교적 최근에 미국의 성장이 일본과 유럽에 비해 두드러지면서 미국, 유럽, 일본 등 3개 권역에서 성장 정도에 차이가 있었다. 미국이 새로운 기술혜택을 가장 많이 받은 것으로 보인다. 글로벌한 불평등은 이른바 디지털 격차에 의해 강화되었다. 2000년 현재 후기산업사회 인구의 약 87%가 네티즌으로 살고 있다.[27]

---

26) Hollanders, Hugo; Soete, Luc; and Ter Well, Bas. Trends in growth convergence and divergence and change in technological access and capabilities. Paper presented at the Lisbon Workshop on Cliometrics, Econometrics and Appreciative History in the Study of Long Waves in Economic Development. Lisbon, 11~13 March, 1999.

지난 수십 년간 부의 분배는 전 세계적으로 더욱 편중되었다. 세계은행은 각 나라의 지니(*Gini*) 계수를 발표한다. 이 지수에서 0은 완벽한 평등을 의미하고 100은 한 사람이 수입을 완전히 독점한다는 뜻이다. 1988년에서 1993년까지의 단기간 동안 세계의 불평등 정도는 지니계수 62.5에서 66으로 상승하였다. 이는 가난한 나라의 대부분의 사람이 부유한 나라의 소비유형에 포함되는 상품이나 서비스를 구매할 기회가 점점 더 줄어든다는 것을 의미한다.[28] 가난한 나라일수록 대체로 지니계수가 높다. 전 세계적으로 1인당 GNP의 약 50%가 이 범주에 해당한다. 1999년의 지니계수는 브라질 60.1, 파나마 57.1, 프랑스 32.7, 덴마크 24.5로 나타났다. 선진국에서의 지니계수는 권력거리의 정도로 설명되기도 한다. 권력거리가 크면 불평등을 의미한다. 그러나 경제적으로 동질적인 유럽에서도 이 차이는 크지 않았으며 수입과 문화와의 상관관계도 나타나지 않았다.

남북 간의 빈부격차가 커지고 있다. 1950년에서 1992년 사이에 북반구의 부유한 나라들과 남반구의 가난한 나라들 간의 생활수준 격차는 점점 커졌다. 북반구 나라들은 수렴을 경험했다. 북반구의 하위 16개국(실질 1인당 GDP 미화 5천 달러 이하)은 상위 9개국(실질 1인당 GDP 미화 5천 달러 이상)의 생활에 근접하고 있다.[29]

27) Norris, Pippa, *Digital divide: Civic engagement, information poverty and the Internet in democratic societies*, New York: Cambridge University Press, 2001.

28) Wade, Robert, "Winners and losers," *The Economist*, April 28, 2001. pp. 79~82.

29) Sarkar, Prabirjit, "Theory of convergence and real income divergence 1950~1992," *Economic and Political Weekly*, Bombay: A Sameeksha Trust publication, February 20, 1999.

국제마케팅을 연구하는 크레이그(Craig), 더글러스(Douglas), 그레인(Grein)[30]은 거시적 환경특성에 의해 국가들이 수렴되기보다 다양화되고 있음을 발견하였다. 그들은 일련의 산업화된 나라들에서 1960년대에서 1988년 사이의 유아 사망률, 생활비 수준, 승객용 운송수단 보급률, 전화사용 정도, 학생수, 서적 발행부수, 일간지 발행부수 같은 15가지 거시적 환경변인들을 수집하여 분석하였다. 그 결과 산업화된 국가간의 교류와 소통은 증가했으나 거시 경제적 측면에서 더 유사해지지 않았다는 점을 발견하였다.

3) 시장의 수렴?

글로벌 시장의 통일을 위한 경향을 가속하는 대부분의 발전은 거시적 발전이다. 연령분포와 가구규모에서 인구통계학적 수렴이 이루어지고 있다. 소비자행동의 수렴 측면은 구매력의 향상, 통신기술의 발달, 그리고 글로벌 매체의 등장이다.[31] 마케팅에서 자주 언급되는 수렴 양상은 서비스 구매의 증가, 건강과 편의품에 대한 수요증대, 유통체계의 수렴, 그리고 광고비 지출의 수렴이다.[32] 리플랑(Leeflang)과 반 라이지(Van Raaij)[33]에 따르면, 유럽연합국들은 거

---

30) Craig, C. Samuel; Douglas, Susan P.; and Grein, Andreas, "Patterns of convergence and divergence among industrialized nations: 1960~1988," *Journal of International Business Studies*, 23, 1992, pp. 773~786.

31) Ter Hofstede, Frenkel; Steenkamp, Jan-Benedict E. M.; and Wedel, Michel, "International market segmentation based on consumer-product relations," *Journal of Marketing Research*, 36, 1999. pp. 1~17.

32) Usunier, Jean-Claude, "Consommation: quand global rime avec local (Consumption: when global rhymes with local)," *Revue Française de gestion*, 110, 1996, pp. 100~116.

33) Leeflang, Peter S. H. and Van Raaij, W. Fred, "The changing consumer in the European Union: A 'meta-analysis,' *International Journal of*

시적 마케팅 환경과 마케팅 믹스 측면에서 보다 밀접한 수렴과정을 겪고 있다.

거시적 수준의 수렴에 이어, 미시적 수준에서 그와 같은 수렴이 이루어지고 있는 증거가 많지는 않다. 사회 기반시설과 경제적 수준에서의 통합은 보통 소비자의 문화적·정신적 통합보다 빠르게 이루어진다. "퍼실(Persil), 코닥, 소니, BMW, 알디(Aldi), 이케아(IKEA) 같은 브랜드는 유럽전역에서 쉽게 발견할 수 있지만, 이것으로 유럽전역의 소비자가 이 브랜드들을 소비한다고 가정하기는 어렵다".[34] 시장의 글로벌화에 대한 명백한 근거에도 불구하고 국가간 소비행동은 여전히 존재한다. 전 세계적으로 교육수준이 높아지고 풍요해짐에 따라 그 기반 역시 다양하게 변하고 있다. 부의 증가와 함께 자기 문명의 정체성을 중요시한다.[35] 장차 법률적 환경의 변화는 사라지겠지만 문화적 차이는 더욱 확연하게 드러날 것이다. 형식적인 법률은 수렴되겠지만 적용방식에는 차이가 있을 것이다.[36]

4) 수렴의 형태

잉켈리스(Inkeles)[37]는 교육체계와 가족의 패턴 같은 산업화와 근

Research in Marketing, 12, 1995, pp. 373~387.

34) Dibb, Sally; Simkin, Lyndon; and Yuen, Rex, "Pan-European advertising: Think Europe, act local," *International Journal of Advertising*, 13, 1994. pp. 125~136.

35) Huntington, Samuel P., "The goles of development," in *Comparing nations and cultures*, edited by Alex Inkeles and Masamichi Sasaki. Englewood Cliffs, NJ: Prentice Hall, 1996.

36) Sriram, Ven and Gopalakrishna, Pradeep, "Can advertising be standardized among similar countries? A cluster based analysis," *International Journal of Advertising*, 10, 1991, pp. 137~149.

37) Inkeles, 1998, pp. 30~45.

대화가 미치는 다양한 사회적 수렴의 효과를 살펴보았다. 그는 수렴에 대한 일관된 증거를 찾지는 못했지만 다양한 형태와 수준의 수렴과 확산 과정을 관찰할 수 있었다. 그는 몇 가지 패턴을 요약하였다.

- 변화는 실질적 수렴까지는 이르지 않으며 안정적 차이는 꾸준히 유지될 것이다. 더 나아가 대부분의 선진국에서는 이미 오래전에 달성되어 더는 수렴될 여지가 없는 상한선에 도달한 분야도 있다. 예를 들어, 초등학교 입학률이 그것이다.
- 같은 지점으로 이동한다는 것이 반드시 같은 방향으로 움직인다는 것을 의미하지는 않는다. 결혼연령을 예로 들면, 어떤 나라에서는 내려가고 어떤 나라에서는 올라간다. 이러한 두 가지 변화가 만나 융합하고 교차하며 확산을 시작할 때, 수렴과 크로스오버가 발생한다.
- 절대적 차이보다 중요한 역치(閾値, *threshold*)가 있을 수 있다. 교육이 그 예가 될 수 있는데 근대적 교육체계가 도입되면, 교육에 대한 추가투자는 유의한 차이를 일으키지 못할 수도 있다.
- 변화가 동시에 일어나면 수렴이 일어나지 않을 수도 있다. 저개발 국가와 보다 산업화된 국가의 꾸준한 국부 차이가 그 사례다.
- 수렴은 다양성을 감추기도 한다. 거시적 수준의 통계지표들은 정의상으로는 많은 분산된 하위체계를 요약한 것이라고 볼 수 있다. 이러한 통계치는 몇 가지 상이한 지표의 집합체이다. 요약된 지표는 경제개발 수준과 더욱 유사하며 이를 구성하는 개별 구성요소 내의 확산과 실질적 이질성을 감출 수도 있다. 서구에서 국민총생산 대비 교육을 위한 공공지출의 비율이 동일화된 것이 그 사례이다. 이러한 공통되는 수렴의 이면에는 추가비용이 교육의 3단계에 어떤 식으로 분배되는지에 대한 현저한 차이를 나타낸다.

- 변화의 패턴은 하위체계에 의하여 그리고 내적 하위체계에 의하여 다양화될 수 있다. 몇몇 청바지 유형(블루 진)은 확산되고 빠르게 수렴될 수 있지만, 이것이 의류범주를 대표하지는 못한다.
- 소비도 몇몇 패턴은 유의하게 수렴되는 반면 그렇지 않은 경우도 있으며, 수렴의 비율은 상품 범주별로 엄청난 차이가 있다.[38]

5) 수렴-확산의 측정

수렴이나 확산은 평균에 대한 표준편차의 비율 같은 변량의 상관계수를 계산하고 그것을 시간대별로 비교함으로써 측정할 수 있다. 변량의 상관계수(CV)는 윌리엄슨(Williamson)과 플레밍(Fleming)[39]에 의해서 설명되었는데 이들은 변량의 상관계수를 더 보편적 대안인 표준편차나 분산보다 선호한다. 왜냐하면 변량의 상관계수는 평균에서의 이동에 맞추어져 있기 때문이다. 예를 들어, 10점 척도의 경우 평균이 15일 경우와 150일 경우는 그 해석에서 차이가 있을 것이다. 특정 시기에 변량의 상관계수가 많이 하락할수록 수렴의 정도는 커질 것이다.

하나의 정보원에서 나온 다른 시기의 자료를 구하면 1년당 수렴 평균값을 계산할 수 있다. 윌리엄슨과 플레밍은 다음과 같이 1년당 수렴 평균값을 상징적으로 제시하였다.

---

38) Mesdag, Martin van, "Culture-sensitive adaptation of global standardization — the duration-of-usage hypothesis," *International Marketing Review*, 17, 2000. pp. 74~84.

39) Williamson, John B. and Fleming, Jeanne J., "Convergence theory and the social welfare sector: A cross-national analysis," in *Comparing nations and cultures*, edited by Alex Inkeles and Masamichi Sasaki. Englewood Cliffs, NJ: Prentice Hall, 1996. pp. 349~350.

$$MC/year = \frac{(CV_{t1} - CV_{t2})}{CV_{t1}} \times 100 \ / \ (t_2 - t_1)$$

여기서 MC/year가 1년당 수렴 평균값을 나타낸다면 CVt_1은 초기의 변동 상관계수를, CVt_2는 후기의 변동 상관계수를 의미한다. 이 통계가 의미하는 것은 10년, 20년, 30년 단위의 기간이 서로 동등하다는 단순한 가정이다. 각각 다른 시간대의 수렴 정도를 비교할 때 한 기간과 다른 기간 간의 수렴비율은 약간의 변동을 나타낼 것이다.

만약 수렴이 국가의 산업 경제적 발달정도에 의해 계산된다면 수렴-확산 비율은 각각 다른 국가군에서 다양하게 나타날 것이다. 국부의 다양한 영향을 분석하기 위해서 경제적 수준의 유사성과 차이점으로 국가를 분류해야 한다. 이 책에서 제시된 사례들은 국가를 ① 경제적 수준이 상이한 44개국,[40] ② 경제적 수준이 유사한 26개국[41] (1인당 GNP 미화 8천 달러 이상), 그리고 ③ 경제수준이 유사한 유럽 내 15개국[42] 등 크게 세 집단으로 나누었다. 만약 시계열을 활용할 수 없

40) 이 그룹에 속한 44개 국가는 아르헨티나, 호주, 오스트리아, 벨기에, 브라질, 캐나다, 칠레, 콜롬비아, 코스타리카, 덴마크, 에콰도르, 엘살바도르, 핀란드, 프랑스, 독일, 영국, 그리스, 인도네시아, 인도, 아일랜드, 이스라엘, 이탈리아, 일본, 말레이시아, 멕시코, 네덜란드, 뉴질랜드, 노르웨이, 파키스탄, 파나마, 페루, 필리핀, 포르투갈, 싱가포르, 남아프리카, 대한민국, 스페인, 스웨덴, 스위스, 태국, 터키, 우루과이, 미국, 베네수엘라이다.

41) 이 그룹에 속한 26개 국가는 아르헨티나, 호주, 오스트리아, 벨기에, 캐나다, 덴마크, 핀란드, 프랑스, 독일, 그리스, 아일랜드, 이스라엘, 이탈리아, 일본, 대한민국, 네덜란드, 뉴질랜드, 노르웨이, 포르투갈, 싱가포르, 스페인, 스웨덴, 스위스, 영국, 미국, 베네수엘라이다. 최근 베네수엘라의 1인당 GNP는 미화 8,000달러에 미치지 못하나, 대한민국이 1988년 자리를 대신하기 전까지는 "25대 소득국가"의 일원이었다. 연속적인 시계열적 연산에 의해, 필자는 총연산에서 베네수엘라와 대한민국을 계속 포함시켰다.

42) 필자가 유럽에 대한 연산을 언급할 때, 이는 보통 15개 국가를 가리킨다. 이는 호주, 벨기에, 덴마크, 핀란드, 프랑스, 독일, 아일랜드, 이탈리아, 네덜

다면 동질적 경제지역과 이질적 경제지역의 변량의 상관계수(CV)를 비교함으로써 수렴의 차이를 알아낼 수 있다.

4. 소비자행동의 수렴-확산

소비와 다양한 품목의 소유에 대한 시계열 분석(*analysis of time-series*)을 해보면 거시적 수준과 미시적 수준에서 지역별로 정도의 차이는 있지만 공히 수렴과 확산경향이 나타난다는 것을 알 수 있다. 만약 상품들이 국가별로 수렴경향을 나타낸다면 수렴은 경제적으로 이질적 지역간에는 가장 약하게, 그리고 경제적으로 동질적 지역간에는 가장 강하게 나타날 것이다. 그러나 유럽처럼 경제적으로 동질적 지역에서조차 진정한 의미에서의 수렴은 일부만 나타날 뿐이다. 다른 많은 경우에 시간대별 국가별 차이는 계속 나타난다. 상품의 보유 정도가 보편화한다는 것이 사용정도의 보편화를 의미하지는 않는다. 사람들이 근대적 기술을 보유하고 있을지는 모르지만 그 기술이 국가간에 동일하게 사용되지는 않는다. 그래서 거시적 수준에서 수렴경향을 발견한다 하더라도 미시적 수준에서는 실제로 차이가 나타날 수 있다.

유럽에서 1997년에[43] 조사한 20개 상품군의 변량의 상관계수는 개

란드, 노르웨이, 포르투갈, 스페인, 스웨덴, 스위스, 영국이다. 유럽의 데이터(EU 국가만 가능)가 사용될 때, 연산은 보통 13개 국가를 대상으로 하거나(노르웨이, 스위스 제외) 그리스를 제외한 14개 국가를 대상으로 한다(부록 B참조).

43) 수렴과 확산의 사례들은 부록B에서 보듯이 World Bank, Eurostat의 데이터, the United Nation, Euromonitor, 그리고 Eurobarometer, Reader's Digest, the European Media and Marketing Survey(EMS)의 데이터에서 계산된 것이다. 20개의 상품군은 전화, 승용차, 텔레비전, 라디오, 언론(신

인당 실질 귀금속판매 0.66에서 1천 명당 텔레비전보급률의 0.11까지 다양했다. 오직 3개 품목의 변동계수만 0.20 이하였는데 이는 국가별 수렴의 한계수준을 의미한다. 세 가지를 차례로 제시해 보면, 인구 1천 명당 텔레비전 보유대수에 관한 변동계수(0.11), 인구 1천 명당 전화보급률의 계수(0.17), 그리고 인구 1천 명당 자동차 보유대수에 대한 변량의 상관계수(0.18)이다.

몇 가지 예를 들어서 수렴과 확산과정을 설명할 수 있다. 1960년에서 1997년 사이에 인구 1천 명당 텔레비전 보유대수에 대한 변량의 상관계수는 1.00(1965)에서 0.30(1975)으로, 그리고 0.11(1997)까지 떨어졌고 이때 연간 수렴의 평균값 비율은 2.4%였다. 라디오에 대한 변량의 상관계수는 1960년에 0.33이었던 것이 다음 10년 동안 0.24%로 하락했고 이후에 0.36까지 상승하기도 했다. 1960년에서 1997년 사이의 인구 1천 명당 라디오 보급률에 대한 연간 평균값 비율은 0.2%였다. 유럽에서 다소 차이를 보이기는 하였지만 신문 발행부수에서의 국가간 차이는 지난 50년간 다소 안정적 모습을 나타냈다. 그 사례는 〈그림 3-1, 3-2, 3-3〉에 제시하였다.

〈표 3-1〉은 국가들을 세 집단(세계 44개국, 선진국 26개국, 유럽 15개국)으로 나누어 1970~1998년에 수행한 조사결과를 제시한 것이다. 여기에서 인구 1천 명당 주 전화선, 승객용 차량, 텔레비전, 라디오, 신문 등 다섯 가지 품목에 대한 거시적 수준에서의 확산과 수렴 정도의 연간 평균값을 볼 수 있다. 장기적으로 경제적 수준에서의 차이가 적은 유럽에서 경제개발 정도와 깊이 관련되는 고가상품은 가장 빨리 수렴되는 반면, 라디오나 신문처럼 오래되고 저렴한 상품은 확산경향을 나타냈다.

문, 서적), 음식, 광천수, 음료, 주류, 담배, 보석, 개인용 컴퓨터, 인터넷, 오디오, 가정용 기구, 시계, 카메라, 개인보호상품, 청소용품, 그리고 금융상품이다.

〈그림 3-1〉 인구 1천 명당 텔레비전 보유대수

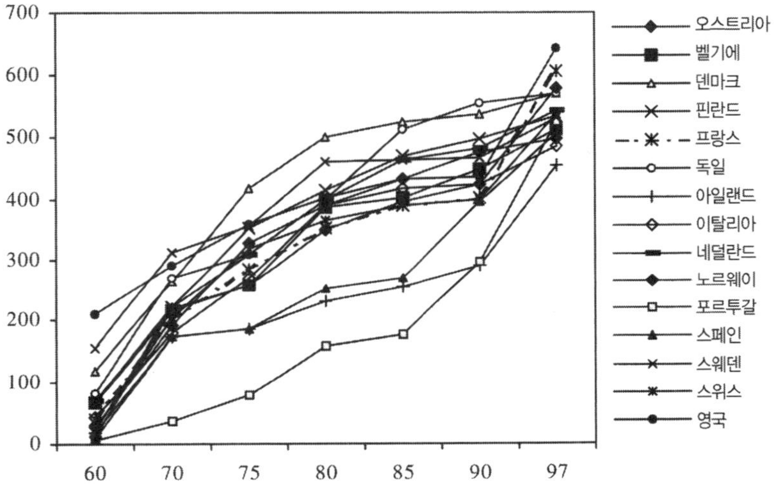

출처 : UN 통계연감(부록B 참조).

〈그림 3-2〉 인구 1천 명당 라디오 보유 대수

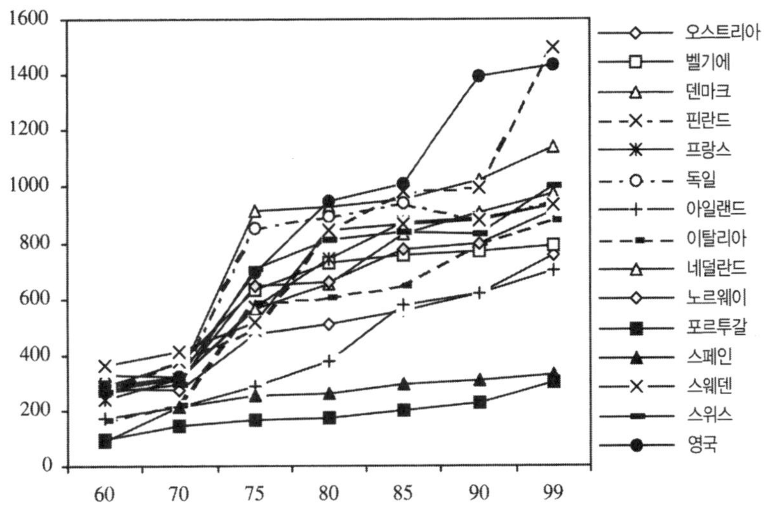

출처 : UN 통계연감(부록B 참조).

〈그림 3-3〉 인구 1천 명당 신문 발행부수

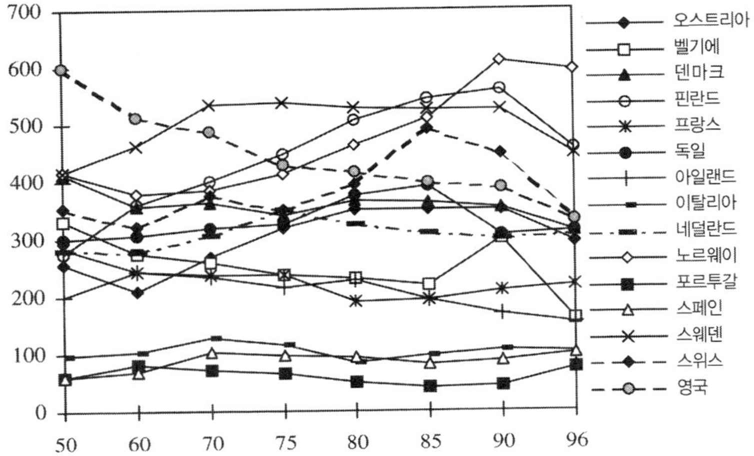

출처 : United Nations Yearbooks(부록B 참조).

〈표 3-1〉 거시적 수준의 연간 수렴 또는 확산 (1970~1998)

(%)

	세계 44개국	선진국 26개국	유럽 15개국
인구 1,000명당 전화선	1.42	2.16	2.40
인구 1,000명당 승용차	0.89	1.53	1.74
인구 1,000명당 텔레비전	1.50	1.61	2.26
인구 1,000명당 라디오	1.18	1.48	−0.31
인구 1,000명당 신문	0.00	−0.15	−0.37

출처 : UN 통계연감, World Bank Development Reports(부록B 참조).

위의 사례들은 모두 거시적 수준에서 조사한 것이다. 보다 흥미로운 것은 미시적 수준의 자료들인데 사람들이 실제 보유한 상품들을 사용하는 것이다. 미시적 수준에서의 수렴과 확산을 계산하기 위한 글로벌 자료를 얻기는 쉽지 않다. 유럽의 경우 일부 자료를 구할 수는 있겠지만 구한 자료의 시간대 간격이 좁다는 단점이 있다. 이러한 자료들은 확산의 경향을 뒷받침한다.

국가간 인구 1천 명당 텔레비전 보유대수는 수렴되고 있지만 보급된 텔레비전의 형태는 다양하다. 특히 텔레비전 시청시간에서 상당한 차이가 난다. 〈그림 3-4〉를 참조하라.

각 국가는 인구 1천 명당 승용차 수에서 수렴하는 경향을 보였지만, 전체 인구에 대한 분포와 가구당 보유대수, 그리고 보유차종은 다양했다. 〈표 3-2〉는 다섯 가지 항목에 대한 미시적 수준에서의 확산경향을 나타낸다. 가구당 차량 보유대수는 1995년과 1999년 사이에 확산경향을 나타낸다.[44] 일일 텔레비전 시청시간은 1991년과 1993년 사이에 수렴경향을 보이다가 1993년 이후에는 차이가 나타났다. "어제 신문을 읽으셨는지요?"[45] 같은 질문으로 측정한 유럽에서의 신문구독 행태는 1991년에서 1996년 사이에 격차가 커졌다. 독서행태에서도 각 나라들은 확산경향을 나타냈는데, 이는 "당신은 지난해에 여덟 권(1970년 기준) 이상 또는 열두 권(1991년 기준) 이상의 책을 읽었습니까?"라는 질문으로 조사한 것이다.[46]

다양한 많은 상품군 중에서 대표적으로 확산경향을 나타내는 것은 지난 20년 동안에 차이가 커진 우유와 아이스크림의 소비다. 많은 식품군에서도 그 차이들은 비슷한 수준으로 유지되었다.

---

44) Data EMS, 1999(See Appendix B).

45) Data McCann Erickson, Bob Coen's Insider Report, 1998. www.mccann.com

46) Data Reader's Digest(See Appendix B).

〈그림 3-4〉 유럽의 개인별 텔레비전 시청시간

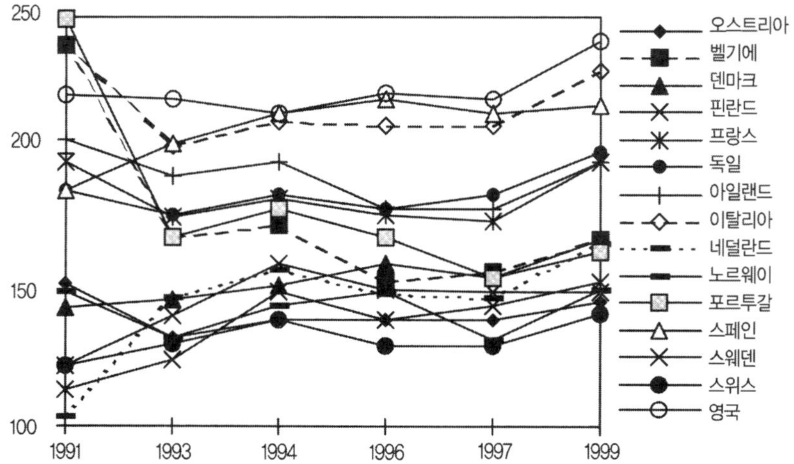

출처 : IP Advertising.

〈표 3-2〉 거시적 수준에서의 연간 확산 (유럽)

	연 평균 확산 (%)
자동차 : 가구당 1대 보유(1995~1999)	2.00
자동차 : 가구당 2대 보유(1995~1999)	0.00
자동차 : 가구당 3대 보유(1995~1999)	1.74
텔레비전 : 일일 텔레비전 시청시간(1991~1999)	.69
신문구독 : 어제 신문 구독(1991~1996)	3.03
독서 : 다독률(1970~1991)	1.12

출처: EMS, Reader's Digest Surveys(부록B 참조); IP Advertising(www.ip-advertising); McCann Erickson, 1998.

1) 안정성

수렴이나 확산에 이어, 대개의 경우 그 차이는 시간이 지나도 변하지 않는다. 벨기에 사람은 영국인보다 10배, 그들의 이웃인 네덜란드 사람보다는 6배나 많게 광천수(*mineral water*)를 마시는 것으로 나타났다. 전 유럽에서 수돗물의 질이 향상되었지만 광천수의 소비는 꾸준히 증가했고, 국가별 차이는 1970년대 이래 꾸준히 유지되거나 더 벌어졌다. 이러한 차이는 순수(*purity*)가치를 포함한 불확실성의 회피라는 홉스테드의 차원과 연결된다. 상관관계의 유의도는 시간이 지날수록 높아진다. 불확실성의 회피가 높은 문화권인 프랑스, 독일, 이탈리아, 벨기에 사람들은 불확실성의 회피가 낮은 문화권인 영국과 스칸디나비아 지방의 국민에 비해서 광천수를 점점 더 많이 소비하고 있다. 〈표 3-3〉에서는 단계별 회귀분석으로 설명한 상관계수와 변량의 비율을 제시하고 있다.

〈표 3-3〉 유럽 내 15개국의 광천수 소비

	적률 상관계수					단계별 회귀분석
	1인당 GNP	권력거리	개인주의	남성성	불확실성의 회피	예측변량
1970	.31	.32	−.21	.24	.46*	없음
1991	.21	.32	−.05	.53*	.57*	불확실성의 회피 (R^2=.32)
1997	.04	.56*	−.10	.57*	.73***	불확실성의 회피 (R^2=.53)
1970: 리더스 다이제스트 70: 지난해 광천수 소비량						
1991: 리더스 다이제스트 91: 광천수를 거의 매일·마심						
1997: 유로모니터 1997, 리터당 판매된 광천수 총량						

출처: *Reader's Digest* Surveys and Euromonitor(부록B 참조).

수입의 정도와 무관하게 지난 30년간 꾸준한 차이를 나타낸 분야는 차 구입시 새 차와 중고차 선호경향이다. 1999년의 유럽매체 마케팅조사에 따르면 42.4%의 이탈리아인, 33.8%의 스페인 국민, 그리고 36.9%의 벨기에 사람이 새 차를 구매한다고 했다. 이에 비해 스웨덴 사람은 7.5%, 그리고 네덜란드 사람은 13.6%만이 같은 응답을 했다. 이 차이도 홉스테드의 불확실성의 회피 차원과 관련이 있다. 새 차보다 중고차를 구입하는 불확실성의 회피가 낮은 문화권 소비자에 비해 불확실성의 회피가 높은 문화권에서는, 이전의 차 주인에 대한 의심 때문에 새 차를 구입하려고 한다. 〈그림 3-5〉는 불확실성의 회피에 대한 새 차 선호도를 시각적으로 보여주며, 이 관계가 안정적이라는 것을 나타낸다. 이 그림에서 X축은 국가를, Y축은 불확실성의 회피 지표상의 각 국가의 위치를 나타낸다.

〈그림 3-5〉 새 차에 대한 선호

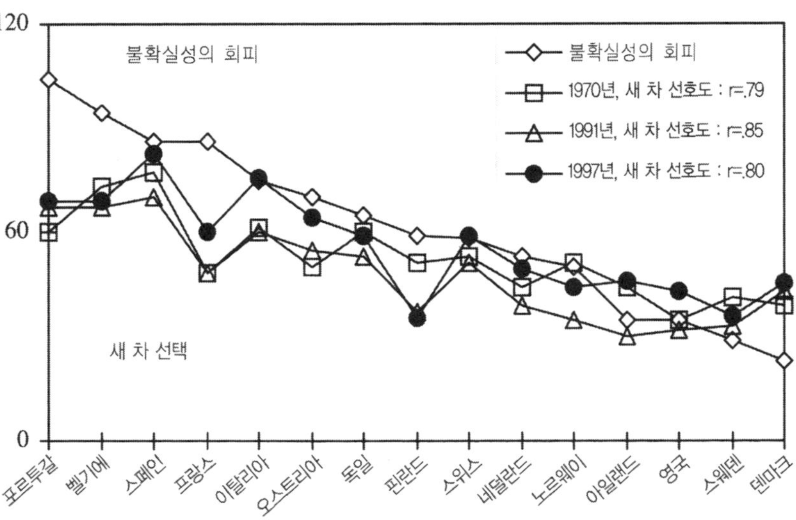

출처 : Data Hofstede(부록A 참조), Reader's Digest, EMS(부록B 참조).

선호도의 차이는 가치관의 차이와 관계가 있다. 제 2장에서 필자는 가치의 안정성을 지적한 바 있다. 여기서는 사람들의 생활에 대한 일반적 만족도를 예로 들어보겠다. (EU 집행동원회 산하의) 유로바로미터(Eurobarometer)의 연구는 정기적으로 사람들에게 자신의 생활에 대한 만족과 관련된 질문을 한다. 1973년에서 2002년 사이의 자료들은 생활에 대한 만족도가 크게 변하지 않았다는 사실을 보여준다(〈그림 3-6〉 참조). 비교문화적으로 현격하게 차이를 보이는 것은 덴마크인, 네덜란드인, 영국인들이 이탈리아인, 프랑스인, 독일인보다 생활에 대한 만족도가 높다는 것이다. 1997년에 유럽의 젊은이를 대상으로 특별조사가 실시되었다. 국가별 응답은 일반 대중이 한 응답과 마찬가지로 다양하다. 이에 대한 유일한 설명변인은 문화이며, 그것은 홉스테드의 불확실성의 회피차원이다. 불확실성의 회피가 낮은 사람은 반대성향의 사람에 비해 지속적으로 생활에 대한 만족도가 높았다.

〈그림 3-6〉 생활에 대한 일반적 만족도

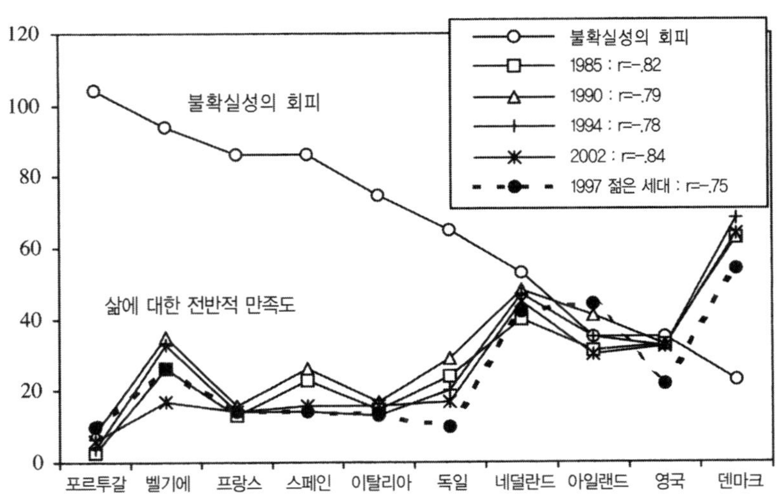

출처 : Data Hofstede(부록A 참조), Eurobarometer(부록B 참조).

이 사례는 가치의 차이가 안정적이라는 점을 나타내는 동시에 일반 대중의 반응과 마찬가지로 젊은이들의 가치관이 문화권에 따라 얼마나 다양한지를 보여준다. 이러한 결과에서 볼 때 젊은이 같은 사람들이 모인 어떤 집단(이른바 지구촌이라 불리는)이 문화권에 따라 동질적일 것이라는 생각은 잘못 되었다. 겉으로 드러난 외양은 우리들에게 어떤 라이프스타일이 수렴되는 것으로 생각하도록 하지만, 가치와 태도는 그렇지 않다(제 4장의 "라이프스타일"을 참조).

2) 수렴과 확산의 패턴

수렴과 확산에는 어떤 패턴이 있다. 승용차, 텔레비전, 컴퓨터 같은 특히 부의 수준과 관련된 내구재들은 초기에는 국가간에 수렴되지만, 일정 수준에 오른 선진국에서는 수렴이 멈추고 차이가 꾸준히 나타나는 수렴의 한계에 다다른다. 부의 수준이 같아지면서 소비는 다양해진다. 신문이나 라디오 같은 '오래된 상품'은 이미 오래전에 그런 한계에 도달했으며, 컴퓨터 같은 비교적 '새로운 상품'은 그런 한계점에 도달하지 않아 국가간 차이는 여전히 크다. 수렴의 시점은 미래에 달려있다. 하지만 그 시점은 오래된 상품의 변화패턴을 이해함으로써 예측할 수 있다.

거시적 수준에서 국가의 경제발전 척도가 되는 상품의 소비는 경제적 수준이 동질적인 유럽에서 수렴되고 있는 반면, 라디오와 신문 발행부수 같은 오래되고 저렴한 상품의 소비는 확산되고 있다.

뉴 미디어와 기술은 거시적 수준에서 수렴되고 있지만, 미시적 수준에서의 차이는 도입 이후부터 즉각 나타난다. 인터넷의 보급(인구 1만 명당 호스트의 수)은 수렴되지만 인터넷을 사용하는 방법은 다양하다(제 7장 참조).

5. 설명변인으로서의 국부

소비자행동에 가장 강력한 영향을 미치는 것은 소득으로 가정된다. 기본적 욕구가 일단 충족되면 가처분 소득의 양이 소비행동을 결정하리라고 보는 것이다. 이는 논리적으로 보이지만 기본적 욕구로 간주하는 것은 나라마다 다르다. 부유한 나라에서 기본적 욕구는 가정에서의 텔레비전 시청까지 포함할 수 있지만 그렇지 못한 나라에서는 음식물비와 주거비에 국한되는 것일 수도 있다.

> 1999년에 미국에서 발표된 생활필수품은 다음과 같다. 자동응답기, 무선전화기, 텔레비전과 케이블 텔레비전, 비디오, CDP, 전자레인지, 식기세척기, 세탁기와 빨래건조기, 에어컨, 차량 두 대 등이다. 연간 소득 10만 달러 이상의 가구 중 27%가 그들에게 정말 필요한 상품을 살 능력이 없다고 응답했다.[47]

한 나라의 경제적 수준을 측정하는 일반적인 도구로 국내총생산(GDP)이나 국민총생산(GNP)을 사용한다. 그러던 것이 2001년에 국민총소득(GNI, *gross national income*)[48]으로 대체되었다. 국민총생산을 국가간 비교척도로 사용하는 데에는 몇 가지 문제점이 있다. 첫째, 자료를 공통의 화폐기준으로 전환해야 한다. 미국 달러화가 공통적 기준으로 가장 자주 사용된다. 따라서 환율변동이 정확한 비교를 하는 데 영향을 미칠 수 있다. 두 번째 문제는 국민총생산을 통한 비

---

47) Helm, Jelly., Advertising's overdue revolution, Paper presented to the *Adweek* creative conference, San Francisco, October 1, 1999.

48) 2002년까지 국민총생산(GNP)이라는 용어가 쓰였기 때문에, 필자는 이 책에서 독자의 혼란을 없애기 위해 계속 사용하기로 한다. 이 용어의 변경에 대한 정보는 World Bank의 홈페이지 www.worldbank.org에서 확인할 수 있다.

교가 한 사회의 복지수준을 정확히 반영하지 못한다는 점이다.

이러한 비교가 가능하도록 유엔과 세계은행(the World Bank)에서는 국제적 비교가 가능한 척도를 바탕으로 실질적 국민총생산 측정법을 개발하였다. 이 '새로운' 국민총생산은 유엔의 국제비교 프로그램(*International Comparison Program*)에 따라 ICP라고 불린다. 나중에는 '구매력환산지수로 측정된 국민총생산'(*GNP measured at PPP*, ppp =*purchasing power parity*)이라고 불렀다. 세계은행의 〈연차세계개발보고서〉(*the annual World Development Reports*)에 그 자료를 공표한다. 세계은행의 '구매력환산지수로 측정한 국민총생산'은 '구매력환산지수(ppp)에 의해서 미국달러화로 전환된 국민총생산'이다. 구매력환산지수에서 1달러는 미국달러가 미국 국민총생산에서 가지는 구매력과 같은 수준의 구매력을 각국의 내수시장에서 갖는다. 이런 식으로 변환한 달러를 국제달러화라고 부르기도 한다.[49)]

구매력에 따른 국가간 차이가 단순한 1인당 GNP보다 소비행동을 더 잘 설명할 것이기 때문에 근년의 구매력지수에 관한 자료들이 사용될 것이다. 1990년 이후에나 관련 자료를 구할 수 있기 때문에 이전 시기의 시계열분석에는 사용할 수 없다. 그러나 구매력환산지수에 따른 1인당 GNP는 밀접한 상관관계가 있다. GNP와 구매력환산지수 간의 상관계수는 전 세계 44개국에 걸쳐서 .93에서 .95까지 다양하다. 유럽의 선진 15개국은 .90에서 .95까지이다.

---

49) Technical Notes. World Development Report 1998/99. Washington: The World Bank.

1) 종합개발지표(*Composite Development Indicators*)

많은 국가간 소비자 비교연구에는 경제발전에 대한 거시적 환경지표들이 사용된다. 각 국가는 1인당 GNP 등으로 일차원적으로 분류되거나 자원개발, 경제적·인구통계학적 이동성, 사회발달수준(도시화, 문맹률, 에너지 소비)으로 구성되는 복합적 변인으로 구분되기도 한다. 이전에는[50] 물론이고 최근에도[51] 연구자들은 경제발전의 수준과 관련된 많은 현상으로 국가를 구분하고 경제개발의 요인들을 산출한다. 사용되는 변인은 전력생산, 도시화, 학생의 수, 국민총생산 대비 수입과 수출의 비율, 항공여객의 수준, 기대수명, 문맹률, 농업인구, 주당 평균근무시간, 서비스산업 종사자 비율, 인구당 의사 비율, 국민총생산에서의 제조업 비율, 국민총생산에서 개인소비가 차지하는 비율 등이다. 비교문화연구에 사용된 거시적 소비관련 변인은 각종 상품 보급률(자동차, 라디오, 텔레비전, 전화), 에너지 소비 정도, 환자수용능력, 외국여행자 수, 관광수입, 신문보급률, 기타 매체 이용능력에 관련된 변인 등이다.[52]

이와 같은 복합적인 거시적 지표들은 유럽에서 매체사용 패턴을 연구하거나[53] 물질주의 정도를 측정하거나[54] 근대성 정도를 측정하는

50) Sethi, S. Prakash, "Comparative cluster analysis for world markets," *Journal of Marketing Research*, 8, 1971, pp. 348~354.

51) Craig et al., 1992.

52) Helsen, Kristiaan; Jedidi, Kamel; and DeSarbo, Wayne S., "A new approach to country segmentation utilizing multinational diffusion patterns," *Journal of Marketing*, 57, 1993, pp. 60~71.

53) McCain, Thomas, "Patterns of media use in Europe: Identifying country clusters," *European Journal of Communication*, 1, 1986, pp. 231~250.

54) Ger, Güliz and Belk, Russell W., "Cross-cultural differences in materialism," *Journal of Economic Psychology*, 17, 1996, pp. 55~77.

데[55] 사용될 수 있다. 복합변량을 만들어내는 대부분의 지표는(자동차, 텔레비전, 컴퓨터, 비디오카메라 보급률 등) 상호의존적이고 1인당 GNP와 상관관계가 있다. 그러한 요소는 기본적으로 경제개발 정도의 함수이며 국부에 대한 간접적 측정이다. 소비자 연구자인 알라디 벤카테시(Alladi Venkatesh)는 다음과 같이 지적한다.

> 경제적 관점에 중심을 두는 많은 소비자 연구는 내재적 가치에 관심을 두지 않는다. 빈곤은 교육과 사회적 인프라 또는 주거시설의 부족과 연관된 조건으로서 추상적으로 연구된다. 연구목적은 빈곤이지 빈곤한 사람이 아니다. 특히 신고전주의를 배경으로 하는 경제학자들은 역사적 또는 문화적 용어로는 그들이 지닌 연구문제의 원인을 다루지 못하며 문화이론적 설명을 회피한다.[56]

6. 소득을 대체하는 설명변인으로서의 시계열적 문화

유럽은 수렴하는 부의 효과를 분석하기에 아주 흥미로운 지역이다. 그 지역은 국부의 수렴에 따라 문화적 변인이 소비에서의 차이를 보다 잘 설명할 수 있음을 보여준다. 시계열 분석자료들은 일단 국부가 많은 상품과 서비스의 소비를 결정하는 변인이 된다는 점을 나타낸다. 하지만 특정 시점에 도달하면 문화는 상품이나 서비스의 사용

---

55) Roth, Martin S., "The effects of culture and socioeconomics on the performance of global brand image strategies," *Journal of Marketing Research*, 32, 1995, pp. 163~175.

56) Venkatesh, Alladi., "Ethoconsumerism: A new paradigm to study cultural and cross-cultural consumer behaviour," in *Marketing in a multicultural world*, edited by Janeen Arnold Costa and Gary J. Bamossy, Thousand Oaks, CA: Sage, 1995, p. 41.

과 소유를 예측하는 변인으로서의 경제적 수준을 대체한다. 몇몇 사례를 보면 이 과정을 입증할 수 있다.

1) 라디오, 텔레비전, 자동차

유럽에서의 라디오, 텔레비전, 자동차의 수용을 생각해 보자. 〈표 3-4〉는 국부나 홉스테드의 개인주의라는 차원으로 순차적으로 설명된 분산의 비율(R^2)은 물론이며, 1960년에서 1997년까지 조사된 이런 상품에 대한 변량의 상관계수(CV)를 나타낸다. 인구 1천 명당 라디오 보유에 대한 시계열 분석자료는 1980년에서 1990년 사이에 존재하는 한계점을 제시한다. 이 시기에 문화는 이미 설명변인으로서의 소득을 대체하였다. 1990년에 인구 1천 명당 라디오 소유에 대하여 개인주의는 변량의 72%를 설명하였지만 라디오 보급은 경제적 수준과 유의한 상관관계를 나타내지 않았다.

〈표 3-4〉 유럽 15개국의 세 가지
내구재에 대한 설명력(R^2)과 변량의 상관계수(CV)

		1960	1970	1980	1990	1997
인구 1천 명당 라디오 소유	변량의 상관계수	.33	.24	.36	.35	.36
	1인당 GNP R^2	.81	.69	.58		
	개인주의 R^2				.72	.48
인구 1천 명당 텔레비전 소유	변량의 상관계수	1.00	.30	.24	.17	.11
	1인당 GNP R^2		.61	.55	.35	none
	개인주의 R^2	.37				
인구 1천 명당 승용차 소유	변량의 상관계수	.56	.34	.23	.18	.18
	1인당 GNP R^2	.80	.82	.69	.47	none

출처 : UN 통계연감(부록B 참조).

1960년대에 국가별 인구 1천 명당 텔레비전보급률의 차이는 개인주의와 상관관계가 있었다. 1970년에서 1994년까지 텔레비전 보급률의 국가별 차이는 1인당 GNP와 상관관계가 있었다. 1990년 이후로 국가간 차이는 미미해져 국부와 개인주의 모두 효과적 기준으로서의 역할을 상실하였다. 그러나 국가별 텔레비전 시청행동, 대형화면 텔레비전 보급률, 문자다중방송(*Teletext*) 등을 기준으로 하면 여전히 차이가 나타난다. 이러한 차이는 문화적 변인으로 설명할 수 있다(제7장의 "매체행동" 참조).

승용차에서도 유사한 패턴을 볼 수 있다. 1990년까지 인구 1천 명당 자동차 보유에 대한 유럽국가간의 차이는 국가의 경제적 수준과 상관관계가 있었다. 가구당 자동차 보유대수에서의 변화량이 커짐에도 불구하고 1980년에서 1990년까지의 각종 수치들은 수렴된다. 자동차에 관한 많은 양상은 문화와 관련된다. 남성성 문화권의 소비자는 여성성 문화권의 소비자보다 자동차의 크기와 엔진출력에 관심이 많다. 권력거리가 높은 문화권의 소비자들은 자동차의 디자인에 특히 관심이 많다(제5장 참조).

2) 정보기술

신기술이 집중적으로 발달한 20세기 후반에 정보기술(*information technology*)이 어떻게 발달되었는지 알아보는 것도 좋은 사례가 된다. 2000년, 후기산업사회를 대표하는 경제개발협력기구(OECD)의 회원국이 인터넷 호스트의 97%를 차지하고, 컴퓨터 하드웨어와 관련 서비스의 92%를 이용했으며, 인터넷 이용자의 86%가 이들 국가에 거주하였다. 사하라사막 아래의 아프리카에 거주하는 접속자는 전체 인터넷 사용자의 1% 미만이었다.[57] 최근의 모든 커뮤니케이션 기술에 관련되는 상품은 하나의 범주로 수렴된다.

유선전화, 휴대전화, 개인용 컴퓨터, 그리고 인터넷의 국가별 보급률은 모두 유의한 상관관계가 있었다. 1998년에 전 세계적으로 변량의 상관계수는 인구 1천 명당 개인용 컴퓨터 보급률 0.88에서 인구 1만 명당 인터넷 호스트의 수 1.53까지 다양하게 나타났다. 다섯 가지 품목에 대한 평균 변량의 상관계수는 전 세계적으로 1.04였고, 26개 선진국의 경우 0.64였으며 유럽은 0.54였다. 유럽 내에서도 변량의 상관계수의 차이는 국가별로 다양했다. 인구 1만 명당 인터넷 호스트수에 대한 변량의 상관계수는 1999년 1월에 0.93이었다.[58] 따라서 1999년을 기준으로 유럽은 정보화기술 측면에서 동질적이라고 할 수 없었다. 새로운 세기에 접어들면서 휴대전화와 컴퓨터의 사용은 수렴되는 경향을 나타냈으며, 이 중 휴대전화의 사용은 가장 먼저 수렴되는 경향을 나타냈다. 인터넷은 전 세계적으로나 선진 26개국에서 확산되는 데 비해, 유럽에서만 수렴되었다.

세계적인 국부는 팩스, 휴대전화, 케이블 텔레비전, 컴퓨터, 그리고 인터넷의 국가 수준의 도입에 대한 변량의 45~84%를 설명하였다. 조사대상이던 26개국 내에서도 국부는 대부분의 기술에 대한 가장 강력한 동인이지만 문화적 변인 역시 변량을 설명하였다. 특히, 혁신성의 척도인 낮은 불확실성의 회피는 국가별로 개인용 컴퓨터와 휴대전화의 도입정도를 설명한다. 불확실성의 회피가 낮은 국가(즉, 미국, 뉴질랜드, 호주, 네덜란드, 스칸디나비아 반도의 국가들)에서 먼저 인터넷을 도입하여 사용을 주도한 반면, 불확실성의 회피가 높은 국가(즉, 이탈리아, 프랑스, 독일)에서는 정보기술의 도입과 이용에서

57) Norris, Pippa, The Worldwide Digital Divide: Information poverty, the Internet and development. Paper for the annual meeting of the Political Association of the United Kingdom, London School of Economics and Political Science, April 10~13, 2000.

58) Data World Development Report 1999/2000(See Appendix B).

〈표 3-5〉 신경제의 커뮤니케이션 수단들 : 소득과 문화

	1인당 GNP	권력거리	개인주의	남성성	불확실성의 회피	장기 지향성	예측변수1	R^2	예측변수2	R^2	예측변수3	R^2
세계 44개국												
모바일 폰	.76***	−.61***	.63***	−.08	−.35**	−.06	GNP	.58				
컴퓨터	.92***	−.63***	.75***	−.06	−.50***	−.25	GNP	.84	불확실성의 회피(−)	.89		
인터넷	.67***	−.55***	.63***	−.23	−.43***	−.31	GNP	.45	남성성(−)	.51	개인주의	.56
선진국 26개국												
모바일 폰	.43*	−.40*	.31	−.23	−.42*	.07	GNP	.18				
컴퓨터	.79***	−.42*	.57***	−.21	−.76***	−.23	GNP	.63	불확실성의 회피(−)	.83		
인터넷	.49***	−.42*	.50***	−.37*	−.49***	−.32	개인주의	.25				
유럽 15개국												
모바일 폰	.43	−.53*	−.38	.38	−.59*	−.18	불확실성의 회피(−)	.34				
컴퓨터	.86***	−.59**	.55*	−.27	−.69***	−.28	GNP	.74	불확실성의 회피(−)	.86		
인터넷	.45*	−.46*	.18	−.58*	−.48*	−.31	남성성(−)	.34	권력거리(−)	.55		

출처 : World Bank Development Reports(부록B 참조).

뒤처지는 경향을 나타냈다. 경제적으로 동질적인 유럽국가에서 국부 수준이 변량을 설명하는 정도는 미미하며, 두 가지 문화적 변인이 인터넷 도입에 대한 변량을 대부분 설명한다(제 7장 "컴퓨터와 인터넷" 참조). 〈표 3-5〉는 인구 1천 명당 휴대전화, 개인용 컴퓨터 보급률, 그리고 1만 명당 인터넷 접속수에 대한 상관계수와 예측변인을 나타낸다.[59]

〈표 3-5〉는 20세기 말 세계의 선진국과 유럽국가 간의 정보기술의 차이가 어떻게 나타났는지 보여준다. 개인용 컴퓨터의 보급률만 국부와 상관관계가 있을 뿐이고 문화적 변인은 인터넷과 휴대전화 사용에서의 변량을 설명하는 변인이 된다. 이는 제 7장에서 자세히 논의할 것이다. 요약하자면, 나라들이 국부에 수렴될 때 문화적 변인들이 국가적 수준에서의 소비자행동의 차이를 보다 잘 설명한다는 것이다.

7. 부의 증가와 함께 돋보이는 문화적 가치

국가가 부유해질수록 소비와 소비자행동에 미치는 문화적 영향력은 증가한다. 이런 현상은 M-TV와 CNN 같은 국제적 매체의 프로그램이 지난 수십 년간의 변화를 통하여 지역화한 결과에 고스란히 반영되어 있다.

59) Data mobile phones and PCs are as of 1998, World Development Report 2000/2001. Data Internet hosts per 10,000 people are as of January 1999, World Development Report 1999/2000.

> 부의 증가와 함께 음악에 대한 기호는 지역적 특성을 가진 음악에 쏠리는 반면, 개발도상국에서는 대체로 수입품이 사회적 지위를 나타내는 가치가 있다. 광고회사 그레이 차이나(Grey China)에서는 정기적으로 중국 도시 소비자의 변화하는 태도와 라이프스타일을 조사하였다. 1998년에 중국 소비자들은 일반적 상품의 경우 미국과 일본상품이 더 매력적이라고 평가하였다. 조사에 참여한 36%는 일본상품을, 34%는 미국상품을 선호한 데 비해, 단지 11%만이 중국상품을 선호하는 것으로 나타났다. 의류에서는 36%가 유럽상품을 최고로 꼽았으며 16%가 홍콩상품을 선호하였다. 음악의 경우 25%가 미국음악을, 20%가 중국음악을 선호하였다.[60]

기술적 발전이 '새로운 가치'를 낳는 것은 아니다. 탈결핍 사회에서는 '오래된' 가치가 소비와 소비자행동의 지표가 된다.

> 가치의 차이에 대한 문화적 변인이 어떻게 증대되는지를 알아보기 위해 2001년 〈리더스 다이제스트〉의 보고서인 "유럽인이 신뢰하는 브랜드"(*European Trusted Brands*)를 살펴보자. 이 보고서는 1991년의 같은 연구에 이어 경찰과 사법체계 등의 사회제도를 얼마나 신뢰하는지 알아보았다. 경찰과 사법체계에 대한 신뢰도의 차이는 홉스테드의 문화적 차원인 권력거리와 유의한 상관관계가 있었다. 13개국[61]에 대해 회귀분석을 수행한 1991년의 조사에서 권력거리는 경찰에 대한 신뢰도의 변량의 52%를, 사법체계에 대한 신뢰도의 변량의 41%를 설명하였다. 2001년에 이 수치는 각각 72%(경찰)와 69%(사법체계)였다. 지난 10년간 국가별 차이는 커졌으며 문화에 의한 설명력은 더 두드러졌다.

가처분 소득은 자신을 보다 자유롭게 표현할 수 있도록 한다. 자신을 표현하는 방식은 일부분 국가적 가치체계의 영향을 받는다. 부유

---

60) *Adweek Asia*, July 31, 1998, p. 10.

61) Belgium, Denmark, Finland, France, Germany, Italy the Netherlands, Norway, Portugal, Spain, Sweden, Switzerland, United Kingdom.

할수록 선택의 폭이 넓어진다. 부는 사람들이 여가시간을 가질 수 있도록 하거나 사회적 지위를 드러내는 상품을 구매하거나 봉사활동이나 자기계발에 시간을 투자할 수 있도록 한다.[62] 소득의 증가로 사람들이 무엇을 할 수 있는지에 대해서 두 가지 이론이 있다. 먼저, 부의 증가는 과소비와 물질주의를 조장할 것이라는 점이며, 둘째로 부의 증가는 오히려 소비와 멀어지게 할 것이라는 주장이다. 유물론에서 탈유물론으로 이어지는 가치의 변화에 대한 잉글하트[63]의 연구는 후자를 지지한다. 경제적 번영 및 안정과 함께 소득이 더 높은 수준의 주관적 행복으로 이어지지는 않는다. 사람들은 자신의 풍요를 당연한 것으로 여기며 정치나 물리 사회적 환경의 질 등 생활의 다른 면에 더욱 관심을 기울인다.[64] 그러나 사람들이 부의 증가와 함께 소비를 줄인다는 증거는 없다(제4장 "소비에 대한 태도: 물질주의" 참조).

1) '전통적' 가치의 새로운 등장

경제발전과 근대화를 이룩한 많은 아시아 국가에서 관습이 극적 변화를 겪기는 했지만 중요한 문화적 가치는 변하지 않거나 오히려 강화되기도 했다. 잉켈레스[65]는 환태평양 지역의 5개국(일본, 대만, 싱가포르, 한국, 중국)에서의 변화와 안정성을 측정하였다. 1933년 중국 청두〔成都〕에서는 68%의 결혼이 부모의 중매를 통해서 이루어졌는데 이 수치는 1980년에 2%로 떨어졌다. 유사한 변화를 대만에서도 볼 수 있다.

---

62) Pirie, Madsen, "The World in 2001," *The Economist*, 2001, p. 150.

63) Inglehart, 1997, pp. 603~604.

64) Inglehart, 1997, p. 297.

65) Inkeles, Alex, *Continuity and change in popular values on the Pacific Rim*, Stanford, CA: Hoover Institution, Stanford University, 1997, pp. 8~10, 14~15.

반면에 일부 아시아인은 전통적 가치를 부활시키고 있다. 경제 수준의 향상과 더불어 사람들은 사회적 존경을 받고자 하는데 이는 조상숭배나 종교활동으로 표출된다. 동아시아의 중요한 가치는 '효'(孝)인데, 이는 아버지에 대한 아들의 의무를 말한다. 일본에서 수행한 조사에 따르면 효에 대한 관심도는 해마다 높아지고 있다. 이 조사를 행한 첫해인 1963년에 효가 중요하다는 응답이 61%이었는데 1983년에는 73%로 상승했고, 1993년까지의 조사에서 꾸준히 1위를 유지하였다. 중국 바오딩〔保定〕에서 1990년대 초반에 수행한 조사에 따르면 세대구분 없이 95%의 사람이 효를 강조했다고 한다.

가치가 분명하면 실제행동으로 가치가 현재화된다. 여성의 역할에 대한 변화를 사례로 들어보자. 여성의 역할이 변화를 겪기는 하지만 문화별로 그 정도가 다르다. 이탈리아와 독일에서는 여성이 일과 육아 중에서 양자택일하려는 경향이 있다. 반면 북유럽에서는 배우자의 도움에 힘입어 일과 육아를 병행할 수 있다. 이탈리아에서는 많은 젊은이가 자신의 어머니와 사는 경향이 있는데, 이를 통해 가정에서 어머니의 역할이 강화된다.[66]

경제발전과 함께 성역할도 문화권에 따라 차이가 있다. 전통사회에서는 드러나지 않는 역할행동(*role behavior*)에 영향을 미치는 문화적 가치들은 국가의 근대화와 함께 분명히 드러난다. 쇼핑행동을 예로 들어보자. 1991년의 〈리더스 다이제스트〉 조사에서는 식료품의 주된 구매자를 남녀로 구분했다. 유럽 내 16개국에서 문화적 남성성은 식료품의 주된 구매자로서의 여성비율과 유의한 상관관계(r=.50*)를 나타냈다. 역할의 차이가 강하게 나타나기 때문에 남성적 문화권에서는 여성적 문화권의 여성보다 더 많은 여성이 식료품 구매를 담당하는 경우가 많다. 여성적 문화권의 남성은 남성적 문화권의 남성에 비

---

66) "Why Italians don't make babies," *The Economist*, May 9, 1998, p.39.

해 비교적 가사를 많이 돌본다. 전통의 영향력이 더 강한 스페인, 포르투갈, 그리스를 제외하면 유의도는 더 높아진다(r=.77***).

모든 사회에서 여성은 전통적으로 어머니, 보육자, 가사 담당자 등 남성보다 더 많은 역할을 담당했다. 경제개발의 여러 단계에서 일부 역할은 다른 것보다 더 두드러졌다. 선진국에서 '가정주부'는 대부분 가사를 전담하여 가사용품 구매의 주체였기 때문에 기업의 주고객이 되었다. 경제적 측면에서 보았을 때 여성은 집에서 가사와 육아에만 전념할 수 있지만 사회는 여성의 노동력을 필요로 하게 되고, 따라서 육아문제를 가족이 분담하는 쪽으로 확대되었다.

선진국에서는 교육수준 향상에 따라 여성이 직업을 가지면서 전통적 의미의 '가정주부'는 더 이상 존재하지 않는다. 여성 노동력의 비율이 점점 더 증가하고 있다. 근로여성[67]의 비율은 1970년에서 1998년 사이에 꾸준히 국가간 격차를 줄였지만 완전히 사라진 것은 아니다.

1998년까지는 노동력에서 여성이 차지하는 비율의 변량이 국부의 수준을 설명할 수 있었다. 같은 해에 낮은 남성성이 그 차이를 설명하기 시작했다. 부자가 되기 위해 여성은 일을 해야 했다. 이어서 부는 높은 수준의 교육으로, 교육은 더 많은 여성의 노동참여로 이어졌다. 문화적 가치는 지표가 되었다. 〈표 3-6〉은 문화적 변인이 소득의 설명기능을 어느 정도나 대체하는지를 나타낸다. 남성성이 낮은 문화권에서 성평등은 남성이 육아의 책임을 더 많이 지게 함으로써 여성의 노동을 돕는다. 이는 비상근 직종에 종사하는 남성의 비율과 낮은 남성성(40%)으로 설명할 수 있다. 1996년 비상근 직종에 종사하는 남성의 비율은 네덜란드의 경우 17%, 덴마크 10.8%이었던 반면, 영국은 8.1% 그리고 이탈리아에서는 3.1%로 나타났다.

67) Female share of labor force data, Word Bank Development Reports for 1994 and 1999/2000(See Appendix B).

〈표 3-6〉 1970~1998년 여성노동력의 비율 : 소득과 문화적 변수

	1인당 GNP	권력거리	개인주의	남성성	불확실성의 회피	장기 지향성	예측변수1	R^2	예측변수2	R^2	예측변수3	R^2
세계 44개국												
1970	.47***	−.32*	.51***	−.00	−.31*	.16	개인주의	.26				
1980	.59***	−.37**	.54***	−.17	−.40***	.00	1인당 GNP	.35				
1992	.68***	−.42***	.64***	−.17	−.32*	−.07	1인당 GNP	.46				
1998	.63***	−.45***	.61***	−.24	−.29*	−.12	1인당 GNP	.40	남성성(−)	.46	개인주의	.52
선진국 26개국												
1970	.54***	−.47**	.42*	.07	−.22	−.01	1인당 GNP	.29				
1980	.60***	−.38*	.32	−.35*	−.34*	−.16	1인당 GNP	.36				
1992	.64***	−.40*	.48**	−.29	−.32	−.30	1인당 GNP	.40				
1998	.46**	−.35*	.47**	−.48**	−.33*	−.28	남성성(−)	.23	개인주의	.42		
유럽 15개국												
1970	.55*	−.44*	.27	.09	−.31	−.20	1인당 GNP	.30				
1980	.47*	−.35	−.03	−.37	−.26	−.32	없음					
1992	.44*	−.25	.14	−.32	−.23	−.35	없음					
1998	.29	−.08	.02	−.63**	−.21	−.29	남성성(−)	.40				

출처 : World Bank Development Reports 1994 · 1999 · 2000(부록B 참조).

8. 기타 측정 변인들

경제개발은 도시화, 대중교육, 커뮤니케이션의 발달을 포함한 변화의 징후에 연결된다. 그러한 사회경제적 변인은 비교문화연구에서 사용되기는 하지만 경제발전의 간접적 측정도구이다. 교육수준은 경제발전의 지표이며 교육은 소득수준에 영향을 미친다. 교육은 사람들에게 어떠한 가치를 주입한다.[68] 다음 절에서 도시화, 인구밀도, 교육, 연령분포, 사회계층, 인종 같은 몇 가지 사회 인구통계학적 변인에 대하여 논의할 것이다. 또한, 설명변인으로서의 기후의 기능에 대해서도 논의한다.

9. 도시화

세계은행[69]은 도시화(*urbanization*)에 대한 정의를 "전체 인구에 대한 도시인구의 비율"로, 도시인구를 "각국에서 도시라고 정의된 지역에 사는 인구"로 정의했다. 도시를 각국이 정한다는 점이 도시화라는 변인의 일관성을 저해한다. 전 세계에서나 유럽에서 도시화에 대한 수렴경향을 볼 수 있으나 여전히 차이점도 있다. 세계의 1인당 GNP가 그 차이를 설명하지만, 이 관계는 시간이 지날수록 약해진다. 유럽에서 도시화의 정도는 개인주의 문화권에서 가장 높게 나타난다. 이런 관계는 시간이 지날수록 강해진다. 1995년에 개인주의는 변량의 54%를 설명하였다. 선진국에서 도시화의 차이는 설명력이 거의

68) Abrahamson, Paul R. and Inglehart, Ronald, *Value change in global perspective*, Ann Arbor: University of Michigan Press, 1995, p. 84.

69) Technical Notes World Development Report 1998/99, Washington: The World Bank (See Appendix B).

없다.

도시와 전원의 구분은 중국 같은 거대한 개발도상국 경제에서 나타나는 차이를 이해하는 데 중요하다. 이러한 경제권에서 소비행동은 일부 주요도시와 성(省, *province*)에 집중되며, 도시가구의 가처분소득은 농촌지역에 비해 월등히 높다. 1997년 상하이의 평균소득은 7천 위안이었고 베이징은 6천 위안이었다. 같은 기간 중국의 평균임금은 4천 위안, 윈난성〔雲南省〕의 경우 대략 3천 위안이었다.[70] 가까운 미래에 아마 중국은, 농촌지역의 가난한 다수의 소작농, 증가하는 중산층, 그리고 도시지역의 소수 기업임원과 관리직 전문가 등의 세 가지 계층으로 구분될 것이다.

도시와 농촌의 구분은 선진국의 경우 덜하며 하나의 패턴도 없다. 1999년에 룩셈부르크, 덴마크, 영국의 경우 인구밀집 지역보다 그렇지 않은 지역의 평균 소비수준이 더 높은 것으로 나타났다. 포르투갈, 이탈리아, 스페인 같은 농촌비율이 높은 국가에서는 그 경향이 반대로 나타났다.[71]

1) 도시화와 주거

도시화와 주거의 형태 사이에 어떠한 상관관계가 있지만, 이러한 관계가 설명력을 갖기는 어렵다. 도시화가 덜 이루어진 국가에서 많은 사람이 아파트촌에서 살지만 도시화가 더 진행된 나라의 사람들은 단독주택에 살려는 경향이 강하고 보다 넓은 정원을 갖고 싶어한다.

---

70) Abplanalp, Alex, "The great leap forward," *M&M Europe*, April 1997. pp. iv~vii.

71) Consumers in Europe. Facts and figures. Data 1996~2000. Eurostat, Office for Official Publications of the European Communities, Luxembourg, 2001, p. 21 (See Appendix B).

이는 개인주의와 관련지어 설명할 수 있다. 개인주의 문화권의 사람들은 단독주택과 정원을 선호한다. 반면에 아파트 단지에 거주하는 것은 집단주의 문화와 보다 밀접한 상관관계가 있다. 영국과 북미의 거주형태는 일반적인 개인주의 주거형태의 표현이라고 볼 수 있다.[72]

도시화의 심화로 사람들이 더 이상 주거영역을 확장할 수 없으므로 집단주의 사회를 개인주의 사회로 전환시킬 것이다. 그러나 이러한 가정을 뒷받침할 만한 증거는 없다. 도시화는 대가족을 분화시키는 경향이 있지만 대가족의 가치가 하락할 것이라고 추론할 근거는 없다. 변화하는 주거여건에도 불구하고 인도는 여전히 대가족 형태를 유지한다. 대가족은 가족간 유대가 밀접하고 휴일을 같이 보내며, 중요한 문제에 함께 결정을 내리기도 하고 사업에 대한 공동소유권을 가지기도 한다.[73] 물질적 상호의존성의 약화에도 불구하고 세대간에 가까운 정서적 유대감이 유지될 수 있다.[74] 도시화의 발달로 가족과 친족 간의 관계유형이 수렴할 것이라는 증거는 찾아볼 수 없다.[75] 부모와 자녀 간, 형제자매 간, 친구간의 관계에 대한 분석을 실시했지만 친척간에 관련성이 줄었다고는 볼 수 없었다.[76]

---

72) Höllinger, Franz and Haller, Max, "Kinship and social networks in modern societies: A cross-cultural comparison among seven nations," in *Comparing nations and cultures*, edited by Alex Inkeles and Masamichi Sasaki, Englewood Cliffs, NJ: Prentice Hall, 1996.

73) Ronald, A., *In search of self in India and Japan*, Princeton, NJ: Princeton University Press, 1988, p. 302.

74) Kâgitçibasi, Çigdem, "Individualism and collectivism," in *Handbook of cross-cultural Psychology*, Vol. 3, edited by John W. Berry, Marshall H. Segall, and Çigdem Kâgitçibasi, Boston: Allyn & Bacon, 1997, p. 35.

75) Inkeles, 1998, p. 148.

76) Höllinger and Haller, 1996.

2) 도시화와 소매구조

누구나 도시화의 정도가 각국의 소매구조에 영향을 미칠 것으로 예상할 수 있다. 도시화의 정도가 낮으면 우편주문이나 인터넷 쇼핑 같은 원거리주문이 활성화될 것으로 기대할 수 있다. 하지만 총판매에서 우편주문의 비율에 대한 2000년의 자료[77]는 그런 연관성이 있다는 것을 보여주지 않는다. 우편주문은 1인당 GNP와만 관련이 있다. 사회적 인프라의 부족이 새로운 원거리 판매를 가능하게 하지는 않는다는 의미이다.

부의 증가는 도시화의 정도와 상관없이 사람들에게 운동을 하게 만든다. 시설이 추가되면 사람들은 이전에 하던 것보다 더 많은 것을 하게 된다. 쇼핑을 좋아하는 사람이라면 모든 종류의 새로운 유통방법을 이용하여 구매하려고 할 것이다. 마케팅회사 로퍼 스타치 월드와이드(Roper Starch Worldwide)[78]는 이런 현상을 확인할 수 있는 연구결과를 발표하였다. 1997년의 조사에 따르면 인프라가 잘 구축된 나라에 사는 사람들은 원격 구매방식을 선호하는 것으로 나타났다. 일본과 영국인은 미국인과 네덜란드인에 뒤이어 상품의 전화주문을 가장 선호하는 국민으로 나타났다. 도시화와 소비 또는 소비 관련 현상 간에 유의한 상관관계는 거의 나타나지 않았다. 만약 유의한 상관관계가 나타난다면 대개 다른 변인이 보다 나은 예측변인이 된다.

---

77) Consumers in Europe, 2001, p. 36 (See Appendix B).

78) "The global marketplace," *The Public Pulse* (10, 11) 12, 1997, Roper Starch Worldwide Inc. p. 7.

10. 인구밀도

국가수준의 차이를 측정하는 데 유리할 것으로 여겨지는 다른 변인으로는 인구밀도(*population density*)가 있다. 인구밀도는 '지역의 면적으로 나눈 연중인구'로 정의된다.[79] 인구밀도는 주거, 케이블과 위성방송, 휴대전화 등 다양한 상품의 사용과 보급에 영향을 미칠 것이다. 하지만 소비자행동의 자료와 인구밀도의 상관관계는 거의 나타나지 않는다. 유의한 상관관계는 유럽에서 인구밀도와 휴대전화 보급률 간에만 있을 뿐이고(r=-.53*), 문화변인과의 상관관계가 더 강하게 나타난다. 음식분야에서는 인구밀도와 우유·청량음료 사이에 유의한 상관관계가 있었으나 여기에서 다른 변인과의 상관관계가 더 높았음을 명심해야 한다. 전 세계적으로나 선진 26개국에서 인구밀도는 불확실성의 회피와 유의한 상관관계가 있었다(r=-.41***, r=-.40*). 우리가 이해하는 바로는 이러한 관계는 소비에서의 차이를 설명하는 것이 아니다. 다른 변인과의 상호의존성 때문에 인구밀도는 소비의 차이에 대한 유용한 측정도구가 될 수 없다.

11. 교 육

교육 수준은 국부와 함수관계를 갖는다. 중등교육을 기준으로 전 세계 44개 나라들이 1980년까지는 수렴되었지만 그 이후로 수렴의 경향은 멈추었다. 국가간 차이는 여전히 존재하지만 차이가 벌어지지는 않는다. 수렴의 기준은 세계적으로는 변량의 상관계수(CV)

79) Technical Notes World Development Report 1998/99. Washington: The World Bank(See Appendix B).

0.35, 유럽에서는 0.06에 도달했으며, 이는 교육수준에서 유럽이 상당히 동질적 지역임을 의미한다. 고등교육에서는 수렴의 경향이 나타나기도 한다. 1인당 GNP는 꾸준히 교육수준에 대한 변량을 설명한다. 부는 교육을 진흥시킨다. 단지 유럽에서만 1990년 이후로 이런 관계성이 사라졌다. 경제개발의 상호의존성 때문에 교육은 유용한 설명변인이 될 수 없다.

12. 연령분포

인구의 연령분포(*age distribution*)는 사회의 구매행태에 영향을 미친다. 경제적으로 발달한 사회에서 노년층은 일반적으로 꽤 많은 가처분소득을 가지고 있으며, 이는 젊은이의 관심이 적은 상품을 소비하는 데 쓰인다. 연령분포는 경제수준과 문화와 관련된다. 세계적으로[80] 15세 이하 인구의 비율은 1인당 GNP와 부적 상관관계가 있으며, 65세 이상의 인구비율은 정적 상관관계가 있다. 부유한 국가일수록 기대수명은 높아진다. 이러한 상관관계가 선진국에서는 약하다.

특히 경제적으로 수렴된 유럽에서는 문화권에 따라 출산율 하락 정도에는 차이가 있지만 사람의 수명은 길어지고 출산율은 저하된다. 출산율은 불확실성의 회피가 높은 문화권에서 더 낮다($r=-.61^{**}$).[81] 불확실성의 회피가 높은 문화권의 여성은 불확실성의 회피가 낮은 문화권의 여성에 비해 출산을 결정할 때 더 많은 문제를 겪는 것으로 보인다. 그래서 개발도상국에서의 연령분포는 경제적 요인에 의해서 좌우되는 반면 선진국에서는 문화의 영향을 받는다.

---

80) Data United Nations Demographic Yearbook 1999(See Appendix B).

81) Data Eurostat Demographic Statistics 2001(See Appendix B).

〈그림 3-7〉은 불확실성의 회피가 낮은 문화권인 영국과 스웨덴의 연령분포와 반대의 경우인 독일과 이탈리아의 연령분포가 서로 비슷하다는 점을 보여준다. 일본 역시 경제가 발달하고 불확실성의 회피가 높은 문화권이라고 할 수 있는데, 독일과 이탈리아가 지닌 유사한 패턴을 보인다. 미국은 인구의 확산으로 특이한 유형으로 나타난다. 멕시코와 터키, 인도는 개발도상국이 지닌 특이한 유형의 대표적 사례이다. 이들 국가는 낮은 수준의 기대수명과 젊은 인구에 비해서

〈그림 3-7〉 9개국의 연령분포

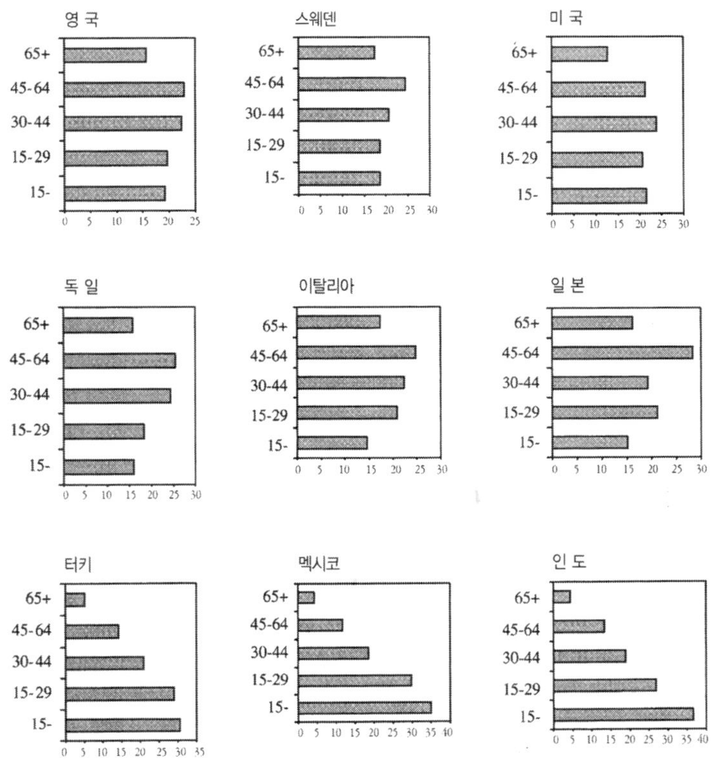

출처 : United Nations Demographic Yearbook 1999(부록B 참조).

65세 이상 인구가 훨씬 적다.

연령분포를 사용하는 소비자 연구는 나라마다 다양하게 나타나는데 이는 역사적 연유에 기인한다. 나이에 대한 태도가 문화권에 따라 다양하다는 것이 하나의 이유가 될 수 있다. 권력거리가 높은 문화권에서는 낮은 문화권에서보다 중년이 일찍 시작된다.[82]

1) 사회계층

계층구조의 정의는 국가별로 다르다. 변할 수 있는 구분은 차치하고서라도 보다 영구적이고 조직화된 계급구조가 존재한다. 마케팅 목적에 따라 사람들은 조직화되지 않은 사회계층(*social class*)으로 분류된다. 성별, 연령, 교육수준, 소득이나 직업에 따라 분류된다. 기본적으로 마케팅 목적에 따라 서구의 사회적 계층제도는 사람을 부를 기준으로 나눈다. 이 기준에 따라 가처분소득이 얼마나 되는지를 알 수 있다. 그러나 부의 증가와 더불어 가처분소득은 변량에 대한 설명력을 상실하고 있다.

또 다른 분류는 연령에 따른 분류가 있는데 십대와 노년층 같은 분류가 그것이고, 또 라이프스타일별로 여피(YUPPIE, 대도시근교 거주 고학력 전문직)나 딩크(DINK, *double income no kids*, 아이 없는 맞벌이 부부)로 나눌 수도 있다. 사회계층은 나라별로 다를 뿐만 아니라 각 나라의 상대적 부유함에 따라 각 계층의 크기도 다양하다. 어떤 계급제도는 다른 계층체계보다 구매행동을 더 잘 설명하기도 한다.

조직화된 계층제도의 사례로 인도의 카스트제도를 들 수 있다. 공식적으로 존재하지는 않지만 이 제도는 생활의 모든 분야에서 한 개인의 순위를 결정한다. 집단주의적 성격이 강하고 권력거리가 먼 개

82) Hofstede, Geert., *Culture's consequence*(2nd ed.), Thousand Oaks: Sage, 2001.

발도상국에서 소득불균형은 사회적 불평등과 공존한다. 개인주의 문화권에서는 개인이 자신을 몇 개의 사회적 계급으로 구분할 수 있지만, 집단주의 문화권에서는 계층이 개인뿐만 아니라 가족이나 친척에게도 적용된다.[83)]

> 집단주의 문화권인 아시아에서는 비교적 소수의 친족이 국가의 기업자산을 지배한다. 또한 집단주의 문화권 내에서도 유의한 차이가 나타난다. 1996년 아시아의 9개국을 대상으로 한 조사에서 상위 15개의 친족이 기업자산의 많은 부분을 차지하는 것으로 나타났다. 인도네시아에서 이 수치는 60%에 달했고 일본에서는 대략 4%로 나타났다.[84)] 조사대상 9개국(인도네시아, 필리핀, 태국, 한국, 홍콩, 싱가포르, 말레이시아, 대만, 일본)에서 상위 15개 친족에 의한 기업자산 보유의 비율은 낮은 1인당 GNP($r=-.75^*$)와 낮은 개인주의($r=-.70^*$)와 유의한 상관관계가 있는 것으로 나타났다. 따라서 가난하며 보다 집단주의적 문화권에서 일부 친족에 의한 기업지배가 두드러진다는 것을 알 수 있다.

선진국의 마케팅에서 자주 사용되는 사회적 계층구조는 미국의 계급구조를 적용한 것이다. 미국사회는 통상적으로 상류층, 중산층, 하류층의 세 단계로 구분한다. 또한 직업에 따른 블루칼라(*blue-collar*)와 화이트칼라(*white-collar*)로 구분하기도 한다.

선진국에서 많은 계급적 구분은 경제적 수준이 높아지면서 그 의미를 상실하고 있다. 개발도상국에서 구매력을 강화하고 있는 중산층은 다국적기업의 새로운 시장으로 기대된다. 그러나 국가간 그리고 국가 내에서 흔히 가진 자와 못 가진 자의 차이라고 일컫는 소득불균

83) Usunier, Jean-Claude, *Marketing across cultures* (3rd ed.), Harlow, Essex, UK: Pearson Education Limited, 2000, pp. 60~61.

84) "Empires without umpires. Survey of Asian business," *The Economist*, April 7, 2001, p. 6.

형이 커지고 있다. 남미에서 중산층이라고 여기는 계급은 1990년대 이래 계속 감소했다. 대략 10%의 사람이 많은 부를 소유한 반면에 중산층과 하층민의 실질임금과 구매력은 점점 떨어졌다. 브라질에서 부유한 10% 인구의 소득평균은 가난한 하위 40%의 평균소득의 30배에 달했다. 그리고 세금, 식료품비, 주거비를 제외한 가처분소득은 80~100배 정도 많은 것으로 나타났다.[85)]

2) 계층의 측정

사회계층(계급)을 측정하는 다양한 방법이 있으며 이들은 다양한 결과를 도출한다. 소비자가 자신을 어떤 계층에 넣어 볼 수도 있고 다른 사람의 계층을 지정할 수도 있으며 때로는 이러한 계층이 객관적으로 측정될 수도 있다. 가장 자주 쓰이는 객관적 측정기준은 가장의 직업에 따라서 계층을 나누는 것이다. 영국에서의 분류 사례는 다음과 같다. (a) 상급 중산층: 전문가, 기업임원, 고위 공직자, (b) 중산층: 부장급 사원, 중앙·지방정부 실무공직자, (c1) 중저 소득계층: 과장급 사원, 정규직 정신노동자, (c2) 숙련 육체노동자, (d) 준숙련 또는 비숙련공: 수공업 노동자, 숙련노동자의 수습노동자, (e) 기타: 장기국가 보조금에 의존하는 사람[86)] 등이다. 이러한 종류의 구분은 각각 다른 습성을 이해하는 데 도움을 주지만 모든 경우에 도움이 되지는 않는다. 왜냐하면 몇몇 저소득 계층은 고소득 계층보다 많은 가처분소득이 있을지도 모르기 때문이다.

직업과 사회계급을 연결하는 것은 계층간 이동이 가능함을 시사한

---

85) Price, John, "Mining for opportunities in Latin America," *ESOMAR Research World*. Nr 7, July/August 2000, p. 5.

86) Hadfield, Greg and Skipworth, Mark, *Class. where do you stand*? London: Bloomsbury, 1994, pp. 10~11.

다. 1949년 43%의 영국인이 스스로를 노동자 계층이라고 말했고, 1989년에서 이 수치는 67%로 바뀌었다. 중산층의 실제 비율은 같은 기간 동안 52%에서 30%로 감소하였는데, 이는 사람들이 자기의 계층을 파악할 때 다른 사람이 파악하는 그들의 계급과는 다른 의견을 갖는다는 것을 보여준다. 1993년 영국에서 1,004명을 대상으로 행한 조사에서 10명 중 3명은 자신이 특정 집단에 속한다고 생각하였다. 판사, 교수, 주식중개인, 정신과의사 등 (a)과 (b)항목에 해당하는 사람의 40% 정도가 자신을 노동자 계층이라고 생각했다. 비숙련 노동자와 수공업 노동자를 포함하는 (d)와 (e) 항목의 사람 7명 중 1명은 자신이 중산층에 속한다고 생각했다.[87]

남성적 문화권에서는 자신과 타인을 구분해야 할 필요가 강하게 나타나는 반면(제 4장 "자아 성취, 자존감" 참조), 여성적 문화권에서는 자신이 타인보다 우월하다는 생각을 덜하기 때문에 그 구분은 약하다. 사람들에게 자신이 속하는 하나의 범주를 선택하게 하면 타인의 생각보다 높게 생각하는 경향이 있다. 미국(남성성 문화)학생은 자신의 성적순위에 관심이 높지만, 네덜란드나 스칸디나비아 반도의 국가 같은 여성적 문화권에서는 그렇지 않다.

사회계층은 민감한 주제이다. 인종과 민족도 마찬가지이며, 정도의 차이가 있기는 하지만 종교와 연령도 마찬가지다. 미국에서 사람들은 인종으로 구분되고, 종종 자신의 인종에 대한 질문을 받는다. 네덜란드에서 이러한 질문은 생각할 수 없다. 이는 많은 유럽 문화권에서도 마찬가지인데 사람을 종교와 인종으로 규정하는 것은 불법이다. 반면에 미국에서는 나이를 묻는 것이 일종의 금기인데 반해 대부분의 유럽국가에서는 그다지 심각한 문제로 여기지 않는다.

미국에서 또 다른 민감한 문제는 남녀의 구분이다. '성', '남성적',

---

87) Hadfield and Skipworth, 1994, pp. 17~18.

'여성적'이라는 용어를 사용하는 것은 차별적 표현이라고 여긴다. 성의 사회적 역할을 언급할 때 사용되는 용어는 사회적 성(*gender*)이다. 결과적으로 홉스테드의 남성성-여성성의 차원은 '국가의 성'(*gender of nations*)을 의미하는 것으로 높은 점수는 '거친'(*tough*) 특성을, 낮은 점수는 '부드러운'(*tender*) 특성을 나타낼 것이다.[88]

13. 민족성

많은 나라에서 소수민족은 흥미 있는 마케팅 대상이다. 민족적(*ethnic*)이라는 용어는 문화적으로나 실제적으로 지배집단과는 다른 소수집단을 일컬을 때 사용한다. 소수민족은 세계적으로 다양한 모습을 보이는데, 이주자에게 밀려난 원주민부터(호주와 미국), 이주 노동자의 후예(미국 흑인과 터키계 독일인), 그리고 이전 식민지의 원주민(영국의 인도, 파키스탄인), 국제적 유랑민(집시들) 등은 물론 심지어 이주 노동자나 난민에 이르기까지 다양하다.[89] 민족성(*ethnicity*)은 종족, 종교, 언어, 국적 같은 집단의 사회적 정체성을 규정하는 몇 가지 개념을 총체적으로 대체할 수 있다.[90]

소비자행동 연구에서 민족성에 대한 관심은 날로 늘어나는데 이는 미국과 유럽에서 민족성의 지형이 변하고 있기 때문이다. 미국에서 용광로로 비유되던 다양한 소수민족의 구성이 '던져진 샐러드'(*tossed salad*)라는 비유로 대체되었다.[91] 일부 주에서 소수민족이 주류가 되기도 하였는데 이는 매력적인 시장 세분화의 표적이 되었다. 2000년

88) See also Hofstede, 2001, pp. 279~280.

89) Hofstede, 2001, p. 429.

90) Venkatesh, 1995, pp. 31~35.

91) Venkatesh, 1995, p. 34.

텍사스 주의 스타 카운티(Starr County)의 인구 중 98%가 히스패닉이었고, 미시시피 주의 제퍼슨 카운티(Jefferson County) 인구의 86%는 흑인이었다. 백인인구의 비율이 가장 높은 곳은 노스다코타 주의 슬로프 카운티(Slope County)로 96%가 백인인 것으로 나타났다.[92] 미국 4대 민족의 계보를 살펴보면 독일계(23.3%)가 가장 많았으며, 그 다음으로 아일랜드(15.6%)와 영국계(13.1%), 그리고 아프리카계(9.6%)로 조사되었다.[93]

새로운 이민자들은 자신의 문화적 정체성을 지킬수록 미국의 주류사회에 조금 덜 융화될 것이라고 예상할 수 있다. 새로운 이민자의 행동을 이해하기 위해 이민자들의 모국의 가치를 분석하는 것이 유용할 수도 있지만, 미국 내의 소수민족이 과연 얼마나 정체성을 유지할 수 있을지 의문이다. 유럽계 이민자보다 아시아계와 아프리카계의 이민자가 집단주의 성향이 더 강하다.[94] 그러나 다른 측면에서 보면 아프리카계 이민자가 유럽계 이민자보다 더 개인주의적 성향을 보이는데, 이는 아프리카계 이민자만의 독특하고 독립적인 특성이다.[95] 이는 아마도 미국의 흑인이 다른 어느 인종집단보다 편견과 정형화의 대상이 되었기 때문일 것이다.[96]

홉스테드의 미국에 대한 평가를 신뢰하지 못하는 경향이 있는데,

---

92) U.S. Census 2000 data.

93) Berry, Jon, "America's family tree," *Brandweek*, July 19, 1993, p. 19.

94) Coon, Heather M. and Kemmelmeier, Markus, "Cultural orientations in the United States," *Journal of Cross-Cultural Psychology*, 32, 2001. pp. 348~364.

95) Oyserman, Daphna; Coon, Heather M.; and Kemmelmeier, Markus, "Rethinking Individualism and collectivism: Evaluation of theoretical assumptions and meta-analyses," *Psychology Bulletin*, 128, 2002, pp. 3~72.

96) Coon and Kemmelmeier, 2001.

이는 그가 제시한 척도가 소수민족의 중요성을 제대로 반영하지 못했다고 여기기 때문이다. 홉스테드는 자신의 연구에 참여한 IBM 직원들이 기본적으로 중산층이라고 말했다. IBM은 앞서가는 회사이고 따라서 소수민족은 연구대상의 일부에 해당한다.[97] 그러나 당시의 구성비가 현재와 다를지 몰라도 홉스테드 연구를 반복한 연구를 보면, 미국을 측정하기 위해 수행한 IBM에 대한 연구결과는 여전히 타당한 것으로 나타난다. 미국 내의 비교적 대규모의 인종집단이 초기 미국인이 지녔던 유럽적 가치에 동화될 것 같지는 않지만, 결국 어느 사회든 중산층이 지닌 가치는 소수민족과 하류층에게 선망의 대상이 된다.

유럽에서 대부분의 소수민족은 집단주의 문화를 바탕으로 하기 때문에 그들의 가치는 대개 이민국의 강한 개인주의와 부딪치게 된다. 유럽의 일부 도시에서 소수민족은 커다란 집단을 이룬다. 2002년 암스테르담에서 행한 조사를 보면 대략 25% 정도의 인구가 네덜란드 밖에서 출생한 것으로 나타났다. 행동에서 나타난 많은 차이는 개인주의와 집단주의의 차이로 설명할 수 있다.

소수민족이 이민국의 가치에 어느 정도 적응하고 동화되는지는 앞으로 연구해야 할 과제이다. 완전한 융화가 이루어지려면 3대는 지나야 한다고 짐작할 수 있지만, 이는 이민국의 문화적 자극도 같은 다양한 변인에 달려 있다. 융화는 장기간에 걸쳐 일어난다. 유럽의 학생들과 남아프리카공화국의 흑인과 백인 학생들에게 소비행동과 관련된 가치에 대한 설문을 실시한 결과, 아프리칸스(Afrikaans, 남아프리카의 공용 네덜란드어)와 영어를 쓰는 백인학생의 가치가 원래 영어나 네덜란드어를 사용하는 학생들의 가치보다 응구니족(Nguni)과 소토족(Sotho)의 학생이 지닌 가치와 더 유사한 것으로 나타났다.

---

97) Hofstede, 2001, p. 42, and private communication.

14. 기 후

기후(*climate*)는 소비에 직·간접적으로 영향을 미친다. 기후란 "수년 또는 수십 년에 걸쳐 평균을 구한 특정 지역의 기상학적 조건"을 말한다.[98] 지구의 기후는 적도로부터의 절대 위도에 존재하는 다양한 태양 복사열에 따라 좌우된다. 동일한 기후조건을 가진 나라는 존재하지 않는다. 그러나 사막이나 열대 같은 넓은 범위에서 유사한 기후를 지니는 나라는 아주 많다. 지리학상의 위도는 한 나라의 위치를 표시하는 완전한 도구이자 기후를 측정하는 투박한 도구이다. 표면적으로 평균기온이 좋은 지표가 될 수는 있지만, 국토가 저지대에서 고산지역까지 걸쳐있는 나라에서는 최고기온과 최저기온의 편차가 매우 크다.

파커(Patker)는[99]는 기후를 행동의 차이를 설명할 수 있는 일차적 원인으로 보았다. 파커는 태양기후(지표면의 굴곡을 예상한 절대 위도)가 행동을 설명할 수 있는 가장 포괄적인 변량이라고 주장한다. 문화적 차이는 생태학적 차이에 따라 나타날 수도 있으며,[100] 기온과 경제적 수준 간에는 상관관계가 있다.[101] 한랭기후의 국가가 온난기후의 국가보다 부유하다.

기후의 보다 직접적 효과는 에너지 소비에 영향을 미친다. 온난지

98) Parker, P. M., *National cultures of the world*, Westport, CT: Greenwood, 1997, pp. 23~34.

99) Parker, 1997.

100) Kim, Uichol; Triandis, Harry C.; Kâgitçibasi, Çigdem; Choi, Sang-Chin; and Yoon, Gene, *Individualism and collectivism*, Thousand Oaks: Sage, 1994.

101) Van de Vliert, Evert; Kluwer, Esther S.; and Lynn, Richard, "Citizens of warmer countries are more competitive and poorer: Culture or chance?", *Journal of Economic Psychology*, 21, 2000, pp. 143~165.

역에서는 연료를 적게 소비하며, 육류 같은 열량이 높은 음식을 적게 섭취한다. 기후의 간접적 효과는 부와 문화적 변인 간의 상관관계이다. 세계 전체의 1일 칼로리 소비량이 기후와 상관관계가 있을지라도, 칼로리 소비는 1인당 GNP 및 개인주의와 보다 유의한 상관관계가 있다.

부와 기후의 상관관계는 경제적으로 동질적인 유럽에서는 무의미하며, 이 지역에서 유일한 설명변인은 남성성이다. 남성적 문화권일수록 사탕이나 과자상품 같은 고칼로리 식품을 더 많이 소비하는 경향이 있다. 유로스타트(Eurostat)[102]가 학생들을 대상으로 조사한 결과에 따르면, 초콜릿과 청량음료 1일 소비량은 남성성과 유의한 상관관계가 있었다.

개인주의는 칼로리 섭취량을 가장 잘 설명한다. 집단주의 문화적 배경을 가진 선진국 사람은 식사시간을 정시에 갖고 다른 사람들과 함께 즐기며 간식을 덜 먹는다. 반면에 개인주의 문화권의 사람은 식사와 간식을 가리지 않고 늘 먹는 편이다. 대체로 설탕이 많이 함유된 청량음료는 남성적 문화권에서 더 많이 소비된다. 실제로 대부분의 청량음료 브랜드는 미국이나 영국 같은 남성적 문화권에서 태어났다. 이 점에 대해서는 제 7장에서 보다 상세히 논의된다.

기후에 관련된 과정은 항상성(*homeostasis*)[103]으로, 이는 시상하부(*hypothalamus*)를 통제하는 체계이다. 시상하부는 태양광과 온도를 통해서 호르몬과 신경전달 물질을 생산한다. 호르몬과 신경전달 물질의 변화는 소비자행동에 영향을 준다는 이론이 있다. 알코올, 담배, 커피, 차 같은 자극물질의 소비는 기후와 밀접한 관계가 있다는

---

102) Consumers in Europe, 2001, p. 73(See Appendix B).

103) Parker, Philip M. and Tavassoli, Nader T., "Homeostasis and consumer behavior across cultures," *International Journal of Research in Marketing*, 17, 2000, pp. 33~53.

가설이 있다. 한랭기후와 적은 양의 태양광에서 그 물질들의 효과는 더 크며, 이는 온난기후에서 커피, 술, 차, 담배 같은 소비가 더 높은 이유를 설명할 것이다. 칼로리가 높기 때문에 술은 한랭기후에서 더 유용할 것이다. 파커는 기후를 제어하는 능력(히터, 에어컨)이 물리적 환경의 영향을 줄이고, 앞으로 문화권에 따라 정신적 차이를 줄일 것으로 보았다.

이와 달리, 집단적 기억에 대한 연구에서는 다르게 설명한다. 한랭기후에서도 온난기후에서보다 우유를 더 많이 마시고, 아이스크림을 더 많이 먹으며, 급속 냉장고를 더 많이 가정에 들여놓을 것이다. 유럽의 온난기후 지역에서 생우유는 신뢰를 잃고 있다(제 4장 "음식에 대한 태도" 참조). 유럽 내의 문화권에 따라 다른 식품에 대한 신뢰도는 불확실성의 회피로 설명된다. 이 불확실성의 회피는 몇 가지 소비 영역에서 어느 정도 청결욕구(*purity needs*)를 포함하는 차원이다. 신선한 우유는 물론 그 대체품인 아이스크림도 보존에 어려움을 겪는 상품이다. 과거에는 냉장고가 없어서 아이스크림이 온난기후의 지역에서 더 빨리 녹았다. 전 유럽에 냉장고가 100% 가깝게 보급된 현 시점에서 기후에 따른 우유의 신선도에 의문을 제기할 필요는 거의 없다. 이는 기후의 직접효과이기보다 간접효과이다.

온난기후에서 우유를 보존하는 것이 어렵기 때문에 전통적으로 우유판매량은 온난기후 지역에서 낮으며 우유산업의 발달이 더디었다. 그리고 여전히 사람들의 집단적 기억에서는 상하기 쉬운 우유에 대한 불신이 존재한다. 상하기 쉬운 음식에 대한 불신은 문화적 요인이 된다. 이런 현상은 사람들의 습관이 잘 변하지 않음을 보여준다. 논리적으로는 온난기후 지역의 급속냉장고 판매가 한랭지역에서보다 높게 나타나야 하지만 실제로는 그 반대이다. 날씨가 추울수록 사람들은 눈 속에 음식을 저장하는 데에 익숙해지며, 이런 과정을 반복할수록 신기술의 도움을 더 받게 된다.

15. 소비자행동, 국부, 그리고 문화

앞에서 필자는 국가적 수준에서 소비행동의 차이를 설명하는 데 소득의 영향은 줄고 문화의 영향은 커진다는 점에 대하여 설명하였다. 국가의 소득수준과 일부 상품도입의 상관관계를 살펴볼 때, 사람들이 부유해 질수록 이러한 상품을 많이 소비할 것이라고 생각하게 될지도 모른다. 어떤 투자 유형 상품은 소득이 일차적 설명변인이 되지만, 시간이 지나면 문화적 변인이 변량을 보다 잘 설명하게 된다. 미시적 수준에서 분석하면 문화와의 관계에 초점을 맞추게 된다. 많은 경우 소득차이는 아무런 설명력을 가지지 않으며 문화가 변량을 설명할 수 있는 유일한 변인이다. 따라서 부의 수준이 높아진다고 해서 똑같이 모든 나라 사람들의 소비가 증대하는 것은 아니다. 소득증대와 더불어 소비자들은 이성적 의사결정자가 되는 경우가 줄어든다.

1) 이성적 소비자의 개념

경제학자들은 소비자를 이성적 인간으로 보거나 충분히 정보를 가졌을 때 효용과 이익 극대화의 원칙에 따라 결정하는 '경제적 인간'(*homo economicus*)이라고 정의한다. 개인은 구매의사를 결정할 때 이성적 판단을 할 것으로 믿는다. 여러 분야의 학자들은 국가적 수준에서마저도 소득증대에 따른 부작용에 대하여 지적하였다. "사회과학자들에게 적어도 1950년대 말까지는 국가적 문제로 여겨졌던 차이들 — 국민총생산과 생활여건에서의 분산 — 은 시간이 지날수록 신뢰성을 잃었다."[104)]

---

104) Scheuch, Erwin K., "Theoretical implications of comparative survey research: Why the wheel of cross-cultural methodology keeps on being reinvented," in *Comparing nations and cultures*, edited by Alex Inkeles

소득수준의 차이로 설명하기 어려운 국가간 소비행동의 차이가 많이 존재한다. 소비자는 그다지 이성적 존재가 아니며 효용극대화 원칙에 따라 구매결정을 하지 않는 경우도 많다. '경제적 인간'은 자연적 개념이 아니며 서구사회에서 구성된 사회적 개념이다.105) 더욱이 가난한 나라에서도 사치품 구매와 관련된 소득은 때때로 관련성이 높은 판별기준은 아니다. 이는 전시효과 때문인데 이 효과는 개발도상국의 가난한 소비자들이 그들에게 노출된 소비사회에 동화되기 위해서 상징적 상품을 구매하는 것을 말한다.106)

교육이 소비자행동에 영향을 미칠 것으로 가정되기도 한다. 정보기술이 소비자 교육을 더 할 것이라고 보기도 한다. 교육받은 소비자는 더 많은 정보를 가지게 될 것이다. 이들은 더 나은(이성적) 구매행동을 할 것으로 가정할 수 있다. 그러나 사람이 다룰 수 있는 정보량에는 한계가 있다. 정보과잉 상태가 지속되면 이성적 판단에 오히려 장애가 된다. 이성적 소비자의 개념은 — 그것이 타당한 개념이라면 — 부와 정보가 증가함에 따라 그 타당성을 잃게 된다.

---

and Masamichi Sasaki, Englewood Cliffs, NJ: Prentice Hall, 1996.

105) Antonides, Gerrit, "An attempt at integration of economic and psychological theories of consumption," in *European perspective on consumer behaviour*, edited by Mary Lambkin, Gordon Foxall, Fred van Raaij, and Benoît Heilbrunn, London: Hall, 1998.

106) Alden, Dana L; Steenkamp, Jan-Benedict; and Rajeev, Batra, "Brand positioning through advertising in Asia, North America, and Europe: The role of global consumer culture," *Journal of Marketing*, 63, 1999, pp. 75~87; Roth, Martin S., "The effects of culture and socioeconomics on the performance of global brand image strategies," *Journal of Marketing Research*, 32, 1995. pp. 163~175.

2) 엥겔법칙

비교문화연구를 위해 일반화가 필요한 경제학 이론은 소비자행동을 일반화하려는 '엥겔법칙'(*Engel's law*)이다. 이 이론에서는 가정의 소득수준이 높아질수록 주거비용은 상대적으로 꾸준히 감소하는 반면, 다른 용도의 소비는 증가할 것이라고 예상한다. 음식에 대한 개인소비의 비율은 소득증대와 함께 감소할 것이라고 본다. 이 이론은 단위 국가들을 대상으로 조사한 것이다.

유럽 전역에서 소득기준 하위 20% 가구의 식생활비의 비율은 상위 20% 가구의 식생활비보다 낮다.[107] 그러나 국가간의 차이는 시간이 지날수록 커지거나 유지되며 문화에 따라 달라진다. 국가간 식비지출[108]은 낮은 개인주의와 상관관계가 있다(r=−.66**). 유럽의 집단주의 문화권에서는 개인주의 문화권의 소비자보다 음식에 더 많은 지출을 한다. 일반적으로 집단주의 문화권에서 식사는 중요한 사회적 기능을 한다. 집에 찾아온 누군가에게 음식을 대접한다는 것은 매우 중요한 사회적 가치를 지닌다. 따라서 개인주의 문화권에 비해 집단주의 문화권에서 음식에 대한 지출은 상대적으로 높다.

〈그림 3-8〉은 시간의 경과에 따라 유럽 13개국의 음식에 대한 지출비율이 어떻게 감소했는지를 보여준다. 그러나 그 차이가 완벽히 수렴되지는 않고 다소 꾸준히 유지되고 있다. 엥겔법칙의 일반성은 경제수준의 향상과 함께 식료품에 대한 지출비율이 감소되는 것이라고 볼 수 있다. 사실 국가 수준에서의 차이는 여전히 남아있다는 것이 수정된 견해이다. 집단주의 문화권(포르투갈, 스페인)에서 사람들은 비교적 많은 비용을 식생활에 소비한다. 국가가 부유해지면 이 비율은 증가할 것이다. 개인주의 문화권에서 패스트푸드의 인기는 중

107) Consumer in Europe, 2001, p. 25(부록B 참조).

108) Eurostat annual yearbooks(부록B 참조).

요한 현상이지만, 집단주의 문화권에서 경제적·시간적 여유는 사람들로 하여금 외식을 더 많이 즐기게 할 것이고 다양한 양질의 음식을 찾도록 한다. 음식은 문화적 함의를 지닌다. 음식은 감정적·사회적 안정감을 제공하고 위안을 준다. 그리고 스트레스와 근심을 덜어주는 역할도 한다. 음식을 통해서 사람들과 친구가 되고 그들에게 영향을 미칠 수 있으며 커뮤니케이션이 가능해진다.[109]

〈그림 3-8〉 개인적 소비, 음식물비 지출 비율

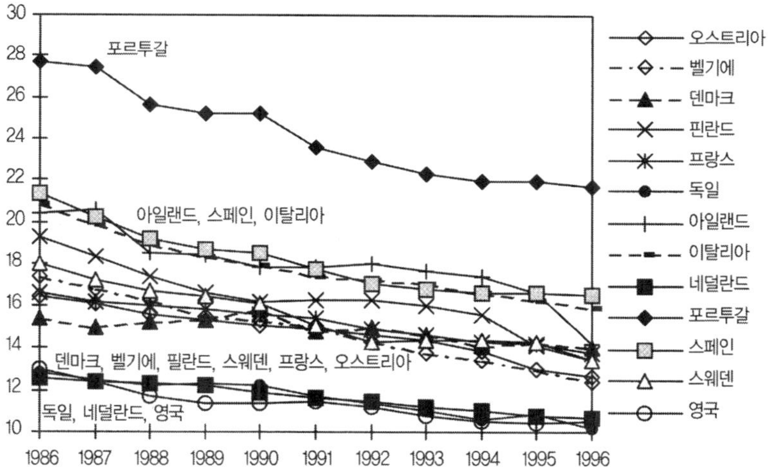

주: 국가별로 엥겔법칙이 어떻게 작용하는지는 아일랜드의 발전을 통해서 볼 수 있다. 1990년대까지 아일랜드는 다소 가난한 국가였지만 20세기 말에 괄목할 만한 성장을 거두었다. 아일랜드는 개인주의 문화권이지만 음식에 대한 지출비용은 경제적 수준이 비슷했기 때문에 이탈리아나 스페인과 같은 집단주의 문화권의 비율과 유사했다. 그러나 1995년 이래로 이 수치는 다른 개인주의 문화권과도 비슷하다.

출처 : Eurostat Yearbooks(부록B 참고).

109) Magrabi, Frances M; Chung, Young Sook; Cha, Shanghee; and Yang, Se-Jeong, *The economics of household consumption*. New York: Praeger, 1991, p. 211.

16. 결 론

이 장에서는 소비의 수렴, 확산, 그리고 안정성을 다루었다. 가치와 행동이 안정적이라는 근거가 어디에 있는지도 알아보았다. 수렴될 것이라는 예상과는 달리 사람들의 행동은 다소 안정적이라는 점을 알 수 있었다. 근대화는 수렴의 방향을 예측하는 하나의 근거가 된다. 전근대에서 근대, 그리고 탈근대로의 발전과정을 거치다 보면 국가간에 거시적 측면에서는 수렴경향을 나타내기는 하지만 미시적 측면에서는 그렇지 않다. 경제적 수준이 비슷해진다 하더라도 이내 가치관의 차이가 나타나게 마련이고 소비자행동은 다양해지게 마련이다. 1인당 GNP는 국가간 소득차가 줄어들 경우 소비에 대한 국가간 차이와 소비자행동을 설명할 수 없다. 도시화 같은 여타의 인구통계학적 변인들이 국가의 경제적 수준과 관련되기 때문에 이러한 변인들은 설명변량이 될 수 없다. 문화적 변인이 그 차이를 설명하는 최고의 변인들이다.

소비자 : 속성들 제4장

소비자행동론(*consumer behavior*)은 개인이나 집단이 욕구와 필요를 충족시키기 위해 상품, 서비스, 아이디어, 또는 경험을 선택하고 구매하고 이용하거나 버리는 순간과 관련되는 과정에 대한 연구로 정의할 수 있다.[1] 이 정의에서 소비자행동은 구매 전, 구매 중, 구매 후에 소비자에게 영향을 미치는 쟁점에 대한 과정으로 간주된다.

마케팅 권위자 필립 코틀러(Philip Kotler)[2]가 제시한 것 같은 소비자행동의 고전적 모형에서 소비자행동의 요소는 이론적 배경이 되는 사회학과 심리학이라는 학문영역에 따라 분류된다. 각 영역에서 문화를 상이한 수준에서 다루기 때문에, 비교문화적 소비자행동론을 위해서는 통합적 접근이 필요하다. 심리학은 인간행동을 개인수준에

---

1) Solomon, Michael; Bamossy, Gary; and Askegaard, Søren, *Consumer behaviour. A European perspective.* Harlow, Essex, UK: Pearson Education, 1999, p. 8.

2) Kotler, Philip, *Marketing management*, Englewood Cliffs, NJ: Prentice Hall, 1994, p. 174.

서 분석하는 반면, 사회학은 집단수준에서 인간행동을 연구한다. 그러나 문화는 두 가지 수준 모두에서 작동한다. 성격과 문화는 밀접하게 연관되어 있다. 학습방법이야 개인적 수준에서 연구되지만, 학습 내용은 살아가는 사회에 따라 다르다. 문화는 사회나 환경적 영향 이상의 그 무엇이다. 문화를 인간행동의 환경으로 보는 대신 현대 인류학자들은 문화를 '내재화'로 간주한다. 사람들은 문화 속에서 상상을 하였다. 이제 문화는 그들의 머릿속에 있다.[3] 분리된 원칙에 따라 행동 측면을 구분하는 대신 우리는 개인, 문화, 사회에 대한 통합적 관점을 가져야 한다. 이런 접근은 이 책에서 서술한 소비자행동 과정의 다양한 구성요소를 구조화시킨 모형에 반영된다.

1. 비교문화적 소비자행동 모형

인간행동의 구성요소는, 어떤 사람인지("나는 누구인가?"), 어떻게 느끼는지, 어떻게 생각하고 배우는지, 무엇을 하는지 같은 사람의 속성과 기질("나는 어떤 부류의 사람인가?")에 따라 정의되는 개성(*personality*)으로 요약될 수 있다. 느낌(*feeling*), 학습(*learning*), 행위(*doing*)에 대한 사회과학적 용어는 각각 '감정'(*affect*), '인지'(*cognition*), 그리고 '행동'(*behavior*)이다. 이런 요소들은 "감정, 인지, 행동, 그리고 인간이 그들의 생활양상을 바꾸려하는 환경에 대한 역동적 상호작용"[4] 같은 미국마케팅협회(American Marketing Association)의 소

---

3) Munroe, Robert L. and Munroe, Ruth H., "A comparative anthropological perspective," In Handbook of *cross-cultural psychology*, Vol. 1, edited by John W. Berry, Ype H. Poortinga, and Janak Pandey. Boston: Allyn & Bacon, 1997. p. 173.

4) Luna, David and Forquer Gupta, Susan, "An integrative framework for

비자행동에 대한 정의에도 포함된다.

소비자행동에 대한 문화의 영향을 이해하기 위해서는 문화가 인간 행동의 다양한 요소에 통합되어야 할 것이다. 미국의 마케팅학자 맨라이(Manrai)와 맨라이(Manrai)[5]는 문화는 복잡한 개념이라고 지적했다. 문화의 결과라고 정의되는 많은 항목은 인공물(음식이나 의복)이나 추상적 개념(가치와 규범)으로 문화를 정의할 때 포함되게 마련이다. 문화의 정의 자체에 내재되는 다른 형태의 행동을 넘어서 소비자행동의 문화적 결과를 설명하기 위해서는 이러한 항목을 구분해야 한다. 문화적 가치는 환경적 요인이 아니라 소비자를 구성하는 통합적 일부로 포함되어야 한다. 또한, 이 책에서는 국가소득을 다른 많은 책에서와 같이 환경적 요인으로 보지 않으며, 따라서 필자는 경제적 환경(*economic environment*)이라는 용어를 쓰지 않는다. 특히 탈결핍 사회에서 소득은 소비자의 가치와 문화와 상호작용한다. 여기에서 필자는 경제적 합리성을 특정 사회체계에 적합한 '가치체계'로 정의한 수에르뎀(Suerdem)[6]을 지지한다.

〈그림 4-1〉에 제시한 모형은 소비자의 속성과 과정에 대한 용어에서 개인의 문화적 구성요소와 소비자행동 영역에서 행동의 문화적 구성요소들을 구조화한 것이다. 부는 문화의 영향을 받지만 부가 문화

---

cross-cultural consumer behavior," *International Marketing Review*, 18, 2001. pp. 377~386.

5) Manrai, Lalita A. and Manrai, Ajay K., "Current issues in cross-cultural and cross-national consumer research," in *Global perspectives in cross-cultural and cross-national consumer research*, edited by Lalita A. Manrai and Ajay K. Manrai, New York: International Business Press/The Haworth Press, 1996. p. 13.

6) Süerdem, Ahmet, "Social de(re)construction of mass culture: Marking (non)sense of consumer behavior," *International Journal of Research in Marketing*, 11, 1993, pp. 423~443.

에 영향을 미치기도 하기 때문에, 소비자 문화와의 상호작용을 나타내는 소득은 별도의 박스 안에 놓는다.

개인의 속성은 어떤 사람인지(누구)에 대한 것이며, 과정이란 무엇이 사람을 움직이는지(어떻게)에 대한 것이다. "나는 누구인가?"라는 핵심 질문은 자아와 어떤 용어로 사람들이 스스로의 개성, 기질, 정체성을 나타내는지에 관련된다. 누구와 관련된 것은 속성과 생활양식인데, 이는 개인의 핵심적 부분이기 때문이다. 사람들이 어떻게 생각하고 지각하며 학습하고, 무엇이 사람들을 동기화시키며, 어떻게 '나'라는 대상을 행동하게 하는지는 과정으로 간주된다.

비교문화심리학자 마커스(Markus)와 기타야마(Kitayama)[7]는 다음과 같이 언급한다.

> 자아나 정체성은 본질적인데, 그것은 문화적 효과의 심리학적 궤적이기 때문이다. 그것은 어떤 사회문화적 집단 구성원이 어떻게 생각하고 느끼고 행동하는지를 체계적으로 왜곡할 수 있는 중개적, 근원적, 해석적 기틀로 작용한다.

자아는 문화적 맥락에서 형성되지만 반대로 개인의 지각, 평가, 가치를 포함하는 다양한 영역을 통해 강력한 영향을 미친다.[8] 이러한 자아의 매개적 역할은 자아를 행동을 이해하는 중개변인이 되도록 한다.

자아, 개성, 정체성, 태도에 관련된 이론들은 심리학에서 온 것이다. 심리학은 유럽-미국 문화권의 맥락에서 발달되었다. 한 가지 논

---

7) Markus, H. R. and Kitayama, S., "Culture and the self: Implications for cognition, emotion and motivation," *Psychology Review*, 98, 1991. pp. 6, 224~253.

8) Singelis, Theodore M., "Some thoughts on the future of cross-cultural social psychology," *Journal of Cross-Cultural Psychology*, 31, 2000. pp. 76~91.

의점은 서구에서 나온 사회과학적 개념인 비교문화적 가치가 다른 문화권에도 적용될 가능성이다. 특수문화적(*emic*) 접근이 다른 나라의 소비자행동 연구에 이용되는 것이 이상적이지만, 현 시점에서는 현재의 구성개념이 비교문화연구에 얼마나 유용한지를 알아보는 것이 보다 실용적이다. 이 장에 있는 비교문화 심리학에서의 연구결과는 문화를 초월하여 사람들의 다양한 양상의 차이를 이해하는 데 유용하다.

〈그림 4-1〉 비교문화적 소비자행동의 기틀

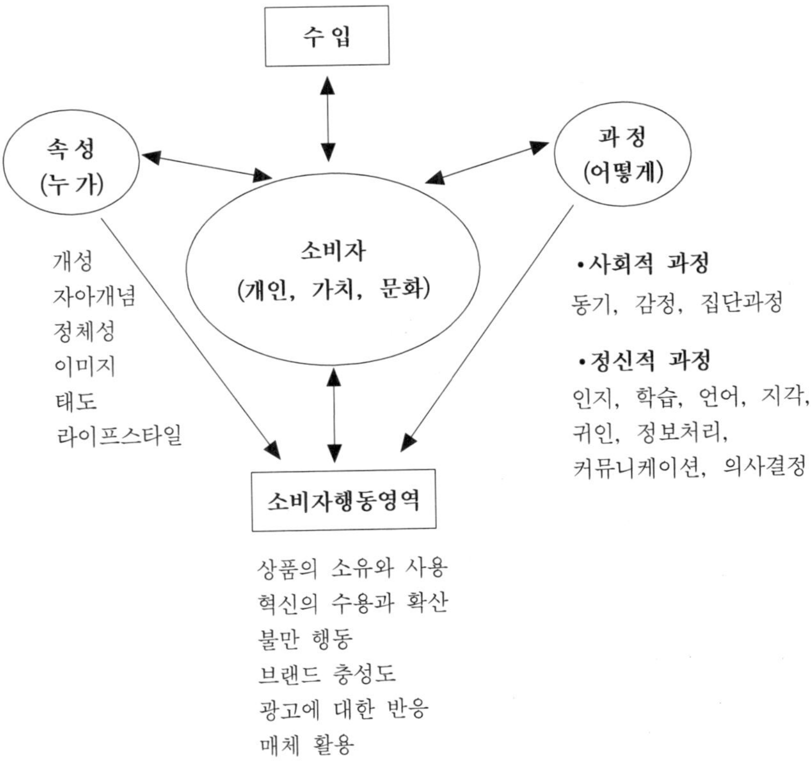

출처 : Adapted from Manrai and Manrai, 1996.

2. 개 성

넓은 의미에서 개성(*personality*)이란 존재하는 한 개인의 자질과 특성의 총합이다. 일반적으로 유럽-미국 심리학적 맥락에서 개인은 "내적 속성들(즉, 기질, 능력, 동기, 가치)의 독특한 통합으로 이루어지고, 이런 내적 속성의 결과에 따라 행동하는 자족적이며 자율적인 개인"으로 정의된다.[9] 소비자행동과 마케팅 교과서에서의 개성에 대한 정의도 이를 반영한다. 코틀러[10]에 따르면 개인은 자신의 소비행동에 영향을 미치는 독특한 개성을 지닌다. 개성이 의미하는 바는 환경에 비교적 일관적 반응을 하게 하는 독특한 심리적 특징을 말한다. 개성은 어떤 상황에서도 일관성이 있을 것으로 가정된다(즉, 사람들은 다른 상황에서도 일관성 있게 행동할 것으로 가정된다).[11] 개성은 대개 자신감과 자율성, 사회성 같은 기질의 용어로 묘사된다.

개성의 개념에 대한 설명에는 일반적으로 세 가지 문화적 결정요소가 포함되는데, ① 사람들이 자신을 타인과 구별할 것이라는 개인주의적 관념의 암시, ② 서구적 개성에 있어서 전형적인 관념의 통합적 일부로서의 일관성, 그리고 ③ 개성은 개인주의 문화권인 서구에서 전형적인 개인적 기질로 묘사된다는 점이다. 이런 서구적 관점은 왜곡된 것이다.

서구의 심리학은 개인주의에 근거하고 개인에 대한 다음과 같은 관념을 포함한다. 개인은 고유한 속성과 자질 또는 과정이라는 변별적 모습을 지닌 자율적 존재이다. 이러한 내재적 속성이나 과정의

---

9) Markus, Hazel Rose and Kitayama, Shinoby, "The cultural psychology of personality," *Journal of Cross-Cultural Psychology*, 29, 1998, pp. 63~87.

10) Kotler, 1994, pp. 183~184.

11) Eysenck, Michael W., *Psychology: A student's handbook*, Hove, East Sussex, UK: Psychology Press, 2000, p. 748.

통합체가 행동을 유발한다. 개인의 행동은 다양하며 이런 독특함은 긍정적인 것이다. 사람의 속성과 과정은 맥락에 따라 일관되게 나타나며 이러한 일관성 역시 바람직하다. 개성에 대한 연구는 행동을 이해하고 예측하며 통제할 수 있는 방향으로 나가야 한다. 요약해서 말하자면, 개인은 독립적 존재이며 타인과의 조화와 필요를 바탕으로 사회적 관계를 맺는다. 이러한 내적 속성은 외적 맥락과는 분리된다. 상황에 따라 변하는 행동은 위선적이거나 병적인 것으로 간주된다.

자아에 대한 집단주의 모형에서, 개인은 본질적으로 타인과 상호의존적이다. 자아는 타인을 비롯해 주변 환경과 별개로 생각될 수 없다. 특정인과 관련된 자아는 개인의 경험에서 중요한 역할을 한다. 이러한 개념은 아시아, 대부분의 남미, 그리고 아프리카에서 주로 나타난다. 개인의 상호의존적 모형에서는 자아발견에 있어서 가족이나 직장, 사회적 역할과 지위, 또는 인간관계 같은 대인관계의 틀이나 사회적 구조를 보다 중시한다. 사회적 맥락은 개인의 행동에 의미를 부여한다. 인간본성에 대한 상호의존적 관점에는 인간에 대한 다음과 같은 견해가 포함된다. 개인은 상호의존적 실체인데, 그는 사회관계를 둘러싸는 부분으로 존재한다. 행동이란 개인이 상호 의존하는 타인에 대한 존재 반응의 결과이며, 행동은 관계에서 비롯된다. 개인적 행동은 상황적인데, 행동은 상황과 시기에 따라 달라진다. 이런 사회적 맥락에 대한 민감성(*sensitivity*)은 양호하다. 개성에 관한 연구는 행동의 관계적 근원과 대인적 본질에 대하여 이해하도록 한다.

개인주의 문화권에서는 사회적 역할과 권력이 억압적인 것으로 이해되는 반면 집단주의 문화권에서는 어떤 사회적 역할을 하거나 어떤 사회적 위치에 있다는 것이 개인의 개성 상실을 의미하지는 않는다. 집단주의 문화권에서 사람들의 이상적 특성은 사회적 역할에 따라 다르다. 아시아인은 상황적 영향에 따라 개인의 기질을 꾸준히 형성한다고 믿는다.[12] 동아시아인들은 개인과 상황을 냉정하게 구분하지 않으며 개인과 상황 간의 경계 없이 개인을 보다 전체적으로 본다.

> 동양문화권의 사람들은 때때로 사람을 '나무'에 비유하는데, 이는 외부환경에 따라 내적 성향을 끊임없이 형성함을 강조하는 것이다. 예를 들어, 한국에서 사람이란 자라는 흙 색깔을 빨아들이는 하얀 나무뿌리 같다고 믿는다. 흰 뿌리를 붉은 흙에 심으면 뿌리가 붉어진다. 중국인은 사람을 하얀 비단천에 비유한다. 붉은 염료에 담그면 붉어지고, 녹색 염료에 담그면 녹색이 된다. 자아는 때로 식물에 비유되는데, 이는 사람을 키우고 육성하며 계발하는 데 환경이 중요하다는 증거이다.[13]

3. 브랜드 개성의 개념

인간의 개성은 브랜드 전략에서 은유로 사용된다. 브랜드 개성(*brand personality*)의 개념은 미국에서 시작된 듯하다. 정교화된 광고 캠페인의 핵심은 인간적 특성의 맥락에서 브랜드 개성을 묘사하는 것을 포함한 브랜드 포지셔닝에 대한 진술이다. 국제마케팅에서 이러한 묘사는 보통 미국식 용어를 사용한다. 한 문화권의 대중에게 매력적으로 인식되는 브랜드 개성이 반드시 다른 문화권의 대중에게도 그렇게 다가가지는 않는다. 결국, 강력한 브랜드 개성으로 어떤 문화권

---

12) Norenzayan, Ara; Choi, Incheol, and Nisbett, Richard E., "Cultural similarities and differences in social influence: Evidence from behavioral predictions and lay theories of behavior," *Personality and Social Psychology Bulletin*, 28, 2002, pp. 109~120.

13) Choi, Incheol; Nisbett, Richard E.; and Norenzayan, Ara, "Causal attribution across cultures: Variation and universality," *Psychology Bulletin*, 125, 1999, pp. 47~63.

에서 효과적으로 진행된 광고캠페인이 다른 문화권에서도 항상 사람의 마음을 움직이는 것은 아니다.

브랜드는 시간이 지나면서 고유의 개성을 획득하며 그것이 개발된 시장의 맥락에서 포괄적으로 도출된다. 이런 맥락은 그 밖의 의도한 시장에서 동일한 방식으로 작동하지는 않는 일단의 특징들로 구성되어 있다.[14] 한 문화권의 브랜드 개성은 다른 문화권에서는 상이한 브랜드 개성을 만든다. 개인주의 문화권과 집단주의 문화권에서 이 차이는 가장 두드러진다. 개인주의 문화권에서 브랜드는 특이하고 차별적이어야 하며 개성을 일관성 있게 보여야 한다. 반면에 집단주의 문화권에서의 브랜드 개성은 마치 다른 브랜드의 세계에 존재하는 하나인 듯 커다란 전체의 부분으로 보여야 한다. 아시아에서 브랜드는 고유한 개성이라기보다 브랜드 세계의 일부라고 정의하는 편이 보다 나을 것이다.

아시아에서는 서구적 개성 관념이 존재하지 않기 때문에 일본어와 중국어 같은 아시아 언어에는 사회환경으로부터 독립적 개인이 지닌 개성이라는 용어와 같은 단어를 찾아볼 수 없다. 결국 서구의 브랜드 개성이라는 비유는 아시아에서 잘 이해되지 않으며 브랜드 개성보다 기업개성(*corporate personalities*)이라는 표현이 쓰인다. 이런 점들이 아시아 기업의 브랜드 전략에 도입되어, 미국기업이 상품의 브랜드 홍보에 열을 올리는 동안 일본기업은 대체로 기업개성을 강화하는 데 심혈을 기울였다. 본질적으로 이 역시 기업이 소비자에게 신뢰를 얻은 결과로 자사상품을 구매하도록 하는 데 목적이 있다. 하나의 로고를 사용하며 자신의 독창성을 일관되게 주장하는 서구의 기업은 거만하다거나 심지어 무례하게 보일 소지도 있다.

---

14) Campana Carramenha, Paulo R., "Evaluating the value of global brands in Latin America," *Marketing and Research Today*, November 1999, pp. 159～167.

브랜드 세계라는 아이디어와 같은 선상에서, 로고보다 모자이크에 가까운 회사속성의 시각적 표현이라 할 수 있는 브랜드의 얼굴(*face of the brand*)이라는 개념도 사용할 수 있다. 이는 특정 브랜드를 묘사하기 위해서 맞춘 시각적 기호의 집합이라고 할 수 있다. "글로벌 '브랜드의 얼굴'은 동일한 시각적 기원을 가질 수 있으나 의도하는 지역시장의 특성에 따라 다소 달라진다. 그 아이디어는 억지로 같게 만들지 않고, 통일성을 묘사하는 것이다".[15)]

광고회사 PPCH/JWT 암스테르담의 린다 더크센(Linda Derksen)은 유럽 내 4개국에서 브랜드 개성이 어떻게 나타나는지를 연구했다. 독일, 영국, 프랑스, 스페인의 JWT 담당자들에게 광고캠페인을 개발할 때 브랜드 개성이라는 개념을 어느 정도나 알고 있는지 물어보았다. 예를 들어, ① 다른 경쟁 브랜드로부터 하나의 브랜드를 구분하는 고유한 특성, ② 그에 결합된 인간적 속성을 지닌 '인간 존재'로서의 브랜드, ③ 인간이 자신의 환경, 가족, 직장에서의 일부이듯이 하나의 환경 속에서 반영된 브랜드라는 세 가지 가능한 정의 중 어느 것이 가장 적절한 브랜드 개성의 정의인지를 선택하도록 하였다. 영국인과 독일인은 브랜드를 남과 다른 독특한 속성을 지닌 인간으로 본다. 프랑스인은 브랜드에 결합된 인간적 속성을 지닌 인간으로서의 브랜드를 정의한다. 스페인 사람들은 브랜드 개성을 자신들의 환경, 가족, 직장에서 자리잡는 방식에 따라 정의한다.[16)]

15) Blumenthal, Danielle, "'Face of the Brand': A design methodology with global potential," *Design Management Journal*, Fall 2001, pp. 65~71.

16) Derksen, Linda, "Brand Personality Study," Unpublished report, PPGH/JWT. Amsterdam, 2002.

4. 자아개념

심리학자들은 자아개념(*concept of self*)이 행동과 심리적 과정에서 핵심적 기능을 한다는 점에 동의한다. 그것은 신체, 가족, 분위기, 감정, 양심, 태도, 가치, 속성, 사회적 위치를 포함하여 개인이 자기 것이라고 여기는 모든 것으로 구성된다.[17] 개인주의 문화권의 독립적 개인과 집단주의 문화권의 상호의존적 자아 사이에는 중요한 차이가 있다. 개인주의 문화권의 핵심은 개인적 자율성에 있다. 젊은이는 가족과 떨어져 지내야 하는 여러 사회집단에서 독자적으로 행동할 수 있는 정체성을 키워나가야 한다. 집단주의 문화권의 젊은이는 복잡한 가족관계 안에서 구성원끼리 의존하며 살아간다는 사실을 깨달으며 자기 개발을 하는데, 집단의 이상은 다르게 살기가 아닌 타인처럼 사는 것이다.[18]

카기치바시(Kagitcibasi)[19]는 관계적 자아(*relational self*), 분리된 자아(*separated self*), 그리고 이 둘을 합한 감정의 상호의존성 가족모형(*the family model of emotional interdependence*)을 각각 구분한다. 관계적 자아는 시골의 집단주의적 문화권에서 발달하는데, 그곳에서는 세대 간 상호의존성을 통해서 가족의 생계를 꾸린다. 그것은 감정적이며 물질적인 상호의존성의 가족모형이다. 분리된 자아는 서구의 개인주

---

17) Díaz-Loving, Rolando, "Contributions of Mexican ethnopsychology to the resolution of the etic-emic dilemma in personality," *Journal of Cross-Cultural Psychology*, 29, 1998, pp. 104~118.

18) Roland, A., *In search of self in India and Japan*, Princeton, NJ: Princeton University Press, 1998; Triandis, Harry C., *Individualism and collectivism*, Boulder, CO: Westview, 1995.

19) Kâgitçibasi, Çigdem, "Individualism and collectivism," in *Handbook of cross-cultural Psychology*, Vol. 3, edited by John W. Berry, Marshall H. Segall, and Çigdem Kâgitçibasi, Boston: Allyn & Bacon, 1997, p. 19.

의 문화권의 도시적 맥락에 존재하는 독립된 가족모형에서 발달하는데, 이 경우 세대간 상호의존성이 가족의 생계에 반드시 필요하지는 않다. 자아의 세 번째 범주는 관계 지향성과 자율을 결합시킨다. 이 때 자아는 집단주의 문화권의 개발된 도시에서 나타나는 감정적 상호의존성의 가족모형에서 틀을 갖추는데, 물질적 의존성은 약해지지만 감정적 상호의존성은 지속된다.

관계적 자아는 집단주의 문화권의 특성이지만 상이한 유형의 관계 지향성이 여성적이기도 한 개인주의 문화권에도 존재한다.[20] 비교문화심리학자 해리 트라이언디스(Harry Triandis)[21]는 관계 지향성을 수평적 개인주의로 명명했는데, 그는 개인주의의 두 가지 유형을 수직적 개인주의(*vertical individualism*: 독립적이고 상이한)와 수평적 개인주의(*horizontal individualism*: 상호의존적이고 상이한)로 구분한다. 트라이언디스가 수평적 개인주의로 명명한 것은 개인주의적이고 남성성이 낮은 문화권에서 나타나는 관계 지향성이다. 이런 문화권에는 자아독립성뿐만 아니라 상호의존성이라는 특성도 있다. 상호의존성은 합의에 대한 필요성, 사회적 지위에 대한 낮은 열망, '두드러지기'를 원치 않는 것으로 해석할 수 있다. '가족가치'가 집단주의 문화권에서의 자아를 규정하는 특징적 개념이기는 하지만, 사회적 양상이 여성적이라고 할 수 있는 개인주의 문화권에서 자아개념의 특성을 묘사하기도 한다.[22] 집단주의와 여성성 모두 관계 지향성의 변량을

---

20) Kashima, Y.; Yamaguchi, S.; Kim, U; Choi, S. C.; Gelfand, M. J.; and Yuki, M., "Culture, gender, and self: A perspective from Individualism-collectivism research," *Journal of Personality and Social Psychology*, 69, 1989, pp. 925~937; Hofstede, Geert, *Culture's consequences* (2nd ed.), Thousand Oaks: Sage, 2001, p. 294.

21) Triandis, Harry C., *Individualism and collectivism*, Boulder, CO: Westview, 1995.

22) Watkins, David; Akande, Adebowale; Fleming, James; Ismail, Maznah;

설명할 수 있다.

> 얀켈로비치 클랜시 슐만(Yankelovich Clancy Shulman)[23]의 미국 내 연구에 따르면, 스페인계 미국인은 '관계적 자아'에 기반을 둔 자아 정체성을 버리면서까지 미국문화에 융합해야 한다고는 생각하지 않는다. 이 연구에서 75%의 남미계 미국인에게 개인적 만족이란 대부분 가족과 가정으로부터 나오며, 이는 일반적 미국인구에 비해 두드러진다. 남미계 미국여성의 취업률이 평균보다 많이 낮지는 않지만 거의 90%의 남미계 인구가 "주부의 일은 즐겁고 도전적인 것"이라고 믿는데, 이는 다른 미국인의 평균 응답의 세 배를 넘는다. 거의 절반 이상의 남미계 성인 미국인은 남과 차이를 갖기보다 적응하는 편이 낫다고 응답했다. 그들은 새 브랜드를 찾고 신상품을 시도하거나 신상품 정보를 수집하는 경향이 덜하다.

1) 자아기술과 자아평가

개성을 측정하기 위해서는 사람이 심리학적 특성으로 자신을 기술할 수 있어야 한다. 한 사람의 변별적 특성을 나타내는 것은 집단주의 문화권보다 개인주의 문화권에서 보다 자연스럽다. 사회적 역할을 중시하고 전체 관계 속의 한 부분으로 자신을 기술하는 집단주의 문화권의 구성원보다 개인주의적인 서구인이 자신을 추상적이고 보편적인 방식으로 기술하는 데 익숙하다. 마커스와 기타야마(Markus & Kitayama)[24]는 일본과 한국학생들이 미국학생들보다 맥락-특수적

Lefner, Kent; Regmi, Murari; et al., "Cultural dimensions, gender, and the nature of self-concept: A fourteen-country study," *International Journal of Psychology*, 33, 1998, pp. 17~31.

23) Stelly, Philip, Jr., "Tuning in to the next big thing," *Adweek*, May 11, 1992, pp. 42~46.

24) Markus and Kitayama, 1998.

기술과 사회적 자아기술 또는 몇몇 상황의 요소나 사회적 맥락에 대한 언급이 두 배나 많다는 연구결과를 발표한다.

특히, 미국인은 자아기술(*self-descriptions*)에 긍정적 자기평가(*self-evaluations*)만을 포함시키는 경향이 있다. 미국성인은 자신의 지능과 매력을 평균 이상으로 평가하는 반면, 일본인은 어떤 속성과 능력에서 자신이 중간쯤에 위치한다고 평가한다. 미국 심리학에서는 그것을 일본인과 중국인이 "겸손의 편견"(*modesty bias*)을 가지는 데 비해, 미국인은 "가짜 독특함의 편견"(*false uniqueness bias*)을 나타내는 것으로 설명한다.[25] 일본문화에서 자아비판(*self-criticism*)은 기능적 목적에 활용된다. 자아비판은 개인에게 스스로 발전할 필요가 있는 영역에 집중하도록 한다. 자기개발은 일본인으로 하여금 자신의 역할에 대한 의무를 이행하도록 한다. 이는 부정적 자아상이 자신감과 자율성 부족은 물론 세상에서 자신의 개성을 드러내는 능력이 없다는 점을 상징하는 북미지역의 관습과 배치된다.[26] 겸손의 편견은 집단주의 문화권에서 나타난다. 콩고인을 미국인과 비교한 연구결과를 보면, 일반적으로 자신에 대한 긍정적 평가가 콩고인들이 미국인에 비해 적었다. 자기강화는 콩고에서보다 미국에서 더 일반적일 수 있다.[27]

---

25) Singelis, Theodore M.; Bond, Michael H.; Sharkey, William F.; and Lai, Chris Siu Yiu, "Unpackaging culture's influence on self-esteem and embarrassability," *Journal of Cross-Cultural Psychology*, 30, 1999. pp. 315~341.

26) Heine, Steven; Kitayama, Shinoby; and Lehman, Darrin R., "cultural differences in self-evaluation," *Journal of Cross-Cultural Psychology*, 32, 2001, pp. 434~443.

27) Westerof, Gerben J.; Dittmann-Kohli, Freya; and Katzko, Michael W., "Individualism and collectivism in the personal meaning system of elderly adults," *Journal of Cross-Cultural Psychology*, 31, 2000, pp. 649~676.

5. 마케팅, 브랜딩, 광고에 필요한 함의

서구 마케팅의 핵심적 측면은 타인으로부터 사용자 자신을 구분하는 상품속성에 집중된다. 사람들은 자아개념에 적합하거나 자신의 '이상적 자아' 이미지를 강화하는 상품을 구매할 것이다.

상품이나 브랜드를 구매하면 그 상품의 의미가 소비자에게 전달된다. 구매된 상품은 '확장된 자아'의 일부가 된다. 상품 이미지는 소비자의 자아개념에 기여해야 한다.[28] 이런 과정은 각각 다른 자아개념에 따라 다양한 모습으로 나타날 것이다. 개인주의 문화권에서 상품의 소유가 독특함과 독립성을 표현하는 것인 반면, 집단주의 문화권에서 확장된 자아는 집단이며 상품의 소유는 연령대나 집단 정체성을 확인하는 기능으로 작용할 수 있다. 일본에서 브랜드는 독특한 개성을 강화시키지 못하지만 사회적 지위를 증명한다. 일본 젊은이들의 극단적인 브랜드 관련 행동은 종종 일본 젊은이들이 개인주의적이 되고 있는 것으로 잘못 해석된다. 이는 그런 행동을 허용하는 맥락이다. 학생이 되면 누군가 특정한 자율적 방식으로 행동할 수 있지만, 다른 역할에서는 그럴 수 없다.[29]

> 프랑스에서 패션에 대한 핵심적 연상물은 개인성, 상징주의, 의미, 해석, 쾌락, 그리고 유혹이다. 일본에서 패션감각을 갖는다는 것은 자아를 규정하고 패션의 모든 새로운 표현을 수용하는 능력에 의해 존재를 입증하는 공동체에 역동적으로 통합된다는 것이다.[30] 미국에서 패션감각을 갖는다는 것은 자신의 독특한 개인성을 입증한다는 의미이다.

---

28) Barone, Michael; Shimp, Terence A.; and Sprott, David E., "Product ownership as a moderator of self-congruity effects," *Marketing Letters*, 10, 1999, pp. 75~85.

29) Markus and Kitayama, 1998.

30) Becker, Catherine, "Hair and cosmetic products in the Japanese market,"

2) 자아개념과 브랜딩

집단주의자들에게 자아의 추상적 범주화가 부자연스럽거나 인위적으로 비추는 것은 그들의 본질이 특정 상황의 제약을 받지 않는 분리된 개인적 존재라는 주장을 반영하기 때문이다. 그들에게 개성에 대해 질문하는 것은 "집에서 가족과 함께 있을 때 당신 스스로의 모습을 기술해보세요"라는 질문 같이 특정 성황이나 관계성의 맥락에서만 가능하다. 브랜딩(*branding*)에서의 중요한 교훈 한 가지는 소비자가 자신을 추상적 용어로 묘사하지 못하면 브랜드에 대해서도 그렇다는 것이다. 집단주의 문화권의 구성원에게 브랜딩이란 너무 추상적이어서 개인주의와 비교할 수 있는 방식으로 논의될 수 없다.

〈리더스 다이제스트〉는 2002년의 '신뢰하는 브랜드 조사'에서 유럽 내 18개국[31] 소비자에게 알려지지 않은 브랜드를 구매할 가능성에 대해 물었다. 개인주의 문화권의 소비자는 집단주의 문화권의 소비자에 비해 알려지지 않은 브랜드를 보다 자주 구매할 것으로 예측되었다. 들어는 보았지만 사용해 본 적은 없는 상품구매를 "확실히/거의 확실히" 고려한다는 응답은 개인주의와 유의한 상관관계(r=.82***)가 있었다. 그 관계는 〈그림 4-2〉에 제시하였다. 맥락에서 벗어난 브랜드(*brand out of context*)는 개인주의 문화권의 구성원보다 집단주의 문화권의 구성원에게 관련성이 낮다.

집단주의 문화권에서의 자아가 맥락의 특수성에 의존하는 것은 일관된 브랜드 개성을 나타내는 개인주의 문화권과는 달리 집단주의 문화권에서 브랜드는 다른 맥락 때문에 브랜드 개성이 달라질 수도 있

Marketing of Research Today, 1997, pp. 31~36.

31) Belgium, Czech Republic, Denmark, Finland, France, Germany, Hungary, Italy, the Netherlands, Norway, Poland, Portugal, Russia, Slovakia, Spain, Sweden, Switzerland, and United Kingdom.

음을 시사한다. 이는 사람들이 브랜드 개성에 적응하고 그 개성이 독특함을 유지하기에 충분하다면 브랜드 개성이 일관성을 유지할 것이라는 브랜드 디자이너의 가정과 상충된다. 브랜드는 개발자의 문화권에 따라 결정되는 가치와 태도의 묶음을 반영하는데, 글로벌 브랜드의 개발자는 종종 서양 출신이다. 그들의 창의성 개념은 역사적으로 독창성과 독특함에 바탕을 둔다. 서양의 브랜딩과 디자인 실무에서는 차별화의 전제조건으로 간주되는 독창성 개념을 반영한다. 그것이 마케터와 디자이너들이 자신들의 브랜드가 독특해야 한다고 주장하는 이유이다.

아시아 문화권에서 독창성은 서구의 개념과 다르다. 대신에 모든 것과 모든 사람은 보다 큰 전체의 일부이기에 다른 존재로부터 유래

〈그림 4-2〉 브랜드 개념과 개인주의

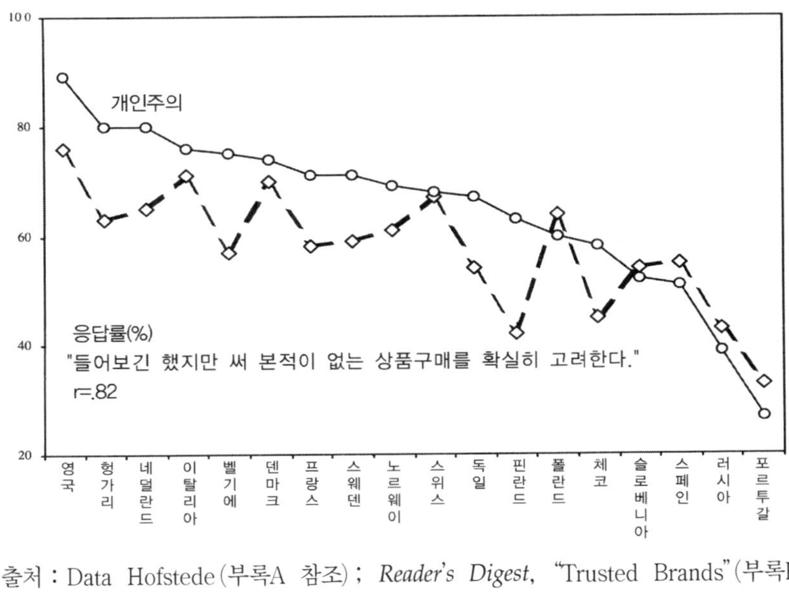

출처 : Data Hofstede(부록A 참조); *Reader's Digest*, "Trusted Brands"(부록B 참조).

〈그림 4-3〉
웰라(Wella)

한다고 생각한다. 모든 사물은 본래의 문화적 기원과 기호를 유지하기는 하지만 더 큰 전체에서 얻어지고 흡수되며 재창조되는 것이라고 여기기 때문이다.[32] 글로벌 브랜드의 경우 디자인 과정에 반드시 상이한 맥락과 의미가 포함되어야 한다. 이런 접근방식은 일관성을 추구하려는 전략과는 매우 다른데, 주로 영어로 된 표준 로고와 핵심어를 어디에서나 사용하도록 한다. 예를 들어, 스타일 있는 두발을 위한 샴푸브랜드 웰라(Wella)의 핵심어인 "웰라, 당신을 완벽하게(*perfectly you*)"가 중국 소비자에게 어떤 의미를 가질까?(〈그림 4-3〉을 보라).[33]

3) 자아개념과 광고

독립적 그리고 상호의존적 자아 간의 차이는 광고에 영향을 미친다. 중국과 한국 같은 집단주의 문화권에서는 집단 내 혜택이나 조화 그리고 가족의 특성을 강조하는 광고가 더 효율적이다. 그러나 미국 같은 개인주의 문화권에서는 개인적 효용이나 선호도, 개인의 성취와 독립성에 소구하는 광고가 효과적이다.[34] 한 사람이 소속집단에

---

32) Gagliardi, Mario, "Alchemy of cultures: From adaptation to transcendence in design and branding," *Design Management Journal*, Fall 2001, pp. 32~39.

33) Personal observation by the author when traveling through Henan province, China.

34) Han, Sang-Pil and Shavitt, Sharon, "Persuasion and culture: Advertising appeals in Individualism and collectivism societies," *Journal of Experimental Social Psychology*, 30, 1994, pp. 326~350; Zhang, Yong and

서 나와 그 집단이 상상하지 못한 일을 하는 경우를 묘사하는 광고는 개인주의적인 서구 문화권에서는 긍정적으로 보일 수 있지만, 집단주의적인 아시아 문화권에서는 부정적 이미지를 갖게 될 것이다.35) 개인주의 문화권과 집단주의 문화권의 구성원은 개인주의나 집단주의를 강조하는 설득 메시지에 접하고 각각 다르게 반응할 것이다. 미국인은 개인의 성취와 독립 같은 개인적 효용을 강조하는 광고에, 한국인은 집단의 이익과 조화, 가족을 강조하는 광고에 설득되기 쉬울 것이다.36)

소비자의 자아개념에 부합하는 방식으로 브랜드를 제시하는 광고 소구법은 보다 호의적인 브랜드 태도를 형성할 것이다. 이는 왕(Wang)과 그의 동료들37) 의해서 확인되었다. 이들은 집단주의와 개인주의 문화권에서 사람들을 더 설득할 수 있는 소구법을 분리된(*separated*) 소구 대 연결된(*connected*) 소구법이라는 용어로 구분하였다. 연결된 광고 소구법은 상호의존성과 친교를 강조하고, 분리된 광고 소구법은 독립성과 자율성을 중시한다.

집단주의 문화권에서 자아에 대한 맥락과 관계 지향성이라는 두 가지 중요성은 일본광고에서 유명인의 잦은 출연을 설명할 수 있다. 광고에서 유명인을 사용하는 방식은 나라마다 다르다. 이런 차이가 남성성의 정도(성공에 대한 욕구)와 관련된다는 것은 시사점을 제공한

Gelb, Betsy D., "Matching advertising appeals to culture: The influence of products' use condition," *Journal of Advertising*, 25, 1996, pp. 29~46.

35) Bowman, Jo, "Commercials rise in the East," *Media and Marketing Europe Pocket Guide on Asian TV*, London: Emap Media, 2002, p. 8.

36) Han, Sang-Pil and Shavitt, Sharon, 1994, pp. 326~350.

37) Wang, Cheng Lu; Bristol, Terry; Mowen, John C.; and Chakraborty, Goutam, "Alternative modes of self-construal: Dimensions of connectedness-separateness and advertising appeals to the cultural and gender-specific self," *Journal of Consumer Psychology*, 9, 2000. pp. 107~115.

다. 그리고 이는 미국에서 어떤 이유로 개인숭배와 유명인에 대한 집착이 유난히 두드러지는지도 설명할 것이다. 집단주의 문화권에서는 유명인을 수용하는 정도가 더 낮을 것으로 예상되는데, 이는 일상에서 남보다 돋보이는 것을 권장할 만한 일로 여기지 않기 때문이다.

그러나 집단주의 문화권인 일본에서는 미국보다 광고에 유명인을 더 많이 출연시킨다. 일본에서 국제마케팅을 강의하고 있는 네덜란드 출신 학자 카롤루스 프라엣(Carolous Praet)[38]은 일본에서의 유명인 선호경향을 분석하며 집단주의의 두 가지 양태를 제시했는데, 관계적 자아와 맥락이 그것이다. 다른 나라와 달리 일본에서는 유명인이 유명한 배우나 가수, 운동선수, 코미디언에 국한되지 않는다. 기존의 유명인에게 광고란 자신의 유명세를 상업화할 수 있는 장이 되며, 모험과 야망에 찬 배우가 유명세를 얻는 디딤돌이 되기도 한다. 일본에서 '탤런트'는 연예산업에 종사하는 대부분의 유명인을 나타내는 말이며, '스타'는 비교적 꾸준히 유명세를 유지하는 사람을 가리키는 말이다.

탤런트 중 많은 사람이 귀여운 외모로 선발된다. 첫째, 가족 내에서나 직장 내에서는 그럴지도 모르지만 광고와 연예계에서 이런 현상은 특별한 문제를 일으키지는 않는다. 둘째로 탤런트(일본 발음으로 타렌토, *tarento*)를 기용하면 유사한 속성을 지닌 상품의 경쟁시장에서 특정 브랜드가 고유한 '얼굴'을 가지게 된다. 이런 전략은 상품에 추상적인 인간적 속성을 부여하는 대신 실제 인물과 상품을 관련시킨다. 이는 광고회사의 광고 크리에이티브 부서의 업무수행에서 잘 나

---

38) Praet, Carolus L. C., "Japanese advertising, the world's number one celebrity showcase? A cross-cultural comparison of the frequency of celebrity appearances in TV advertising," The Proceedings of the 2001 Special Asia-Pacific Conference of the American Academy of Advertising, edited by Marilyn Roberts and Robert L. King., 2001, pp. 6~13.

타난다. 부서의 담당자는 고객에게 추상적인 광고 크리에이티브 개념을 설명하기보다 광고캠페인의 중심에 있는 유명한 탤런트를 제시함으로써 그들의 광고전략을 고객에게 설명하기를 좋아한다.

6. 자아강화와 자존감

유럽계 미국인은 자아강화(*self-enhancement*)[39] 라고 부르는 긍정적 자아 관련 정보에 대체로 민감하다. 미국인은 자아강화를 통해서 자존감을 가질 수 있다고 믿는다. 또한, 자존감을 인간적 가치와 정신적 건강을 위한 자연스럽고 타당한 척도로 여긴다. 이러한 신념은 다른 문화권에서는 나타나지 않는다. 미국인에게 자존감이란 일반적 관념으로서의 웰빙(*well-being*)에 중요한 개념이다.

다른 집단주의 문화권과 마찬가지로 일본에서는 주관적 행복이란 부족한 점을 찾아내고 수정해나가는 자기평가에 의존한다. 이런 문화권에서는 웰빙을 위해 긍정적 특성의 존재보다 부정적인 면의 부재를 더 중요하게 생각한다. 문화적 관습과 자아개념의 차이가 일본과 미국에서 자존감[40]의 차이를 만든다.

---

39) Kitayama, Shinobu; Markus, Hazel Rose; Matsumoto, Hisaya; and Noraskkunkit, Vinai, "Individual and collective processes in the construction of the self: Self-enhancement in the United States and self-criticism in Japan," *Journal of Personality and Social Psychology*, 72, 1997, pp. 1245~1267.

40) Kitayama, Shinobu, "Culture and basic psychological processes — toward a system view of culture: Comment on Oyserman et al. (2002)," *Psychological Bulletin*, 128, 2002, pp. 89~96.

> 앵글로 아메리칸 문화권의 자아개념에 자존감이 얼마나 많이 반영되었는지는 아이젱크(Eysenck)[41]가 행한 자아개념의 정의에 잘 나타난다.
>
> 자아개념은 자아에 대한 모든 감정과 사고를 말한다. 그것은 자존감과 자아 이미지(자신에 대한 지식)를 합한 것이다. 자존감은 자아개념에서 평가적 측면이다. 자존감이란 자신을 얼마나 가치 있는 사람으로 여기며 자신감을 갖는가이다.

남들보다 돋보이려는 노력을 통해서 자존감을 유지하고 향상시키려는 경향이 개인주의와 독립적 자아와 연관되기 때문에 자기 강화와 자존감은 개인주의 문화권의 전형적 현상으로 간주되었다.[42] 그러나 개인주의 문화권에서도 자기강화에서 괄목할 만한 차이가 드러나는 것이 사실이다. 이러한 차이는 문화적 남성성에 따라 설명할 수 있다. 여성적 문화권에서의 관계의 향상은 남성적 문화권에서의 자아강화와는 대조적이며 이는 집단의 유대와는 무관하다.[43] 자아격려, 성취, 과시는 북미지역에서의 자아개념의 통합적 양상이다. 미국의 사회학자 어빙 고프먼(Erving Goffman)[44]은 "영미권 국가에서 사람들이 성취를 위해 어떻게 준비하는지"를 통하여 자아구조를 관찰하였다. 그는 개인을 "공연을 펼쳐야 하는 너무나 인간적인 과업에 관련된 인상의 유린된 조립자"라고 은유적으로 묘사했다.

---

41) Eysenck, 2000, p. 458.

42) Twenge, Jean M. and Crocker, Jennifer, "Race and self-esteem: Meta-analyses comparing whites, black, Hispanics, Asian and American Indians and comment on Gray-Little and Hafdahl(2000)," *Psychological Bulletin*, 128, 2002, pp. 371~408.

43) Hofstede, 2001, p. 293.

44) Goffman, Erving, *The presentation of self in everyday life*. Harmondsworth, Middlesex, UK: Penguin, 1959, p. 244.

홉스테드[45]는 지식 정도에 대한 7개국 연구를 통해서 문화적 남성성과 자아격려의 관계를 밝혔다. 객관적으로 지식수준이 높은 응답자 중에서 자신의 능력을 주관적으로 "매우 훌륭하다"라고 평가한 비율은 네덜란드의 31%에서 미국의 79%까지 다양하다. 7개국 또는 언어권 간에 이 비율은 남성성과 유의한 상관관계가 있다. 개인의 지위와 자아강화에 소구하는 광고의 수용도에서 미국과 네덜란드의 차이는 미국과 한국의 차이만큼이나 크다. 이는 아마 자아강화의 소구법이 독립적이며 평등주의적인 스칸디나비아 지역의 사회에서 평가되었기 때문일 것이다. 반면에 그런 소구법은 한국에서는 너무 자아중심적이기 때문에 거부당할 것이다.[46]

자존감에 대한 욕구는 어느 문화권에나 존재하지만 사람들은 다양한 경로로 자존감에 이른다. 자존감이 항상 행동의 원인이 되지는 않으며, 행동이 자존감을 유발할 수도 있다. 문화에 따라 행동과 관련된 관습이 다르며 이것이 자존감으로 이어지기 때문에 자존감의 구성개념은 문화권에 따라 다르다.

자존감으로 이어지는 자아강화는 기본적으로 외형적 개인주의와 남성성이 높은 문화권에서 나타나는 현상이다. 〈그림 4-4〉는 각 나라별 자아강화 정도를 나타낸 것이다. X축은 홉스테드의 국가별 개인주의 점수를 표시하고 Y축은 남성성을 나타낸다. 이 그림은 자아강화가 종종 보편적 인간의 특성으로 간주됨에도 불구하고, 개인주의 및 자아강화가 가장 일반적인 문화적 남성성을 결합시킨 국가집단이 비교적 적다는 사실을 알려준다.

---

45) Hofstede, 2001, p. 304.

46) Maheswaran, Durairaj and Shavitt, Sharon, "Issues and new directions in global consumer psychology," *Journal of Consumer Psychology*, 9, 2000. pp. 59~66.

〈그림 4-4〉 자아강화

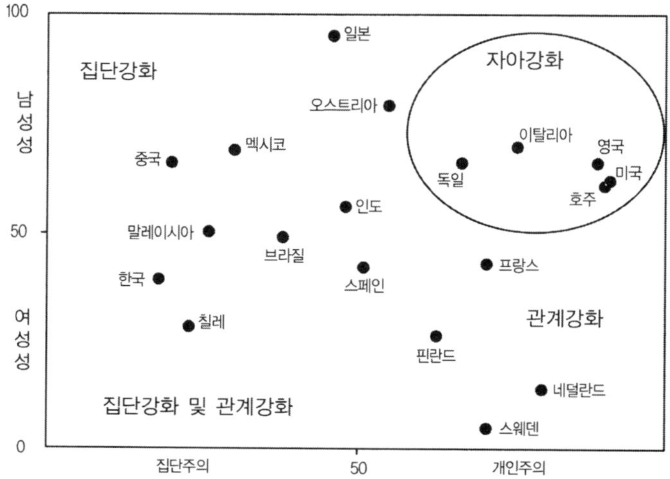

출처 : Data Hofstede, 2000(부록A 참조)

7. 개인적 기질

추상적 특성의 용어로 사람을 기술하는 서구의 습관은 개인적 기질의 특성화 체계를 개발하도록 하였다. 기질(*traits*)은 "사고, 느낌, 행동의 일관된 패턴을 나타내는 경향에 있어서 개인차의 차원"[47]으로 정의될 수 있다. 기질의 사례는 이타주의, 겸손, 신뢰 등이다.[48] 서구세계에서 보편적 기질의 차원은 상대적으로 숫자가 적다는 점이 쟁점이 되었다.[49]

개인적 기질은 우리 스스로를 묘사하기 위해 사용하는 자연어에서 드러난다. 그런 자연어의 형용사는 기질의 차원을 개발하기 위한 설문항목의 척도에 사용된다. 요인분석은 기질의 구조개발에 사용된다. 5요인 모형(*five-factor model*, FFM이나 'big five')은 개인적 기질을 구성하는 데 가장 자주 사용되는 모형의 하나이다. 이는 미국에서 개발된 것으로, 자신과 타인을 묘사하는 일상 영어의 분석에 바탕을 둔 모형이다.[50]

문화권을 초월하여 기질의 구조를 개발할 때 여러 가지 문제가 발생한다. 미국식 모형이 심리적 측면에서의 기질을 포함하는 반면, 집단주의 문화권에서의 자아기술은 사회적 역할을 언급하는 경향이 강

---

47) McCrae, R. R. and Costa, P. T., Jr., *Personality in adulthood*, New York: Guilford, 1990, p. 23.

48) McCrae, Robert R.; Costa, Paul T., Jr.; Del Pilar, Gregorio H.; Rolland, Jean-Pierre; and Parker, Wayne D., "Cross-cultural assessment of the five-factor model," *Journal of Cross-Cultural Psychology*, 29, 1998, pp. 171~188.

49) Church, A. Timothy and Lonner, Walter J., "The cross-cultural perspective in the study of personality," *Journal of Cross-Cultural Psychology*, 29, 1998, pp. 32~62.

50) McCrae et al., 1998.

하다. 문화권을 초월하여 척도를 적용할 때의 어려움은 기질을 나타내는 언어적 등가물을 찾는 것이다. 그럼에도 불구하고 많은 다른 문화권의 심리학자들의 협동으로 NEO-PI-R 양상 척도로 명명된 척도가 사용된다. 보편적으로 사용되는 5가지 기질적 요인은 신경증(*neuroticism*), 외향성(*extraversion*), 경험에 대한 개방성(*openness to experience*), 상냥함(*agreeableness*), 신중함(*conscientiousness*)으로 명명되었다. 이와 같은 5가지 기본적 기질적 요인은 개인적 특성의 다양한 의미를 포착할 수 있도록 한다. 〈표 4-1〉은 요인과 각 요인별 구성요소를 나타낸다.[51)]

문화권에 따라 몇 가지 변화가 나타나기도 한다. 예를 들어, 아시아 문화권보다 유럽 문화권에서 문화적 차이가 크다. 집단주의 문화권에서는 개인이 자신의 독특한 속성을 드러내지 않기 때문에 개인

〈표 4-1〉 개인적 기질의 5요인 모형

신경증	외향성	경험 개방성	상냥함	신중함
불안	온정	환상	신뢰	능력
심한 적대감	사교성	미적 정서	솔직함	질서
우울증	단호함	느낌	이타주의	의무이행
강한 자의식	활동성	행동	친절	성취추구
충동성	흥분추구	아이디어	겸손	자기규제
취약성	긍정적 감정	가치	온화한 마음	숙고

출처 : Robert R. McCrae, 2002.

---

51) McCrae, Robert R., "NEO-PI-R data from 36 cultures," in *The five-factor model of personality across cultures*, edited by A. J. Marsella and R. R. McCrae, Dordrecht, the Netherlands: Kluwer, 2002.

적 차이가 나타나지 않는 것이 하나의 원인이다. 유럽인 집단에 비해 보다 동질성이 높은 아시아인의 개성이 또 다른 이유가 될 것이다.[52)]

특히, 아시아의 심리학자들은 그 모형(FFM)을 집단주의 문화권에 적용할 수 있는지를 규명하기 위해 노력했다. 중국의 심리학자 청(Cheung)과 동료들은[53)] 중국인을 위한 고유한 척도를 개발하여(중국인의 성격 측정척도, *Chinese Personality Assessment Inventory*) 이를 5가지 요인모형과 통합하였다. 그들 역시 유사한 5가지 요인을 발견했으나 요인별 구성요소는 문화권에 따라 다르게 나타났다. 기질을 나타내는 형용사가 번역될 때 다른 의미를 갖기 때문일 수도 있다. 중국의 연구자들은 대인관련성(*Interpersonal Relatedness*)이라고 부르는 여섯 번째 차원을 찾아냈다. 이 차원은 낙관주의와 비관주의의 대립, 관계지향성(*Ren Qing, relationship orientation*), 유연성, 방어성(*Ah-Q Mentality, defensiveness*), 조화, 체면, 그리고 논리 대 감성지향성 요소를 포함한다. 대인관계성이라는 요인은 중국에서뿐만 아니라 다른 집단주의 문화권에서 중시되는 성격에서의 상호의존적인 면에 관련된다. 중국 연구자들이 개성에 관한 연구를 독점했다면 주된 이론은 확실히 비 아시아적 요소인 개방성 요인을 제외시켰을 것이다. 한국 응답자에게 제시된 NEO-PI-R 척도의 한국판 버전은 한국과 미국 응답자 간에 차이가 있음을 보여주었다.[54)]

---

52) McCrae, 2002.

53) Cheung, Fanny M.; Leung, Kwok; Zhang, Jian-Xim; Sun, Hai-Fa; Gan, Yi-Qun; Song et al., "Indigenous Chinese personality constructs. Is the five-factor model complete?" *Journal of Cross-Cultural Psychology*, 32, 2001, pp. 407~433.

54) Yoon, Kuh; Schmidt, Frank; and Ilies, Remus, "Cross-cultural construct validity of the five-factor model of personality among Korean employees," *Journal of Cross-Cultural Psychology*, 33, 2002. pp. 217~235. Yoon, Kuh; Schmidt, Frank; and Ilies, Remus, "Cross-cultural con-

장기적 연구를 바탕으로 심리학자들은 개인적 기질의 일부는 생물학적으로 유전된 것이고, 나머지는 넓은 의미에서 개인과 환경의 상호작용을 통해 형성된다는 증거를 지속적으로 찾고 있다. 이러한 환경 중 일부는 성장배경이 되는 국가의 문화이다.[55] 문화와의 관계를 보면 홉스테드의 문화적 변인들이 36개 문화권의 NEO-PI-R 요인에 대한 개인수준 점수의 평균값과 상관관계가 나타났다.[56]

신경증 점수는 불확실성의 회피가 강하고 남성성이 높은 문화권에서 높게 나타난다. 이는 불안, 스트레스, 감정표현은 불확실성의 회피가 높은 문화권에서 더 잘 나타난다는 기존 연구결과와 부합한다. 남성성은 자아와 금전에 대한 지향성을 강조하는 반면, 여성성은 관계와 사람들에 대한 지향성으로 대표된다. 후자의 지향성은 아마 낮은 수준의 신경증과 관계가 있을 것이다. 신경증 차원의 구성요소의 하나인 충동(*impulsiveness*)이 충동구매로 반드시 이어지는 것은 아니다. 남미 7개국의 소비자에 대한 TGI[57]의 자료들은 낮은 수준의 불확실성의 회피와 충동구매와의 상관관계를 나타낸다(r=−.70*).

외향성 수준은 자율, 다양성, 쾌락 등이 전문지식, 의무, 안정성보다 높은 가치로 인정받는 개인주의 문화권에서 더 높게 나타난다. 더욱이 이 외향성 수준은 낮은 권력거리와 관련된다. 경험에 대한 개방성은 높은 수준의 남성성과 낮은 수준의 권력거리와 상관관계가 있다. 남성성이 높은 문화권의 사람들은 자신의 능력을 과대평가하는

---

struct validity of the five-factor model of personality among Korean employees," *Journal of Cross-Cultural Psychology*, 33, 2002, pp. 217~235.

55) Hofstede, G. and McCrae, R. R., *Personality and culture revisited*(in press).

56) McCrae, 2002.

57) Data provided by TGI, United Kingdom, www.tgisurveys.com. © TGI — All Rights Reserved. Countries: Argentina, Brazil, Chile, Colombia, Mexico, Peru and Venezuela.

경향이 있으며, 낮은 수준의 권력거리는 독립적 모험성향을 자극한다. 상냥함은 낮은 불확실성의 회피와 상관관계가 있으므로 관용 정도가 높은 문화권의 사람은 자신을 상냥하다고 평가한다. 양심은 높은 수준의 권력거리와 상관관계가 있는데, 실제로는 1인당 GNP와 더 밀접하다. 홉스테드는 "번영이 사람들에게 낭비를 더 하게 하거나 덜 양심적으로 행동하게 한다"라고 결론지었다.[58]

> 소비자의 경험이 어떻게 개성의 구성요소를 반영하는지는 타이어회사 굿이어(Goodyear)[59]가 유럽 13개국을 대상으로 행한 운전자의 생태학적 인식에 관한 연구결과에 자세히 나타난다. 유럽 운전자의 유형화는 운전과 운전습관에 대한 태도에 관한 질문을 통해서 이루어졌다. 응답자들은 운전의 특성으로 자신을 구분할 수 있었다. 국가간에 문화관련 차이는 유의미했다. 스스로를 책임감 있는 운전자(=양심)라고 여기는 응답자의 비율은 권력거리와 정적 상관관계를 보였다. 운전을 모험으로 여기는(=외향성) 응답자의 비율은 개인주의와 상관관계를 보였다. 차를 자신의 사회적 생활을 돕는 수단으로 여기며(=상냥함), 자신을 사회적 운전자라고 여기는 응답자는 낮은 수준의 불확실성의 회피를 비롯해 낮은 권력거리와 상관관계를 갖는다. 차를 자신을 알려주는 과시와 지위 표시의 수단으로 여기는 응답자의 비율은 남성성과 상관관계가 있었다.

58) Hofstede, Geert, *Personal communication*.

59) Pan-European market research into ecological awareness amongst drivers, September 2001, received from Goodyear Dunlop Tires Nederland BV. Merwedeweg 4c, 3621 LR Breukelen.

8. 브랜드 개성

마케팅 종사자들은 브랜드를 인간처럼 여겨 속성을 개발하려는 경향이 있다. 따라서 브랜드 개성(*brand personality traits*)이란 특정한 브랜드와 연합된 인간이 지닌 것과 같은 속성의 집합이다. 아커(Aaker)[60]의 연구를 예로 들어보자. 그는 소비자들에게 개성을 묘사하는 용어의 대립 쌍에 대표적 브랜드를 표시하도록 했다. 미국에서 5가지 차원은 진실성(*sincerity*: 현실적, 사실의, 진정한, 정직함), 흥미성(*excitement*: 대담한, 즐거운, 상상적, 최신의), 능력(*competence*: 지적인, 믿을 만한, 확실한, 자신있는), 세련됨(*sophistication*: 매혹적, 상류의, 보기 좋은, 매력적인), 조악함(*ruggedness*: 거친, 야외의, 남성적, 서구적)으로 명명되었다. 저자들은 진실성, 흥미성, 능력이라는 세 가지 차원이 각각 상냥함, 외향성, 의식에 상당히 관련되는 5요인 모형 같은 인간성격에서 나타나는 개성의 차원과 유사하다는 점에 주목했다. 세련됨은 부나 지위와 연관된 야망의 이미지를 추구하는 것이며 조악함의 차원은 강함, 남성성, 억셈 같은 전형적인 미국의 가치를 나타낸다.

이와 유사한 연구가 스페인과 일본에서도 수행되었는데 5가지 차원 중 2가지 이상의 세트가 도출되었다. 일본의 5가지 차원은 미국의 것과 흥미성, 능력, 진실성, 세련됨의 순서대로 겹친다. 평화로움(*peacefulness*)으로 명명된 하나의 차원은 여러 가지 속성(수줍음, 평화로운, 순진한, 의존적)을 일본 고유의 방식으로 결합한 것이다. 스페인 연구에서 나타난 5가지 차원은 미국의 진실성, 흥미성, 섬세함의

---

60) Aaker, Jennifer Lynn; Benet-Martínez, Verónica; and Garolera, Jordi, "Consumption symbols as carriers of culture: A study of Japanese and Spanish brand personality constructs," *Journal of Personality and Social Psychology*, 81, 2001, pp. 492~508.

차원과 교차하는 것으로 나타났다. 후자는 능력과 연상작용을 일으킨다. 어떤 차원은 일본의 평화로움 차원과 유사했고, 다른 하나는 스페인 고유의 차원이다. 그것은 열정(*passion*)으로 명명된 것으로, 열렬한, 열정적인, 정신적인(*spiritual*), 분방한(*bohemian*) 같은 요소를 포함한다. 스페인과 일본에서 공통으로 나타나는 평화로움의 차원은 두 나라 모두에 있는 집단주의 성격과 관련된 것으로 보인다.

이 연구는 문화권을 초월하여 유사한 브랜드 개성의 차원이 존재한다는 것을 보여주기도 하지만, 문화권에 따라 부분적으로 동일할 뿐이라는 사실도 나타낸다. 이는 겉으로 유사한 차원이 서로 다른 연상작용을 일으킨다는 것을 암시한다. 다른 문화적 맥락에서 연구가 수행된다면 구성요인의 의미는 변하게 마련이다. 예를 들어, 흥미성은 젊음, 최신, 흥겨움, 과감함을 연상시키지만, 스페인과 미국에서는 상상, 독특함, 독립을 떠올리게 하며, 일본에서는 수다스러움, 즐거움, 낙천적 사고와 관련된다. 세련됨은 일본보다 스페인에서 보다 상이한 의미를 갖는다.

위의 내용은 브랜드 포지셔닝에서 문화의 특징과 무관하게 사람들의 개성을 묘사하는 언어사용의 어려움을 보여준다. 첫째, 미국의 조악함이나 일본의 평화로움처럼 문화권에 따라 특정한 성격의 차원이 있다. 그런 국가에서 고유한 차원에 부합하는 브랜드 성격이 다른 국가에 적용될 때는 그만큼 성공적이지 않은 것 같다. 둘째, 국가의 장벽을 넘어서는 공통적인 개성의 차원이 존재한다는 연구결과가 많지만 유사한 브랜드라도 다른 연상작용을 일으키기 때문에 유사한 속성의 의미가 매우 달라질 수도 있다.

소비자 조사에서는 기질을 측정하는 형용사 척도를 포함하는 사례가 늘고 있다. 예를 들어, 〈리더스 다이제스트〉의 "신뢰받는 브랜드"(*Trusted Brands*) 조사에서는 각 속성을 평가하는 8점 척도를 사용한다. 2002년의 조사에서 사용된 형용사의 예는 능동적·수동적

(*active* · *passive*), 낙관적 · 비관적(*optimist* · *pessimist*), 모험적 · 소심한(*adventure* · *timid*), 최신의 · 전통적(*modern* · *traditional*), 그리고 지구적 · 지역적(*global* · *local*) 등이다. 이들은 기질의 혼합이며 존재의 바람직한 상태를 나타낸다. 홉스테드의 문화적 변인과 기질 점수의 상관관계는 유사한 관계가 있다. '능동적'(외향성)은 낮은 권력거리와 상관관계가 있으며, '수동적'은 낮은 개인주의와 상관관계가 있다. '비관'(신경증)은 높은 불확실성의 회피와 관련되며, '낙관'은 낮은 불확실성의 회피와 상관관계가 있다. '소심함'은 낮은 개인주의와 상관관계가 있으며, '경험에 대한 개방성'의 일부로 볼 수도 있는 '근대적'(*modern*)은 높은 수준의 남성성과 상관관계가 있다. 반면에 '지구적'인 성격은 높은 남성성과 상관관계가 있다. 이 경우에 척도로 측정하는 것은 실제 기질이 아닌 바람직한 가치이다.

많은 마케팅 연구소에서는 브랜드를 인간성격을 묘사하는 용어로 정의할 수 있는 포지셔닝 모형(*positioning model*)을 제시하고는 한다. 이는 보편적인 것으로 여겨지기도 하지만 각 문화권의 특징이 브랜드 묘사에 나타나기 때문에 보편성에 대한 주장은 설득력이 떨어지기도 한다.

필자의 지식 안에서 말하자면, 학문연구에서는 아직도 글로벌 브랜드가 지닌 속성이 원산지의 속성으로 여겨지는지 아니면 각국의 소비자가 자신의 문화권에 적합한 브랜드 속성만을 취하는지에 대한 답을 내놓지 못했다는 점이 중요한 질문이다. 글로벌 브랜딩 전략이 필요한 이유 중 하나는 통제에 대한 욕구이다. 모든 기업에서는 자사의 브랜드 개성이 국가에 상관없이 유사하게 지속되기를 바란다. 만약 다른 지역의 소비자들이 기업의 의도와 달리 자사의 브랜드를 인식한다면 그 과정은 통제를 벗어나게 되며, 통제를 유지하려면 기업활동이 이루어지는 다양한 문화권에 알맞게 특정한 브랜드 개성을 정의하는 것이 나을지도 모른다.

9. 정체성과 이미지

정체성(*identity*)은 자기 자신에 대한 관념이자 자신의 성격적 특성이며, 자신의 몸과 각자가 중요하다고 여기는 가치를 말한다. 이미지는 다른 사람이 어떤 사람을 보고 어떻게 평가하는지에 대한 것이다.[61] 정체성에 대한 사회학적 정의는 "아동이 성장하며 스스로를 독립적 개체로 발전시키며, 발달시키는 자아에 대한 관념"[62]이라는 개인적 기원을 반영한다. 집단주의적 사고를 가진 사람들 사이에서 정체성은 관계와 집단의 소속감을 통해서 정의되는 반면, 개인주의 문화권의 사람들은 자신의 소유와 고유한 경험을 정체성의 바탕으로 삼는다. 정체성은 기대를 충족시키는 각자의 능력을 의미하기도 한다. 자신의 정체성에 대한 질문을 받았을 때 사람들은 바람직한 가치들("나는 이런 것들을 믿는다")로, 사회집단의 구성원(아버지, 학생)으로, 또는 개인적 기질("야망 있는", "활달한")로 자신을 구분한다.[63] 특히 대부분의 서구 문화권에서 사람들은 개인적 기질이나, 연령과 직업 같은 상이한 개인적 특징과 물질적 지표들로 자아 정체성이나 다른 사람들을 평가한다.[64]

---

61) Antonides, Gerrit and Van Raaij, W. Fred, "Consumer behaviour. A European perspective," Chichester, UK: John Wiley & Sons, 1998. pp. 162~163.

62) Lawson, Tony and Garrod, Joan, *The complete A-Z sociology handbook* (2nd ed.), London: Hodder & Stoughton Educational, p. 135.

63) Camilleri, C. and Malewska-Peyre, H., "Socialization and identity strategies," in *Handbook of cross-cultural psychology*, edited by John W. Berry, Pieree R. Dasen, and T. S. Saraswathi, Boston: Allyn & Bacon, 1997, p. 48.

64) Belk, Russell W., "Cultural and historical differences in concepts of self and their effects on attitudes toward having and giving," in *Advances in consumer research*, edited by Thomas C. Kinnear, Provo, UT: Asso-

성취한 정체성(*achieved identity*)과 부여받은 정체성(*ascribed identity*)을 구분할 수도 있다. 성취한 정체성은 어떤 사람이 그가 하는 일이나 그의 존재(좋은 학생, 좋은 아빠)에 따라 평가받는 것을 말한다. 부여받은 정체성은 연령, 성, 유전된 지위 같은 선택이 불가능한 속성에 따른 고정적 기대와 연결된 것이다. 사람들이 지닌 고정되고 부여받은 정체성에 대한 지각은 권력거리가 낮은 사회보다 사회적 위치를 보다 분명히 알 수 있는 권력거리가 높은 문화권에서 더 강하게 나타난다. 서구사회에서 구체적인 제품을 소유하는 것은 성취된 정체성을 갖도록 한다. 주거, 교통, 그리고 여타의 가시적 소비는 각자의 가치, 직업적 성공, 개성을 반영하는 것일 수 있다.[65] 미국에서 사회적 지위는 유동적인 것으로 구매는 사회적 지위와 동등한 반면, "프랑스인은 여전히 재산을 늘리는 것을 추하게 여기며 차라리 상속받는 것을 고귀하다고 믿는다."[66]

개인은 개성에 따라 만족감을 느끼기도 하는데, 개성은 개인의 진정한 정체성을 구성하기도 한다. 사람들은 개성을 바꾸고 싶어하는데, 그것은 어떠한 이미지를 갖고 싶어하기 때문이다. 이는 심리학자들이 명명한 '이상적 자아'(*ideal self*)를 반영하는 정체성을 형성한다. 이러한 정체성의 두 가지 차원은 서로 가까울 수도 있고 아주 멀 수도 있다. 만약 그 둘 사이가 아주 멀 경우에는 그 간격을 줄이는 데 노력을 기울이게 된다.[67] 개인주의 문화권에서는 물질적 소유로 이 목적을 달성할 수 있다.

---

ciation for Consumer Research, 1984, pp. 753~760.

65) Belk, 1984.

66) Edmondson, Gail, "France: A CEO's pay shouldn't be a secret," *Business Week*, August 9, 1999, p. 24.

67) Camelleri and Malewska-Peyre, 1997, p. 48.

1) 몸과 정체성

서구의 심리학은 몸이 정체성의 일부를 구성하는 것으로 본다. 신체존중(*body esteem*)은 자존감, 신체의식, 사회적 불안 같은 자아를 구성하는 요소와 관련된다. 여기에서의 핵심용어의 하나는 신체 이미지(*body image*)로 각자가 마음속으로 자신의 몸을 그린 그림이라고 할 수 있다.[68] 서양인은 육체적으로 매력적인 사람을 더 긍정적으로 평가한다. 이것을 '신체적 매력성 고정관념'(*physical attractiveness stereotype*)이라고 한다.[69] 매력적이라고 여기는 기준은 다양하다. 예를 들어, 일본인은 큰 눈과 작은 입과 뺨을 매력적이라고 여기는 반면, 한국인은 큰 눈과 작고 높은 코와 뺨, 그리고 작은 얼굴을 선호한다.[70]

신체적 매력을 구성하는 요소가 무엇인지에 대한 연구는 대부분 서구에서 이루어졌다. 또한, 이 연구의 대부분은 미국에서 이루어졌는데, 미국에서 여성의 매력은 매우 엄격한 기준에 따라 평가되며 이는 자기비판으로 이어지게 마련이다. 전형적인 미국여성은 일찍부터 자신의 몸에 불만을 나타내며 성인이 될 때까지 반복한다. 바람직한 외모는 높은 수준의 자존감으로 이어지리라는 것이 일반적 생각이다. 성공을 내부적 요소보다 외부적 요소로 환원시키는 일본인은 자기 평가에서 몸을 강조하는 정도가 덜하다.[71] 유교적 신념은 외적인 신체

---

68) Kowner, Rotem, "Japanese body image: Structure and esteem scores in a cross-cultural perspective," *International Journal of Psychology*, 37, 2002, pp. 149~159.

69) Shafer, David R; Crepaz, Nicole; and Sun, Chien-Ru, "Physical attractiveness stereotyping in cross-cultural perspective," *Journal of Cross-Cultural Psychology*, 31, 2000, pp. 557~582.

70) Matsumoto, David, *Culture and psychology: People around the world* (2nd ed.), Delmar, CA: Wadsworth Thomson Learning, 2000, p. 411.

적 외양은 자존감과 행복을 일구는 사회적 역할수행에서 성공보다 중요하지 않다고 믿도록 한다.[72]

매력은 문화권에 따라 다른 결과를 낳는다. 한국에서 매력은 혈연과 연관된 것으로 여긴다. 고위층의 가족은 더 용모가 준수한 자녀를 낳을 것으로 기대하는데, 이는 재정과 사회적 재산의 여유로 결혼대상자를 수월하게 고를 수 있기 때문이다.[73]

각 문화집단은 그 집단만의 신체적 매력에 대해 정의하고, 이상적 신체에 대한 사고체계를 지니며, 이것이 집단적 신체 이미지를 구성한다. 신체 이미지나 체중에 대한 고민과 식이장애는 서구여성이 여타 지역의 여성보다 심하다.[74] 미국 내에서 유럽계 미국인은 아시아 또는 아프리카계 미국인보다 식이장애를 자주 겪으며 다이어트를 더 자주 하는 경향이 있다.[75] 1995년의 연구에서 90%의 백인 여학생이 자신의 체중에 불만을 가진 데에 비해 흑인 여학생들의 70%가 자신의 신체에 만족하는 것으로 나타났다.[76]

---

71) Kowner, 2002.

72) Prendergast, Gerard; Leung Kwok, Yan; and West, Douglas C., "Role portrayal in advertising and editorial content, and eating disorders: An Asian perspective," *International Journal of Advertising*, 21, 2002, pp. 237~258.

73) Wheeler, Ladd and Kim, Youngmee, "What is beautiful is culturally good: The physical attractiveness stereotype has different content in collectivistic cultures," *Personality and Social Psychology Bulletin*, 23, 1997, pp. 795~800.

74) Wan, Fang; Faber, Ronald J.; and Fung, Anthony, "Perceived impact of thin female models in advertising: A cross-cultural examination of third person perception and its impact on behaviors," Proceedings 8th Cross Cultural Research Conference, Association for Consumer Research and American Psychological Association, Hawaii, December 12~15, 2001.

75) Matsumoto, 2000, p. 239.

미디어에 재현되는 신체 이미지는 신체 이미지의 이상향에 영향을 미칠 것이다. 준수한 외모의 날씬한 모델들을 꾸준히 보다보면 매력적인 신체를 가져야 한다는 압박을 받게 된다. 텔레비전에서 보여지는 것과 자신의 신체 이미지 간의 불만족 관계성은 홍콩에서도 찾아볼 수 있지만,[77] 이런 생각은 주로 서구의 개인주의 문화권에서 만연한다.

미국에서는 특히 마른 몸매가 이상적이며, 광고에서는 마른 사람들을 보여준다. 하지만 미국은 또한 비만자 비율이 가장 높은 나라이다. 비만은 개인주의 문화권의 문제이다. 1999년에 18개 선진국에서는 체질량 지수(BMI: *body mass index*) 30 이상인 인구비율과 관련된 국가간 차이[78]는 개인주의(r=.59***)와 유의한 상관관계가 있었다. 따라서 개인주의 문화권에서 실제와 이상적 신체 이미지의 불일치는 상당하다.

비록 일본과 미국 청년층 모두가 신체적 매력성에 관심이 많지만, 일본매체에 나타난 여성적 신체 이미지는 미국과 다르다. 일본의 야윈 모델의 포즈가 의존욕구가 반영된 젊음 가득한 '소녀다움'을 강조하는 데 비해, 미국의 야윈 모델의 포즈는 타인과 다르며 같기도 한 개인적 자아를 나타내기 위하여 관능적 얼굴로 표현하는 도전적이거나 오만한 모습이다.[79] 〈그림 4-5〉에서 그 차이를 알 수 있다. 여기에는 성인여성을 위한 영국잡지 〈하퍼스〉(*Harpers*), 젊은 여성을 위한 미국잡지 〈코스모폴리탄〉(*Cosmopolitan*), 성인여성을 위한 일본잡

---

76) Ingrassia, Michele, "The body of the beholder," *Newsweek*, April 24, 1995, p. 50.

77) Prendergast et al., 2002.

78) Data OECD, *The Economist*, December 15, 2001, p. 88.

79) Maynard, Michael L. and Taylor, Charles R., "Girlish image across cultures: Analyzing Japanese versus U.S. Seventeen magazine ads," *Journal of Advertising*, 28, 1999, pp. 39~48.

지 〈마담〉(*Madam*), 그리고 젊은 여성을 위한 말레이시아판 중국어 잡지 〈누유〉(*Nuyou*)가 있다.

〈그림 4-5〉 잡지 표지

10. 기업 정체성과 브랜드 정체성

자아와 마찬가지로 개인주의 문화권에서의 정체성은 독특하고 일관될 것으로 예상할 수 있다. 이는 사회적 위치와 맥락에 따라 변할 수 있는 집단주의 문화권의 정체성과는 반대되는 시각이다. 이는 기업 정체성(*corporate identity*)의 정의에 반영되고 서구의 정체성 개념을 토대로 만들어졌다. 영국의 커뮤니케이션 컨설턴트 니콜라스 인드(Nicholas Ind)[80]는 기업 정체성을 "개인의 정체성과 거의 유사하게 스스로를 개인으로 보는 기업 조직의 정체성"으로 정의한다. 기업 정체성은 인상, 이미지, 그리고 그 기업이 사람들에게 비춰지는 개성과 관련된다.

개인주의 정체성의 은유는 집단주의 문화권에서는 잘 이해되지 않을 것이다. 개성이라는 개념과 마찬가지로 일본어나 중국어 같은 아시아권의 언어에서 정체성(*identity*)과 언어학적 등가성을 갖는 어휘를 찾기가 쉽지 않다.

기업 정체성을 창조하는 업무는 대체로 적합한 기업명을 선정하는 것에서부터 시작된다. 기업 정체성을 구성하는 또 다른 요소는 기업의 로고와 마케팅 커뮤니케이션을 포함한다. 언어, 글자의 배치, 연상작용을 포함한 이러한 모든 것은 기업의 원산지 문화를 반영할 것이다. 특히 서구의 기업에서는 이러한 모든 요소가 전 세계적으로 일관되게 적용되기를 바라는데, 이는 그것들이 다른 국가에서도 동등한 효과를 내지 못한다는 사실을 간과한 것이다.

이상적으로 브랜드는 광고, 포장, 그리고 다른 포지셔닝 요소에 의해 창조되는 이미지로 정의되며, 이론에서는 이러한 브랜드 이미

80) Ind, Nicholas, *The corporate image. Strategies for effective identity programmes*, London : Kogan Page, 1992, p. 19.

지가 소비자의 자아 이미지와 일관성을 유지한다고 언급한다. 문제는 사람들이 자신과 비슷해서 브랜드를 구매하는지, 아니면 구매했기 때문에 브랜드와 자신을 유사하게 여기는가 하는 점이다.[81]

소비자들이 자신과 유사하다고 생각하는 브랜드를 선호하기 때문에 자아 이미지는 브랜드 이미지와 일치해야 하며, 이 두 가지 이미지의 유사성은 매력으로 연결되리라는 점에 대해 미국 마케팅 학계는 대체적으로 동의하는 것 같다. 그러나 네덜란드인 보스만(Bosman)[82]은 미국 연구자들의 신념과 반대되는 증거를 발견했다. 자신과 유사하기 때문에 브랜드를 좋아하는 것이 아니라, 실제로는 다른 이유로 어떤 브랜드를 좋아하게 되고 그 브랜드가 자신과 닮았다고 여기는 인과관계가 존재한다는 것이다. 연구대상은 아마도 네덜란드인[83]일 것이며 그의 연구는 네덜란드인에만 국한될 수도 있지만, 미국 마케팅 학계의 연구결과도 미국 소비자에게만 적용할 수 있을지도 모른다. 서구사회에서 브랜드 이미지와 자아 이미지의 관계는 다양하고, 이 다양성은 자아 이미지가 더 맥락적인 집단주의 문화권과 개인주의 문화권 사이에서 더욱 늘어날 것이다. 문화권에 따라 이런 과정이 어느 정도나 다른지를 나타내는 증거는 거의 알려진 바가 없다.

---

81) Solomon et al., 1999, p. 182.

82) Bosman, Jan., "The relation between self image and brand image: An alternative perspective," *Communications*, 21, 1996, pp. 27~47.

83) 불행히도 저자—이러한 연구를 하는 다른 저자들과 마찬가지로—는 그의 연구 결과가 일반화될 것이라고 추정했다. 그 이유는 그가 참여자들의 문화에 대해 언급을 하지 않았으며, 그것이 결과로 설명되었기 때문이다.

11. 태도

소비자행동론자들은 태도는 사람(자신을 포함하여), 사물, 광고물, 또는 쟁점에 대한 지속적이며 일반적인 평가라고 본다.[84] 글로벌한 태도는 고유한 역할의 속성이 없는 상품이나 브랜드에 대한 전반적 태도에 관련된다. 차별화된 태도는 신념과 평가의 조합이다. 신념은 상품의 지각된 특성에 관련되며 평가적 구성요소는 가치와 관련된다.[85] 사람들의 태도는 문화에 바탕을 둔 가치에 따라 달라진다. 태도가 행동을 유발하지만, 그러나 행동 역시 태도를 유발하기도 한다.

서구에서는 태도가 사람들로 하여금 유사한 대상에 대하여 꽤 일관된 방식으로 행동하게 할 것이라고 믿는다.[86] 태도의 일관적 양상은 개인주의 문화권의 특징이다. 집단주의 문화권에서 태도는 작동되는 맥락에 따라서 달라질 것이다. 태도에 대한 보다 중립적인 정의는 "호의적 · 비호의적 방식으로 대상이나 세상의 측면을 평가하는 개인적 선유경향(*individual predisposition*)"[87] 이다. 태도는 정서적이고 인지적인 요소를 모두 포함한다. 정서적 요소는 태도의 대상이 되는 사물에 대한 반응으로 갖는 흥분, 감각, 감정을 포함한다. 인지적 요소는 대상의 다양한 속성과 기능을 포함한다.[88]

서구적 정의에서 태도는 정보적 기능을 하며, 이는 환경을 조직하고 구성하며 준거틀을 일관되게 제공하는 데 유용하다. 개인주의적

---

84) Solomon et al., 1999, p. 121.

85) Antonides and Van Raaij, 1998, p. 197.

86) Kotler, 1994, p. 188.

87) Antonides and Van Raaij, 1998, p. 197.

88) Cervellon, Marie-Cécile and Dubé, Laurette, "Assessing the cross-cultural applicability of affective and cognitive components of attitude," *Journal of Cross-Cultural Psychology*, 33, 2002, pp. 346~357.

사고방식을 가진 사람들은 그들의 감정과 태도 그리고 행동이 일관되게 맞물려 돌아가기를 바란다.[89] 집단주의 문화권에서 사람들은 자신의 사회적 정체성이 갖는 기능을 만족시키는 태도를 형성하고자 한다. 서구의 이론적 배경에 의하면 태도는 실용주의적 기능을 만족시키기 위한 것이며, 이는 주어진 맥락에서 대상으로부터의 보상을 극대화하고 처벌을 극소화한다. 예를 들어, 아이스크림은 '즐거움'이라는 보상 면에서는 실용주의적이지만 '체중의 증가'라는 처벌도 있다. 이런 기능적 이론의 비교문화적 상관성은 아직 검증되지 않았다.[90] 보상-처벌의 효과는 서구의 전형적 가치인 죄의 가치가 반영된 것이다.

광고효과를 측정하기 위해서는 광고에 대한 태도(*Aad*)를 측정하며, 이것이 구매의도에 대한 지표로 사용되기도 한다. 이러한 연구는 개인들이 태도와 행동의 일관성을 원하는 개인주의 문화권에서는 논리적이다. 하지만 상황적 요인이 태도와 행동의 다양한 요소에 영향을 미칠 수 있는 집단주의 문화권에서 실제로 똑같지는 않다.

---

89) Gudykunst, William B.; Matsumoto, Yuko; Ting-Toomey, Stella; Nishide, Tsukasa; Kim, Kwangsu; and Heyman, Sam, "The influence of cultural individualism-collectivism, self construals, and individual values in communication styles across cultures," *Human Communication Research*, 22, 1996, pp. 510~543.

90) Shavitt, Sharon and Nelson, Michelle R., "The role of attitude functions and social judgment," in *The persuasion handbook: Theory and practice*, edited by J. P. Dillard and M. Pau., Thousand Oaks: Sage, 2002, p. 137.

12. 태도와 행동

서구의 소비자행동이론에 따르면 특정 조건에서의 상품, 서비스, 그리고 브랜드에 대한 태도가 소비자의 행동을 예측한다.[91] 해당 조건은 문화권에 따라 다양하다. 때때로 태도와 행동에는 차이가 있다. 집단주의 문화권에서는 맥락적 요구(예를 들어, 타인의 기대)에 매우 민감하기 때문에 개인주의 문화권에서보다 그 차이가 크다. 개인주의 문화권에서는 행동에 대한 맥락적 제약이 적기 때문에 개인적 태도나 가치가 행동에 더 많은 영향을 미친다. 집단주의 문화권에서 개인에 대한 집단의 영향력이 크기 때문에 이러한 관계는 약해진다.[92]

> 일본 젊은이의 행동은 전반적 생활에서 그들의 태도와 일치하지는 않는다.
>
> 일본아이들은 쇼핑하기를 좋아한다. 그들은 자신의 머리를 직접 파마하며 서구문화에서 영향을 받은 것이 틀림없는 어처구니없는 복장을 하기도 한다. 하지만 몸 곳곳에 피어싱(*piercing*)을 한 소녀들과 이야기해 보면 그들이 정말 원하는 것은 결혼 후 좋은 집에서 아이들을 키우는 것이라고 말한다.[93]

태도와 행동의 상관관계를 측정하는 가장 유명한 모형은 피시바인(Fishbein)의 행위의도 모형(*behavioral intention model*)인데, 이는 합리적 행동(*reasoned action*)에 관한 이론이라고 불리기도 한다. 피시바인은 행위의도는 태도나 개인적 요소와 규범적 또는 사회적 요소에 의

91) Antonides and Van Raaij, 1998, p. 202.

92) Kâgitçibasi, 1997, p. 36.

93) Bowman, Jo, "Commercials rise in the East," *Media and Marketing Europe Pocket Guide on Asian TV*, London: Emap Media, 2002, p. 11.

해서 결정된다고 이론화한다. 개인의 태도요소나 행동에 대한 태도는 행동에 대한 개인적 평가를 말하는 반면, 규범적 또는 사회적 요소는 타인의 기대 같은 사회적 압력에 관한 것이다.[94] 비교문화연구에 따르면 미국에서는 행동에 대한 태도가 가장 중요한 결정요소였던 반면, 한국에서는 사회적 규범이 가장 중요한 요소로 나타났다. 서구적 용어인 '사회적 압력'은 한국의 소비자에게 영향을 미치지만 미국인에게는 그렇지 않다. 미국인은 자신의 개인적 태도가 구매결정에 영향을 미친다고 본다.[95]

미국의 이론에 의해 '사회적 규범'으로 명명된 것은 집단주의 문화권에서는 비중을 달리한다. 이 이론의 사회적 구성요소는 '체면'의 측면을 담아내지 못한다. 체면은 집단주의 문화권의 사람들을 사회적 지위에 따라 행동하도록 한다. 그렇지 않으면 도덕적으로 부정적 이미지가 그의 도덕적 청렴성에 드리워진다.[96] 따라서 집단주의 문화권에서 체면의 압박은 개인적 규범에 더 가까우며, 이를 통해 한 사람의 생활에 대한 지각은 그의 사회적 지위에 맞춰진다. 반면에 피시바인의 모형에 포함된 사회적 규범의 요소는 주로 타인의 의견에 대한 지각을 예측하도록 한다.

태도와 의도는 우리가 알고 느끼는 것이며 우리가 말하는 것에서 도출된다. 의도는 종종 문화권에 따라 나타나는 편차로 인하여 행동을 잘 예측하지 못하기도 한다. 의도는 반드시 측정되어야 하며 상이한 응답형식(제8장 "측정의 동등성" 참조)이 구매의도와 실제 구매와의

94) Antonides and Van Raaij, 1998, pp. 202~205.

95) Lee, Chol and Green, Robert L., "Cross-cultural examination of the Fishbein behavioral intentions model," *Journal of International Business Studies*, 22, 1991, pp. 289~305.

96) Malhotra, Naresh K. and McCort, J. Daniel, "A cross-cultural comparison of behavioral intention models," *International Marketing Review*, 18, 2001, pp. 235~269.

관계를 달라지게 하는 원인이 된다. 예를 들어, 만약 55%의 이탈리아 사람이 어떤 신상품을 반드시 산다고 말한다면 그 상품은 실패할 것이다. 하지만 일본에서 5%의 사람들이 하나의 신상품을 산다고 응답하면 그 상품은 성공할 것이다.[97] 만약 사람들이 운명이나 권력자 같은 의도한 바를 실현하는 데 장애가 되는 통제불능의 외적 요인에 익숙하다면 실제 행동으로 전환되지 않을 긍정적 의도를 선뜻 나타낼 것이다.

태도는 국가적 수준에서 측정되고 비교되며 태도와 행동의 일치 정도에 관한 다양한 사례가 있다. 국가적 수준에서 태도와 지식 그리고 자아보고 행동(*self-report behavior*)이 일치하는 경우는 환경에 대한 운전자들의 태도이다. 타이어회사 굿이어(Goodyear)[98]는 환경에 좋은 것과 나쁜 것은 무엇인지에 대한 질문을 통해 유럽 내 13개국의 운전자들이 일반적으로 지닌 생태학적 지식과 태도를 측정했다(질문의 예는 석탄연소, 핵폐기물 효과, 인공 화학품, 온실효과 등이다). 모든 질문에 정확하게 응답한 사람의 비율은 환경개발에 대한 태도에 관한 질문들과(지구온난화, 환경오염, 열대우림 파괴에 대한 우려) 긍정적 상관관계(r=.61*)를 나타냈다. 따라서 지식과 태도는 일치한다. 사람들이 차를 다루는 방식에 대한 질문에서부터(급출발, 차량정비, 불필요한 운행) 태도와 자아보고 행동 간에도 유의한 긍정적 상관관계(r=.53*)가 나타났다.

태도와 행동의 불일치에 관한 사례는 유럽의 새로운 통화인 유로에 관한 태도에서 볼 수 있다. 집단주의적이고 불확실성의 회피가 높은 국가들은 2002년 1월 유로를 도입하기 이전에는 유로에 대해 긍정적 태도[99]를 보였음에도 불구하고, 도입 후 유로화보다 여전히 자국 통

---

97) De Mooij, *Global marketing and advertising, understanding cultural paradoxes*, Thousand Oaks, CA: Sage, 1998.

98) Goodyear Dunlop Tires, 2001.

화로 계산했다. 2003년 스페인의 일부 레스토랑에서는 여전히 자국의 화폐인 페세타(*pesetas*)를 계산서에 적었다(제 6장 "통제위" 참조).

태도에서 나타나는 차이를 분석하는 것은 문화권에 따라 상이한 소비자행동을 설명하는 데 도움이 된다. 언론에 대한 태도는 언론 열독률의 차이를 설명해 준다. 기술과 정보에 대한 태도가 컴퓨터와 관련된 기술습득에서의 차이를 만든다. 독일 소비자는 컴퓨터에 유보적 태도를 나타내지만, 미국 소비자는 컴퓨터를 성공과 품격의 주요 수단으로 여긴다.[100] 이러한 태도의 차이는 컴퓨터의 실제 도입에 차이를 낳는다. 특정 식품군에 대한 신뢰도 차이는 실제 소비행동을 다르게 한다. 다음에서 필자는 문화에 의한 특정한 태도의 사례에 대하여 논의한다. 이러한 태도에는 음식, 건강, 매체, 물질주의, 국가적 자부심, 원산지, 그리고 사랑과 관련된 태도 등이 있다.

1) 식품에 대한 태도

식품에 대한 태도는 문화별로 다양하다. 어느 음식이 안전하다고 여겨지는 정도에는 차이가 있다. 1998년 유로바로미터의 연구에서는 유럽연합(EU) 국가의 국민들이 음식에 대해 가지는 신뢰 정도를 물었다. 질문내용은 다음과 같다. "다음의 식료품 중에서 안전하거나 불안한 식품은 무엇입니까?" 식품은 빵과 과자류, 신선한 과일, 치즈, 계란, 깡통식품, 냉동식품, 사전 조리식품, 그리고 포장음식이

---

99) Data Eurobarometer and EMS of various years(부록B 참조).

100) Mundorf, Norbert; Dholakia, Ruby Roy; Dholakia, Nikhilesh; and Westin, Stuart, "German and American consumer orientations to information technologies: Implications for marketing and public policies," in *Global perspectives in cross-cultural and cross-national consumer research*, edited by Lalita A. Manrai and Ajay K. Manrai, New York, London: International Business Press/The Haworth Press, 1996.

었다. "안전하지 않다" 라는 응답의 변량계수는 0.56이었으므로 유럽 연합 13개국의 변량은 유의미하다.

식품에 대한 신뢰도는 실제 소비와 상관관계가 있었다. 우유에 대한 신뢰도는 실제 소비와 유의한 정적 상관관계가 있으므로, 우유를 많이 먹는다면 우유에 대한 신뢰가 높은 것이다. 냉동식품에 대한 태도와 신뢰도 역시 정적 상관관계가 있었다. 공통적인 설명변인은 불확실성의 회피이다. 몇몇 가공식품 항목에서 낮은 신뢰도가 높은 불확실성의 회피와 상관관계가 있더라도 소비는 낮은 불확실성의 회피와 관련된다. 〈표 4-2〉는 다섯 가지 식품 항목이 "안전하지 않다"는 응답에 대한 네 가지 문화적 변인과 관련 상품의 소비자료에 대한 문화적 변인과의 관계성을 나타낸다.

〈표 4-2〉 식품에 대한 신뢰와 가공식품의 소비

	권력거리	개인주의	남성성	불확실성의 회피	예측변인	R^2
안전하지 않다(13개국)						
우 유	.72***	−.31	.17	.71***	권력거리	.51
치 즈	.58*	−.34	.30	.64**	불확실성의 회피	.42
냉동식품	.54*	−.60*	.31	.75***	불확실성의 회피	.56
사전조리식품	.43	−.50*	.40	.67**	불확실성의 회피	.45
기타 포장류	.49*	−.45	.29	.64**	불확실성의 회피	.40
인구 1인당 소비량: 1인당 소비 리터나 킬로그램(15개국)						
우 유	−.65*	.11	.10	−.79***	불확실성의 회피(−)	.63
아이스크림	−.57*	.45*	−.49*	−.76***	불확실성의 회피(−)	.57
냉동식품	−.33	.45*	−.22	−.69***	불확실성의 회피(−)	.48
냉장식품	−.31	.41	−.43	−.62**	불확실성의 회피(−)	.57

출처: Eurobarometer, 1998; Euromonitor, 1997(부록B 참조).

가공식품에 대한 낮은 신뢰도의 변량은 국가별로 차이가 있는 유전자 조작식품에 대한 혐오를 설명한다. 유전자 조작식품에 대한 혐오는 가공식품 전반에 대한 태도와 관련되며, 이는 불확실성의 회피가 높은 문화권에서 보다 부정적이다. 유럽에서 그런 일반적인 조작식품(GMF)에 대한 저항은 불확실성의 회피가 높은 문화권인 프랑스에서 시작되었다.

2) 건강에 대한 태도

건강에 대한 사람들의 태도는 행동과 관련된다. 건강에 대한 관심은 두 가지 소비행태로 드러나는데, 하나는 건강에 대한 지출이고 나머지 하나는 국가간 운동을 통한 건강유지의 편차에 의해서이다. 제3장(안정성)에서 필자는 광천수 소비와 불확실성의 회피 간의 지속적인 상관관계에 대하여 언급하였다. 유럽에서 불확실성의 회피가 높은 문화권의 사람들은 식품의 청결함과 품질을 따지는 반면, 불확실성의 회피가 낮은 문화권의 사람들은 운동에 더 집중한다. 건강에 대한 긍정적 인식은 운동에 얼마나 집중하느냐와 관련되는 것으로 나타났다.

1990년 〈세계가치조사〉(World Value Survey)에서는 건강상태에 대한 질문과 운동단체 가입여부에 대한 질의를 하였다. 두 질문의 상관관계는 유의한 것으로 나타났으며(r=.55***), 공통적인 설명변인은 불확실성의 회피다. 스포츠 활동참여 같은 건강에 대한 적극적 태도를 측정하는 모든 종류의 자료는 불확실성의 회피와 부적 상관관계를 보이는 반면, 항생제[101] 사용, 인구 10만 명당 의사의 수 같은 수동

101) American Media Association(AMA), in De Rijck, Kim, Vlaming grijpt naar antibiotica, Nederlander "ziekt uit"(Belgian people take antibiotics while the Dutch just wait till they recover without antibiotics), De

적 지향성과 관련된 자료는 불확실성의 회피와 정적 상관관계를 나타냈다. 결과에서 나타난 사항은 〈표 4-3〉에 제시하였다.

〈표 4-3〉 건강에 대한 태도 : 능동적-수동적

조사	불확실성의 회피(r)
세계가치조사 1990: 건강 (전 세계, 26개국)	–.74***
세계가치조사 1990: 스포츠 단체가입(전 세계, 26개국)	–.68***
유럽가치연구 2000: 스포츠 단체가입(18개국)	–.56**
유로스타트(Eurostat), 1999: 여가와 스포츠 활동에 대한 지출(12개국)	–.71***
유로바로미터 유럽의 젊은이들에 대한 조사 2001: 여가활동으로서의 운동(13개국) 스포츠 단체가입(13개국)	 –.47* –.71***
리더스 다이제스트 1991, 유럽: 운동을 전혀 하지 않는 응답자 비율(15개국)	+.69***
WDR(독일 공영방송 ARD의 서부지역 자회사), 총 지출대비 의료비용 비율(유럽, 11개국)	+.73**
세계보건기구, 인구 10만 명당 내과의사 수, 1998 (유럽, 15개국)	+.47*
세계보건기구, 인구 1만 명당 약사 수, 1998 (유럽, 15개국)	+.55*
미 의학협회(AMA), 인구 1천 명당 일일 항생제 복용량, 1997(유럽, 13개국)	+.84***

출처 : Eurostat, 2001; Eurobarometer, 2001; Reader's Digest Eurodata, 1991; World Development Report, 2000; World Health Organization, 2002; World Values Survey, 1990; European Values Study, 2000(부록 B 참조); American Medical Association, 2002.

Standaard, April 2, 2002.

3) 매체에 대한 태도

매체에서는 태도와 행동 사이에 역의 관계성이 있다. 즉, 언론에 대한 신뢰가 없는 나라에서 신문을 더 많이 본다. 마찬가지로 텔레비전을 많이 볼수록 사람들은 텔레비전을 신뢰하지 못한다. 다양한 연구에서 이러한 관계성을 뒷받침한다. 〈유로바로미터〉는 정기적으로 여러 미디어에 대한 사람들의 신뢰도와 미디어에서 뉴스를 얼마나 접하는지를 알아보았다. 일반적으로 그러한 관계는 부적이었으며 그 차이는 권력거리와 관계가 있었다. 권력거리가 높은 문화권의 사람들은 언론을 더 믿는 반면에 신문을 덜 보는 것으로 나타났다. 전 세계 23개국에서 행한 세계가치조사에서 언론에 대한 신뢰도에 대한 긍정적인 응답은 높은 권력거리와 상관관계가 있었다(r=.61***).

광고회사 맥켄 에릭슨(McCann Erikson)은 31개국(1996)의 독자들에게 "당신은 어제 신문을 읽었습니까?"라는 질문을 했다. 이 질문은 낮은 권력관계와 유의한 상관관계가 있었다(r=−.51***). 유럽 소비자에 관한 〈리더스 다이제스트〉의 보고서와 유로바로미터의 자료도 이러한 관계성을 확인해 주었다. 언론에 대한 신뢰는 높은 권력거리나 높은 불확실성의 회피와 상관관계가 있었다(두 가지 차원은 유럽에서 상호의존적인 것이다). 1997년에 언론에 대한 강한 불신과 신문에서 날마다 뉴스를 접하기는 낮은 불확실성의 회피와 상관관계가 있었다(r=−.56*, r=−.71***). 제 7장(미디어 행동)에서 미디어 신뢰도에 대한 자료가 광고에 대한 태도와 관련된다는 점을 제시할 것이다.

4) 소비에 대한 태도: 물질주의

물질주의는 소비에 대한 태도를 나타낸다. 이는 물건을 소유하기 위한 욕구에서의 일관된 신념을 말한다. 소비성향(*consumption orientation*)[102]으로서의 물질주의는 소비자가 물건에 대해 가지는 중요한 애착이다. 물질주의는 남보다 많이 가지려고 하는 경쟁의식이다. 소유가 사람을 기쁘게 하며 물건이 사람보다 더 중요하게 취급된다. 물질주의적 인간은 사물, 사람, 기억(사진들)을 포함하는 물건을 획득하고 소유하기 위한 강한 욕구를 드러낸다. 물질주의는 세 가지 신념의 영역으로 구성된다.[103]

- 획득 중심성: 물질주의는 생활에 의미를 부여하고 일상에서 목표를 제시한다.
- 행복 추구를 위한 획득: 유물론자는 소유와 획득을 생활의 만족과 복지의 본질적인 것으로 본다.
- 소유로 정의되는 성공: 누적된 소유물의 양과 질이 유물론자 자신과 타인의 성공을 판단하는 기준이 된다.

물질주의에 대한 태도는 문화권에 따라 다양하다. 미국, 영국, 독일, 오스트리아 학생들을 대상으로 행한 연구에서 성공이 물질주의에 대한 태도를 규정하는데 핵심역할을 하는 것으로 나타났다. 하지만 물질주의와 관련된 개념에는 차이가 있었는데 그 개념들은 업무

---

102) Ger, Güliz and Belk, Russell W., "Cross-cultural differences in materialism," *Journal of Economic Psychology*, 17, 1996, pp. 55~77.

103) Sinkovics, Rudolf R. and Holzmüller, Hartmut H., "National differences in materialism — using alternative research strategies to explore the construct," *Journal of International Consumer Marketing*, 13, 2001. pp. 103~134.

관련사항, 자기계발, 건강과 행복 등이다. 독일인과 오스트리아인에게 행복이란 물질주의보다 안정성과 사회보장제도와 가까운 것들이다. 위 4개국들이 높은 문화적 남성성을 보이기 때문에 성공과 연관된 개념이 유사한 것은 어느 정도 이해할 수 있다. 이러한 차이는 불확실성의 회피에서의 차이와 관련된 듯하다.

> 치아구리스(Chiagouris)와 미첼(Mitchell)[104]은 물질주의가 얼마나 많이 미국사회에 내재하는지에 대하여 묘사했다.
>
> 물질주의는 본래 경쟁적 인간본성의 근원이다. 우리가 좋아하는 미국과 자본주의 사회에는 하나의 철학이 스며들어 있다. 우리는 물건과 상품을 모으려고 하는데, 지각된 권력과 영향력을 행사하는 이것들은 외부적인 사회적 지위를 상징한다. 이것은 소비자행동의 핵심으로 어느 시대에서나 여러 단계를 거쳐 진화했다.

경제적 수준이 향상되면 물질주의 성향이 강해지게 마련이다. 그러나 잉글하트[105]는 부가 일정 수준에 이르면 소비자가 고차원적인 것을 요구하면서 물질주의는 약화되고 이른바 '탈 유물론자'의 가치가 더 중요해질 것이라는 가설을 내세운다. 그는 물질주의적 가치가 경제적, 신체적 안전보다 앞서는 것으로 정의하고, 탈 유물론적 가치는 생활의 질까지 포함한다고 말한다. 이러한 가정이 사실이라면 부의 증가와 함께 고가의 사치품에 대한 구매가 감소한다는 증거가

104) Chiagouris, Larry and Mitchell, Leeann E., "The new materialists," in *Values, lifestyles and psychographics*, edited by Lynn R. Kahle and Larry Chiagouris, Mahwah, NJ: Lawrence Erlbaum, 1997, p. 263.

105) Inglehart, Ronald, *Modernization and postmodernization. Cultural, economic, and political change in 43 societies*, Princeton, NJ: Princeton University Press, 1997, p. 4.

있을 것이다. 국가적 수준에서 이러한 증거는 나타나지 않는다. 탈유물론적 가치에 대한 잉글하트[106]의 국가평점은 시계, PC, 자동차, 고급 의류, 신발, 핸드백 같은 고가품 판매와 화장품, 피부관리, 향수에 대한 지출간에 유의한 상관관계가 없었다.[107] 유럽에서 잉글하트의 탈유물론의 국가점수는 개인주의와 유의한 상관관계가 있었다(r=.47*). 요약하자면, 문화적 수준에서는 잉글하트의 탈유물론가치와 고가품 구매는 무관하다. 대신에 개인주의와 탈유물론적 가치의 관계를 보았을 때 물질주의와 탈유물론에 대한 잉글하트의 정의는 개인주의의 문화적 가치를 반영하는 것이라고 하겠다.

다른 자료를 분석해 보면 이러한 결론을 뒷받침하는 근거를 찾을 수 있다. 거와 벨크(Ger & Belk)[108]는 국가별로 다양하게 드러나는 물질주의를 측정하기 위한 척도[109]를 개발했는데, '인색함'(*nongenerousity*), '소유욕'(*possessiveness*), '부러움'(*envy*), '보존성'(*preservation*, 사건, 경험, 기억을 물리적 형태로 보관) 등이 그것이다. 이 네 가지는 물질주의의 근간을 이루는 관점이다. 네 가지 척도(요인)가 문화적 변인과 상관관계가 있을 때,[110] 인색함은 개인주의와(r=.60*) 부러움은 권력거리(r=.54*)와 관련되는 것으로 나타났다. 보존성은 1인당 GNP(r=.63*), 낮은 권력거리(r=−.69*), 그리고 단기 지향성(r=−.86**)과 각각 관련되는 것으로 나타났다. 이런 다양한 차원은 표면적으로 서구사회에 잘 들어맞는 것 같다.

다양한 연구결과를 바탕으로, 필자는 물질주의의 여러 분리된 요

---

106) Inglehart, 1997, p. 359.

107) Data EMS(부록B).

108) Ger and Belk, 1996.

109) Romania, United States, New Zealand, Ukraine, Germany, Turkey, Israel, Thailand, India, United Kingdom, France, and Sweden.

110) Romania and Ukraine excluded.

소들이 다른 문화적 차원에 관련된다 하더라도, 물질주의가 특수한 서구의 개념이라는 결론에 도달하였다.

5) 국가적 자부심과 자민족중심주의

국가에 대한 태도를 의미하는 국가정체성(*national identity*)을 중시하는 정도는 국가별로 다양하다. 국가정체성은 하나의 문화권이 자신만의 고유한 특성을 인식하고 그것에 동화되는 정도를 말한다. "국가적 자부심(*national pride*)이란 특별한 국가적 성취나 상징에 대해 긍정적인 감정적 연대를 부여하는 것이다."[111] 미국인은 2001년 세계가치조사에서 가장 애국적인 사람들로 나타났으며, 72%가 자기 나라에 자부심을 느끼고 있었다.[112] 유럽에서 국가에 대한 자부심은 그리스와 아일랜드 국민에게서 가장 높게 나타났다. 2001년에 77%의 그리스인이 자신이 그리스인이라는 것에 자부심을 느낀다고 하였으며, 이 수치는 아일랜드에서 71%로 나타났다. 국가적 자부심은 독일에서 가장 낮게 나타났는데 단지 17%의 사람만 독일인이라는 것을 자랑스러워했고, 벨기에는 26%만이 그렇게 응답했다.[113] 18개국의 유럽인에 대한 가치연구의 결과는 낮은 개인주의와 상관관계가 있음을 나타낸다.

---

111) Müller-Peters, Anke, "The significance of national pride and national identity to the attitude toward the single European currency: A Europe-wide comparison," *Journal of Economic Psychology*, 19, 1998. pp. 702~719.

112) "Living with a superpower," *The Economist*, January 4, 2003, pp. 18~20.

113) Eurobarometer no. 55, 2001.

태도와 행동이 국가에 대한 자부심에 따라 항상 일치하는 것은 아니다. 미국 월마트의 기본 구매정책은 가급적 미국 상품을 구매하는 것이다. 상점의 표어는 다음과 같다. "우리는 가급적 미국상품을 사요. 여러분도 그럴 수 있어요. 우리 함께 해요." 그러나 애국주의가 저가의 경우에도 적용되지는 않는다. 월마트의 세일즈맨은 손님에게 다음과 같이 말하도록 교육받는다. "월마트가 미국상품을 구매하려고 노력하지만, 우리는 품질과 가격 면에서 더 나은 것을 구매합니다."[114]

소비자들이 자국상품을 다른 나라 상품에 비해 선호하는 것을 소비자의 자민족중심주의(*ethnocentrism*)라고 부른다. 일반적으로 자국상품에 대한 선호도는 개발도상국보다 선진국에서 두드러진다.[115] 자기 집단을 외부집단보다 선호하는 경향을 보고 이런 현상을 집단주의와 관련지어 파악하려고 할지도 모른다.[116] 하지만 집단주의 성향을 보이는 개발도상국의 소비자들이 외국상품에 대한 높은 선호도를 나타내기도 한다. 외제상품, 특히 서구상품을 구매하면 특권의식과 국제적 이미지를 가질 수 있고 이를 통해 사회적 지위를 향상시킬 수 있다고 믿는 사람들이 있다.[117] 국제적 이미지를 지닌 상품을 구매함으로써 사회적 지위의 향상을 도모하는 것은 집단주의 문화권에서의 현상이다.

---

114) "My Wal-Mart 'tis of thee," *The Economist*, November 23, 1996, p. 61.

115) Usunier, Jean-Claude, *Marketing across cultures*(3rd ed.), Harlow, U.K.: Pearson Education, 1999, p. 158.

116) Balabanis, George; Mueller, Rene; and Melewar, T. C., "The relationship between consumer ethnocentrism and human values," *Journal of Global Marketing*, 15, 2002, pp. 7~37.

117) Batra, Rajeev; Ramaswamy, Venkatram; Alden, Dana; Steenkamp, Jan-Benedict; and Ramachander, S., "Effects of brand local and nonlocal origin on consumer attitudes in developing countries," *Journal of Consumer Psychology*, 9, 2000, pp. 83~95.

소비자의 자민족중심주의는 국가적 자부심의 정도와 관련된다. 국가에 대한 자부심은 정치적 불안정으로 강화될 수도 있다. 1995년에 수행된 동유럽 소비자들의 소비자 애국주의와 자국상품 구매태도에 대한 연구에서는 체코, 슬로바키아, 폴란드의 소비자는 자국상품이 서구상품에 비해 가격대비 가치 측면에서 우월하게 생각하는 것으로 나타났다. 헝가리 사람들이 자국식품을 가장 높이 평가했고 체코와 폴란드가 그 다음으로 같은 생각을 가지고 있었다. 국산 브랜드가 외국 브랜드보다 단골 소비자들이 더 많았다.[118] 시간이 지날수록 국산 브랜드의 선호도는 점점 높아졌다. 1998년까지 지역 브랜드는 국제 브랜드 중에서 유의한 점유율을 차지했다. 폴란드에서 "같은 가격의 비슷한 두 상품이라면 당신은 국산상품과 외국상품 중 어느 것을 이용하시겠습니까?" 라는 질문에 대부분의 성인(77%)이 국산품을 선호한다고 응답하였다.[119]

2000년에는 유럽 자동차 시장에서 국가의 브랜드가 강세였다. 영국에서 최고 자동차 브랜드는 포드(Ford), 볼스홀(Vauxhall), 로버(Rover)였으며 이들은 모두 영국상품이었다. 독일의 최고 자동차 브랜드는 폭스바겐(VW), 포드(독일산), 오펠(Opel), BMW, 아우디(Audi)였으며, 프랑스에서도 르노(Renault), 푸조(Peugeot), 시트로엥(Citroen) 같은 자국상품이 강세였다. 스페인에서는 시트(Seat)와 스페인산 폭스바겐[120]이었다. 미국에서처럼 자국산업을 보호하고 정치경제적으로 어려운 시기에 소비를 계속 유도하기 위한 극단적 애국주의가 유럽에서는 존재하지 않는다.

---

118) "Home-grown appeal," Special Report, *M&M Europe*, June 1995, p. 6.

119) Bartonova, Mia, "Consumer attitudes to brands," *ESOMAR Newsbrief*, 10, 1998, p. 7.

120) Mareck, Manfred, "The European car market — national brands dominate," *M&M Europe*, March 2000, p. 49.

6) 원산지에 대한 태도

소비자는 상품과 브랜드의 원산지에 민감하다. 상품이나 브랜드의 원산지 또는 외국상품처럼 들리는 브랜드명은 소비자의 지각에 영향을 미친다.[121] 소비자들은 원산지를 상품평가를 위한 상투적인 정보로 활용한다.[122] 특정 국가에 긍정적이거나 부정적 태도를 가진 소비자들은 그 국가와 관련된 광고에 호의적이거나 그렇지 않은 태도를 가질 것이다.[123]

외국상품에 대한 태도는 그 상품의 원산지에 따라 달라진다. 일본이 기술적으로 뛰어나면서도 매력적인 가격의 상품을 내놓는 국가로 평가되는 반면에, 독일은 신뢰할 수 있고 견고한 상품을 만드는 국가로 평가된다. 프랑스와 이탈리아는 모두 스타일, 디자인, 정교함이 탁월한 국가로 평가받는다.[124]

태도는 상품범주와 원산지의 조합에 관련된다. 옷의 '세련미'는 프

---

121) Diamantopoulos, A.; Schlegelmilch, B. B.; and Du Preez, J. P., "Lessons for pan-European marketing? The role of consumer preferences in fine-tuning the product-market fit," *International Marketing Review*, 12, 1995, pp. 38~52; Keillor, Bruce D. and Hult, G. Thomas., "A five-country study of national identity. Implications for international research and practice," *International Marketing Review*, 16, 1999, pp. 65~82.

122) Maheswaran, Durairaj, "Country of origin as a stereotype: Effects of consumer expertise and attribute strength on product evaluations," *Journal of Consumer Research*, 21, 1994, pp. 354~365.

123) Moon, B. J. and Jain, S. C., "Consumer processing of foreign advertisements: Roles of country-of-origin perceptions, consumer ethnocentrism, and country attitude," *International Business Review*, 11, 2002, pp. 117~138.

124) Dubois, Bernard and Paternault, Claire, "Does luxury have a home country? An investigation of country images in Europe," *Marketing and Research Today*, May 1997, pp. 79~85.

랑스 원산지에 관련되고, 자동차의 '품질'은 독일과 관련될 것이다. 상품과 국가의 정적(+) 짝짓기는 특정 분야(예를 들어 디자인이나 기술분야)에서 어떤 국가가 강점을 갖는 것으로 인식되면 있을 수 있다. 이런 특징은 상품분류(예를 들어 가구나 자동차)에서도 매우 중요하다. 이러한 상품과 국가의 짝짓기를 전형성이라고 한다. 특정 상품과 국가의 전형성을 바라보는 시각은 달라진다.125) 국가 이미지의 역할은 각 대상 국가마다 다르게 작용한다. 예를 들어, 한국의 냉장고는 미국에서는 전형적이지만126) 유럽에서는 그렇지 않다.

원산지는 한 국가의 생활양식을 나타낼 때 특정 상품범주나 상품의 다양성에 반영될 수 있다. 이러한 영향력은 시간에 따라 변하기도 한다. 과거에 일본은 싸구려 조잡품을 상징했지만 그런 이미지는 품질과 기술을 나타내는 쪽으로 바뀌었다. 아시아의 청소년에게 '미국적인 것'은 기대하는 생활양식을 제시하였다. 자유, 독립, 기회로 나타났던 미국의 국가 이미지는 2000년부터 달라지고 유럽상품이 더 유명해지고 있다. 유럽은 미국의 오만에 비해 보다 신중한 스타일을 나타낸다.127)

비록 어떤 문화권에서는 국산보다 외국산이라면 무엇이든 선호하는 경향이 있지만, 주로 선진국에 대한 태도는 후진국에 대한 태도보다 훨씬 호의적으로 나타났다. 예를 들어, 나이지리아의 소비자에게는 단순한 이국성이 상품 선호도의 이유가 된다. 나이지리아보다 경제적으로나 기술적으로 절대 우위에 있지 않은 가나의 상품도 나이지

125) Lee, Chan Woo; Suh, Yong Gu; and Moon, Byeong-Joon, "Product-country images: The roles of country-of-origin and country-of-target in consumers' prototype product evaluations," *Journal of International Consumer Marketing*, 13, 2001, pp. 47~62.

126) Moon and Jain, 2002.

127) Murphy, Guy, "From geisha to Gucci," *M&M Europe*, August 2000, pp. 24~25.

리아 상품보다 선호되는 편이다.[128]

7) 섹스와 사랑에 관련된 태도

비록 사랑은 보편적 가치로 인용되지만, 문화마다 낭만적인 사랑에 대한 태도는 다르다. 일반적으로 낭만적인 사랑은 가족간의 강한 연대감이 결혼 상대자와의 관계를 강화하는 집단주의 문화권보다 개인주의 문화권에서 높은 평가를 받는다. 아시아인은 미국인보다 사랑의 관계성에 있어서 훨씬 우정을 지향한다.[129] 일본인은 독일인보다 낭만적인 사랑을 낮게 평가한다. 친밀감에 대한 비교연구 결과, 미국인은 특히 일본인에 비해 관계를 직접 행동으로 표현하는 것으로 친밀한 정도를 판단하는 것으로 나타났다. 또한, 미국인은 친밀감에 있어서 고맥락적 상호작용을 선호하는 일본인보다 훨씬 다양한 수단과 경로를 활용하여 친밀함을 표현하는 것으로 나타났다.[130]

스웨덴의 청년들과 비교했을 때 미국청년은 사랑과 섹스를 보다 분명하게 구분하는 것으로 보인다.[131] 여성적 문화권에서는 사랑과 섹스의 구분이 남성적 문화권보다 덜 분명하다. 1950년대의 성혁명에

---

128) Agbonifoh, Barnabas A. and Elimimian, Jonathan U., "Attitudes of developing countries towards country-of-origin products in an era of multiple brands," *Journal of International Consumer Marketing*, 11, 1999, pp. 97~116.

129) Matsumoto, 2000, p. 416.

130) Seki, Kyoko; Matsumoto, David; and Imahori, T. Todd, "the conceptualization and expression of intimacy in Japan and the United States," *Journal of Cross-Cultural Psychology*, 33, 2002, pp. 303~319.

131) Best, Deborah and Williams, John E, "Sex, gender, and culture," in *Handbook of cross-cultural psychology*, Vol. 3, edited by John W. Berry, Marshall H. Segall, and Çigdem Kâgitçibasi, Boston: Allyn & Bacon, 1997, p. 174.

도 불구하고, 문화적으로 남성적 국가에서는 문화적으로 여성적인 국가에 비해 섹스와 관련된 쟁점을 계속 강력히 금지한다.132)

어떤 문화권에서는 누드가 성과 관련되는 반면, 또 다른 문화권에서는 순수함과 아름다움을 상징하기도 한다. 독일에서는 누드가 매우 대중적인 데 비해 사람들이 누드에 민감하게 반응하고 섹스와 혼동을 하는 미국에서 누드는 상상하기 어려운 개념이다. 반면에 스웨덴이나 핀란드 사람들은 누드와 섹스를 혼동하지 않는다. 따라서 이 국가의 어린이들은 어린 소년이 벗은 것을 보거나 웃지 않고 '자지'(*penis*)라고 말할 수 있다. 스웨덴 사람이 섹스와 누드를 명확히 구분하는 것은 미국이나 다른 유럽국가보다 성적으로 문란하다는 점을 의미하지는 않는다.133) 스칸디나비아나 네덜란드에서는 사우나 안에서 모두 누드이다. 반면에 영국에서는 목욕가운이 필수품이다. 1970년대 몇몇 유럽국가에서 스트리킹(*streaking*)이 유행했던 반면에, 영국에서는 아직도 스트리킹을 충격으로 받아들이기 때문에 여전히 행해진다. 누드를 충격으로 받아들이지 않는 나라에서는 스트리킹이 별다른 의미가 없다. 유럽에서는 어린 꼬마들이 해변에서 벌거벗고 다니는 광경에 누구도 관심을 갖지 않지만, 영국의 보통 사람들은 그런 광경에 쉽게 충격을 받고, 부모들은 아이 옷을 입히도록 교육받는다.

그와 마찬가지로 광고에서 누드를 활용하는 것은 국가에 따라 다르다. 독일인들은 광고에서 여성의 누드를 사용하는 것을 모욕적이거나 성차별적 판촉활동으로 생각하지 않는다. 독일인은 오히려 이를 싸구려 광고효과 이상으로 생각하지 않을 것이다. 프랑스에서는 여

132) Hofstede, Geert, "Comparative studies of sexual behavior. Sex as achievement or as relationship?" in *Masculinity and femininity. The taboo dimension of national cultures*, edited by Geert Hofstede, Thousand Oaks: Sage, 1998, p. 157.

133) "Naked truths for Swedes," *The Economist*, February 28, 1998, p. 31.

성의 누드를 광고언어에서 무난한 아이콘으로 받아들이며, 여성의 몸은 아름다움의 은유로 간주된다. 반면에 영국에서는 여성의 누드를 우선 성차별이자 착취로 생각하며 다음으로 형편없는 광고로 받아들인다. 이탈리아 역시 영국과 비슷한 태도를 보일 것이다. 텔레비전에서 옷을 거의 입지 않은 여성 이미지가 보통이지만, 전라는 보기 드물다.[134]

13. 생활 양식

생활양식(*lifestyle*)은 소비패턴에 반영된 공유된 가치나 취향으로 나타난다. 개인의 성향은 독특한 생활양식으로 발전할 수 있는 '원재료'로 볼 수 있다. 경제적 관점에서는 개인의 생활양식이 그 사람의 수입을 분배하는 방식으로 나타나고 생활양식은 실제 생활과 동일하지는 않지만, 실제 행동[135]을 설명하는 정신적 개념이다. 네덜란드 소비심리학자인 안토나이드(Antonides)와 반 라이지(Van Raaij)[136]의 "생활양식이란 소비자의 가치, 흥미, 의견, 태도의 전체적 집합"이라는 종합적 정의는 생활양식 개념이 문화 속에 어떻게 깊이 자리 잡고 있는지를 나타낸다. 생활양식의 정의는 문화의 반영으로 볼 수 있는 태도, 가치, 행동의 요소를 포함하는 경향이 있다. 생활양식은 개별

134) Archer, Belinda, "Sex in advertising," *M&M Europe*, September 2000, pp. 44~45.

135) Grunert, Klaus G.; Brunsø, Karen; and Bisp, Søren, "Food-related lifestyle: Development of a cross-culturally valid instrument for market surveillance," in *Values, lifestyles and psychographics*, edited by Lynn R. Kahle and Larry Chiagouris. Mahwah, NJ: Lawrence Erlbaum, 1997, p. 343.

136) Antonides and Van Raaij, 1998, p. 377.

브랜드와 상품을 초월하지만 상품등급에 구체적으로 나타날 수도 있다. 따라서 그것은 음식에 관련된 생활양식이나 주택에 관련된 생활양식에 대해 말할 수 있는 감각을 만들기도 한다.

> 미국 생활양식의 사례는 치아구리스와 미첼에 의해 기술되고 배커 스피보겔 베이츠(Backer Spievogel Bates)의 연구에서 나타난 '신 유물론자들'(*new materialists*)에 대한 묘사를 보면 알 수 있다.[137]
>
> '신 유물론자'로 불리는 젊은 유물론자들은 경제적으로 독립했고, '소비할 수 있는 능력'과 소비하고자 하는 욕구가 있는 사람이다. 욕구의 시대에 태어나 어린 시절을 보낸 이들은 순간적인 만족에 익숙해졌다. 그들은 저축의 미덕을 모른다. 그들은 가능한 한 비록 그들의 능력 이상일지라도 소비하고 싶어한다. 소유는 그들의 독립과 성공을 증명하는 주요 관심사이다. … 그들은 자신을 의견 선도자와 유행의 선도자로 평가한다. 이는 사회에 강력한 인상을 남기고 싶어하는 그들의 끝없는 욕망에 깊이 자리 잡고 있다. 그들은 가장 새로운 물질적 상품을 발견하고, 첫 번째로 구매하고 소유하고 싶은 억누를 수 없는 욕구를 가지고 있다. 물질적 상품은 그들의 정체성에 핵심적이고 본질적인 부분을 차지한다.

전문영역에서 생활양식의 조사는 행동의 차이를 설명할 사회 인구통계적 변인과 경제적 변인의 유용성이 감소하는 것에 대한 반응으로써, 이른바 사이코그래픽스(*psychographics*) 조사로부터 시작되었다. 전통적인 사이코그래픽스 분류는 행동과 태도, 또는 특정 소비자행동과 관련지어 설명할 수 있다. 일찍이 에소(Esso)는 태도와 행동이라는 용어로 5가지 자동차 운전자의 사례를 분류했는데, ① 무관한 사람(*the uninvolved*), ② 열광적 신봉자(*enthusiasts*), ③ 전문적 사업적 운전자(*the professional or business driver*), ④ 땜장이(*the*

137) Chiagouris and Mitchell, 1997, p. 272~273.

tinkerer), ⑤ 수집가(*the collector*)가 그것이다.[138] 일반적으로 생활양식 연구에서는 특정 상품의 특성에 직접 연결되는 태도, 관심사, 의견(AIO, *attitude, interest, opinion*)에 대하여 연구한다. AIO의 사례는 패션감각, 돈에 대한 태도, 남성과 여성의 역할에 대한 의견 등이다.[139] AIO 변인으로 연구하면 이들은 '행복한 주부', '풍족한 소비자', 또는 '가격에 민감한 소비자' 등으로 분류된다.[140]

오늘날 많은 생활양식 연구와 체계가 여러 문화권에 존재한다. 생활양식에 대한 연구 중에서 가장 오래된 것은 SRI 인터내셔널(International)의 아놀드 미첼(Arnold Mitchell)이 구상한 미국 소비자의 상징인 VALS(*values and lifestyles*) 연구이다. 이 연구에서는 상품, 서비스, 미디어의 다양한 소비자 선호도에 대해 강력한 예측력을 지닌 동기나 인구통계학적 특성을 묻는 설문지를 사용한다. 학계에서는 많은 대규모 시장조사회사들이 개발하여 사용하는 생활양식 연구도구들에 대해 다음과 같은 몇 가지 문제점을 지적하였다. ① 생활양식의 정확한 정의에 대한 공통된 의견이 없다. ② 사용되는 방법이 모두 귀납적이며 이론으로 제시된 것이 아니다. 생활양식의 유형은 요인분석이나 대응일치분석 같은 탐색단계의 자료분석에 바탕을 둔다. ③ 하위차원에 대한 유도과정이 불분명하고 불만족스럽다. 상업적으로 거래되는 도구들은 독점적이며, 유추된 차원의 통계적 안정성을 분석하기 위한 정보는 제시되지 않는 경우가 있다. ④ 소비자의

138) Sampson, Peter, "People are people the world over: The case for psychological market segmentation," *Marketing and Research Today*, November 1992, pp. 236~244.

139) Vyncke, P., *Imago-management: Handboek voor reclamestrategen* (Image management, handbook for advertising strategists). Gent, Belgium: Mys & Breesch, Uitgevers & College Uitgevers, 1992.

140) Hansen, Flemming, "From life style to value systems to simplicity," *Advances in Consumer Research*, 25, 1998, pp. 181~195.

선택 행동에 관련된 생활양식 유형이나 차원의 가치는 매우 낮고 상세히 제시되지 않는다. ⑤ 국제적 생활양식 도구들의 비교문화적 타당도가 입증되어야 한다.[141] 제 8장에서 가치와 생활양식의 비교문화적 활용에 대하여 논의한다.

1) 문화를 초월하는 생활양식

생활양식은 국가 내 기준에서는 매우 유용하며, 그것은 국가간 특징이 매우 분명하기 때문에 각 문화를 아우르는 영역에 대해 정의하는 것은 의미가 없다. 생활양식의 유사성이 문화적 차이보다 강력하다는 실증적 근거는 누구도 제시한 적이 없다. 이와는 달리, 문화가 생활양식에 우선한다는 증거는 계속 늘고 있다.

비교문화적 생활양식 연구의 초기 사례는 더글러스(Douglas)와 어반(Urban)[142]에 의해 수행되었는데, 이들은 미국, 영국, 그리고 프랑스 여성의 생활양식을 비교하였다. 그들은 여성이 전통적 주부역할을 받아들이고 거절하는 정도에서 유사점을 찾았다. 또한, 그들은 생활양식의 가치요소에서 많은 차이점을 발견하였다. 프랑스 여성은 자신의 정체성을 주변사람들과 연결하여 나타냈고, 미국이나 영국여성은 그런 경우가 비교적 적었다. 영국과 미국의 혁신성은 새로운 것을 시도하고 실험하려는 형태로 나타났으나, 프랑스에서 혁신성과 관심은 패션과 잘 차려입는 것에 대한 관심과 강하게 연결되어 새로운 물건을 사는 것으로 나타났다.

프랑스, 브라질, 일본, 그리고 미국의 비교연구에서 애시기(Eshgi)

---

141) Grunert et al., 1997, pp. 337~338.

142) Douglas, Susan P. and Urban, Christine D., "Lifestyle analysis to profile women in international markets. Can the same segmentation strategics be used?" *Journal of Marketing*, July 1997, pp. 46~54.

와 세스(Sheth)[143]는 현대적-전통적의 이분법으로 생활양식 변인을 구분하여 생활양식보다 국가적 · 문화적 영향력이 스테레오 음향기기, 음료수, 술, 자동차, 방향제 구입에 더 큰 영향을 미친다는 점을 증명하였다.

아시아의 다른 국가들에서 행한 소비자 연구들 역시 문화가 지속적으로 생활양식에 미치는 영향력을 증명하였다. 예를 들어, 싱가포르와 홍콩의 생활양식을 비교해보면 표면적으로는 매우 비슷하다. 그러나 싱가포르인은 더 가정적이고 가족과 교육에 높은 가치를 부여하는 반면, 홍콩의 소비자는 패션에 관심이 많고 개인의 외모에 더 신경을 쓰지만 전통의 문화적 가치를 고수하려는 경향을 나타낸다.[144]

비록 생활양식의 연구가 광고회사에서 유행하고 있지만, 이런 연구는 매우 일반적이므로 큰 약점이 된다.[145] 문화권을 초월하여 소비자행동을 이해하기 위해서는 생활양식을 넘어 상품범주에 따른 가치변화를 구분할 필요가 있다. 비록 특정 상품을 소유한 일부 소비자를 하나의 집단으로 구분할 수 있더라도, 이런 상품의 구매동기는 매우 다양하기 때문에 생활양식이 같은 집단으로 구분하는 것은 쓸모가 없다.

---

143) Eshgi, Abdolreza and Sheth, Jagdish N., "The globalization of consumption patterns: An empirical investigation," in *Global perspectives in marketing*, edited by Erdener Kaynak, New York: Praeger, 1985.

144) Tai, Susan H. C. and Tam, Jackie L. M., "A comparative study of Chinese consumers in Asian markets—a lifestyle analysis," *Journal of International Consumer Marketing*, 9, 1996, pp. 25~42; Wei, Ran, "Emerging lifestyles in China and consequences for perception of advertising, buying behavior and consumption preferences," *International Journal of Advertising*, 16, 1997, pp. 261~275.

145) Sampson, 1992.

2) 글로벌 공동체?

범유럽 또는 글로벌 생활양식 연구에서는 소비패턴에 미치는 국가적 영향과 문화적 영향력이 현대 생활양식의 패턴보다 낮다고 가정하고, 국경을 초월하여 비슷한 생활양식의 요소를 찾는 데 목표를 둔다. 특정한 생활양식을 공유한 집단들은 각 국가간에도 비슷할 것이며 국가 내에서도 비슷한 특징이 있을 것으로 추측한다. 비슷한 상품이나 브랜드를 구매하는 소비자는 이웃과 함께 소비 공동체를 형성하며, 그 공동체 내의 소비자 사이에는 공동체 의식이 있을 것이다. 같은 상품을 사용하는 사람들 사이에 심리적 공동체의식이 있다는 증거가 있기는 하지만, 이런 공동체의식을 가진 사람들이 모여 하나의 공동체를 형성하지는 않는다.[146]

국가를 초월하여 하나의 이름으로 집단을 구성하면 내용이 너무 달라진다. 예를 들어, 영국의 TGI(*Target Group Index*)[147]는 15세에서 24세의 여성을 분류하여 '@세대'로 구분한다. 이 집단의 가장 큰 유사성은 이들이 주로 미혼이라는 점이다. 그러나 이 나이의 이탈리아와 스페인의 젊은 여성들은 주로 집에서 부모와 함께 생활하며, 독일 여성은 어린 나이에 결혼하여 생활하는 경향이 있다. 이들 모두 CD, 화장품, 스포츠웨어, 스낵 같은 즐거움을 누리기 위해 소비한다. 하지만 이탈리아인과 스페인 사람은—가족과 함께 사용하고 더 높은 소비능력이 있기 때문에—개인적이며 호화로운 상품을 더 많이 소비하는 경향이 있다. 이들은 더 넓은 집에서 살며 상품을 함께 사용하기 때문에 개인이 아닌 집단에 초점을 맞춰야만 한다. 이탈리아와

---

146) Friedman, Monroe; Vanden Abeele, Piet; and De Vos, Koen, "Boorstin's consumption community concept: A tale of two countries," *Journal of Consumer Policy*, 16, 1993, pp. 35~60.

147) TGI, European women report: www.bmrb.co.uk.womensreportch2.htm

영국여성은 외모에 더욱 관심이 많다. 이 연령대에서 스낵을 위해 돈을 쓰는 경우가 많지만 스낵은 각각 다른 맥락에서 소비된다. 영국에서 감자칩은 아무 때나 먹을 수 있는 개인적인 스낵이지만, 스페인에서는 사교를 위한 특별식(*tapas*)*으로 사용한다.

서구와 아시아의 생활양식의 차이는 보다 분명하다. "즐거움을 추구하고 상품 브랜드에 민감하며 자유롭게 소비하는 서양식 청소년의 모습은 싱가포르를 포함한 아시아의 많은 국가에서는 신화에 불과하다." 대부분의 유럽 청소년들은 순간의 즐거움을 탐닉하고 쾌락적인데 비해 싱가포르 청소년은 훨씬 이상적인 것을 추구한다. 행복하고 건강한 것 이상으로 학교에서 좋은 성적을 받는 것이 중요한 목표이다. 각각 다른 나라에서 사는 청소년은 각각 다른 사회문화적 환경에서 자신의 인생을 구성하는 역사적 사건을 겪게 된다. 리바이스(Levi's) 같은 사례에서 볼 수 있는 저항, 개인, 자유, 자신감, 섹시함, 심지어 미국 같은 전형적인 젊음의 테마는 아시아 청소년에게는 많은 메시지를 전달할 수 없을 것이다.[148)]

미국, 일본, 뉴질랜드, 프랑스, 독일, 덴마크의 학부모와 청소년에 관한 연구에서는 학부모와 청소년에게 미치는 문화의 강력한 영향력을 증명한다. 같은 문화권 내의 가족과 학생의 가치는 매우 비슷하다. 일본에서는 학부모와 학생 간에 유사성이 매우 높았다.[149)] 존스(Jones)[150)]는 유럽 4개국의 문화에 나타난 청소년의 태도와 행동 간

* 역자주) 식사와 수면과 휴식을 적절히 취해 몸을 최고 상태로 유지하는 일.

148) Wee, Thomas Tan Tsu, "An exploration of s global teenage lifestyle in Asian societies," *Journal of Consumer Marketing*, 16, 1999, pp. 365~375.

149) Rose, Gregory M., "Cross-cultural values research: Implications for international advertising," in *Values, lifestyles and psychographics*, edited by Lynn R. Kahle and Larry Chiagouris, Mahwah, NJ: Lawrence Erlbaum, 1997, p. 395.

150) Jones, John Philip, "Media may be global, but is youth?" in *International*

의 주요 차이점을 설명한다. 인생에서 가장 중요한 것이 무엇인지를 알아보았는데, 우정, 건강, 사랑을 가장 훌륭한 세 가지 가치로 꼽는 것만 일치했다. 나머지 23개 항목에서는 상당한 차이가 나타났다.

제 2장에서 필자는 유로바로미터로 측정한 청소년의 습관을 문화적 모형을 비교하기 위해 사용하였다. 질문은 청소년의 사회적 참여에 관한 것이었다. 이들 중 친구 만나기, 음악듣기, 텔레비전 보기 같은 몇 가지 항목만 대체로 보편적이었다. 국가간 차이가 분명하게 나타나는 항목은 뉴 미디어와 관련된 이메일이나 인터넷 접속, 또는 스스로 하는(DIY) 활동들이었다.

EBRS(*European Business Readership Survey*)에서는 1973년 이후 비즈니스 종사자들의 태도를 측정하였다. 2000년의 설문조사 결과를 보면 유럽의 비즈니스 세계에서는 별다른 변화가 없었다. EBRS의 1975년 설문조사를 보면 관련 업계에 종사하는 35세 이하의 사람들이 전체의 11%를 차지하였고, 2000년에는 10%를 차지하였다. 1975년과 2000년 모두 19%의 최고 행정직에 있는 사람들의 나이가 55세 이상이었다. 유럽의 비즈니스 종사자들이 국제선 비행기를 사용한 횟수는 1980년에서 1998년 사이에 증가하였지만 유의한 정도는 아니었다. EBRS에 응답한 4%만이 거주하고 있는 국가의 시민권자가 아니었다.[151)]

---

advertising, realities and myths, edited by John Philip Jones, Thousand Oaks: Sage, 2000, p. 121.

151) Hicks, Robin, "The unusual business suspects," *M&M Europe*, November 2000, pp. 56~57.

14. 결 론

이 장에서는 가치, 문화, 개인의 속성(개성, 자아, 태도, 그리고 생활양식) 간의 관계성에 대하여 논의하였다. 개성과 기질의 구조는 서양적 개념이다. 이러한 개념이 브랜드 개성을 나타내는 은유로 사용되기 때문에 마케팅과 브랜드 전략을 위해서는 이러한 문화적 변화를 이해하는 것이 필요하다.

마찬가지로 자아와 정체성의 개념도 문화권에 따라 달라진다. 가장 분명한 차이점은 자아가 독립적인가 상호의존적인가 하는 개인주의와 집단주의 문화권 간의 차이이다. 서구적 접근방법에서는 자아와 개성이 일치하고 변하지 않는다고 본다. 집단주의 문화권에서의 자아는 관계에 따라 정의되기 때문에 맥락과 상황에 따라 변한다. 마찬가지로 태도 역시 문화에 따라 달라진다. 문화와 관련된 태도에 대한 몇 가지 사례는 이 장에서 제시하였다.

마지막으로 생활양식의 개념은 비슷한 부분을 찾고 설명하기 위해 세계적으로 사용되는 잘 정의되지 않은 개념으로 설명하였다. 이들은 의사 유사성(*pseudo similarities*)이다. 문화로부터 자유로운 생활양식을 공유하는 집단이 존재하는지에 대한 실증적 증거는 없다. 반면에 문화적 차이가 생활양식의 유사성을 압도한다는 증거는 있다.

사회적 과정 제5장

남아프리카의 쏘사어(*Xhosa*)와 줄루어(*Zulu*, "우문투 응구문투 응가반티")에서 말하듯이, 인간은 다른 사람들 때문에 인간이다. 간단히 말해서 우분투(*ubuntu*)란 말은 "나는 네 눈을 통해서만 나일 수 있다"[1]는 점을 의미한다. 자아는 고립된 전체가 아니라 항상 사회적 환경의 일부이지만, 어떤 문화권에서의 자아는 다른 무엇보다 사회적 환경으로의 통합이 덜 이루어진다. 사회적 환경에서의 자아는 소비자행동 과정이나 방법에 대해 논의하는 이 장의 주제인데, 그것들은 대체로 사회심리학과 인지심리학으로부터 비롯되었다. 사회심리학에서는 우리가 어떻게 타인들과 관련되는지에 대해 설명하고, 인지심리학에서는 내적 과정이나 마음속에 일어나는 생각에 대하여 탐구한다. 이 장에서 필자는 동기, 욕구, 충동, 감정, 그리고 집단과정을 포함해 사회적 과정에 대해 설명한다. 모든 것은 행동을 조종하는 과정이다. 비록 어떤 감정은 내적이지만 대부분 사회적 환경과 상호작

1) "Ubuntu, and other management tips," *The Economist*, March 18, 1995, p. 72.

용을 한다. 매슬로(Maslow)에 의해 발전된 동기이론, 또는 마음의 구조와 기능에 대한 프로이트 이론은 이론가들의 사회적 환경에서 형성되었기 때문에 원산지의 문화가 은연중에 나타난다. 이 이론들은 연구자들의 사회적 환경으로부터 형성되었기 때문이다.

1. 동기, 욕구, 그리고 추동

개인에 내재한 필요, 욕구, 추동의 혼합체인 동기에 대한 연구는 행동을 이해하는 데 매우 중요하다. 동기연구는 우리가 행동하는 이면적 이유를 찾고자 하며 우리의 소비의사결정에 영향을 미치는 태도, 믿음, 동기, 그리고 또 다른 압박을 확인하고자 한다. 사람들에게 동기를 부여하는 변인을 이해하는 것은 상품 구매행동, 브랜드 선호도, 그리고 효과적 광고창작에 중요하다.

동기는 유기체가 어떤 방식으로 행동하도록 추동하는 유기체의 내적 상태로 정의될 수 있다.[2] 추동(*drive*)은 개인이 능동적으로 어떤 목표를 향해 움직이게 하는 동기적 힘이다. 동기에 대해 설명하는 세 가지 주요 유형은 다음과 같다.

- 생리학적 설명은 내적 추동이나 욕구의 중요성을 강조하며, 유기체에 미치는 중요성 때문에 1차적 추동으로도 불린다. 배고픔과 목마름은 음식이나 음료수에 대한 1차적 추동이다. 내적 생리학적 추동은, 우리가 합리적이고 일정한 내적(생물학적, 물리적) 환경을 유지하도록 하는 항상성(*homeostasis*)이라는 과정에

---

2) Cardwell, Mike, *The complete A-Z psychology handbook* (2nd ed.), London: Hodder & Stoughton, 2000, p. 160.

바탕을 둔다.[3]

- 학습을 통해 획득한 후천적 추동에 바탕을 둔 행동적 설명은 외적 추동으로 불린다. 우리는 예를 들어 극도의 기온을 피하는 외적 환경에 적응하도록 길들여졌다.
- 심리학적 설명은 복잡한 인간행동에 적용되는 경향이 있다. "심리적 측면에서의 동기는 목적지향적인 일련의 행동을 시작하고 움직이고 유지하고 마침내 멈추게 하는 과정이나 과정의 연속으로 간주된다."[4]

제 3장에서는 기후와 항상성의 관계를 설명하였다. 이 두 가지는 학습이나 심리적 추동에 바탕을 둔 외적 추동이며 자아에 바탕을 두기 때문에 문화적으로 설명된다.

1) 프로이트

많은 동기이론들은 프로이트(Freud)의 불안(*anxiety*)에 대한 아이디어에 바탕을 둔다. 소비자행동론에서 프로이트 이론은 동기와 욕구에 적용된다.[5] 프로이트는 사람의 정신이 세 부분으로 나뉘어 있다고 가정하였다. 첫째, 이드(*id*)는 성적이고 공격적 본능을 포함하고 무의식에 위치한다. 성적 본능은 리비도(*libido*)로 알려져 있다. 이드는 쾌락원칙(*pleasure principle*)과 동시에 작용한다. 둘째, 에고(*ego*) 즉, 의식적 이성적 정신이 있다. 이는 현실원칙(*reality principle*)

---

3) Eysenck, Michael, *Psychology. A student's handbook*, Hove, East Sussex, UK: Psychology Press, 2000, p. 134.

4) Eysenck, 2000, p. 127.

5) Antonides, Gerrit and Van Raaij, W. Fred, *Consumer behaviour. A European perspective*, Chichester, UK: John Wiley & Sons, 1998, p. 165.

내에서 작용한다. 마지막으로 슈퍼에고(*superego*)가 있는데 이는 부분적으로 의식적이고 부분적으로는 무의식적이다. 슈퍼에고는 양심과 이상적 에고(*ego ideal*)로 구성된다. 양심은 사람들이 죄의식을 느끼도록 한다. 이상적 에고는 보상의 이율을 통하여 형성된다. 이드는 기본적인 동기적 힘을 포함한다.[6]

이드와 에고, 그리고 슈퍼에고의 개념을 발전시킨 프로이트는 오스트리아와 헝가리 문화의 진정한 산물이었다. 오스트리아와 헝가리는 권력거리가 극도로 낮고 불확실성의 회피의 수치는 높게 나타난다. 높은 불확실성의 회피는 부모가 자녀를 양육하는 과정에서 인생은 위협적이고 위험하다는 메시지를 전달해서 자녀가 위협에 대응할 수 있는 구조를 형성해야 함을 알고 있다는 의미를 지닌다. 만약 높은 권력거리와 결부된다면 이러한 태도는 부모가 그러한 구조를 자녀에게 형성해 줄 것이기 때문에 자녀에게 문제가 되지 않을 것이다. 부모는 자녀를 보호하고 안내한다. 그러나 낮은 권력거리는 자녀가 어린 나이에도 독립적이라는 것을 뜻하고 스스로 현실을 구성해야 한다는 것을 의미한다.

이러한 과정은 욕구불만을 가져올 수 있다. 프로이트의 슈퍼에고는 이드를 조절하며, 따라서 부모 같은 역할을 한다. 슈퍼에고는 내면의 불확실성 흡수장치로 작용한다.[7] 하나의 결론은 만약 프로이트의 이론이 사실이거나 유용하다면 비슷한 오스트리아인이나 헝가리인, 그리고 유사한 차원의 여타 문화권에 가장 유용할 것이다. 영국과 스칸디나비아와 같이 불확실성의 회피가 낮은 문화권 또는 프랑스와 대부분의 아시아 국가와 같이 권력거리가 높은 문화권에게는 덜 유용할 것이다.

---

6) Eysenck, 2000, p. 16.

7) Hofstede, G., *Culture's Consequences*, Thousand Oaks, CA: Sage, 2001.

2) 매슬로

매슬로(Maslow)[8]는 중요성의 위계에 따라 인간의 욕구를 배열하였다. 생리적 욕구(*physiological needs*), 안전욕구(*safety needs*), 사회적 욕구(*social needs*), 존경욕구(*esteem needs*), 자아실현(*self-actualization*)이 그것이다. 욕구의 위계관계 개념은 개인의 행동이 충족되는 욕구에 따라 지배되며, 어떤 욕구는 개인이 어떤 욕구를 충족할지 선택하는 순간이 왔을 때 우위를 차지할 것이라고 가정한다. 생리적 욕구는 안전, 멤버십, 존경보다 우위를 차지한다. 궁극적 욕구는 자아실현이다. 그 순서는 인간에게 보편적인 것으로 제안되며, 어떤 연구자들은 이 순서 역시 문화적인 것으로 본다. 보편적인 인간의 원형은 생리적 욕구가 다른 상위위계의 욕구보다 우위를 차지하는 것일 수도 있지만, 비생리적 욕구나 그것들의 위계는 문화권에 따라 달라진다. 자아실현은 매우 개인적 동기이다. 집단주의 문화권에서는 자아가 실현되는 것이 아니라 그 집단의 이익과 명예가 실현될 것이다. 집단주의 문화권에서는 소속감과 안전은 수렴될 것이며, 개인과 집단을 구분하는 것은 매우 불안하다.[9]

> 개인주의적 미국인의 시각에서 자아실현이 어떻게 정의되는지는 영국의 생리학자 아이젱크(Eysenck)의 자아가 실현된 개인에 대한 설명을 보면 알 수 있다.[10] "자아가 실현된 개인은 자기 자신, 즉각성, 사생활의 보호에 대한 욕구, 문화적 영향력에 대한 저항, 동정심, 깊은 대인관계, 민주적 성격구조, 창의성과 철학적 유머감각으로 묘사될 수 있다."

8) Maslow, A. H., *Motivation and personality*, New York: Harper & Row, 1954.

9) Adler, N. J., *International dimensions of organizational behavior*, Belmont, CA: Wadsworth, 1991, pp. 30~31.

10) Eysenck, 2000, p. 28.

3) 맥클러랜드 : 성취, 권력, 친교

맥클러랜드(McClelland) 에[11] 따르면 인간 노력의 모든 영역에 적용할 수 있는 동기이론이 있다. "사람들은 늘 다양한 행동을 하기 때문에 자신들이 꼭 해야 한다고 생각한다. 사람들은 누구나 먹기 때문에, 자기가 꼭 먹어야 된다고 생각한다. 어떤 사람은 공부를 잘하기 때문에 그들이 학문적으로 성공해야 한다고 여긴다."

맥클러랜드는 욕구를 성취(*achievement*), 권력(*power*), 그리고 친화(*affiliation*)라는 세 가지의 특별한 욕구로 구분한다. 그는 성취욕구를 일을 더 잘하려고 하는 욕구나 탁월함의 기준을 능가하려는 욕구로 정의하였다. 만약 배고픔의 추동에 대한 보상이나 유인책이 음식이라면, '더 나은 어떤 것을 하는 것'이 성취동기에 대한 자연스러운 유인책이다.[12] 성취에 대한 높은 욕구는 행동에 영향을 미친다고 가정할 수 있다. 권력에 대한 동기의 목표는 영향력을 행사하는 것이다. 사회적으로 용납할 수 있는 면에서 개인이 강력한 사람으로 보일 수 있는 방법은 권력의 상징이나 최고급품을 수집하는 것이다. 측정 당시(1975)의 미국에서는 그러한 최고급품 소유물이 컬러 텔레비전, 권총, 어른을 위한 자동차가 포함되었다. 학생들의 특권 소유물은 자동차, 와인잔, 대학교 기념품, 테이프 리코더, 벽걸이, 전자 타자기였다.[13] 친교는 조화로운 관계, 거부에 대한 두려움 및 친밀감과 연결된다.

매슬로의 이론과 같이 맥클러랜드의 성취동기 이론은 남성성이 높고 불확실성의 회피가 낮은 미국문화의 두 가지 측면과 직접 관련된

---

11) McClelland, David C., *Human motivation*, Cambridge, UK: Cambridge University Press, 1988, p. 32.

12) McClelland, 1988, p. 228.

13) McClelland, 1988, p. 284.

다. 이 문화적 지형의 사람들은 자신의 행위에서 어떤 종류의 결과를 기대함으로써, 그리고 비본질적 이유나 보상에 의해 동기를 부여받는다.[14] 집단주의 문화권에서 성취동기는 자아와 타인을 포함한다. 어떤 집단이 성공하면 그 성공은 자아에 의해 발생한 것이고, 비슷한 원리로 자아가 성공할 경우에는 집단이 성공한 것이다. 터키인과 벨기에인을 비교한 연구에서 터키인의 성취동기는 (가족이나 더 넓은 의미의 사회에 대한) 충성도의 요소와 자아실현 요소를 포함하였다. 반면에 벨기에 사람에게는 자아실현이 유일한 동기요인이었다.[15] 남성성이 높은 집단주의 문화권에서 집단의 성취욕구는 일본기업이 합병할 때 발생하는 문제를 설명하는데, 일본회사에서는 원래 기업의 노동자 집단이 합병한 기업에 오랜 시간 적대적 자세를 취한다. 한 회사의 노동자는 역사적으로 다른 회사 노동자의 집단성과 경쟁했다. 닐슨(Nelson)과 쉐빗(Shavitt)[16]은 성취욕구를 수평적 개인주의보다 수직적 개인주의에 연결한다.

2. 문화관련 소비자 욕구와 동기

소비는 기능적 욕구나 사회적 욕구에 따라 추동된다. 의복은 기능적 욕구를 충족시키지만 패션은 사회적 욕구를 충족시킨다. 주택은 기능적 욕구를 충족하지만 가정은 사회적 욕구를 충족한다. 자동차

---

14) Usunier, Jean-Claude, *Marketing across cultures* (3rd ed.), Harlow, Essex, UK: Pearson Education, 1999, p. 67.

15) Singelis, Theodore M., "Some thoughts on the future of cross-cultural social psychology," *Journal of Cross-Cultural Psychology*, 31, 2000, pp. 76~91.

16) Nelson, Michelle R. and Shavitt, Sharon, "Horizontal and vertical Individualism and achievement values," *Journal of Cross-Cultural Psychology*, 33, 2002, pp. 439~458.

는 기능적 측면을 충족시킬 수 있지만 그 자동차의 종류는 사회적 욕구를 충족해 줄 것이다. 구매동기는 순수한 내적 추동으로 볼 수 없으며 그것은 사회적 환경과 긴밀하게 관련된다. 사람의 행동은 단지 욕구와 동기 그리고 의사결정을 하는 순간의 주변적 맥락에 따라 결정된다. 이러한 맥락적 변인은 한 나라에서 다른 나라에 따라 상당히 달라진다. "문화권을 초월한 사람들은 다른 이유나 동기에 따라 같은 행동을 할 수 있으며, 각각 다른 나라의 사람들은 같은 이유로 다르게 행동할 수도 있다."[17] 문화적 영향을 받지 않는 것으로 가정되는 많은 글로벌 표준상품은 문화권에 따라 각각 다른 이유로 구입된다.

> 이미 1975년에 음료수나 치약 같은 상품의 특징이 소비자에게 매력을 끄는 정도의 차이가 미국, 프랑스, 인도, 브라질 등 다양한 국가에서 다르게 나타나는 것으로 밝혀졌다. 비록 생필품은 각 국가에서 같은 역할을 하지만 문화와 환경의 차이가 소비자의 선택에 차이가 나도록 하였다. 음료수의 경우 브라질, 프랑스, 그리고 인도의 소비자는 '인공첨가물이 없는' 음료수의 특징을 미국의 소비자보다 높게 평가하였다. 미국의 소비자는 '맛'과 '편리함'에 높은 점수를 주었다. 치약의 경우, 프랑스 소비자들은 '입안의 세균을 없앤다'는 특징에 높은 점수를 주었다. 미국 소비자는 프랑스 소비자보다 '잘 알려진 상표', '입안을 깔끔하게', '치아를 하얗게' 하는 등 치약의 기본 특징에 높은 점수를 주었다. 브라질인은 '치약의 색', '편리한 튜브' 등 덜 기능적인 면에 높은 점수를 주었다. 또한, 브라질인은 '자녀가 좋아함'처럼 가족과 연결된 특징에 미국인보다 높은 점수를 주었다.[18]

17) Williams, Jim, "Constant questions or constant meanings? Assessing intercultural motivations in alcoholic drinks," *Marketing and Research Today*, August 1991, pp. 69~176.

18) Green, Robert T.; Cunningham, William H.; and Cunningham, Isabella C. M., "The effectiveness of standardized global advertising," *Journal of Advertising*, 4, 1975, pp. 25~30.

특정 상품의 속성에 대한 민감성의 차이나 구매동기의 다양성은 상품범주에 따라 달라지는 이면의 문화적 차이로 설명할 수 있다. 예를 들어, 광천수의 본질적 구매동기는 순수함이다. 음료수나 술의 구매동기가 그 등급이라면, 자동차의 구매동기는 안전, 등급, 디자인, 환경적 친밀감에 따라 달라지는데, 모든 것이 상이한 문화적 가치에 바탕을 둔다.

구매동기는 광고에서 사용된 소구방법에서 인식될 수 있다. 몇몇 연구자들은 광고를 분석하여 소비동기의 목록을 개발했다. 폴리(Pollay)[19]가 제시한 광고의 가치목록은 중요한 선행연구의 하나이다. 어떤 동기는 문화를 초월하여 존재할 수도 있지만 그 중요도는 문화에 따라 달라진다. 시장에 따라 중요성이 다를 수 있기 때문에 다른 외국시장에서 매력을 끄는 같은 상품의 속성도 일반화될 수 없다.[20] 또한, 브랜드 이미지는 문화에 따라 달라지는 동기를 반영한다. 예를 들어, 사회적 브랜드 이미지는 집단주의 문화권에서 특히 중요하다.[21] 특정 상품범주에 해당되는 동기의 사례는 지위동기, 환경주의, 청결, 편리성, 그리고 쾌락주의이다. 하나의 상품범주에 해당되는 동기는 문화권에 따라 크게 달라질 수 있는데, 자동차가 그 사례이다.

---

19) Pollay, Richard W., "The identification and distribution of values manifest in print advertising 1900~1980," in *Personal values and consumer psychology*, edited by Robert E. Pitts, Jr. and Arch G. Woodside, Lexington, MA: Lexington, Books, D. C. Heath, 1984, pp. 111~135.

20) Papavassiliou, Nikolaos and Stathakopoulos, Vlasis, "Standardization versus adaptation of international advertising strategies: Towards a framework," *European Journal of Marketing*, 31, 1997, pp. 504~527.

21) Roth, Martin S., "The effects of culture and socioeconomics on the performance of global brand image strategies," *Journal of Marketing Research*, 32, 1995, pp. 163~175.

1) 지위동기

국가에 따라 지위동기(*status motive*)의 차이는 매우 크게 나타나지만 소득차이는 설명력이 없다. 사치품은 물질적 성공의 표시로 사용되기 때문에 여성적 문화권의 구성원보다 남성적 문화권의 구성원에게 더 매력적이다. 사치품은 지위와 성취를 나타내는 상징으로 작용할 수 있다. 미국의 경제학자 로버트 새뮤얼슨(Robert Samuelson)[22]은 남성적 문화권인 미국에서 성공의 욕구와 지위추구의 상징을 국가적 마니아(*national mania*)로 묘사한다.

> 보다 넓은 집, 보다 환상적인 휴가, 멋들어진 오토바이, 보다 빠른 컴퓨터는 우리를 군중으로부터 멀어지게 한다. … 미국에서 그것은 지위욕구 상징을 추동하는 야망이다. 이는 사람들이 자신의 이야기를 스스로 쓸 수 있다는 생각에 바탕을 둔다. 1996년 미국인에게 가난한 사람이 부유해질 수 있냐고 질문한 설문조사에서 78%의 응답자가 그렇게 믿는다고 응답하였다. 그리고 사회적 위치는 유동적이다.

〈표 5-1〉은 남성성과 GNP, 몇몇 사치품 간의 상관관계를 나타낸다. EMS는 유럽 전역에 걸쳐 나타난 다양한 사치품과 시계의 가치를 나타낸 정보를 제공한다. 유로모니터(Euromonitor)는 보석판매에 대한 정보를 제공한다. 이 분류에서 필자는 보석의 구매변화를 설명하며, 국부는 아무 관계가 없다는 자료를 여러 지역에서 사용한다.

비록 저렴한 시계의 소유가 낮은 국가소득과 관련되지만 낮은 지위욕구를 포함하는 낮은 남성성과도 관련된다. 값비싼 시계(미화 1,600달러 이상 단가)의 소유는 소득과 관련이 없다. 비싼 시계의 소유는

---

22) Samuelson, Robert J., "Ambition and its enemies," *Newsweek*, August 30, 1999, p.4.

높은 남성성과 상관관계가 있을 뿐이다. 네 개 이상의 시계를 소유하는 것은 지위의 문제이고 높은 남성성과 상관관계가 있는 것으로 보인다. 지위상징으로 사용되는 다른 항목은 즉석카메라와 비싼 옷이다(제7장 참조). 또한, 최신 유행하는 옷을 입고자 하는 소망도 지위의 문제다. 1970년 초반부터 "나는 가급적 최신 패션에 따라 옷을 입는다"라는 진술문에 "매우 그렇다"라고 응답한 사람의 백분율은 높은 남성성과 상관관계가 있었다(r=.53).[23]

〈표 5-1〉 지위 욕구와 남성성 : 선택된 상품에 대한 상관계수

	1인당 GNP	남성성
시계 소유		
150달러 이하 시계 소유	−.70***	−.50*
1600달러 이상 시계 소유	.38	.56*
4개 이상 시계 사용	−.01	.53*
소유		
즉석카메라	.20	.63***
800달러 이상의 드레스나 셔츠	.01	.68***
진품 보석판매		
세계 44개국	.34	.44*
선진국 26개국 (1인당 GNP > 8,000달러)	.25	.61***
유럽 15개국	.18	.51*

출처: EMS; Euromonitor, 1997(부록B 참조).

23) Reader's Digest survey, 1970.

> 남성적 문화권에서 자동차가 젊은 남성에게 높은 지위가치가 있는 반면, 여성적 문화권에서는 이런 경우가 드물다. 일본에서는 젊은 남성은 애인을 유혹하기 위해 자동차가 필요하다. 말레이시아에서는 자동차에 따라 태도가 변한다. 1995년 부포리(Bufori)라는 새로운 스포츠카 광고에서는 네 명의 여성이 이상적 남편을 찾기 위해 결혼상담소를 찾는다. 그리고 모델이 "당신이 누구이거나 외모는 중요하지 않아요. 만약 당신이 부포리를 몬다면 난 당신 거"라고 말하면서 끝난다. 두 여성단체가 이 광고에 이의를 제기하자, 캠페인이 중단된다. 광고회사는 이 광고는 웃기고 뻔뻔스럽게, 홍미를 위해 만들었을 뿐이라고 대응하였다.[24] 중요한 문화적 가치로 장난을 치는 행위는 사람들의 저항에 직면할 수 있다.

또한, 지위욕구의 차이는 권력거리에 의해서도 설명되지만 지위욕구의 유형이 다르다. 권력거리가 높은 문화권에서는 위치 사회적 지위가 유동적이지 않고, 사람들은 자신의 위치를 사회 내에서 증명하고 싶어한다. 후자의 지위욕구를 만족시키는 사치품의 사례는 스카치위스키를 들 수 있다. 유럽대륙 13개 국가에서 스카치위스키의 일반적 소비량과 권력거리(r=.74***)와 유의한 상관관계가 있었다.[25] 또한, 아페리티프(*aperitif*)*와 샴페인을 마시는 것은 사회적 지위를 강화하는 습관이다. 〈그림 5-1〉은 두 가지 다른 지위동기에 따라 어떻게 문화가 형성되는지를 나타낸다.

---

24) "Malaysian feminists drive car ad off air," *Asian Marketing and Advertising*, February 24, 1995, p. 6.

25) EMS, 1997(부록B 참조).

* 역자주) 서양식 식사에서 식욕증진을 위해 식사 전에 마시는 술

〈그림 5-1〉 지위욕구와 동기

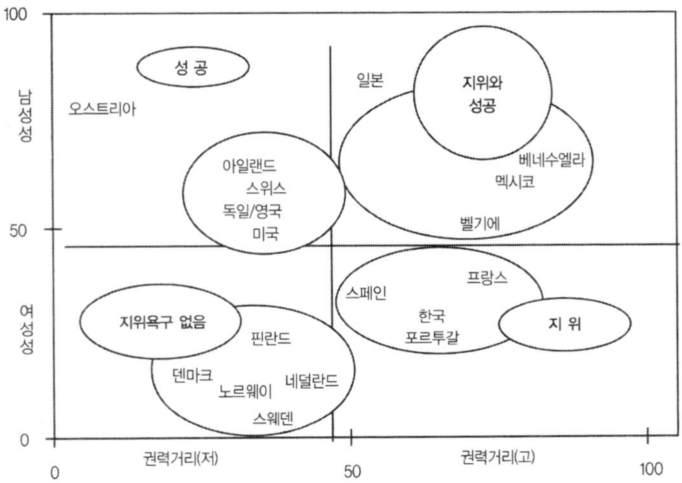

출처 : Data Hofstede(부록A 참조).

2) 환경보호주의

문화권에 따라 다른 방식으로 환경을 다룬다. 환경을 극복하고자 하는 소망은 북미문화에서는 일반적인 데 비해, 다른 문화권에서는 주변환경과 조화를 이루며 살아가기를 좋아한다. 유럽에 나타나는 환경론은 단일한 동기에 의한 것이 아니다. 국가마다 근본적 차이점이 있다. 예를 들어, 독일 소비자는 전체적 시각을 받아들인다(인간을 생태계 시스템의 일부분으로 본다). 영국에서 환경론은 내부도시의 파괴, 우화 속 영국교외의 보존, 쓰레기와의 전쟁 등을 의미한다. 프랑스에서 환경보호주의는 대체로 우림의 피폐나 에어로졸(aerosol) 같은 유해상품 사용으로부터 시작되는 문제이다.[26]

26) Homma, Norbert, "The continued relevance of cultural diversity," *Mar-*

사람들이 환경에 직접 책임을 지는지, 정부가 책임지기를 기대하는지는 문화권에 따라 다르다. 1990년의 〈세계가치조사〉(World Value Survey)에서는 정부가 환경을 보호하는 중심 기관이 되어야 하는지 아니면 개개인이 환경을 위해 돈을 내고 그 의미로 세금을 더 내기를 원하는지를 조사하였다. 환경을 정부책임으로 보는 관점에서는 세계적으로 25개 국가(r=.61***)와 유럽(r=.75***)의 경우, 모두 높은 불확실성의 회피와 유의한 상관관계가 있었다. 남성성이 낮은 문화권에서는 개인이 환경을 위해 세금을 내야 한다고 생각한다(세계 r=−.61***, 유럽 r=−.71***). 실제로 환경 친화적 행동은 권력거리가 높은 문화권에서보다 권력거리가 낮은 문화권에서 나타났다. 국가별로 재활용이나 지역의 쓰레기를 비료로 만드는 정도는 낮은 권력거리(r=−.72**)[27]와 상관관계가 있었으며 유리병의 재활용(r=−.50*)과도 상관관계가 나타났다.[28]

3) 청 결

청결에 대한 욕구는 각각 다른 방식으로 표현되며 식품, 음료, 그리고 청결상품 범주에 관련된다. 청결욕구에서 비교문화적 변화는 불확실성의 회피로 설명할 수 있다. 불확실성의 회피가 높은 일본의 경우, 청결은 역사적으로 중요한 욕구이다. 이미 16세기에 일본을 방문한 유럽인이 이에 대해 언급하였다. 일본인은 불결한 것을 혐오

---

keting and Research Today, November 1991, pp. 251~259.

27) Europe, 10 countries. Data, House of Commons, UK In More rubbish. *The Economist*, August 24, 2002, pp. 29~30.

28) Consumers in Europe. Facts and figures. Data 1996~2000. Eurostat, Office for Official Publications of the European Communities, Luxembourg, 2001, p. 56(부록B).

한다. 대부분의 일본인은 적어도 하루에 한 번씩은 목욕을 한다.[29] 다양한 종류의 항균상품을 제공하는 현대기술은 청결에 대한 욕구를 강화하였다. 무균 펜과 자전거 핸들, 전화기, 차 수건, 치약, 속옷을 가게에서 판매하며, 이들은 모두 항균성을 지닌다.[30] 이러한 상품은 '코킨구주'(*kokin guzzu*)나 항균상품으로 불린다. 일본의 한 은행지점에서는 카운터를 항균상품으로 씌워 놓았다.

청결욕구는 광천수 소비나 가공된 음식소비(제 4장 "음식에 대한 태도" 참조), 비누 사용 정도에서 나타난다. 유럽의 경우 불확실성의 회피가 높은 문화권에서는 광천수를 더 많이 마시고 더 많은 가루비누를 사용하며, 집안 청소 용품을 더 많이 사용한다(제 7장 참조). 음식의 청결욕구는 지각된 식품안전과 관련된다. 1998년의 유로바로미터는 식품안전을 결정하는 요소를 측정하였다. "방부제 없음"에 대한 응답은 높은 불확실성의 회피와 상관관계가 있었다(r=.67***).[31] 청결동기는 많은 음료광고는 물론 가루비누 광고에 나타난다. 〈그림 5-2〉는 여러 나라의 광고 사례이다.

---

29) "Very clean people, the Japanese," *The Economist*, August 2, 1997. pp. 70~71.

30) "The decline of faith and discipline," *The Economist*, November 18, 1995. pp. 76~77.

31) Consumers in Europe, 2001, p. 63(부록B 참조).

〈그림 5-2〉 광고에 나타난 청결

독일

스페인

러시아

일본

프랑스

4) 편 의

편의 동기는 개인의 편리함과 다양한 활동 시간을 아껴주는 상품이나 서비스에 부여하는 가치나 능동적 탐색을 의미한다. 편의유발욕구는 냉동식품, 음식 조리기, 전자레인지, 드라이브인(*drive-in*)* 음식점 같은 곳에서 볼 수 있다. 편의욕구는 개인주의, 낮은 불확실성의 회피와 단기간의 적응과 관련되지만 이 관계는 상품유형에 따라 달라진다.

음식선택의 동기로 편의에 대한 변량의 41%는 낮은 불확실성의 회피로 설명되며 나머지 25%는 낮은 남성성에 의해 설명된다.[32] 이러한 유형은 '슬로 푸드'(*slow food*)를 선호하는 이탈리아 유형과는 반대된다. 1986년 로마에서는 슬로 푸드 국제운동(Slow Food International Movement)이 창설되었다. 6만 명의 회원으로 회의를 개최하고 교육과 정보제공을 통해 패스트푸드에 저항한다.[33]

대체로 편의품은 시간을 아끼고 개인적 편리함을 제공한다는 두 가지 특징이 있어야 한다. 편의동기는 특정 상품과 연결하기 힘들다는 문제점이 있다. 몇몇 연구자들은[34] 편의 지향 소비에 대한 비교문화 연구를 통해 전자레인지 같은 편의품의 선호도 차이를 설명할 수 있다고 주장했지만, 가장 설명력 있는 변인은 국부이다. 전통사회에서 전자레인지의 보급이 낮은 원인은 시간절약 요소로 설명할 수 있을 것이다.[35]

---

* 역자주) 차를 탄 채로 주문해서 테이크 아웃할 수 있는 음식점.

32) Consumers in Europe, 2001, p. 733(부록B 참조).

33) Power, Carla, "McParadox," *Newsweek*, July 10, 2000, p. 15.

34) Luqmani, Mushtaq; Yavas, Ugur; and Quraeshi, Zahir A., "A convenience-oriented approach to country segmentation," *Journal of Consumer Marketing*, 11, 1994, pp. 29~40.

35) Czinkota, Michael R. and Ronkainen, Ilkka A., *International marketing*

이는 자민족중심주의적 논리의 사례이다. 간편한 요리를 즐겨하는 미국에서 전자레인지를 구입하는 동기는 시간절약이라는 특징이겠지만 다른 문화권에서는 동기가 다를 것이다. 식품가공기와 마찬가지로 음식소비를 사회적 이벤트로 여기는 문화권(일반적으로 '전통적 사회'로 알려진)에서는 전자레인지가 훌륭한 음식을 더 많이 준비하도록 도와주어 사람들이 음식을 만드는 시간을 더 많이 활용할 수 있도록 하는 도구일 것이다. 미국인은 음식을 전자레인지에서 즉석으로 만드는 것으로 생각하는 반면, 스페인은 하루의 두 끼, 적어도 주식이나 코미다(*comida*)*를 많은 관심을 갖고 준비한다. 전자레인지는 음식을 더 완벽하게 만들기 위해서 사용된다. 휴가 중에도 음식을 장만할 정도다. 필자는 모든 구역에 여행객의 화덕을 둘 수 있는 특별한 텐트를 마련한 스페인의 캠프장을 본 적이 있다.

문화적 측면은 이른바 편의품의 다양한 변화를 설명한다. 예를 들어, 1997년에 유로모니터에서 측정한 음식가공 판매단위가 개인주의와 부적 상관관계가 있으며(r=-.63**), 장시간 적응과 정적 상관관계(r=.46*)를 나타낸 것을 들 수 있다.

5) 쾌락주의

쾌락주의는 모든 행동이 즐거움을 추구하고 고통을 회피함에 따라 자극되는 것이라고 믿는 신념이다.[36] 이러한 태도를 지닌 사람은 기쁨과 스릴, 재미 같은 자극을 생활의 기본자세로 여기며, 이는 개인주의 문화권의 특성이기도 하다. 재미상품(*fun product*)*의 시장진입

(3rd ed.). Fort Worth, TX: Dryden, 1993, p.72.

* 역자주) 점심식사.

36) Cardwell, 2000, p.123.

* 역자주) 비디오 게임기나 기타 최신 미디어를 말하는 용어.

차이를 보면 자극적 요소가 집단주의 문화권보다 개인주의 문화권에서 더 중요함을 알 수 있다. 1999년에 개인주의는 유료텔레비전 시청자의 수(r=.51*)는 물론 녹화매체에 대한 지출 (r=.81***)과 유의한 상관관계를 가진 것으로 나타났다. 2000년에는 가정용 게임기 보급률이 개인주의와 유의미한 상관관계가 있었다(r=.59*).[37] 개인주의 문화권에서는 오락이나 재미상품 등에 대한 소비자행동에서 다양한 쾌락주의가 나타나고 있다(제7장 "레저" 참조).

6) 자동차 구매동기

몇몇 서베이에서 자동차 구매동기에 대하여 소비자에게 질문을 하였다. 예를 들어 EMS는 "다음 중 자동차를 선택하는 가장 중요한 요소는?"이라는 질문을 하였다. 1997년의 응답자에게 가장 중요한 요소 네 가지는 안전, 연비, 운전의 즐거움 그리고 차별적 디자인이었다. 1999년의 응답에서는 다른 4가지는 실내장식, 환경친화성, 국제적 이미지, 원산지(유럽산 차량)로 나타났다. 〈표 5-2〉는 회귀분석 결과이며 4가지 문화적 변인과 차량선택의 8가지 요인과의 상관계수와 설명변량의 비율을 알 수 있다.

이 변인들은 모두 문화와 관련된다. 낮은 개인주의는 안전성, 연비, 국제적 이미지 요인의 변량을 설명한다. 운전의 즐거움은 높은 개인주의와 관련되며 이는 전형적인 개인주의 동기인 쾌락추구를 반영한다. 안전은 누구나 원하는 보편적 속성이기는 하지만, 요즘 대부분의 차는 기본적으로 안전하다. 그럼에도 불구하고 구매동기로서의 안전은 문화적 성격이 담겨 있다. 한 연구에 의하면 남성성이 높을수록 안전이라는 요소를 덜 매력적으로 인지한다고 한다. 또한, 낮은

37) Dara Eurostat, in Consumers in Europe, 2001, pp.219, 228, and 248. (부록B 참조).

개인주의와 안전이라는 구매동기는 상관관계가 있다. 자동차가 지니는 안전요소는 자신을 위한 것이라기보다 사랑하는 가족 등을 보호하려는 태도와 관련된다. 높은 남성성의 관점에서 유럽산 자동차는 사회적 지위라는 가치를 지닌다. 디자인과 국제적 이미지는 높은 권력거리는 물론 낮은 개인주의와도 상관관계가 있는데, 이는 사회적 지위를 과시하고 싶은 성향을 암시한다. 환경 친화성은 권력거리가 낮은 문화권에서 지니는 구매동기이다. 이는 앞의 환경보호주의에서 논의했듯이 일반적인 환경적 민감성에 알맞다. 제 8장에서 필자는 문화를 초월한 자동차 동기의 지형도를 제시한다.

> 2000년 11월, 노르웨이 피아트 사의 마케팅 세일즈 담당 부사장 후안 호세 디아지 루이지(Juan Jose Diaz Ruiz)는 다음과 같이 말했다.
>
> 북유럽 사람들은 차를 고를 때 정밀성이나 기술 같은 '경성요인'(*hard factors*)을 먼저 본다. 남유럽인은 디자인이나 안락함 등 '연성요인'(*soft factors*)을 따진다. 세상을 보는 다양한 시각이 있다는 점을 이해해야 한다. 프랑스인은 디젤 차량을 좋아하며 독일인은 정밀하게 마감처리된 것을 좋아한다. 소비자의 구매행동에 대한 엄청난 자료가 있지만, 당신들은 소비자를 이해할 수 있을 때만 그들이 생각하는 것이 얼마나 복잡한지 알 수 있다.[38)]

38) Tierny, Christine, "Studying cars and cultures," *Newsweek*, November 20, 2000, pp. 62.

〈표 5-2〉 유럽 소비자의 자동차 선택시 주요 고려요인

	1인당 GNP	권력거리	개인주의	남성성	불확실성의 회피	예측변수1	R^2	예측변수2	R^2
자동차 선택요인(1997)									
안전	.02	-.29	-.59*	-.39	.03	개인주의(-)	.34	권력거리(-)	.54
연비	-.47*	-.08	-.57*	.06	.14	개인주의(-)	.33		
승차감	.36	-.22	.48*	.16	-.18	없음			
디자인	-.50*	.51*	.24	.15	.10	없음			
자동차 선택요인(1999)									
인테리어	.38	.15	.12	.49*	.36	없음			
환경 친화적	.37	-.55*	-.17	.03	-.20	권력거리(-)	.30		
유럽생산 제품	.27	.24	-.11	.51*	.53*	불확실성의 회피	.28		
글로벌 이미지	-.56*	.49*	-.84***	.11	.70***	개인주의(-)	.70	권력거리	.79

출처 : EMS 1997·1999(부록B 참조).

3. 감 정

감정(*emotion*)이란 용어는 광고에서든 심리학에서든 사실 잘 정의된 개념은 아니다. 심리학에서 감정이란 인식(*cognition*)과 인간 생리(*physiology*)의 상호작용 과정이라고 설명하는데, 이는 마음과 몸이 서로 영향을 미친다는 것이다. 감정은 신체적 변화에 영향을 미치며 정신적으로 흥분이나 불안감을 유발하기도 한다.[39] 감정에 대한 이러한 기본개념은 감정이 경험, 표정, 육체적 반응 등 다양한 요소들을 때로는 독립적으로 형성하고 때로는 통합적으로 구성한다는 것을 의미한다.

감정이란 학습된 정서적 반응이다. 감정의 이러한 요소가 감정을 문화적 현상으로 규정하게 한다. 모든 문화권의 사람이 같은 방식으로 자신의 감정을 표현하거나 타인의 감정을 이해할 것으로 보기는 어렵다. 하지만 감정을 연구하는 심리학자들은 감정의 요소가 사회심리학적으로 구성되고 환경에 의해서 그 의미가 규정된다고 할 수 있음에도 불구하고 많은 감정에는 보편적 성격이 있다고 주장했다.[40] 서구 문화권에서 기쁨이나 분노는 내적이고 쾌락적 경험에 의해서 형성되는 반면, 비서구 문화권에서 그러한 감정은 보다 관계적이고 사회적 맥락에서 형성된다.[41]

---

39) Eysenck, 2000, p. 137.

40) Markus, Hazel; Kitayama, Shinobu; and VandenBos, Gary R., "The mutual interactions of culture and emotion," *Psychology Update, Psychiatric Services*, 47, 1996, pp. 225~226.

41) Kitayama, Shinobu; Markus, Hazel Rose; Matsumoto, Hisaya; and Norasakunkit, Vinai, "Individual and collective processes in the construction of the self: Self-enhancement in the United States and self-criticism in Japan," *Journal of Personality and Social Psychology*, 72, 1997, pp. 1245~1266.

심리학자 메스키타(Mesquita)와 프리다(Frijda)[42]는 다양한 문화권에서 여러 가지 감정요소를 분석한 다음 문화권간의 차이를 아우르는 감정의 일반성에 대한 보편적 주장이나 문화의 결정력에 대한 일반적 설명은 적절하지 않다고 결론지었다. 전부는 아니지만 감정의 일부 요소는 문화와 관련된다. 예를 들어, 개인적이며 독립적인 사람은 '자아 중심적'(*ego-focused*) 감정(분노, 짜증, 자신감)을 더 자주 나타내는 반면, 집단주의 문화권의 상호의존적인 사람은 '타인 중심적'(*other focused*) 감정(동정, 수치, 개인적 교감)을 더 표현한다. 감정이란 개념의 정의, 이해, 그리고 의미는 문화권에 따라 차이가 있다.

> 미국에서 상을 받은 텔레비전광고들은 공통적으로 미국인의 감정과 정서의 본질을 제시하는 경향을 보인다. 일본계 미국인 심리학자 데이비드 마쓰모토는 다음과 같이 설명한다.[43]
>
> 미국에서는 감정을 중시한다. 우리 모두는 자신이 독특하며 우리 주위의 사물, 사건, 맥락과 사람에 감정을 가진다는 사실을 알고 있다. 우리는 의식적으로 자신의 감정에 주의를 기울인다. 자신의 감정을 이해하고 주변 환경을 감정으로 이해하는 것은 한 사회에서 성인이 된다는 것이다. … 많은 심리치료요법은 환자에게 가슴속에 담아 둔 감정을 자유롭게 표현하는 것을 돕는 데 집중한다.

---

42) Mesquita, Batja and Frijda, Nico H., "Cultural variations in emotions: A review," *Psychology Bulletin*, 112, 1992, pp. 179~204.

43) Matsumoto, David, "Culture and psychology," *People around the world* (2nd ed.), Belmont, CA: Wadsworth, 2000, pp. 305~310.

1) 보편적 기본 감정?

감정에 관한 많은 연구에서는 감정의 보편성에 대한 가설을 검증하려고 시도했다. 기본 감정은 인간의 잠재력의 일부로 가정되며 따라서 보편적이다. 이러한 관점을 지지하는 근거의 하나는 대부분의 언어에 보편적으로 나타나는 감정을 묘사하는 제한적인 감정표현 어휘가 존재한다는 것이다. 그러한 어휘의 사례로 분노, 공포, 슬픔, 기쁨이 있다. 보편적 감정의 존재를 주장하는 다른 근거로는 다른 문화권 출신의 사람들이 표정을 유사한 방식으로 이해한다는 얼굴표정 인식에 대한 연구결과가 있다. 여기서 표정을 드러내는 데 유사성이 있다는 결론을 도출할 수는 있지만, 이러한 표정이 여러 문화권에서 실제로 나타나는지에 대한 근거는 없다.[44]

여기에서 제기할 수 있는 문제는 어떤 문화권에서는 표정 없이 감정이 드러나기도 하고, 어떤 문화권에서는 감정 없이 표정을 나타내기도 하는데, 과연 얼굴표정을 감정의 지표로 이해해도 되느냐는 점이다.[45] 표정을 보면 맥락을 유추할 수는 있지만 하나의 표정이 반드시 하나의 감정에 관련되지는 않는다. 예를 들어, 웃음은 일반적인 행복의 지표로 여기지만 친구를 만났을 때 짓는 미소가 반드시 행복감을 나타낸다고 할 수는 없다.

표정은 감정에 대한 아주 기초적인 측정도구이며 표정에 이름을 붙인다고 해서 바로 그 감정을 개념화할 수 있는 것은 아니다. 그러나

---

44) Mesquita, Batja; Frijda, Nico H.; and Scherer, Kalus R., "Culture and emotion," in *Handbook of cross-cultural psychology*, Vol. 2, edited by John W. Berry, Pierre R. Dasen, and T. S. Saraswathi, Boston: Allyn & Bacon, 1997, pp. 258~260.

45) Russell, James A., "Facial expressions of emotion: What lies beyond minimal universality?" *Psychological Bulletin*, 118, 1995, pp. 379~391.

서구 문화권의 많은 사람들이 일부 감정을 보편적이며 자연스러운 것으로 여기며, 몇 가지 표정이 이러한 감정을 표현해낸다고 생각한다.

2) 감정과 언어

감정을 연구하는 심리학자들은 영어라는 특정 언어를 가장 중시하지만 감정에 관한 어휘는 문화권에 따라 천차만별이다. 감정의 기초영역을 드러내는 것으로 간주되는 일부 영어 어휘는 때때로 다른 언어로 적절히 번역되기 힘들며, 다른 언어에서 인간의 감정을 묘사하는 중요한 어휘를 영어로 적절히 바꿀 말을 찾기 힘들 때도 있다.[46] 감정이라는 개념 자체가 약하게 드러나는 문화권에서는 어휘가 감정을 드러내는 것인지 아닌지 알아내기가 어려울 때도 있다. 감정에 대한 표현에서 언어가 다르면 동일한 의미를 지닌 어휘를 찾기 힘들 때가 있고 때로는 유사한 어휘가 다른 개념을 포괄하는 경우도 있다.

예를 들어, 분노(*anger*)라는 감정은 서구에서는 보편적 감정으로 여기지만 서구문화권 내에서도 그 의미는 조금씩 다르다. 분노에 대한 미국인의 사고는 미국식이라 할 만한데, 그들에게 분노는 권리나 목표 또는 필요라는 개념과 연관되어 있다. 분노는 이러한 개념이 제한당할 때 생기며 이때 미국인은 '난 부당한 대접을 받았다'라고 생각한다. 이에 비해 관계와 상호의존성이 중요한 집단주의 문화권에서는 분노란 관계가 단절되거나 고립될 때 생기는 감정이라고 할 수 있다.[47] 분노가 공정함에 관련된다는 점은 분노라는 감정을 보다 문화적 개념으로 생각하게 한다. 이는 특정한 맥락이 공정한지 아닌지는 문화권에 따라 다르게 정의될 수 있기 때문이다.[48]

---

46) Russell, James A., "Culture and the categorization of emotions," *Psychological Bulletin*, 110, 1991, pp. 426~450.

47) Markus et al., 1996.

감정을 나타내는 많은 영어 어휘에서는 상황과 원인이 관련된다. 공포는 위험이 나타났음을 암시하고, 불안은 원인이 모호하거나 알려지지 않았음을 의미한다. 죄책감은 자신이 나쁜 결과의 원인임을 나타낸다. 집단주의적 문화권에서 감정을 나타내는 어휘들은 마음의 내적 상태에 대한 자기성찰에 관한 진술이기보다 사람과 사건의 관계에 대한 진술로 여겨진다.

일부 문화권에서 감정을 나타내는 어휘들은 복잡한 감정이나 기분을 포괄한다. 일본어의 조도(*jodo*)라는 말은 분노, 행복, 슬픔, 수치심 등 다양한 감정 상태를 나타내는 단어이다. 그러나 이 어휘는 사려, 동기, 행운, 계산 같은 감정과 상관없는 개념을 포함하기도 한다. 아프리카의 어휘 중 하나는 분노와 슬픔을 동시에 표현한다. 많은 비서구 문화권 언어에는 우울함을 나타내는 어휘가 없다. 일부 문화권에서는 분노라는 단어를 찾아볼 수 없고, 일부 아시아와 태평양 지역의 언어에서는 죄책감이라는 어휘가 없다.

특정 문화권 내의 고유한 감정을 나타내는 언어로 자주 드는 사례가 독일어의 'schadenfreude'와 'angst'이다. 'schadenfreude'는 '악한 즐거움'이란 의미로 남의 불행을 고소하게 여기는 것을 말하며, 네덜란드어에는 이와 유사한 의미의 'leedvermaak'가 있다. 독일어 'angst'는 영어의 공포(*fear*)라는 단어보다 더 불안한 감정에 가깝다. 독일어로 슬픔의 하위 구성개념으로 이해할 수 있는 한국어 어휘인 '우울하다'나 '답답하다'가 표현하는 감정을 나타내는 단어가 없다. '답답하다'는 말은 어떠한 상황에서 표현하고자 하는 바를 제대로 드러낼 수 없을 때 느껴지는 외로움을 나타낸다. '우울하다'는 말은 웃고 싶지도 않지만 또한 특별한 이유가 없기 때문에 울 수도 없을 때 느껴지는

---

48) Scherer, Klaus R., "The role of culture in emotion-antecedent appraisal," *Journal of Personality and Social Psychology*, 73, 1997, pp. 902~922.

부정적 기분을 나타낸다.[49]

3) 감정의 표현

인간 감정의 영역에서 이루어지는 많은 연구는 표정에 관한 것이다. 표정이 선천적이라 보편적인 것인지, 사회적으로 학습되고 문화적으로 조정되는 것인지에 대한 논의가 100년 이상 계속되었다. 신경문화적(*neurocultural*) 관점[50]에서는 주요 감정상태는 각각 특징적인 안면근육의 움직임으로 나타나기 때문에 표정은 인간에게 보편적인 것이라고 주장한다. 그러나 감정을 이끌어 내는 자극요인, 관련된 느낌, 표현원칙과 태도의 결과는 모두 문화마다 다르다. 보편주의자들은 사람의 얼굴은 보편적으로 감정을 이해할 수 있도록 움직인다고 주장한다. 왜냐하면 행복, 놀라움, 두려움, 분노, 경멸, 혐오나 슬픔 같은 다수의 보편적 감정은 대체로 표정으로 나타나기 때문이다. 보편주의자는 주장의 근거를 기본적인 감정에 반하는 표정인식에 두는데, 이런 논의는 영어표현의 기준에 바탕을 둔다.

몇몇 주요 연구에서는 응답자에게 앵글로 아메리칸 연구자의 설명에 따라서 연기하는 백인 연기자의 표정을 나타낸 사진을 바탕으로 기본적인 감정을 분류하도록 하였다(예를 들어, 행복한 미소, 슬퍼서 우는 표정, 놀란 눈으로 입을 벌린 표정, 분노로 찡그린 표정, 구역질 때문에 코를 찡그리거나 혀를 내민 표정). 일반적으로 응답자들이 선택한 응답은 강요된 것이었다. 즉, 응답자들은 고정된 목록에서 기본적인

49) Schmidt-Atzert, Lothar and Park, Hyun-Sook, "The Korean concepts dapdaphada and uulhada. A cross-cultural study of the meaning of emotions," *Journal of Cross-Cultural Psychology*, 30, 1999, pp. 646~654.

50) Ekaman, Paul, "Strong evidence for universals in facial expressions: A reply to Russell's mistaken critique," *Psychological Bulletin*, 115, 1994. pp. 268~287.

감정을 선택해야 했으며, 조건들은 상호 배타적이었다. 이 연구목록은 국가를 초월한 몇 가지 기본 감정의 범주를 위해 재인율의 수준을 높이도록 유도하였다. 미국인의 표정을 판단하도록 한 조사에서는 미국인의 86%에서 뉴기니 부족 사람들의 53%까지 정확도에 차이가 있었다.[51] 문화적 차이들은 재인의 수준과 강도의 비율에서 나타났다.

대안적 접근방법은 자유선택이다. 이 경우 감정과 연결된 각각의 표정에 대해서 응답자 스스로 묘사하도록 한다. 자유선택 연구에서 표정은 하나의 특정한 분류로 해석되지 않고 주로 감정이 아닌 맥락에 대한 중복되는 분류의 넓은 범위에서 해석되었다. 특별히 집단적인 문화권의 응답자들은 감정이 아닌 맥락에 관한 설명을 더 많이 하는 경향이 있었다.

표정에 따라 감정을 측정하는 과정에서 잘못되는 부분이 있을 수 있다. 표정에 대한 정확한 인식, 강도의 평가와 관련된 감정의 분류가 잘못 인식될 수 있다. 표정 측정의 또 다른 측면은 주로 여타의 커뮤니케이션이나 맥락적 단서가 없는 실험실 여건에서 이루어지는 연구 같은 맥락이나 상황의 부재이다.[52] 사람들은 맥락이나 감정을 둘러싼 주변 맥락에 따라 표정을 다르게 평가할 수 있다. 맥락을 개념화하기는 매우 어렵다. 에드워드 홀은 "맥락은 절대 특별한 의미가 없다. 그러나 커뮤니케이션의 의미는 항상 맥락에 의존한다"[53] 고 말한다.

---

51) Elfenbein, Hillary Anger and Ambady, Nalini, "Cultural similarity consequences. A distance perspective on cross-cultural differences in emotion recognition," *Journal of Cross-Cultural Psychology*, 34, 2003, pp. 92~110.

52) Biehl, Michael; Matsumoto, David; Ekman, Paul; Hearn, Valerie; Heider, Karl; Kudoh, Tsutomu, and Ton, Veronica, "Matsumoto and Ekman's Japanese and Caucasian facial expressions of emotion (JACFEE): Reliability data and cross-national differences," *Journal of Nonverbal Behavior*, 21, 1997, pp. 3~21.

몇몇 연구자들은 광고에서 감정의 역할이 문화에 따라 어떻게 다른지를 파악하는 데 기여했다. 이러한 많은 연구에서는 감정적 소구의 설득력에 대한 개인주의 문화권과 집단주의 문화권의 차이를 측정하고자 했다. 이를 위한 실험접근 방법은 특정 문화권에서는 호소력이 있지만 다른 문화권에서는 그렇지 않을 것으로 예상되는 각각 다른 감정이 나타난 광고들을 활용하는 것이다. 이러한 연구사례로는 자부심(자아중심 감정), 동정(타인중심 감정), 행복관련감정(예: 행복한, 즐거운, 기쁜), 평화로운 감정(예: 차분한, 평화로운, 고요한) 같은 소구방식에 변화를 주어 자아중심 감정의 효과와 타인중심 감정의 효과를 측정한 것을 들 수 있다. 이 연구들의 논리적 접근방법은 다른 소구방식에 의한 효과를 통제하기 위해 다른 변인들을 일정하게 유지하는 것이다. 즉, 광고물을 최대한 비슷하게 만들어 측정하고자 하는 감정만을 변화시키는 것이다.[54]

그러나 실험에서 일정하게 유지된 변인들이 문화권에 따라 다른 감정의 맥락을 제공한다는 점에 주목할 필요가 있다. 개인주의자들과는 달리 집단주의자들은 맥락에서 벗어난 감정을 이해하는 데 어려움이 있다. 문화를 초월한 공통된 맥락을 찾는 것은 불가능한 일이다. 카피에 변화를 주는 것은 맥락의 역할을 제거하는 것뿐인데 이는 광고에서 매우 중요한 요소이다. 이런 연구에서 사용되는 배경의 사례는 해변인데 이는 문화와 무관하지 않다. 서구인들에게 해변은 긴장을 풀고 활동적인 스포츠를 즐기며 즐거운 시간을 보내고 모험을 즐기는 장소라면, 아시아 국가에서는 다른 외연적 의미를 지닌다. 아시아인들에게 해변은 특별한 축하행사나 장례식, 결혼사진을 찍거나 심지어 공공 화장실 역할을 하는 등 다양한 활동과 행사에 관련된다. 따라서 해변은 각각 다른 감정적 사건과 관련되는 경향이 있다.

53) Hall, E. T., *Beyond culture*. New York: Doubleday, 1976, pp. 81~82.

54) Aaker, Jennifer L. and Williams, Patti, "Empathy versus pride: The influence of emotional appeals across cultures," *Journal of Consumer Research*, 25, 1998.

4) 재인과 감정표현의 평가

감정표현과 평가에 대한 인식 모두 문화에 따라 다르게 나타난다. 사람들이 자신의 감정을 표현하고, 감정의 표현을 평가하는 것은 모두 학습된 행동이다. 다른 나라와 문화권에서 온 사람들은 감정표현의 의미를 해석할 수 있는 특수한 문화규칙들을 배운다. 이는 반응에 사용되는 감정의 용어의 의미와 연상의 차이 때문이다. 또한, 감정표현 강도의 차이와도 관련될 것이다. 일본인이 감정을 표시할 때는 미국인보다 강렬하지 않을 것이며, 따라서 표현에 대한 평가 역시 낮은 강도로 이루어질 것이다.[55]

마쓰모토(Matsumoto)[56]는 인식의 정확도와 홉스테드의 문화적 차원 간에 상관관계가 있으며, 집단주의 문화권에서보다 개인주의 문화권의 사람들이 부정적 감정을 인식한다는 점을 발견하였다. 홉스테드[57]는 불확실성의 회피 정도에 따른 감정인식의 차이를 설명하였다. 불확실성의 회피가 낮은 문화권에서는 감정을 표현하는 정도가 낮고 사람들은 표정에서 단서를 찾도록 학습된다. 반면에 불확실성의 회피가 높은 문화권에서는 감정이 더욱 강렬한 방법으로 표현된다. 또한, 5요인 모형(*five-factor model*)의 성격 기질의 차원에도 관련된다.[58] 감정의 재인능력은 외향성과 정적 상관관계가 있으며, 사회적이고 외향적인 개인은 다른 사람의 감정에 더 민감하고 타인의 감

---

55) Biehl et al., 1997.

56) Matsumoto, 2000, p. 286.

57) Hofstede, 2001, p. 157.

58) Matsumoto, David; LeRoux, Jeff; Wilson-Cohn, Carinda; Raroque, Jake; Kooken Kristie; Ekman, Paul; et al., "A new test to measure emotion recognition ability: Matsumoto and Ekman's Japanese and Caucasian brief affect recognition test(JACBART)," *Journal of Nonverbal Behavior*, 24, 2000, pp. 179~209.

정을 읽고 해석하는 데 익숙한 것으로 나타났다. 신경질적 성격과의 부적 상관관계는 감정적으로 불안정한 개인은 다른 사람들의 감정을 읽는 데 더 많은 어려움이 있음을 의미한다. 문화적 단계에서 신경질적 성격은 높은 불확실성의 회피와 상관관계가 있는데(제 4장 참조), 이는 홉스테드의 관찰과도 일치한다.

캐나다 심리학자 제임스 러셀(James Russell)은 여러 연구를 재조사하고 감정의 재인에 대한 많은 모순점을 정리하였다.[59] 행복, 놀라움, 두려움, 분노, 혐오나 슬픔은 표정을 통하여 보편적으로 인식할 수 있을 것이라는 주요 가설은 행복에서만 맞아 떨어졌다. 특히, 비서구적 주제들은 표현을 다르게 분류하는 경향이 있었다. 예를 들면, 혐오감과 경멸을, 두려움과 놀라움을 혼동하였다. 베이징에 사는 중국인의 감정을 표정으로 담은 사진을 이용한 연구에서는 분노의 표현이 혐오감으로, 놀라움이 두려움으로, 슬픔이 혐오와 두려움으로 분류되는 것으로 나타났다.[60]

다른 연구에서는 표현하는 사람과 평가자의 문화적 배경 일치가 중요하다는 것을 증명하였다. 균형있는 접근이 사용된다면 — 이 연구의 모든 문화집단의 구성원이 자신의 문화집단의 구성원에 의해 표현되는 감정을 평가할 때 — 비교 문화적 유의성이 조금 높게 나타나는 것을 알 수 있다. 이는 다른 사람들을 평가할 때 같은 국가와 인종, 또는 지역사람이 감정을 보다 정확하게 이해할 수 있음을 시사한다.

이질적인 사회에서는 주류 집단이 비주류 집단의 감정을 평가하는

---

59) Russell, James A., "Is there universal recognition from facial expression? A review of the cross-cultural studies," *Psychological Bulletin*, 115, 1994, pp. 102~141.

60) Wang, Lei and Markham, Roslyn, "The development of series of photographs of Chinese facial expressions of emotion," *Journal of Cross-Cultural Psychology*, 30, 1999, pp. 397~410.

것보다, 비주류 집단이 주류 집단의 감정을 보다 바르게 평가할 수 있다.[61] 감정적 경험과 언어적 표현은 문화에 따라 특수한데, 이들은 문화 내에서 성숙하거나 이후에 문화에 노출됨으로써 학습된다. 감정을 표현하는 사람과 인식하는 사람 간의 일치는 커뮤니케이션의 효율성을 가져온다. 효과적인 광고를 위해서는 표적집단이 표정을 해석할 수 있도록 만들어야 한다. 이는 각 문화집단별로 정확한 해석을 유도하기 위해서는 문화적으로 정확한 표현방법을 찾아야 한다는 것을 의미한다. 이러한 사례는 제 4장의 "몸과 정체성"에서 잘 설명되어 있다. 미국모델의 관능적인 표정은 독립적 이미지를 표현하지만, 일본모델은 의존욕구를 나타내기 위해 환한 미소를 짓는다.

또한, 감정은 음성으로 표현된다. 음성으로 감정을 표현한 것을 비교분석한 연구에서는 음성으로 가장 인식되기 어려운 것이 행복으로 나타났다. 독일, 스위스, 영국, 네덜란드, 미국, 이탈리아, 프랑스, 스페인, 인도네시아의 연구에서는 감정에 대한 재인의 정확도는 언어의 유사성과 관련 있는 것으로 나타났다. 독일어 사용자들을 가장 잘 인식한 사람은 네덜란드인과 영국인, 게르만 어족의 사람들이었다. 로마계 언어의 사용자들(이탈리아, 프랑스, 스페인)의 경우도 마찬가지로 나타났다. 가장 낮은 재인의 정도는 인도네시아인의 재인이었다.[62] 사람들은 단순히 얼굴만 보지 않는다. 감정을 인식하기 위해서는 다른 감각이 추가적이고 보완적인 역할을 해야 한다. 얼굴에서 행복의 감정을 재인하는 것이 가장 분명하지만 음성은 재인하기

---

61) Elfenbein, Hillary Anger and Ambady, Nalini, "On the universality and cultural specificity of emotion recognition: A meta-analysis," *Psychological Bulletin*, 128, 2002, pp. 203~235.

62) Scherer, Klaus R.; Banse, Rainer; and Wallbot, Harald G., "Emotion inferences from vocal expression correlate across languages and cultures," *Journal of Cross-Cultural Psychology*, 32, 2001, pp. 76~92.

가 가장 어렵다. 분노는 음성으로 분명히 이해할 수 있지만 얼굴표정으로 이해하기는 비교적 어렵다.[63]

얼굴표정을 재인하는 것은 인간의 능력이 될 수 있지만 반드시 감정의 보편성을 의미하지는 않는다. 어떤 문화권에서는 표현규칙이라고 불리는 사회적 규범에 의해 자신의 감정상태를 숨겨야 하는 경우도 있다. 문화적 표현규칙은 각각 다른 문화권의 사람들이 감정표현에 다른 의미를 부여하도록 유도하기도 한다. 예를 들어, 미국인은 미소 짓고 있는 얼굴을 무표정한 얼굴보다 유식한 얼굴로 보는 경향이 있지만 일본인은 그렇지 않다.[64]

만약 얼굴에 나타나는 감정을 같은 국가나 같은 인종이 더 잘 이해할 수 있다면 광고주는 적당한 표현을 선택하는 것뿐만 아니라 적당한 얼굴을 선택하는 것도 중요하다. 국제광고에서는 효율성 때문에 기업이 많은 국가에서 알아볼 수 있는 얼굴을 선택하는 경향이 있다. 하나의 사례로 레바논인의 얼굴을 보여주는 니베아의 이집트 광고(〈그림 5-3〉)를 들 수 있다. 유럽인이나 미국인은 이 차이를 분명하게 알 수 없지만, 필자가 이집트인에게 물어본 결과 그들은 이 광고에 나타난 인물이 이집트인이 아니라는 사실을 광고를 보는 즉시 알 수 있다고 하였다.

〈그림 5-3〉 이집트의 니베아 광고

63) Elfenbein and Ambady, 2002, pp. 203~235.

64) Matsumoto, 2000, p. 287.

5) 표현규칙

사람들이 자신의 감정을 어느 정도로 (그리고 어떻게) 표현하는지는 문화적으로 규정된다. 감정의 의미와 강도는 변한다. 예를 들어, 감정은 위계적이며 권력거리가 높은 집단주의 문화권에서 더욱 억제된다.[65] 같은 표현이라도 다른 문화권에서는 다른 의미를 가질 것이다. 서구사회의 어린이들은 경멸감을 나타내기 위해 혀를 내밀지만, 이 행동이 중국인에게는 놀라움을 의미한다.[66] 미소는 모든 곳에서 기쁨이나 다정함을 나타내는 표정이지만, 어떤 문화에서는 다정함을 나타내는 것이 무례하게 보이거나 불신의 이유가 될 수 있으며 사회적 상호작용의 필요조건이 될 수도 있다.[67] 동아시아의 집단주의자들은 긍정적 감정만 표현하고 부정적 감정은 억제하는 경향이 있으며,[68] 불쾌한 감정을 억제하는 대신 서구인이 미소로 인지할 가능성이 있는 정중한 친교를 표시할 것이다.

개인적 대면에서 필자는 중국인이나 인도인이 부끄러움을 숨기기 위해 미소를 짓거나 크게 웃는 것을 본 적이 있다. 이런 미소는 분명 행복을 나타내는 것은 아니다. 이런 현상을 알지 못할 때는 오해를 불러일으킬 수도 있다. 예를 들어, 마쓰모토[69]는 개인주의 문화권보

65) Kâgitçibasi, Çigdem, "Individualism and collectivism," in *Handbook of cross-cultural Psychology*, Vol. 3, edited by John W. Berry, Marshall H. Segall, and Çigdem Kâgitçibasi., Boston: Allyn & Bacon, 1997, p. 23.

66) Bergsma, Ad. Het gezicht van emoties(The face of emotions). NRC Handelsblad, August 24, 1995.

67) Mesquita, Batja; Frijda, Nico; and Scherer, Klaus R., "Theoretical and methodological issues," in *Handbook of cross-cultural Psychology*, Vol. 2, edited by John W. Berry, Pierre R. Dasen, and T. S. Saraswathi. Boston: Allyn & Bacon, 1997, p. 285.

68) Trandis, Harry C., *Individualism and collectivism*, Boulder, CO: Westview, 1995.

다 집단주의 문화권에서 부끄러움을 표현하는 데 웃음과 미소가 동반된다고 언급한다. 그는 이러한 발견을 통해 집단주의 문화를 '부끄러움'의 문화로 보는 특징의 반대되는 것으로 본다. 부끄러워하는 행동은 부끄러움의 집단적 개념을 확증하지만 미소에 대한 해석은 부정확하다.

감정표현은 태도의 규칙을 따르며, 특정 상호관계에 대한 태도와 그에 따라 표현되는 감정유형은 달라진다. 개인주의 문화권의 구성원들은 집단의 협동과 조화와 단결에 기여하는 감정표현을 강조하는 집단주의 문화권의 구성원에 비해 다양한 감정적 행동을 나타낸다.

집단주의자가 나타내는 특별한 감정은 맥락과 감정의 대상에 따라 달라진다. 집단주의 문화권에서 공공의 맥락에서 부정적 감정을 나타내면 집단 내에서 부정적으로 반영될 수 있으므로 이는 부적절하지만, 만약 그 감정이 집단 외의 일원을 향한 것이라면 집단 내의 단결을 유발하기 때문에 수용할 수 있을 것이다. 따라서 집단과 맥락은 감정의 표현에 영향을 끼친다.[70] 메스키타(Mesquita)와 프리다(Frijda)[71]는 프리젠(Friesen)[72]이 수행한 실험에 대해 보고하였다. 프리젠은 미국인과 일본인 사이의 감정표현을 비교하였다. 혐오스러운 영화를 볼 때, 미국인과 일본인 모두 연구자가 참석하지 않은 상황에서는 혐오

69) Matsumoto, 2000, p. 295.

70) Gudykunst, William B. and Bond, Michael Harris, "Intergroup relations across cultures," in *Handbook of cross-cultural Psychology*, Vol. 3, edited by John W. Berry, Marshall H. Segall, and Çigdem Kâgitçibasi, Boston: Allyn & Bacon, 1997, p. 145.

71) Mesquita, Batja; Frijda, Nico H., "Cultural variations in emotions: A review," *Psychological Bulletin*, 112, 1992, pp. 179~204.

72) Friesen, W., "Cultural differences in facial expression in a social situation," Unpublished doctoral dissertation, Department of Psychology, University of California at San Francisco, 1972.

감을 나타낸 반면에 일본인은 연구자가 참석한 맥락에서는 혐오감을 나타내지 않는 대신 계속 미소를 짓는 것으로 나타났다.

홉스테드[73]는 불확실성의 회피와 수치심의 표현 간에 유의한 상관관계가 있다는 연구결과를 보고한다. 불확실성의 회피가 낮은 문화권의 사람들은 자신의 감정을 조정하고 부끄러움이나 죄책감을 표현하지 않는 경향이 있는 반면에, 불확실성의 회피가 높은 문화권에서는 감정표현이 자연스럽고 사람들은 수치심과 죄책감을 나타내려고 한다. 개인주의 문화권에서는 집단주의 문화권보다 개인적인 분노의 표현을 묵인하는 경향이 있다.[74]

감정표현은 사회적 동기에 영향을 받는다. 올림픽 금메달 수상자를 관찰하면 그 증거를 찾을 수 있다. 일생에서 가장 행복한 순간을 맛보는 이들은 특정한 사회적 수여식 중에는 환하게 웃었지만, 그 이전이나 이후에는 덜 웃는다는 사실을 알 수 있었다.[75]

6) 감정을 유발하는 사건들

감정은 주로 특정 사건의 결과물이며 비슷한 감정의 원인을 제공하는 사건은 문화에 따라 다르다. 행복이란 보편적 감정일 수 있지만 행복의 원인은 문화에 따라 매우 다르다. 예를 들어, 미국인은 목표의 성취를 행복과 연결하며, 친구와 가족과 함께 보내는 시간은 덴마크인을 가장 행복하게 만든다.[76] 메스키타와 동료들은[77] 감정을 유인하는 사건의 세 가지 변화에 주목한다. ① 같은 맥락이라도 문화에

73) Hofstede, 2001, pp. 156, 157, 160.

74) Hofstede, 2001, p. 236.

75) Russell, 1995.

76) Nelson and Shavitt, 2002.

77) Mesquita et al., 1997, p. 270.

따라 다르게 해석되며 다른 감정을 유도한다. ② 생활환경은 문화에 따라 다르며 다른 사건을 초래한다. ③ 사건은 어떠한 특수문화적 사건으로부터 그 유의도를 도출한다. 예를 들어, 다양한 문화권에서 '독신'(홀로지내기)의 조건은 다르게 해석된다.

집단주의 문화권에서는 홀로 지내는 것이 가족과 함께 지내지 않고 애정이 결핍된 불행을 의미한다. 혼자 앉아 있는 것은 다른 사람과의 관계나 가족의 관계가 원만하지 않다는 것을 뜻한다. 혼자 지내는 것이 정체성이 없음을 의미할 수도 있다. 반대로 개인주의 문화권에서는 혼자 지내는 것이 프라이버시의 필요성 때문에 행복으로 연결되며 스트레스로부터 자유로움을 나타낼 수도 있다.

가족이나 집단에게 영향을 미치는 사건들은 개인주의 문화권보다 집단주의 문화권에서 더 중요할 것이다. 행복한 감정상태에 도달하기 위해서 미국인은 일본인보다 즐거움을 찾는 경향이 있으며, 일본인은 미국인보다 개인 간의 조화로운 환경을 만드는 맥락을 찾고자 할 것이다.[78]

동일한 형태의 맥락이나 사건이 문화에 따라 같은 감정을 불러일으키지는 않는다. 관계의 문제 때문에 슬픔이 형성되는 경우는 일본인이 미국인이나 유럽인보다 많을 것이다. 낯선 사람이나 성취와 관련된 상황이 미국인에게 더욱 공포를 유도해내는 반면, 일본인에게는 새로운 상황, 교통, 관계가 더 자주 공포를 유발하는 요소이다.[79]

메스키타(Mesquita)와 동료들은[80] 감정현상의 비교문화적 유사성은 그 현상이 매우 추상적으로 묘사될 때 더 발견하기 쉽다고 설명하였다. 그 차이들은 감정상태의 구체적 특징을 감안했을 때 발견된다. 이는 글로벌 광고에서 분명하게 나타난다. 표준화된 글로벌 광고에

78) Triandis, 1995.

79) Matsumoto, 2000, p. 300.

80) Mesquita et al., 1997, p. 287.

대한 논의는—사랑, 자부심, 모성애 같은 보편적 감정들이 존재한다는—높은 추상성 단계로 표현되는 감정들에만 유효하다. 광고에서의 감정은 구체적으로 표현되고 나타나야 하며 문화적 맥락에서 제시되어야 한다. 감정의 보편성은 실제로는 없으며 단지 이론에서만 존재한다.

> 로맨틱한 사랑으로 유도되는 감정이나 감정표현은 국가마다 다르다. 중국에서 사랑은 개인적 취향이나 강렬한 욕구에 바탕을 두기 때문에 미국보다 더 '내재되어' 있다. '내재된 것'의 의미는 자연과 헌신, 약속, 충의와 지속적인 사랑을 포함하는 장기적 관계의 측면에 포함된다. 이는 육체적 매력과, 욕구의 강렬한 감정과 의존적 관계로 특징되는 유럽과 미국 스타일의 사랑과는 반대된다. 중국인의 의존욕구가 자연을 포함하여 다양한 친밀한 관계의 그물로 분산되는 반면, 미국의 의존욕구는 자신의 성적 파트너에 초점을 맞춘다. 이런 특징은 사랑노래에서도 나타난다. 중국의 사랑노래에서는 꽃, 강, 별로 표현되는 사회와 자연의 조화를 포함하는 맥락의 효과가 중요한 역할을 한다. 예를 들어, '당신과 나, 감정, 하늘, 바다와 땅을 갖는다' 라는 표현에서 볼 수 있다. 또한, 중국의 노래는 고통과 관계의 미래에 대한 부정적 기대라는 측면을 포함한다.[81]

대부분의 문화권에서 감정을 유발하는 관심사의 쟁점이 존재하는데, 이는 각 특정 문화의 핵심가치에 바탕을 둔다. 이러한 쟁점에 대한 감정적 대응은 습관적이거나 대본에 짜여 나타나는 경우도 있다.[82] 인식된 자존감의 상실은 이것을 자아의 매우 중요한 구성요소로 받아들이는 개인주의 문화권이나 남성적 문화권에서 매우 감정적인 것으로 나타날 수 있다. 다른 문화권에서는 오히려 핵심적 관심사

81) Rothbaum, Fred and Tsang, Bill Yuk-Piu, "Lovesongs in the United States and China," *Journal of Cross-Cultural Psychology*, 29, 1998. pp. 306~319.

82) Mesquita et al., 1997, p. 267.

가 물리적 참살이(웰빙)나 안전, 집단의 지위 등으로 받아들여질 수 있다.[83]

> 대부분의 유럽언어에는 명예를 뜻하는 단어가 존재하지만 각각 다른 외연적 의미를 지닌다. 스페인어와 네덜란드어에서 명예는 비슷한 일련의 행동이나 맥락을 의미한다. 문화권에 따라 달라지는 것은 행동이나 맥락에 대한 강도의 차이이며, 이러한 변형은 각 국가마다 강조되는 가치와 일치한다. 스페인은 가족과 사회의 상호의존을 중시하며, 네덜란드는 성취나 자아지향적 가치를 중요시한다.[84] 스페인어의 명예는 다른 사람과 상호의존을 강화하는 자아와 관련 있다. 이는 개인의 의무를 수행하고 그에 관대한 것과 관련된다. 친척의 불명예스러운 행동은 자기 자신에게도 결국 영향을 미칠 것이다. 네덜란드의 독립적 자아는 관대함과 관련된 명예의 개념과 무관하다. 절약정신이 강한 네덜란드인은 경의를 표하는 것이 돈을 갚는 가장 쉬운 방법이라고 생각하는 경향이 있다.

결국, 감정의 문화적 다양성은 그것들이 성숙된 문화적 지향성과 관련된다. 예를 들어, 미국의 애국주의는 특수 문화적이며 상징적인 도구로 성조기를 사용한다. 9·11사건 이후 미국사회에서 널리 퍼진 감정적 대응은 크고 작은 여러 모양의 성조기를 들고 다니는 것으로 나타났다. 스페인의 ETA학살 이후의 감정적 반응은 항상 집단적 행군이었다. 거스 히딩크는 한국 축구팀에게 지난 한·일 월드컵에서 우승에 가까운 승리를 할 수 있도록 도와주었다. 한국인은 그가 세계에 한국의 '얼굴'을 알려줬다는 사실에 감정이 고무되었고 감사한 마음을 지니게 되었다. 곧이어 일군의 한국인들이 이전에는 전혀 알려지지도 않았던 네덜란드의 작은 마을을 방문하기 시작했다.

---

83) Mesquita et al., 1997, pp. 274~278.

84) Rodriguez Mosquera, Patricia M; Mansetad, Antony S. R.; and Fischer, Agenta H., "Honor in the Mediterranean and Northern Europe," *Journal of Cross-Cultural Psychology*, 33, 2002, pp. 16~36.

4. 광고에서의 감정

장기간 동안 국제광고 전략가들은 감정이나 느낌의 소구는 이성적 사고에 비해 세계적으로 널리 퍼질 수 있을 것으로 생각했다. 이는 세계적으로 공유되는 감정이 존재한다고 가정했기 때문이었다.[85] 따라서 국제광고는 사랑이나 행복 같은 감정소구가 대부분을 차지했다.[86] 이는 세계적으로 보편화되었다고 가정된 감정에 원인을 두는 경향이 있다. 기본적 감정반응이 비교문화적으로 동질적일 수 있다는 가능성은 국제 광고인에게 매력적인 생각이다. 이런 생각은 모리스 홀브룩(Morris Holbrook)[87] 같은 소비자행동이론가에 의해 촉발되었는데, 그는 미국광고에서 볼 수 있는 감정반응을 분류하기 위해 기본적 감정을 사용하였다. '혐오'는 청결상품과 관련되는 기본감정에 적절하며, '분노'나 '좌절'은 은행광고에서, '기쁨'은 전화회사 광고에서 나타날 것이다. 광고에서 미국인의 기본감정을 사용하면 미국 광고시장에서는 효과적일 것이다. 그러나 일반적인 미국인의 감정이나 특히 이러한 감정표현 방법을 다른 문화권에 사용하면 동일한 효과를 얻기 어렵다.

---

85) Domzal, Teresa J. and Kernan, Jerome B., "Creative features of globally-understood advertisements," *Journal of Current Issues and Research in Advertising*, 16, 1994, pp. 29~47.

86) Aaker and Williams, 1998, pp. 241~261; Huang, Ming-Hui, "Exploring a new typology of advertising appeals: Basic versus social, emotional advertising in a global setting," *International Journal of Advertising*, 17, 1998, pp. 145~168.

87) Holbrook, Morris B, and Westwood, Richard A, "The role of emotion in advertising revisited: Testing a typology of emotional responses," in *Advertising and consumer psychology*, edited by Pat Cafferata and Alice M. Tybout, Lexington, MA: D. C. Heath, 1998, p. 356.

1) 감정적 광고 대 이성적 광고

(미국의) 광고이론에서 감정의 개념은 '이성적'인 것과 '감정적'인 것의 개략적 구분에서 사용된다. 여기에서 감정적 광고의 의미는 감정, 즐거움이나 분위기를 의미하며, 이성적 광고는 상품에 대한 정보만 제공하는 경우이다.[88] 보다 단순한 구분은 '생각하는' 광고와 '느끼는' 광고이다. 기본적으로 이성에 호소하지 않는 주장이나 소구는 모두 감정적인 것으로 간주한다. 감정소구의 사례는 성적 소구, 유머 소구, 또는 공포 소구를 들 수 있다.[89] 이러한 구분은 미국 광고전략에 대한 두 가지 학설인 머리와 가슴을 나타낸다. 머리는 이성적 논증을 상징하는 반면, 가슴은 '단어나 사실, 주장 공세를 하지 않는' 감정적 광고나 이미지 광고를 상징한다.[90] 이러한 구분은 미국광고에서는 일반적이다. 미국이 감정에 강하게 초점을 맞춘다는 점은 감정이 매우 개인화되고 정신건강을 위해 개인의 감정과 교류해야 된다고 믿는 미국적 가치와 관련된다. 이러한 사실은 미국광고에서 "손을 뻗어 누구와 만나세요"(*Reach out and touch someone*)라고 말하는 벨 장거리 전화의 고전적 광고나[91] "미국의 심장박동" 같은 용어를 사용하는 감정적 소구의 효과를 이해할 수 있도록 도와준다. 세계의 다른 지역에서는 이런 카피를 과장이나 감상적 표현으로 받아들일 것이다.

---

88) Papavassiliou, Nikolaos and Stathakopoulos, Vlasis, "Standardization versus adaptation of international advertising strategies," *European Journal of Marketing*, 31, 1997, pp. 504~527.

89) Solomon, Michael; Bamossy, Gary; and Askegaard, Søren, "Consumer behaviour," *A European perspective*. Harlow, Essex, UK: Pearson Education, 1999, pp. 164~167.

90) Moriarty, Sandra E., "Creative advertising, theory and practice," Englewood Cliffs, NJ: Prentice-Hall, 1991, p. 79.

91) Moriarty, 1991, p. 79.

이성과 감정의 구분은 광고에서 직접적 또는 간접적 접근방법을 사용하는지와 언어 지향적 광고인지 시각 지향적 광고인지를 구분하는 데도 사용된다. 아시아 광고 대부분이 미국광고보다 더 시각적이고 간접적이기 때문에, 아시아 광고는 서구의 이성적 광고와는 반대로 감정적 특징이 있다. 그러나 일본이나 프랑스 광고에서 감정적인 것으로 구분되는 광고는 단지 대단히 맥락적이며 간접적인 스타일이다 (제 6장 참조). 국제광고기관인 BDDP의 공동설립자인 장마리 드루 (Jean-Marie Dru)[92]는 "일본광고는 단순히 감정적이지 않고 풍부한 상상력을 자극한다"고 설명한다. 각 문화권의 광고를 구분하기 위해 감정의 개념을 사용하면 명료해지기보다 더욱 혼란스러워져 "일본광고에서 과장이나 독특한 판매제안 같은 정보전략을 사용할 때에도 감정소구를 한다"[93] 같은 명료하지 않은 문장을 쓰기에 이른다.

2) 표정: 광고에의 적용

광고에 대한 감정 반응을 이해하기 위해 광고회사 연구자들은 표정 재인 방법을 적용하였다. 표정재인 방법이란 표정으로 감정을 읽을 수 있다는 가정에 바탕을 둔 시스템이다. 예를 들면, 미국의 BBDO가 개발한 감정측정 시스템이 있다. 이 방법은 포즈를 잡은 표정을 담은 사진을 사용하였다. 이러한 측정도구를 개발하기 위해 다양한 포즈의 표정을 개발해야만 했다. BBDO에서는 26가지의 감정을 선정했고, 각각 20대, 30대, 40대를 대표하는 6명의 전문 배우가 감정

92) Dru, Jean-Marie, *Disruption*, New York: John Wiley & Sons, 1996, p. 9.

93) Ramaprasad, J. and Hasegawa, K., "Creative strategies in American and Japanese TV commercials: A comparison," *Journal of Advertising Research*, 32, 1992, pp. 59~67.

을 표현하는 포즈를 취하기 위해 고용되었다. 그 결과 1,872개의 표정이 만들어졌다. 보다 훌륭하게 선정하기 위해서 표본으로 선정된 소비자들이 표정에 점수를 매겼다. 이는 소비자가 파악한 얼굴표정의 감정적 의미에 대하여 논의할 수 있는 기준을 제공하였다.

그런 감정사진들은 광고의 감정적 효과를 비언어적으로 접근하는 유용한 도구이다. 텔레비전 광고를 보는 소비자들은 광고를 보며 느끼는 감정을 나타내는 사진을 선택할 수 있다.[94] 이 방법의 강점은 응답자가 광고에 의해 유발되는 감정을 언어화하지 않아도 된다는 점이다. 단점은 국제광고의 경우 각 나라마다 사진묶음을 따로 만들어야 유용하다는 점이다. 유럽의 BBDO에서 행한 실험에서는 미국에서 찍은 얼굴표정 사진들은 유럽에서는 적용되지 않는다는 점을 밝혔다. 유럽의 응답자들은 미국배우들의 특정한 감정표현을 인식할 수 없었다. 이런 현상은 유럽 내에서도 나타났으며, 유럽 전체를 위한 하나의 '사진묶음'은 개발할 수 없었다.[95]

이와 유사한 조사가 뉴질랜드에서도 이루어졌다. 사람들의 얼굴과 모양을 조정한 얼굴사진이 투사기법을 통해서 분석되었는데 비유럽계 뉴질랜드 사람(원주민, 한국인)들은 유럽인의 얼굴을 브랜드와 쉽게 연결하지 못했다. 유럽계 뉴질랜드인은 브랜드를 자신과 더 유사한 얼굴을 담은 사진과 잘 연결했다. 한국인도 한국사람의 사진을 더 많이 연결시켰다. 비유럽계 뉴질랜드인은 웃는 얼굴표정의 날카로운 눈 모양 때문에 공격적인 것으로 보기도 했다. 비유럽계 뉴질랜드인은 처음에 중립적 요소인 수평으로 다문 입에 대해 부정적으로 반응하였다. 헤어스타일의 차이는 주변 단서이기는 하지만 실제 표정에

94) Russell, D. A. and Starkman, D. L. Measuring the emotional response to advertising, *Onderzoek*, 2, 1985, pp. 15～26.

95) Majorie Dijkstal, advertising research at FHV/BBDO, the Netherlands (personal communication, 1995).

대한 주목을 분산시키는 것으로 나타났는데 이는 맥락의 중요성을 나타낸다.[96)]

5. 집단과정

개인의 행동은 한편으로는 개인의 특징에, 다른 한편으로는 한 집단의 일원으로서의 특징에 바탕을 둔다. 그러나 개인이 소속된 다른 집단이 모두 똑같이 중요한 것은 아니다. 일반적으로 모든 맥락에서 개인은 자기가 소속되거나 소속되지 않은 집단이나 집단을 아는 것처럼 생각한 이것이 행동을 결정한다.[97)]

서구의 소비자행동론에서 중요한 요소는 소비자행동에 대한 집단의 영향이다. 지각, 의견, 행동과 관련된 규범은 집단 내에서 개발되는 경우가 많다.[98)] 소비자행동론에서는 행동이나 결정에 영향을 미칠 수 있는 공식적(협회)·비공식적(가족이나 친구) 집단을 구분한다. 소비자행동에 영향을 미칠 수 있는 것으로 구분되는 다른 집단은 준거집단(*reference group*)이나 소망집단(*aspirational group*)이다.

사람들이 집단에 소속되거나 참여하는 이유의 사례는,[99)] ① 혼자서는 할 수 없는 일을 성취하기 위해서, ② 우정, 동료, 후원을 얻기 위해서, ③ 온정과 심리적 안정감을 찾기 위해서, ④ 남자나 여자로 태어났고 특정 가정에 소속되어 태어났다는 선택의 여지가 없는 이유를 들 수 있다. 처음의 세 가지 이유는 서구 중심적이다. 기본적인

---

96) Cooper, H. R.; Holway, A.; and Arsan, M., "Cross-cultural research — should stimuli be psychologically pure or culturally relevant?" *Marketing and Research Today*, February 1998, pp. 67~72.

97) Gudykunst and Bond, 1997, p. 121.

98) Antonides and Van Raaij, 1998, p. 332.

99) Rice, C., *Consumer behaviour, behavioural aspects of marketing*, Oxford, UK: Butterworth Heinemann, 1993, pp. 215~235.

가정은 자신이 소속된 집단을 선택할 수 없다는 것이다.

집단의 역할, 집단의 준거역할과 집단 내 개인의 위치와 역할은 문화권에 따라 다르다. 개인주의 문화권의 구성원은 사회적 계층에 제한적 영향을 주는 핵가족에서 태어나기 때문에 사람들은 자신의 사회적 지위를 바꿀 수 있다. 반면에 집단주의 문화권에서는 사회적 지위가 경직되어 있다. 집단주의 문화권에서 집단 소속감은 자아 정체성의 핵심이며 이는 다른 사람들과 조화로운 관계를 유지하는 것처럼 집단주의의 목표가 가치 있는 개인의 특징으로 여겨진다.[100]

집단의 구성원이 소비결정을 내리는데 다른 구성원에게 의존하는 정도는 각각 다르다. 집단주의적이며 권력거리가 높은 문화권의 다른 구성원에 대한 의존도는 개인주의적이며 권력거리가 낮은 문화권에 비해 높다. 중국과 미국광고를 비교한 내용분석에서는 집단의 일치와 개인적 선택보다 가족을 선호하는 경향이 미국보다 중국에서 더 많이 나타나는 것으로 밝혀졌다.[101] 그러나 가족관계와 상호의존성의 차이는 보다 복잡하다. 미국 내 연구를 보면 유럽계 미국인은 가족에 대한 의무를 가족관계의 밀접함과 동일하게 보기 때문에 가족에 대한 의무를 개인적 선택으로 보았다. 반면 멕시코계 미국인에게는 의무가 가족이나 집단의 사회적 역할과 관련되었다. 중국계 미국인과 비교했을 때, 유럽계 미국인 대학생들은 자신의 독립을 부모가 더 존중하고 지원해 준다고 느꼈다. 또한, 부모와의 관계를 감정적으로 지지하며 상호적인 것으로 보고 부모에게 도움을 요청하는 것을 더 편하게 느끼는 것으로 나타났다.[102]

---

100) Oyserman, Daphna; Coon, Heather; and Kemmelmeier, Markus, "Rethinking individualism and collectivism: Evaluation of theoretical assumptions and meta-analyses," *Psychological Bulletin*, 128, 2002, pp. 3~72.

101) Lin, Carolyn, "Cultural values reflected in Chinese and American television advertising," *Journal of Advertising*, 30, 2001, pp. 83~94.

특히 어린이들은 권력거리가 낮은 문화권보다 권력거리가 높은 문화권에서 의사결정과정에서 부모에게 더 의존적이다. 성인과 어린이는 성인의 세계와 어린이의 세계에서 각각 따로 살고 있다. 이러한 점은 국가별로 인기가 많은 장난감을 보면 알 수 있다. 예를 들어, 덴마크에서 개발한 레고는 부모와 어린이가 함께 놀기 위해 만든 것이다. 부모는 레고빌딩을 만드는 방법을 어린이에게 가르쳐준다. 권력거리가 높고 의존적 문화인 프랑스에서는 덴마크만큼 레고가 인기 있는 완구가 아니었다. 커뮤니케이션에서 어린이들 역시 자기 세계의 맥락에서 강조된다. 이러한 과정은 중국의 어린이 광고에서 성인 대변인이나 성우가 활용되는 경우가 미국보다 적은 사실에 대한 설명이 될 수 있다.[103]

소비자행동에 대한 집단의 영향을 이해하기 위해서는 내집단과 외집단의 구분이 매우 중요하다. 내집단과 외집단의 구분에 관련되는 다른 현상들은 일치, 자의식의 정도와 사적인 공간이나 공적인 공간에 따라 달라지는 행동들이다. 이 주제들은 다음 절에서 다룬다.

1) 내집단과 외집단

트라이언디스(Triandis)[104]는 내집단(*in-group*)을 "열망을 유도하는 것으로부터 분리되어 공평한 보상을 바라지 않고 협력하려는 사람과 함께 복지를 추구하는 개인의 집단"으로 정의한다. 집단주의 문화권의 구성원들은 자신의 정체성을 정의하는 집단의 일부로 태어난다. 내집단 행동은 외집단 행동과 차이가 있을 수 있다. 일본인은 자신의

---

102) Oyserman et al., 2002.

103) Ji, Mindy F. and McNeal, James U., "How Chinese children's commercials differ from those in the United States: A content analysis," *Journal of Advertising*, 30, 2001, pp. 79~92.

104) Triandis, 1995, p. 9.

생활을 내적 · 외적 영역으로 구분하여 각각 다른 행동의 기준을 갖고 있다. 측근모임(*inner circle*)에서 개인은 자연스럽게 받아들여지고 상호의존하며, 무의식적인 온정과 사랑, '수동적인 사랑'이나 의존으로 번역되는 '아마에'(*amae*)가 있다. '아마에'는 외적 영역에 들어서는 순간 사라진다. 외적 영역에서는 '아마에'를 기대하지 않는다.[105] 개인주의 문화권의 구성원들은 다양한 특정 내집단에 소속되어 있으며 자발적으로 참여한다. 이 때문에 이러한 내집단은 집단주의 문화권의 내집단이 하는 것보다 영향을 덜 미친다.[106]

내집단은 주로 집단 구성원간의 유사성으로 특징지어진다. 개인들은 집단 내의 구성원들과 '공통의 운명'을 가지고 있다고 느낀다. 같은 집단에 소속되었다는 사실은 동료회원의 일에 참여할 수 권리가 있다는 것을 암시하는 효과가 있다. 분명한 외집단(*out-group*)은 분리될 수 있는 무엇인가가 있으며, 가치 있는 속성에 대해 동의하지 않는 집단이다.

집단주의 문화권에서는 개인주의 문화권보다 내집단과 외집단의 차이가 분명하다. 집단주의 문화권의 개인은 개인주의 문화권의 개인에 비해 내집단 구성원들과 더 자주 더 넓고 깊이 있고 더 긍정적으로 상호작용한다. 상호간에 영향을 미치는 과정이나 조화의 향상과 내집단에 대한 편애는 개인주의 문화권보다 집단주의 문화권에서 더 강하게 나타난다.[107]

학생을 대상으로 한 조사에서 일본과 홍콩학생들은 외집단보다 내집단과 더 많은 시간을 보내는 것으로 나타났다. 미국 내 연구에서는

---

105) Doi, TaKeo, *The anatomy of dependence*, Tokyo: Kodansha International, 1973.

106) Gudykunst, W. B. and Ting-Toomey, S., *Culture and interpersonal communication*, Newbury Park, CA: Sage, 1998, pp. 42~43.

107) Gudykunst and Bond, 1997, p. 122.

유럽계 미국인이 내집단·외집단과 동일한 시간을 보내며, 어떤 집단에 소속될지 결정하는 데 인도나 아시아계 미국인보다 자유로운 것으로 나타났다. 미국학생들은 인도학생들보다 더 많은 집단에 소속된 것으로 나타났다.[108] 내집단과 외집단의 차이는 여덟 명을 수용할 수 있는 둥근 식탁이 있는 중국 레스토랑에서 잘 나타난다. 중국 레스토랑에서는 가족이나 다른 내집단이 자기들만을 위한 공간에서 식사할 수 있다. 가족의 생일파티는 굉장히 요란한 특징이 있는데, 이 때문에 중국의 레스토랑에서는 축하할 일이 있는 가족을 위해 특별공간을 제공한다. 내집단의 소음은 축하의 한 부분이지만 외집단의 소음은 내집단의 목표에 부정적 영향을 미칠 수 있다.[109]

> 맥도날드의 몇 가지 요소는 중국 내 맥도날드의 평가에 어떤 역할을 한다. 여기에는 음식주문과 배달방법, 실내장식과 소음, 그리고 테이블 세팅방식이다. 맥도날드의 독특함은 표준화된 메뉴와 싼 가격, 청결과 둘만을 위한 테이블이다. 이 때문에 맥도날드는 생일파티나 몇 대의 가족이 모이는 행사를 위한 레스토랑이 될 수 없다. 테이블은 적당하지 않고 음식의 선택폭도 좁으며 축하를 받아야 하는 사람을 축하해 주기에는 가격이 너무 싸다. 또한 외집단으로부터 발생하는 소음도 너무 많다. 중국의 생일파티는 다른 레스토랑 손님들과 구분되기 위해 특별한 음식을 주문하고 다른 외집단의 소음으로부터 방해를 받지 않기 위해 특별한 공간에서 즐긴다. 맥도날드의 규정된 방식은 이러한 서비스를 제공할 수 없다. 그러나 맥도날드의 2인용 테이블은 데이트를 즐기는 커플에게 사생활을 제공하는 공간이 될 수 있다. 맥도날드는 두 사람이 단둘이 오랫동안 앉아 있을 수 있는 집 밖의 공간을 제공한다. 이는 사람들이 식사를 마친 즉시 떠나는 보통의 중국 레스토랑과는 다르다. 따라서 중국에서 맥도날드는 패스트푸드의 대체물을 제공한다.[110]

---

108) Oyserman et al., 2002.

109) Eckhardt, Giana M. and Houston, Michael J., "Cultural paradoxes reflected in brand meaning: McDonald's in Shanghai, China," *Journal of International Marketing*, 10, 2002, pp. 68~82.

110) Eckhardt and Houston, 2002.

집단주의 문화권의 구성원들은 집단의 목표와 욕구, 시각을 개인의 그것보다 강조한다. 내집단의 사회규범을 개인의 즐거움보다, 공유된 내집단의 신념을 개인 고유의 신념보다 선호한다.[111] 집단주의 문화권의 구성원들은 내집단 구성원들과 외집단을 분명히 구분한다. 집단주의 문화권의 내집단 관계는 개인주의 문화권보다 훨씬 친밀하다. 이에 더불어 타인(외집단)과의 상호작용은 불확실성의 회피에 따라 달라진다. 불확실성의 회피가 높은 문화권의 사람들은 생소하거나 잘 알려지지 않은 것을 위협적으로 볼 수 있다. 낯선 사람을 대하는 태도는 매우 정형화되거나 매우 다정하거나 또는 마치 존재하지 않는 것처럼 무시할 수도 있다.[112]

집단주의 문화는 내집단의 종류나 순위에 따라 달라진다. 내집단의 종류는 이웃에 함께 사는 대가족(같은 집에서 사는지는 중요하지 않다)과 대가족에 속한 학교 친구들에서부터 인도의 자티(*jati*)나 스페인의 바리오(*barrio*)나 직업단위까지 다양하게 나타난다.[113] 어떤 사람들은 혈연관계의 조직을 다른 내집단보다 우선시하는 반면 다른 사람들은 내집단보다 자신의 기업을 우선시한다. 집단주의 문화권에서 내집단의 관계는 주로 세 가지로 제한된다. 형제·자매(가족집단), 직장 동업자나 동료(기업 내집단), 그리고 동급생(대학 내집단)이다. 일본의 근대화 과정은 가족관계보다 직업의 단위를 더욱 중요하게 만들었다. 유럽처럼 집단주의 문화가 중간에 위치하는 경우도 개인주의 문화권보다 개인이 거주하는 도시나 지역이 개인의 정체성에 중요한 위치를 차지한다. 이는 개인주의와 거주도시 또는 지역에 대한 개인의 애착의 상관관계에 의해 증명된다(도시 $r=-.66^{***}$, 지역 $r=-.79^{***}$).[114]

111) Gudykunst and Ting-Toomey, 1988, pp. 42~43.

112) Gudykunst and Bond, 1997, p. 125.

113) Ronald, A., *In search of self in India and Japan*, Princeton, NJ: Princeton University Press, 1988, pp. 134 and 149.

집단주의적 내집단의 구성원은 개인주의 문화권에서 주로 '친구'로 불리는 사람임을 암시한다. 개인주의 문화권의 구성원은 우정에 시간을 투자해야 하고, 시간에 따라 변할 수 있는 다양한 내집단에 속해 있다. 미국인 열 명 중 일곱 명은 적어도 하나의 클럽이나 협회에 가입한 반면,[115] 일본에서는 협회에 소속되는 것이 보편적이지 않다. 또한, 스페인 사람들은 클럽이나 협회에 정치적 또는 다른 목적으로 동참하지 않는 경향이 있다.[116] 비록 많은 미국인이 특별히 가깝게 느끼고 강한 의무감을 가진 친구를 사귀지만 그 수는 매우 적다. 집단주의적 내집단에서 많은 다른 사람들은 너무나 자연스럽게 상호간의 의무사항 없이 '친구'로 불려진다.

> 선물주기는 외집단에 속한 사람들보다 내집단에 속한 사람들에게 훨씬 중요하다. 자아가 개인에 바탕을 두기보다 집단에 바탕을 둘 때, 집단이나 가족 내에서 선물주기는 특별한 의미를 지닌다. 타인에게 선물주기는 자기 자신에게 선물을 주는 것처럼 보일 수 있다.[117] 일본에서 내집단 구성원을 위한 선물사기는 특별한 예술행위인데, 애완동물도 집단의 일부이다. 2001년에는 개를 위한 호화로운 상품과 액세서리가 매우 유명한 품목이었는데 헤르메스, 루이뷔통, 구치, 프라다 등은 17만 5천 엔짜리 가방과 2만 엔짜리 침대, 5만 엔짜리 목걸이를 강아지 손님에게 판매하였다. 이런 상품의 소비자들은 "이 강아지도 내 가족이기 때문에 그를 위해 1만 5천 엔을 쓰는 일은 아깝지 않다" 라고 말한다.[118] 애완견에게 브랜드가 있는 상품을 사주는 것은 그 주인과 함께 조화를 이루는 패션을 완성할 수 있기 때문이다. 또한, 유럽에서는 선물주기가 집단주의에 관련된다. EMS의 조사에 따르면 화장품이나 스킨케어 상품의 연간 소비는 낮은 개인주의와 상관관계가 있다. EMS의 응답자의 68%는 남성이었다. 따라서 이러한 답변은 여행할 때 향수나 화장품, 피부보호 상품을 사는 행동을 의미할 것이다.

---

114) Data Eurobarometer survey no. 55, 2001(부록B 참조).

115) America's strange clubs: Brotherhoods of oddballs, *The Economist*, December 23, 1995, p. 63.

116) Slinging mud, *The Economist*, March 1, 1999, p. 34.

117) Belk, Russell W., "Cultural and history differences in concepts of self

2) 일치성

집단주의 문화권의 사람들은 내집단에서나 외집단에서 개인주의 문화권의 사람들에 비해 타인의 의견을 더 추종하는 경향이 있다. 잘 알려진 애쉬(Asch)[119]의 실험은 미국 내에서 실험 참여자들에게 실험 선과 다른 세 개의 선을 보여주고 그 중 같은 길이의 선을 고르도록 하는 실험을 통해 일치성(*conformity*)을 측정하였다. 이 실험에서는 한 명의 실험 참여자 외에 다른 사람들은 모두 틀린 답을 하도록 되어 있었다. 집단 내 구성원들이 모두 틀린 답을 말하는 맥락에서 한 개인은 같이 틀린 답을 말하였지만 집단 내의 압력이 크지 않은 경우에는 다른 결과가 나타났다. 홉스테드[120]는 애쉬의 실험을 활용하여 미국과 16개의 다른 국가에서 행한 36개의 실험을 비교하였다. 집단주의 문화권의 일치성은 개인주의 문화권보다 개인주의와 유의한 상관관계가 있다. 루이뷔통 같은 명품의 소유는 일치되고자 하는 욕구를 충족시킨다. 일본에서는 여성 세 명 중 한 명, 남성 여섯 명 중 한 명이 루이뷔통 상품을 소유하고 있다.

십대 소녀들은 "모두 갖고 있기 때문에" 루이뷔통 상품을 원한다.[121] 일본의 장기적 불황에도 불구하고 1990년대 이후로 루이뷔통의 판매실적은 해마다 증가했다. 일본 사회학자들은 루이뷔통 상품

---

and their effects on attitudes toward having and giving," in *Advances in consumer research*, edited by Thomas C. Kinnear. Provo, UT: Association for Consumer Research, 1984, pp. 753~760.

118) "Dog accessories go through the 'woof'," *The Asahi Shimbun*, September 16, 2002, www.asahi.com

119) Asch, Solomon, "Studies of independence and conformity: A minority of one against a unanimous majority," *Psychological Monographs*, 70(Whole no. 416). Quoted in Eysenck, 2000, p. 556.

120) Hofstede, 2001, p. 232.

121) Thomas, Dana, "Addicted to Japan," *Newsweek*, October 14, 2002, p. 48.

을 소유함으로써 익명의 젊은 여성은 다른 루이뷔통 상품 소유자들과 긴밀한 관계를 느끼며 다른 사람들로부터 배제되는 치욕에서 벗어난다고 한다.[122] 일본어 와(和, wa)는 타인과 같이 보이고 타인과 유사하다는 의미이다.

중국에서는 친목모임이나 같은 지역(아파트와 같은)에 사는 사람들이 비슷한 상품범주에서 소비하고 비슷한 브랜드를 사용하며 같은 백화점에서 상품을 구매하는 경향이 있다.

또한, 일치성의 욕구는 낮은 남성성과 관련된다. 여성적 문화는 이른바 '시샘의' 사회라고도 불리는 평등의 욕구로 특징지을 수 있다. 부러움은 상품을 구매하거나 구매하지 않는 동기가 될 수 있다. 여성적 문화권인 한국에서는 지난 2001년에 조사한 결과 70%의 응답자들이 수입자동차를 타는 것은 보다 심각한 "사회적 불평등"을 야기할 것이라고 응답했다. 그리고 거의 절반의 응답자들이 주변 사람들의 "곱지 않은 시선"을 꺼리는 것으로 나타났다.[123]

> 일치성에 대한 전형적인 개인주의적 정의는 '집단의 압력에 굴복'하는[124] 것이나, 집단주의 문화권의 일치성은 압력에 대한 '굴복'의 개념이 아니다. 집단의 일치성은 사회적 조화욕구에 의해 발생하는 자동적 과정이다. 일치성, 순종, 그리고 친절이 미국문화에서는 부정적으로 간주되는 반면에 집단주의 문화권에서는 긍정적 가치로 받아들인다. 오이서만(Oyserman) 등[125]과 리(Lee)[126]의 연구에서 알 수 있듯이, 미국적 편견은 일치성에 관련된 가치, 즉 위에서 언급한 '집단의 압력에 굴복' 또는 '보통의 목표에 대한 자아의 희생' 같은 표현을 사용할 때 인식될 수 있다.

---

122) Zielenziger, Michael, Young Japanese gobble up luxury items, *Free Press*, September 6, 2002, www.freep.com/news/nw/japan

123) Lee, B. J., "Invisible barriers," *Newsweek*, June 25, 2001, pp. 38~39.

124) Eysenck, 2000, p. 555.

중국인은 비록 자신이 남들과 다르게 보일 수 있는 값비싼 브랜드를 사용할 수 있는 능력이 있어도 '중도를 지키는' 브랜드를 선호하는 것으로 나타났다. 이는 군중으로부터 드러나기를 좋아하는 경향이 있는 미국인과는 반대된다.[127)]

유니레버에서는 중국인들이 아이스크림을 먹는 다른 사람을 보고 아이스크림을 즐기는 경향이 있음을 발견하였다. 결국 유니레버는 아이스크림의 배급을 강화시켜 거리에서 더 눈에 띄게 하는 마케팅을 전개했다.[128)]

홍콩의 하이네켄 맥주 배급업자는 이런 중요한 가치를 이용하여 가게에서 일하는 종업원들에게 테이블에 하이네켄 맥주병을 놓아두게 하였다. 아시아에서 마케팅의 열쇠는 대중성이다. 테이블에 놓인 병과 줄서서 기다리는 레스토랑이 그런 경우이다. "따라하는 소구"가 작동한다.[129)]

---

125) Oyserman et al., 2002.

126) Lee, Julie Anne, "Adapting Triandis's model of subject culture and social behavior relations to consumer behavior," *Journal of Consumer Psychology*, 9, 2000, pp. 117~126.

127) "Window shopping in Shanghai," *The Economist*, January 25, 1997, p. 71.

128) De Bruyne, Marnix, "Het verschil zit in de smaakpapillen"(The difference is in the taste). *Nieuwstribune*, September 25, 1997, p. 25.

129) Robinson, Chris, "Asian culture: The marketing consequence," *Journal of the Market Research Society*, 38, 1996, pp. 55~62.

2000년에 일본에서는 값싼 '치크'(chic)가 일본인들이 번영의 상징으로 받아들인 서구의 명품 브랜드에 도전하였다. 사람들이 캐주얼 복장으로 다니는 경우가 많아졌다. 〈뉴스위크〉의 케이 이토이(Kay Itoi)는 도쿄에서 일본의 성공적 캐주얼 브랜드인 유니클로(Uniqlo)의 패스트 리테일링 컴퍼니(Fast Retailing Company) 회장 타다시 야나이(Tadashi Yanai)와 인터뷰했다. 이토이는 일본인이 점점 다양화된다는 〈뉴스위크〉의 이야기를 인용하며 야나이에게 이에 대한 의견을 물었다. 야나이의 답변을 인용하면 다음과 같다.

일본인은 자신이 타인과 달리 보이는 것에 관심이 많다. 일본인은 약간의 차이를 갖는 것은 좋아하지만 지나치게 다르게 보이는 것은 싫어한다. 대부분의 사람은 같은 교육을 받고 비슷한 잡지를 읽으며 같은 텔레비전 프로그램을 시청한다. 그들은 자신이 원하더라도 달라질 수가 없다. 미국과 유럽에서는 사람들이 버는 수입이나 얻을 수 있는 정보가 다양하다.[130)]

물질적 상품 소유가 외집단에 미치는 영향력에 대한 관심은 상품의 태도 기능에 관련된다는 함의가 있다. 개인주의 문화권의 사람들이 자기표현 욕구를 충족하는 가치표현적 기능에 초점을 맞추는 데 비해, 집단주의 문화권의 사람들은 사회적 조정기능에 초점을 맞춘다. 이러한 기능은 사람들이 집단 내의 조화를 촉진하고 유지하기 위해서 가치를 표현한다는 점을 강조한다. 결과적으로 집단주의 문화권의 소비자들은 사회 지향적이지 않은 광고보다 사회 지향적인 광고에 보다 호의적이다. 따라서 예를 들어 비듬샴푸 광고는 개인주의 문화권에서는 자아강화에 집중할 것이며, 집단주의 문화권에서는 사회적 당혹감의 약화에 초점을 맞출 것이다.[131)]

130) Itoi, Kay, "Dress down for success," *Newsweek*, November 13, 2000, pp. 40~44.

131) Chiou, Jyh-shen, "Investigating the consumer social-adjustment and value-expressive perceived ends in product purchasing decisions: A

3) 내적, 타인, 그리고 외적 지향성

타인과 내적 지향성(*directedness*)이라는 용어는 감정에 대해 논의할 때 사용하였다. 개인주의 문화권에서의 감정은 '내부 지향적'(*inner-directed*)인 데 비해, 집단주의 문화권에서의 감정은 '타인 지향적'(*other-directed*)이다. VALS 라이프스타일 유형에서는 타인의 기대와 사회적 규범을 자신의 정신적 욕구를 충족하는 것으로 보는 경향이 있는 사람을 외부 지향적(*outer-directed*) 사람으로 분류한다. 반면에 개인적 욕구나 우선권이 타인의 그것에 우선하는 경우는 내부 지향적인 사람으로 규정한다.[132] 외부 지향성은 자기 검색도(*self-monitoring*)의 개념에 적용되는데, 자기 검색도란 개인이 자신의 태도의 단서를 다른 사람들로부터 찾는 정도를 의미한다.

자기 검색을 하는 개인은 자신의 자아표현에 지침이 될 수 있는 맥락에서 타인의 자아표현에 매우 민감하다.[133] 개인주의 문화권의 전형적인 개인을 그 사례로 볼 수 있다. 반면에 집단주의 문화권에서는 맥락과 지위의 관계가 특정 맥락에서 어떻게 행동할지를 결정한다. 또한, 자기 검색도는 불확실성의 회피 전략과도 관련된다.[134] 후자는 불확실성의 회피가 높은 문화권의 사람들이 옷을 잘 입고 치장하기를 좋아하는 것에 부여하는 상대적 중요도를 설명한다. 예를 들어, 국가별로 개인의 수입에서 옷에 지출하는 비율은 지난 몇 년간 높은

---

cross-national study," *Journal of International Consumer Marketing*, 12, 1999, pp. 87～109.

132) Holman, Rebecca H, "A values and lifestyles perspective on human behavior," in *Personal values and consumer psychology*, edited by R. G. Pitts and A. G. Woodside, Lexington, MA: D. C. Heath, Lexington Books, 1984, p. 38.

133) Gudykunst and Ting-Toomey, 1988, pp. 138～141.

134) Gudykunst and Ting-Toomey, 1988, p. 139.

불확실성의 회피와 상관관계가 있는 것으로 나타났다.[135)]

> 소비자 연구기관인 CRAM 인터내셔널의 CEO인 피터 쿠퍼(Peter Cooper)는 서구와 아시아 브랜드 간의 기본적 차이를 다음과 같이 설명한다.[136)]
>
> 브랜드는 개인주의와 집단주의에 영향을 많이 받는다. 브랜드의 사용에는 분명한 차이점이 있다. 예를 들어, 서구의 브랜드는 개인적인 선택, 브랜드에 따른 스타일과 특징, 특별함과 독창성을 보여줄 수 있는 역할모형, 집단에서의 구분, 부유함의 은근한 표현, 그리고 환경쟁점 같은 요소를 강조한다. 반면에 아시아 브랜드는 유명 브랜드와 기업의 신용과 신뢰, 안전, 주요 집단 내 역할모형의 모방과 경쟁, 동료의 승인, 그리고 신속한 적응을 강조한다. … 아시아 광고는 서구 광고보다 집단주의적 주제를 더 많이 사용하고, 브랜드 가치를 제고하는 설득 형식도 다르다. 예를 들어, 서구의 소비자들은 브랜드 광고에서 개인주의적 자아표현에 더 잘 반응한다. 아시아 소비자들은 집단적 관계나 존경, 도덕적 가치를 나타내는 광고를 선택하는 데 비해, 서구에서는 상품범주에 있어서 브랜드의 세분화가 더 많다.

4) 공적 자아의식과 사적 자아의식

내부-외부의 구분에 관련된 하나의 개념은 자아의식이다. 공적 자아의식(*public self-consciousness*)과 사적 자아의식(*private self-consciousness*) 사이에는 차이가 있다. 후자는 타인의 존재에 불만족을 느끼는 것으로 정의된다. 사적 자아의식은 개인의 생각과 감정에 충실하고

---

135) DeMooij, Marieke, "Convergence and divergence in consumer behavior. Consequences for global marketing and advertising," Unpublished doctoral dissertation, Universidad de Navarra, Pamplona, Spain, 2001.

136) Cooper, Peter, "Western at the weekends," Admap, October 1997. pp. 18~21.

개인의 성찰을 포함한다. 공적 자아의식은 사회적 객체로서의 타인과의 관계에 대한 일반적 인식을 포함한다.[137] 홉스테드는 공적 자아의식("나는 타인이 나를 어떻게 생각하는지에 신경 쓴다"라는 질문에 대한 응답으로 측정)을 개인인 자신을 나타내는 것으로 보는데, 그것은 개인주의와 관련된다.[138] 개인주의 문화권에서의 자아의식은 미지의 타인이 보는 관점에서 자아에 대한 관심을 함축하는데, 이 개념은 자아가 안면의 개념(*concept of face*)*과 관련되며 아는 사람과의 관계에서 존재하는 집단주의 문화권에서는 잘 발달되지 않았다.

자아에 대한 성찰은 개인의 능력에 대한 성찰이 필요하고 실행과 야망을 중시하는 남성적 문화권에서 관련성이 높다. 구디쿤스트(Gudykunst)와 팅투미(Ting-Toomey)[139]의 비교문화적 커뮤니케이션 연구를 보면 일본인이 한국인보다 사적 자아의식이 높은 것으로 나타났다. 반면 미국은 이 두 국가의 중간에 위치하였다. 사적 공적 자아의식 모두 지위 사치품의 필요와 관계되며, 이는 일본인의 외국산 지위상승 브랜드에 대한 극단적인 독립성을 설명할 수 있다.

유럽 내에서 이 개념은 이탈리아(남성적)와 스페인(여성적)의 자아향상의 차이를 설명할 수 있다. 라틴 아메리카에서는 베네수엘라와 멕시코(남성적)와 칠레(여성적)를 들 수 있다. 로퍼 스타치(Roper Starch)가 30개국에서 각각 1천 명을 대상으로 2000년에 실시한 여론조사에서,[140] 베네수엘라 여성의 65%와 남성 응답자의 47%가 자신들이 어떻게 보이는지 '항상' 생각한다고 응답하였다. 그 응답은 낮은 개인주의와 상관관계가 있었다(r=-.42*).

---

137) Gudykunst and Ting-Toomey, 1988, p. 143.

138) Hofstede, 2001, p. 231.

* 역자주) 서로 만난 적이 있는지 없는지에 따라 관계를 달리하는 일면식의 관행

139) Gudykunst and Ting-Toomey, 1988, p. 143.

140) Data from *The Economist*, September 2, 2000, p. 106.

시장조사 대행사인 상파울로의 샐스 다시(Salles D'Arcy)[141]는 라틴 아메리카에서 14~24세 여성을 대상으로 설문조사를 하였다. "라틴 여자로서 외출할 때 갖고 나가지 않으면 안 되는 것은?"이라는 질문에 대한 응답은 몇 가지 범주로 분류되었다. 멕시코 응답자의 59%가 남성성과 유의한 상관관계가 있었다(r=.98***). 어떤 여성에 친근감을 느끼는지를 묻는 질문에 대해서는 "자유로움"이 낮은 남성성과 유의한 상관관계가 있는 것으로 나타났다(r=-.99***).

5) 공적 공간과 사적 공간

어떤 상품들은 더 사적으로 사용되며(치약, 데오도란트), 어떤 상품들은 보다 공적으로 사용된다(음료수, 사치품). 문화에 이어, 공적 또는 사적 이용이 국가를 초월하여 광고소구를 결정한다. 대체로 개인주의 문화권에서의 광고는 자아의지나 개인적 보상 같은 개인주의적 가치에 더 소구하지만, 집단주의 문화권의 광고들은 가족의 참살이(*well-being*), 내집단의 목표, 그리고 상호의존성 같은 가치에 더 소구한다. 그러나 이런 차이들은 보다 개인적으로 사용되는 개인적 상품(*personal product*)보다 공적으로 사용되는 공유적 상품(*shared product*)에서 더 크게 나타난다. 따라서 광고된 상품의 유형이 문화적 차이를 매개한다. 예를 들어, 한상필과 쉐빗(Han & Shavitt)[142]의 연구에서는 개인주의적 소구가 미국에서 보다 효과적이고, 한국에서는 집단주의적 소구가 보다 효과적이지만, 사적으로 사용되는 개인적

141) Rocha, Guega, "What women want," *M&M Europe, Latin America*. December 2001, pp. xii-xiii, Countries surveyed were Argentina, Brazil, Chile, Mexico, and Venezuela.

142) Han, Sang-Pil and Shavitt, Sharon, "Persuasion and culture: Advertising appeals in individualistic and collectivistic societies," *Journal of Experimental Social Psychology*, 30, 1994, pp. 326~350.

상품에서는 개인주의적 소구가 양국에서 대체로 선호되는 것으로 나타났다.

장(Zhang)과 겔브(Gelb)[143]는 칫솔과 카메라라는 서로 다른 상품에 대하여 미국과 중국에서의 문화적 소구법의 수용도를 비교하였다. 사용된 문화적 차원은 개인주의와 집단주의였다. 그들은 자아표현을 위해 사용되는 상품인 카메라가 미국에서는 개인주의적 소구가 효과적인 데 비해 중국에서는 집단주의적 소구가 보다 효과적임을 발견하였다. 칫솔은 별 차이가 없었다. 상품 사용조건이 차이를 만들었는데, 칫솔은 개인적 목적에 사용되고 공적으로 보여주기 위한 것이 아니기 때문에 집단주의적인 중국에서는 개인주의적 소구가 집단주의적 소구와 동등한 효과가 있었다. 개인주의적인 미국에서는 집단주의적 소구가 별다른 효과를 보지 못했지만 중국에서는 개인주의적 소구가 효과가 있었다.

사적 공간에서의 행동과 공적 공간에서의 행동은 다를 수 있다. 개인주의 문화권의 구성원들은 집단주의 문화권의 구성원에 비해 더 많은 프라이버시를 요구하며, 이는 다양한 상품사용에서 암시하는 바가 크다. 남유럽 같은 집단주의 문화권의 공공장소에서는 핸드폰을 어디에서나 사용하는 것을 볼 수 있지만 북유럽에서는 이를 허용하지 않는다. 2001년 조사에 따르면 영국의 50대 이상의 56%가 공공장소에서 핸드폰 사용을 금해야 한다고 응답했다.[144]

문화는 사람들이 살아가는 주택의 유형과 그 주택 안팎에서 일어나는 활동에 영향을 미친다. 개인주의 문화권의 구성원들은 한 가족을 위한 주택과 개인적인 정원을 선호한다. 모든 주택에는 아무리

143) Zhang, Yong and Gelb, Betsy D., "Matching advertising appeals to culture: The influence of products' use conditions," *Journal of Advertising*, 25, 1996, pp. 29~46.

144) Research Watch, *M&M Europe*, May 2001, p. 41.

작아도 정원이 있어야 한다. 집단주의 문화권의 구성원들은 아파트에 사는 것을 선호하며 개인의 정원을 갖는 것을 덜 선호한다. 개인 정원의 소유에 대한 자료를 보면 개인주의와 유의한 상관관계가 있었다(14개 국가, 1970년 r=.86***, 1991년 r=.80***).[145] 이 두 가지의 상관관계는 〈그림 5-4〉에서 볼 수 있다. 결국 정원의 화초와 꽃의 평균 소비량은 개인주의와 유의한 상관관계가 있으며(r=.65 **), 평일에 정원을 가꾸는 유럽주민의 비율과도 유의한 상관관계가 있으나(r=.49*), 또한 낮은 권력거리와도 상관관계가 있었다(r=.-78***).[146] 권력거리가 높은 문화권에서는 정원 소유자가 정원사를 고용하거나 아예 정원을 가꾸지 않을 수도 있지만, 권력거리가 낮은 문화권에서는 스스로 하는(*do-it-yourself*) 활동이 보다 보편적이다.

유럽의 개인주의 문화권의 사람들이 가족이나 친구들의 모임을 집이나 정원에서 갖는 반면, 집단주의 문화권의 사람들은 공원이나 술집 같은 공공장소에서 만나고 집은 가족을 위한 공간으로 유지한다. 이는 100만 인구 대비 카페의 수를 비교한 자료에서도 알 수 있다.[147] 이런 관계는 낮은 개인주의와 유의한 상관관계가 있다(r=-.55*).

만약 집단주의자들이 사적 영역보다 공적 영역에서 사회활동을 하는 데 더 익숙하다면, 개인주의자들이 사생활의 공간을 벗어나 하고 싶지 않은 행동들을 집단주의자는 할 수 있을 것이다. 카페나 바를 더 많이 찾는 유럽국가의 사람들은 인터넷 카페를 통해 인터넷에 접속하는 경향이 있다. 2000년 조사에 의하면,[148] 개인주의는 집 밖에서 인터넷에 접속하지 않는 인터넷 사용자에 대한 변량의 47%와 인

---

145) Data Reader's Digest surveys 1970 and 1991(부록B 참조).

146) Consumer in Europe, 2001, p.251(부록B 참조)

147) Data Hotrec 1997, in *Sociaal Cultureel Planbureau*, 2000. Sociaal en Cultureel Rapport 2000.

148) Consumers in Europe, 2001, p.203(부록B 참조).

터넷 카페에서 인터넷에 접속하는 응답자 비율에 대한 변량의 53%를 설명하였다. 〈그림 5-5〉는 개인주의, 인구 당 카페의 수, 인터넷 카페에서의 인터넷 접속과 집안에서의 인터넷 접속의 상관관계를 설명한다.

〈그림 5-4〉 개인 정원과 개인주의

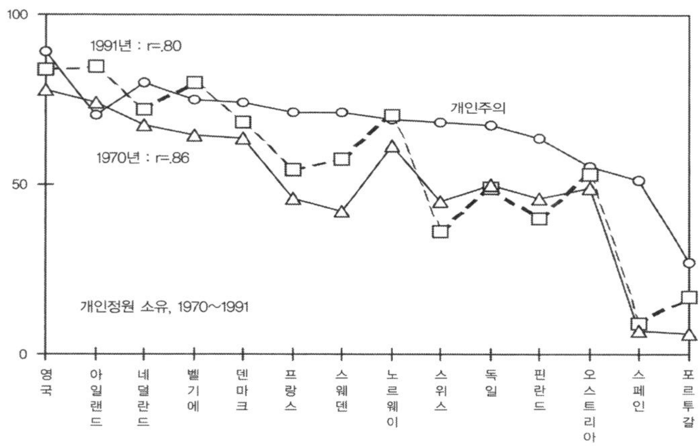

출처 : Data Hofstede(부록A 참조) ; *Reader's Digest* Survey(부록B 참조).

〈그림 5-5〉 인터넷과 인터넷 카페

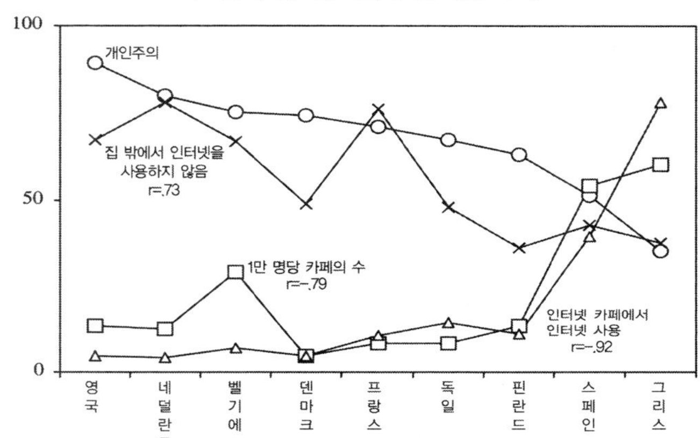

출처 : Consumer in Europe, 2001(부록B 참조) ; Data Hofstede(부록A 참조)

또한, 집과 직장을 섞어보는 것도 개인주의에 관련된다. 개인주의 문화권의 사람들은 자신의 일을 집에 가지고 오는 것을 마다하지 않는 데 비해, 집단주의 문화권에서 이런 행동은 일반적이지 않다. 그 차이를 설명하는 또 다른 차원은 문화적 남성성이다. 삶의 질에 대한 낮은 남성성의 문화 대 남성성이 높은 과업 지향의 문화는 공적 업무생활과 사적 가정생활 간의 구분을 설명한다. 이러한 문화적 형태는 컴퓨터의 보급과 인터넷 사용 간의 차이를 설명하는데, 이는 제 7장 중 "컴퓨터와 인터넷"에서 보다 상세히 논의할 것이다.

〈뉴스위크〉의 빌 파월(Bill Powell)과 NBC 부사장 세이지로 요코하마(Seijiro Yokohama)의 인터뷰에서, 요코하마는 일본에서의 정보 고속도로의 발달에 따른 가상 사무실의 출현에 대하여 의구심을 나타냈다.

일본에서의 사업은 서구에서보다 훨씬 더 강력한 사회적 현상이다. 100년 이상 일본의 사업가들은 사무소와 직장으로 출근하였다. 기술은 그런 현상을 짧은 시간 내에 바꿀 수 없을 것이다. 일본에서 — 그리고 대부분의 동아시아에서는 — 개인적 접촉은 여전히 매우 중요하며 디지털 혁명이 있건 없건 간에 이 점에는 변함이 없다. 개인적 관계는 계약보다 더 중요하며 그것은 집단 내에서 형성된다. 아무리 기술이 발달해도 고객이나 물품 공급자와 인터넷상에서 술에 취할 수는 없다. … 일본의 많은 남자들은 두 가지 가정을 갖는다. 하나는 집에 있는 가족이며 다른 하나는 직장의 가족이다. 일본에서의 이러한 구분은 어떤 대차대조표에도 나타나지 않는 마지노선이다. 많은 사람들에게 사업과 사회생활은 동일하며 동일선상에 존재한다. 많은 회사원이 '재택근무'에 관심이 없다. 이들은 자신이 출근할 직장이 없다면 — 그들이 직장에 있는 동안 무엇을 하든지 — 매우 허탈해 할 것이다.[149)]

149) Powell, Bill, "But we like it at the office," *Newsweek*, June 6, 1994. p. 25.

6) 외모

사람들이 자신의 외모를 대하는 방식은 앞에서 언급한 대로 사회적 환경 안에서의 개인 간 편차와 관련된다. 불확실성의 회피, 권력거리, 개인주의-집단주의 같은 세 가지 문화적 변인을 통해 외모에 대한 사람들의 욕구에 대한 변량을 설명할 수 있다. 강력한 불확실성의 회피는 사람들에게 외출할 때 잘 차려입도록 한다. 그것은 애매한 세계를 구성하는 데 도움을 준다. 이는 불확실성의 회피와 의복 및 신발에 대한 소비비율의 상관관계로 확인되었다. 집단주의 문화권에서 사람들은 조화로운 옷차림을 추구하는 성향을 보이며, 권력거리가 높은 문화권에서는 타인에 대한 의존이 자기표현에서 타인위주로 사고하도록 한다. 집단주의 문화권에서 적절한 옷차림을 하고 외출하거나 타인을 만나는 것은 내집단으로부터 자신의 체면을 지키기 위해서 중요하다. 정신분석학자 앨런 롤랜드(Alan Roland)[150]에 따르면 도시에 거주하는 인도 여성은 뉴욕에서 외출할 때보다 인도에서 외출할 때 외모와 치장에 더 신경을 쓴다고 한다.

> 인도에서 사회적 지위는 옷과 신발, 자세, 표정, 그리고 목소리에 따라 결정된다. 이런 요소들의 조합이 권력과 계급의 끝없는 위계 속에서 당신에게 알맞은 자리를 찾게 할 것이다. 이것이 당신의 좌석, 베개의 숫자를 정해 준다.[151] 미국에서는 직장이 역할과 맥락에 맞는 복장을 요구하는 유일한 장소다. 직장에서 적합한 복장이란 정장차림을 말하는데 이는 전통과 위계, 적응과 재력을 상징한다.[152] 그 밖의 경우에 특정 복장을 요구하는 일은 거의 없다. 사적인 시간에는 입고 싶은 옷을 입고 심지어 대통령도 반바지 차림에 야구모자를 쓰고 조깅을 하며 영화배우도 청바지에 티셔츠를 입고 거리를 거닌다. 더욱이 사람들은 맨발에 반바지 차림으로 교회에 가기도 한다.

150) Roland, 1998.

집단주의 문화권과 권력거리가 높은 문화권에서는 잦은 사회적 모임을 위해 옷을 산다. 이때는 개인주의적 자아강화에 더 관련되는 최신 패션을 반드시 차려 입을 필요는 없다.

몇몇 조사에서는 "최신 패션에 맞는 옷을 입고 싶다" 또는 "옷을 잘 입고 싶다" 또는 "상품의 국제적 이미지가 중요하다" 같은 질문으로 패션에 대한 흥미를 측정했다. 〈표 5-3〉은 회귀분석을 통해서 분석한 네 가지 차원의 상관관계와 설명된 변량의 비율을 나타낸다. 맨라이(Manrai)와 동료들[153]은 헝가리, 루마니아, 불가리아의 소비자를 대상으로 조사를 수행하여 개인주의와 패션의식 간에 유의한 상관관

〈표 5-3〉 유럽의 외모

	최신 패션 아님 (1970)	최신 패션 아님 (1997)	옷을 잘 입는 (1997)	세계적 이미지 상품 (1997)
권력거리	.57*	.22	.39	.10
개인주의	−.56*	−.51*	−.60**	−.82***
남성성	.11	−.49*	−.13	.19
불확실성의 회피	.59**	.22	.48*	.42
예측변인1	불확실성의 회피	개인주의(−)	개인주의(−)	개인주의(−)
R^2	.35	.26	.36	.67
예측변인2		남성성(−)		장기 지향성(−)
R^2		.48		.78

출처 : Reader's Digest Survey 1970, 1991; EMS 1997(부록B 참조).

151) Ramdas, Anil, Onbegrijpelijke democratie(Incomprehensible democracy). *NRC Handelsblad*, October 2, 2000.

152) Adler, Jerry, "Is America a nation of slobs?" *Newsweek*, February 20, 1995, pp. 42~49.

153) Manrai, Lalita A.; Lascu, Dana-Nicoleta; Manrai, Ajay K.; and Babb, Harold, "A cross-cultural comparison of style in Eastern European emerging markets," *International Marketing Review*, 18, 2001, pp. 270~285.

계가 있음을 보고하였다. 개인주의적인 헝가리 소비자들이 집단주의적인 불가리아나 루마니아 소비자들보다 높은 패션의식을 가지고 있는 것으로 나타났다.

앞에서 언급한 집단 내의 특징이 외모의 중요성을 설명하는 데 핵심적 역할을 담당한다. 개인주의-집단주의와 불확실성의 회피라는 두 가지 변인(〈그림 5-6〉)으로 설명되는 집단의 특징으로 국가들을 나눠볼 수 있다. 개인주의 문화권에서 개인의 독립성은 '자기중심성'(*me orientation*)과 사회적 맥락에서 독립된 고유한 자아개념과 함께 나타난다. 개인주의 문화권에서는 구매한 상품이 자아 이미지에 어떤 영향을 미칠 것인지에 관심을 가진다. 이는 조화와 상호의존성을 강조하며 상품을 살 때 자신이 속한 집단의 가치를 따르려는 집단주의 문화권의 습성과는 대조적이다.[154] 의존은 사람들로 하여금 독립적 방식보다 주위 사람들을 따라 정체성을 형성하도록 한다. 결과적으로 개인의 주도적 행동이나 혁신적 행동은 억제된다. 독립성이란 보다 강한 자존감을 나타내며 역동성을 포함한다. 독립적 개인은 새로운 사람을 찾아 나서고 새로운 사물이나 현상에 열린 자세를 가지게 된다.[155]

의존욕구는 좌측의 두 사분면을 차지하는 집단주의 문화권에서 주로 볼 수 있다. 순응은 물론 체면과 맥락도 중요하다. 좌측의 두 사분면을 나누는 차이는 불확실성의 회피 정도에 있다. 좌측 상단 사분면은 불확실성의 회피 성향이 높은데, 이 문화권의 사람들은 구조를

---

154) Woods, Walter A.; Chéron, Emmanuel J.; and Kim, Dong Man, "Strategic implications of differences in consumer purposes for purchasing in three global markets," in *Global perspectives in marketing*, edited by Erdener Kaynak. Praeger: New York, 1985, pp. 155~170.

155) Douglas, Susan P. and Urban, Christine D., "Lifestyle analysis to profile women in international markets. Can the same segmentation strategies be used?" *Journal of Marketing*, July 1997. pp. 46~54.

필요로 하며 옷 입는 방식을 통해 생활을 의례화한다. 이 문화권의 사람들은 신발과 핸드백 색상을 맞추려고 하며 디자이너 브랜드를 격에 맞추려고도 하고 심지어는 다른 조건에 맞게 애완동물의 스타일을 정한다. 혼다의 스페인 광고(〈그림 5-7〉)에서는 색상을 맞추려는 이런 욕구가 어떻게 나타나는지를 보여준다. 좌측 하단의 경우처럼 스타일이나 구조의 제약 없이 구매가 이루어지기는 하지만 사회적 맥락에 대한 고려는 중요하다.

오른쪽의 두 사분면에서는 고유한 자아가 역할을 한다. 우측 상단 사분면에서 고유한 자아는 구조와 의식과 함께 조합된다. 이 경우에 해당되는 국가들은 개인주의는 물론 권력거리가 높고 불확실성의 회피가 높다는 특성을 함께 지닌다. 이 나라들의 개인은 개성을 나타내야 하지만 의례적 표현을 해야 하며 사회적 맥락 역시 중요하다. 이런 성향에 따라 패션과 디자인은 물론 예술적 취향도 강조된다. 우측 하단의 사분면에는 의식화와는 거리가 먼 개성이 강조되는 국가들이 위치한다. 사람들은 타인이 자신을 어떻게 보는지는 상관하지 않는다. 프라이어(Prior)라는 상품의 노르웨이 광고(〈그림 5-8〉)에서 이러한 특징을 확인할 수 있다.

또한, 자아의식은 외모에서의 차이를 설명하지만 여기에 남성성의 차원을 반영하면 네 가지 사분면을 통해 보다 정교하게 분석할 수 있음에도 불구하고 이 지도에서는 남성성의 차원이 제거되었다. 지도에서 남성성이 자아를 강화하는 나라들은 외모의 욕구가 강한 나라들인데 일본, 멕시코, 베네수엘라, 그리고 이탈리아가 될 것이다.

〈그림 5-6〉 외모

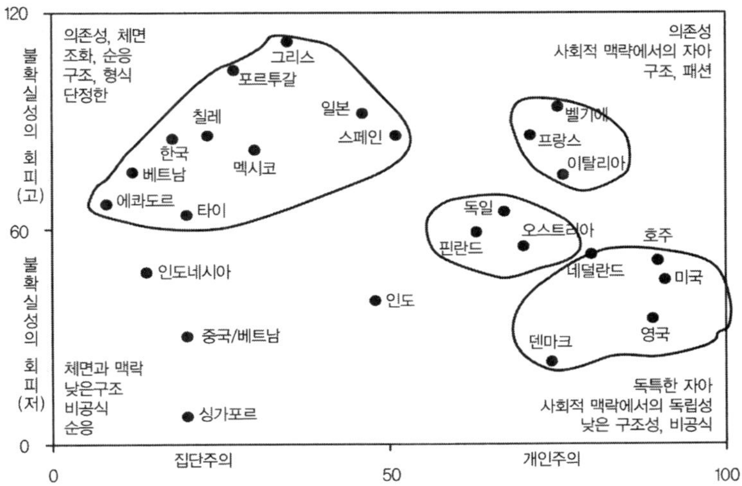

출처 : Data Hofstede(부록A 참조).

〈그림 5-7〉 스페인 혼다 광고: 색상의 조화

〈그림 5-8〉 노르웨이 프라이어 광고: 외모에 대한 특별한 관심이 없음

6. 준거집단

준거집단(*reference group*)은 개인의 평가, 소망, 또는 행동에 관련된 실제적 또는 상상적 개인이나 집단으로 정의될 수 있다.[156] 서구의 소비자행동론에서는 이러한 준거집단을 정보적(*informational*), 실용적(*utilitarian*), 그리고 가치표현적(*value-expressive*) 등 세 가지 집단으로 구분한다. 정보적 영향은 전문가 같은 공식적 집단이나 친구나 이웃으로부터 받는다. 실용적 영향은 사회적으로 상호작용하는 가족 구성원이나 타인의 선호로부터 받는다. 가치표현적 영향은 소비자가 어떤 상품을 구매하거나 사용하는 것이 자아 이미지를 강화할 것이라고 느끼는 경우에 발생한다.

동경집단(*aspiration group*)은 규범, 가치, 그리고 타인의 행동을 모방하려는 욕구를 지닌다. 이는 어린이가 자신보다 나이가 많은 사람과 닮기 원하는 것과 같은 사례로 설명할 수 있다. 만약 특정 집단에 소속되지 않도록 동기부여가 된다면 이는 분리집단(*dissociation group*)이라고 한다.[157]

준거집단의 가장 강력한 결정요인은 개인주의와 집단주의이다. 앞에서 언급한 의존, 조화, 또는 자아의식은 개인이나 집단의 역할에 영향을 미친다. 집단주의 문화권의 사람들은 개인주의 문화권의 사람들보다 단체에 소속되려 하지 않기 때문에 이들로부터 받는 정보의 영향은 비교적 적다. 전문가와 집단의 영향이 가장 큰 문화는 개인주의적이며 불확실성의 회피가 높은 문화권이다. 불확실성의 회피가 높은 문화권의 구성원일수록 불확실성의 회피가 낮은 문화권보다 전문가나 공식적인 준거집단을 존경하는 경향이 있다. 어른이나 다른

---

156) Solomon et al., 1999, p. 296.

157) Antonides and Van Raaij, 1998, p. 335.

가족 구성원에 대한 의존도는 개인주의 문화권보다 집단주의 문화권에서 더 강하게 나타난다.

준거집단의 중요성은 상품의 유형에 따라 달라진다. 어떤 상품이 사적으로 소비된다면(즉, 생필품) 공적으로 사용되는 상품(즉, 사치품)보다 타인의 의견이 비교적 덜 중요하게 받아들여진다. 개인주의 문화권의 핵가족에서는 집단주의 문화권의 대가족과 달리 사적인 상품보다 공적으로 사용되는 상품에 대해 가족구성원의 영향력이 더 강하다.[158] 핵가족에서는 가까운 가족구성원의 수나 그들의 중요성이 매우 제한적인 반면, 대가족에서는 개인의 의사결정 과정에서 영향을 미칠 수 있는 가족구성원 수가 매우 많기 때문이다. 따라서 집단주의 문화권의 대가족에서는 타인 및 집단 내외 구성원의 영향력이 매우 약하다. 개인주의 문화권에서는 가족에 바탕을 둔 영향이 사적 상품에 제한되며, 동료들은 두드러진 의사결정에 비교적 높은 영향을 미친다.

7. 의견 선도자

서구의 의사결정 이론에서 특수한 개인은 어떤 상품범주에서 구전 커뮤니케이션의 과정을 통하여 의사결정 과정에 영향을 미치는 것으로 가정된다. 로저스(Rogers)[159]는 혁신의 확산이론에서 이런 사람을 의견 선도자(*opinion leader*)라고 정의하였다. 의견 선도자는 강력하고 비공식적인 상품정보의 출처이다. 의견 선도자의 위치는 기술

---

158) Childers, Terry and Rao, Akshay R., "The influence of familial and peer-based reference groups on consumer decisions," *Journal of Consumer Research*, 19, 1992, pp. 198~211.

159) Rogers, E. M., *Diffusion of innovations*, New York: Free Press, 1962.

적 경쟁력이나 사회적 접근성을 통해서 얻어진다. 이들은 역할모형으로 행동하며 신기술의 확산과정에서 중요한 역할을 한다(제 7장에서 논의됨). 로저스의 의견 선도자 개념은 기본적으로 미국적 개념이다. 마케팅 실무자들이 알고 있는 이 개념은 혁신의 확산이론에서 유래한 것으로 미국 내 새로운 농업기술이 확산되는 속도와 유형에 대한 조사결과로 나타났다. 여기에서 미국 이외 지역의 마케팅 실무자들이 빠지기 쉬운 함정은 미국에서 생성된 이론을 보편적으로 적용할 수 있다고 가정하는 것이다. 이것은 외국인에게 이중으로 위험한데, 그것은 다른 국가에서 의견 선도자의 이론적 개념을 조정하지 않고도 적용할 수 있다고 가정하기 때문이다.

의견 선도자의 역할은 문화권에 따라 달라진다. 기술적 경쟁력이 있는 사람이나 대체로 경쟁력이 있는 사람은 불확실성의 회피가 강한 문화권에서 선호된다. 남성적 문화권에서는 성공한 사람에게 높은 보상이 주어진다. 집단의 행동이나 집단의 규범에 대한 일치는 집단주의 문화권에서 중요하며 의견 선도자들은 개인주의 문화권에서보다 집단주의 문화권에서 더 큰 영향을 미친다. 권력거리가 큰 문화권에서는 특히 권력자가 의견 선도자로서 중요한 역할을 할 수 있다.

또 다른 중요한 차이점은 의견 선도자가 정보를 획득하는 장소이다. 개인주의 문화권의 의견 선도자는 미디어를 통해서 정보를 얻는 반면, 집단주의 문화권에서는 사회적 연결망(*social network*)을 통해 정보를 획득한다.

의견 선도자의 역할을 조사한 8개국 비교연구에서 문화권에 따라 의견 선도자의 특성이 약간씩 달라지는 것을 볼 수 있었다. 8개국 중 3개국의 마케터들은 연장자 집단에서 의견 선도자를 선정하였다. 세 나라는 모두 아시아 국가들이었다.[160] 그린(Green)과 랭가드

160) Marshall, Roger and Gitosudarmo, Indriyo, "Variation in the characteristics of opinion leaders across cultural borders," *Journal of Inter-*

(Langeard)[161]는 미국과 프랑스 소비자들 간에 의견 선도자에 대한 차이를 발견하였다. 미국 표본은 프랑스 표본에 비해 집단 소속감이 높게 나타났다. 미국 표본의 32%는 적어도 세 가지 이상의 공식적 조직에 소속되어 있었지만 프랑스 표본은 3%만이 소속되어 있었다. 반대로 미국 응답자의 22%만이 어떤 공식적 조직에 소속되어 있지 않다고 응답한 반면, 프랑스의 응답자 중 56%가 공식적 조직에 소속되어 있지 않다고 응답하였다. 구매행동에 작용하는 사회적 영향력의 차이는 의사결정에 영향을 미친다.

8. 결 론

이 장에서는 사회적 환경에서 자아와 관련된 다양한 측면들이 논의되었다. 대부분의 동기들은 선천적이지 않고 문화에 따라 형성된 것이다. 동기이론은 문화와 깊이 관련되며 이론을 발전시킨 이론가의 문화를 반영한다. 이는 이러한 이론들이 불필요하는 것이 아니라 사용자들이 문화적 편견을 인식해야 한다는 점을 의미한다. 구매동기는 단지 문화에 의해 영향을 받는 것이 아니라 상품범주에도 영향을 받는다. 상이한 문화적 차원은 특정한 상품범주에 필요한 특정한 구매동기를 설명한다. 예를 들어, 지위동기는 사치품에 관련된다. 청결은 음식이나 청소상품과 가장 밀접히 관련되는 동기이다. 의존과 조화에 대한 욕구는 사람들이 공공장소에서 어떻게 옷을 입는지와 관련된다.

---

national Consumer Marketing, 8, 1995, pp. 5~22.

161) Green, Robert T. and Langeard, Eric, "A cross-national comparison of consumer habits and innovator characteristics. What makes French and U. S. consumers different?" *Journal of Marketing*, 39, 1975, pp. 34~41.

심리학을 공부하는 많은 학생이 알고 있는 것과 달리 감정은 보편적이지 않다. 보편적으로 언급되는 감정은 앵글로 색슨에서 기원한 것이다. 다른 문화권에서는 다른 감정을 찾을 수는 있지만 이러한 감정이 내포하는 의미는 문화권에 따라 다르다. 특히 표현규칙도 다르다. 이는 광고에서도 중요하다. 비록 보편적 감정이 있을지라도 그런 감정을 나타내는 광고는 감정을 나타내지 않는 나라의 사람들에게는 무관하거나 효과적이지 않을 것이다.

집단과정에는 내집단과 외집단의 기능과 타인에 대한 일치성의 욕구가 포함된다. 일치성에의 존중에서 가장 큰 차이는 서구사회와 아시아 사회에서 나타나지만, 유럽 내에서도 남유럽과 서유럽, 그리고 동유럽과 서유럽에서도 나타난다. 그런 차이들은 많은 상품의 마케팅을 위해 중요하다.

정신적 과정 제6장

사람들이 사물을 어떻게 보고 생각하며 무엇을 보고 무엇을 보지 못하는지, 언어가 사람들의 사고를 어떻게 구조화하며 어떻게 학습하고 어떻게 커뮤니케이션하는지는 소비자행동에 적용되는 정신적 과정(*mental process*)이다. 심리학에서 인지과정(*cognitive process*)으로 불리는 이런 과정에서는 몇몇 행동에 대한 이해를 다룬다.

소비자행동은 특정한 사회체계의 맥락에서 학습된다. 보다 정교화된 최근의 학습이론에서는 광고 메시지가 어떻게 우리의 기억 속에 저장되는지에 관심을 기울이는 데 비해, 소비자 학습이론에서는 예컨대 브랜드명이 시간경과에 따라 광고 슬로건과 연상작용을 일으키는 것 같은 요소간의 반복과 단순한 연상의 형성에 집중한다. 이러한 저장과 인출과정은 광고에 인지적으로 접근하는 지배적 관점, 즉 정보처리과정의 핵심초점이다.[1] 문화의 전달자인 어떤 사람을 받아들이면 인지과정 역시 문화에 의해 형성되는 것으로 간주된다. 문화적

1) Percy, Larry; Rossiter, John R.; and Elliott, Richard, *Strategic advertising management*, Oxford, UK: Oxford University Press, 2001, p. 22.

으로 구성되는 자아 안에서 그것들은 체계적으로 방법적 기능을 달리 할 것이다.[2)]

1. 인지와 인지 스타일

인지(*cognition*)란 주변환경을 이해하고 이에 상응하는 적절한 행동을 결정하는 주된 내적 심리적 과정을 포함한다. 이런 과정은 사고와 추론은 물론 자극과 사건에 대한 이해와 해석, 주목, 지각, 학습, 기억, 언어, 그리고 문제해결을 포함한다. 인지 스타일(*cognitive style*)은 "개인의 지각과 지적 행동이 보여주는 특징적이고 일관성 있는 작동방식"으로 정의된다.[3)] 이러한 정의는 인지 스타일을 비교적 안정적인 성격기질로 보는 서구의 개인주의적 관점을 반영한다. 그러나 자기해석의 변화는 맥락에서 분리된 독립된 전체이든 맥락 의존적 경우이든 사람들이 정보처리를 어떻게 하는지에 영향을 미친다.[4)]

예를 들어, 중국인은 상황 중심적인데 따라서 그들은 주변환경에 민감할 필요가 있다. 미국인은 개인 중심적인데, 따라서 그들은 주위환경이 자신에게 민감해야 한다고 생각한다. 서양은 목표(대상) 중심적인 데 비해 동양은 맥락 중심적이다. 이러한 차이가 분석적 대 전

---

2) Semin, Gün R. and Zwier, Sandra, "Social cognition," in *Handbook of cross-cultural psychology*, Vol. 3, edited by John W. Berry, Marshall H. Segall, and Çigdem Kâgitçibasi, Boston: Allyn & Bacon, 1997, p. 61.

3) Eysenck, Michael W., *Principles of cognitive psychology* (2nd ed.), Hove, East Sussex, UK: Psychology Press, 2001, pp. 1~2.

4) Kühnen, Ulrich, "The semantic-procedural interface model of the self: The role of self-knowledge for context-dependent versus context-independent modes of thinking," *Journal of Personality and Social Psychology*, 80, 2001, pp. 397~409.

체적이라고 명명할 수 있는 사고방식의 기초가 되었다. 이 차이는 사람들이 사물을 분류하는 방식에도 영향을 미친다. 미국인은 범주나 공통적인 속성에 근거하여 사물을 구분하는 반면 중국인은 관계되는 맥락의 범주에 따라 사람이나 사물을 구분한다. 예를 들어, 남자, 여자, 어린이의 사진을 보여주면 중국인은 어린이와 여자를 함께 집단을 만든다. 이는 중국에선 주로 여자가 아이를 돌보기 때문이다. 미국인은 남자와 여자를 한데 묶는데 이는 그들이 성인이기 때문이다. 미국인은 관련성이나 상호 의존도에 따라 사물을 지각하는 것을 억제하는 것 같다. 미국인은 물고기들이 무리지어 다니는 행동을 개별 물고기의 속성으로 파악하지만, 중국인은 그 행동양식을 물고기 집단의 행동에 대한 개별 물고기의 반응으로 이해한다.[5]

> 유럽 국가들의 거주자들은 자동차 구매를 위해 명백히 상이한 정보를 요구한다. 독일인은 상세한 상품정보를 원하지만(범주화) 이탈리아인은 자동차의 이미지나 주관적인 견해(자동차 사용경험 등)에 더 관심을 보인다.[6]

범주화의 차이가 기업구조와 마케팅 전략의 차이를 설명할 수 있다. 많은 아시아 기업들은 하나의 회사명 아래에서 다양한 범주의 여러 상품을 생산한다. 서구의 기업과 마케팅 부서들은 상품의 종류에 따라서 부서를 나눈다. 서구에서는 상품군에 따라 상이한 광고 스타일을 구사하였다. 서양의 광고는 헤드라인의 위치, 브랜드, 클라이맥스에 대한 규칙에 따라 분석적으로 창작되는 데 비해, 총체적 사고

5) Choi, Incheol; Nisbett, Richard E.; and Smith, Edward E., "Culture, category salience, and inductive reasoning," *Cognition*, 65, 1997. pp. 15~32.

6) Hicks, Robin, "Back to the drawing board," *M&M Europe*, March 2002, pp. 18~21.

를 중요시하는 아시아인에게는 전체적 그림이 더 중요하다.

2. 학습과 사회화

대부분의 인간행동은 학습된다. 사람들이 행동하는 순간 그들은 배운다. 학습은 경험으로부터 나타나는 개인의 행동변화를 묘사한다. 개인의 학습은 충동, 단서, 반응, 그리고 강화 같은 상호작용을 통해 이루어진다.[7]

문화는 학습된 행동이다. 문화는 무의식적으로 학습된다. 이러한 무의식적 과정을 사회화(*socialization*) 라고 부른다. 사회화란 한 사회의 젊은 세대가 그 사회의 가치, 사고, 관습, 역할 등을 학습하는 과정이다.[8] 사회화 과정은 반(半) 의식적(*semiconscious*) 인데 이 과정에서 사회화의 주된 구성원인 젊은이나 가정은 자신의 역할을 제대로 인식하지 못하는 반면, 교육자들 같은 계층은 사회화의 목적에 부합되는 역할을 수행한다.

교육제도와 그 배경을 이루는 기본개념은 문화권에 따라 다양하다. 서구에서는 지능을 인간학습의 가장 중요한 요소로 여기는데, 지능에는 논리, 수리력, 그리고 언어능력이 포함된다. 아프리카 문화권에서의 지능은 지혜, 신뢰, 타인에 대한 배려에 초점을 맞춘다. 일본은 지능에 개인의 사교성과 타인과의 친화력 같은 다양한 개인적 능력까지 포함시킨다. 서구의 이론적 구조는 학습 그 자체보다 학습결과(성취도) 에 더 중점을 둔다. 이런 관점은 평생학습을 강조하는

---

7) Kotler, Philip, *Marketing management*, Englewood Cliffs, NJ: Prentice Hall, 1994, p. 187.

8) Lawson, Tony and Garrod, Joan, *The complete A-Z sociology handbook* (2nd ed.), London: Hodder & Stoughton Educational, 2000, p. 268.

중국인의 성향과는 차이가 있는데 장기적이라 하더라도 높은 수준의 성취를 이룰 수 있기 때문이다.[9]

학습과 기억은 많은 일상 활동에서 실제로 중요하다. 또한, 문화는 기억에도 영향을 미친다. 사람들은 자신의 문화적 지식에 부합되는 이야기를 더 잘 기억한다는 증거가 있다.[10] 학습여건의 차이에 따라 커뮤니케이션 방식과 스타일에서 차이가 나타난다.

소비행동은 개인이 살아가는 사회의 일부이며, 이는 학습된 행동이다. 소비자는 상품을 구매하고 소비하면서 좋아하거나 싫어하는 브랜드뿐만 아니라 특정 브랜드에서 각자가 가장 좋아하는 특징도 학습하게 된다.[11] 커뮤니케이션과 광고는 공유된 시각적 어휘와 시각적 관습의 학습된 체계에 의존한다.[12] 이것들은 특정 문화권에서 사람들이 학습한 모든 것이며 문화권의 집단적 기억의 일부가 된 문자, 단어, 그림, 지도, 그리고 모형에 바탕을 둔다.

---

9) Li, Jin, "A cultural model of learning. Chinese 'heart and mind for wanting to learn,'" *Journal of Cross-Cultural Psychology*, 33, 2002, pp. 248~269.

10) Mishra, R. C., "Cognition and cognitive development," in *Handbook of cross-cultural psychology*, Vol. 2, edited by John W. Berry, Pierre R. Dasen, and T. S. Saraswathi, Boston: Allyn & Bacon, 1997, p. 160.

11) Assael, Henry, *Consumer behavior and marketing action* (6th ed.). Cincinnati, OH: Southwestern College Publishing, 1998, p. 105.

12) Scott, Linda, "Images in advertising: The need for a theory of visual rhetoric," *Journal of Consumer Research*, 21, 1994, pp. 252~273.

3. 인지와 정서

감정, 느낌, 그리고 기분은 자극에 대한 정서적 반응인 데 비해 지식, 의미, 그리고 신념은 자극에 대한 인지적 반응이다. 보통 정서적 반응과 인지적 반응이 조합되어 대상, 상품, 사건, 인물, 또는 브랜드에 대한 일반적 성향이나 태도가 형성된다.

서구의 소비자 심리학은 인지적·정서적 체계가 상호작용하며, 정서적 반응(예를 들어, '감정' '느낌')은 인지적 체계(예를 들어, "왜 내가 행복한지 궁금해")에 의해 해석된다고 설명한다. 물리적 자극에 대한 인지적 해석의 사례는 "이 화장지는 부드러워", "이 음식에는 인공첨가물이 없어", 또는 "아이스크림은 살쪄" 같은 것이다. 사회적 자극에 대한 인지적 해석의 사례는 "그 세일즈맨은 도움이 돼" 같은 것이다. 정서적 반응에 대한 인지적 해석의 사례는 "나는 이 아이스크림을 좋아해" 같은 것이다.[13] 태도를 구성하는 정서적·인지적 요소에 대한 연구는 주로 서구에서 수행하였다. 비교문화 심리학자들은 사람들이 감정, 느낌, 기분을 나름대로 해석하고 이를 다른 현상이나 개인의 행동 및 성격에 따라 분석한다는 생각이 보편적 현상은 아니라고 말한다. 인지와 정서의 상호작용은 문화권과 상품범주에 따라 달라진다.

호의적 브랜드 태도를 창출하고 이미 형성된 호의적 태도를 강화하거나, 브랜드 태도를 바꾸는 것이 광고의 기본목표로 볼 수 있다. 브랜드 태도는 인지적 요소와 정서적 요소로 구성된다.[14] 구매의도 모형은 구매행동을 예측할 수 있는 정서적 요소와 인지적 요소를 포함한다.

---

13) Peter, J. Paul; Olson, Jerry C.; and Grunert, Klaus G., *Consumer behavior and marketing strategy*(European ed.). London: McGraw-Hill, 1999, p. 39.

14) Percy et al., 2001, pp. 140~143.

문화권에 따라 두 가지 요소가 어떻게 작용하는지에 대한 이해는 소비자의 태도와 구매의도를 측정하는 척도개발에서 매우 중요하다. 예를 들어, 미국에서는 상품평가에 대한 정서적 기준이 구매의도의 형성을 가장 잘 설명하지만, 홍콩에서는 인지적 기준이 설명력이 높다.[15] 이는 집단주의 문화권의 보다 구체적 사고방식에 적합하다.

1) 식품에 대한 태도의 인지적 및 정서적 요소

동양보다 서양에서 인지와 정서에서 다른 상호작용을 하는 상품범주의 사례는 식품이다. 식품영역에서 정서적 요소의 사례는 쾌락주의, 기쁨, 그리고 가족과 친구와 음식 나눠먹기이다. 인지적 요소의 사례는 영양, 건강의 결과, 그리고 편리함이다. 커벨론과 두베(Cervellon & Dubé)[16]는 식품을 대상으로 프랑스인, 중국인, 그리고 불어권 캐나다의 중국계 이민자를 비교하여 정서적 요소와 인지적 요소가 문화권에 따라 얼마나 달라지는지를 연구하였다. 그들은 〈그림 6-1〉에서 식품에 대한 태도를 연구하면서, 높은 차원에서는 정서와 인지로, 낮은 차원에서는 특정 목적과 관련된 속성과 결과로 분석하는 모형을 제시하였다.

---

15) Malhotra, Naresh K. and McCort, J. Daniel, "A cross-cultural comparison of behavioral intention models," *International Marketing Review*, 18, 2001, pp. 235~269.

16) Cervellon, Marie-Cécile and Dubé, Laurette, "Assessing the cross-cultural applicability of affective and cognition components of attitude," *Journal of Cross-Cultural Psychology*, 33, 2002, pp. 346~357.

〈그림 6-1〉 식품에 대한 태도의 인지적 정서적 요소

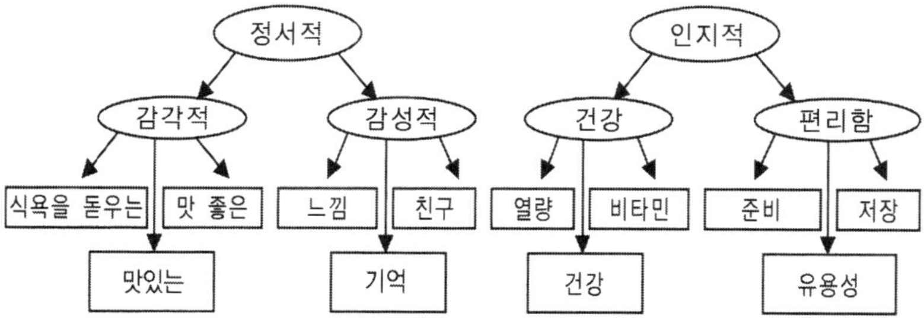

출처 : Cervellon and Dubé, 2002.

서구 문화권에서 식품에 대한 태도는 정서적 및 인지적 요소 간에 양면성이 있다. 프랑스인은 음식의 기쁨에 가치를 두지만 동시에 건강에 미칠 부정적 영향에도 민감하다. 영국인과 미국인은 건강의 결과에 집중하지만 여기에는 역설적 측면도 포함된다. 이 국가에서는 많은 사람들이 건강에 좋지 않은 음식을 섭취하며, 이러한 식습관에서 나온 부작용을 고치기 위해 다이어트 관련 약품과 비타민 판매도 활발하다.

각 문화권마다 사람들은 건강과 먹는 즐거움이 함께 할 수 없다고 믿고 있지만 이와 관련된 현상은 문화권에 따라 다양하다. 미국인은 나쁜 식습관을 운동과 약품으로 극복하려는 반면, 프랑스인은 청결한 음식을 찾으려고 한다. 그래서 음식에 관한 정서적 요소와 인지적 요소는 상충한다고 결론지을 수 있다. 음식에 관련된 취향이나 여타의 정서적 신념이 긍정적이라면 건강이나 다른 인지적 신념은 부정적이기 쉽다.

그러나 중국에서는 식품에 대한 태도가 정서적 요소와 인지적 요소 간에 양면성을 나타내지 않는다. 중국에서는 건강이라는 가치와 감각적 쾌락추구는 개인의 만족에 필수적 요소로 본다. 음식섭취는 정

신적 · 미각적 욕구를 만족시키는 포만감과 영양적 특성 간의 균형을 포함한다. 중국인에게 정서적 요소와 인지적 요소는 정적 상관관계가 있다. 서구에서처럼 대립적 관계로 파악하기보다 두 가지 요소 모두가 만족에 기여한다고 보는 것이 그들의 사고방식이다. 그 차이는 개인주의와 집단주의의 차이라고 할 만한 죄책감과 수치심의 문화에 내재하는 차이에 기인하는 것으로 보인다. 개인주의 문화권에서는 몸에 좋지 않은 음식섭취 같은 부적절한 행동을 할 때 죄책감을 느끼는 데 비해 집단주의 문화권에서는 이러한 종류의 죄책감에서 자유로운 편이다.[17]

> 미국에서 휘트니스(*fitness*) 산업의 열풍과 폭식의 충돌이 시사하는 바가 크다. 월마트에서 스포츠 관련 매장은 가장 넓은 매장 중 하나이다. 그곳에는 운동기구, 다양한 종류의 자전거, 그리고 그 밖의 각종 운동기구가 있다. 그러나 근처에 있는 식품매장에서는 설탕을 듬뿍 바른 도넛 24개가 불과 3달러에 소비자를 유혹한다. 도넛과 다른 유혹의 미끼들은 여성의류 매장에서 왜 대형 사이즈 매출이 가장 높은지를 시사한다.[18]

2) 인지부조화

개인주의 문화권에서 많은 대안 중에서 보다 나은 선택을 한다는 것은 때때로 인지부조화(*cognitive dissonance*)로 이어질 수 있다. 인지부조화 이론은 사람들은 생활에서 어떤 일관성과 질서를 요구하며 기존의 신념과 행동 사이에 갈등이 발생하면 긴장을 하게 된다고 전제한다.[19] 인지부조화 상태는 둘 또는 그 이상의 신념이나 행동에 대

17) Hofstede, Greet, *Culture's consequence* (2nd ed.), Thousand Oaks, CA: Sage, 2001.

18) "My Wal-Mart 'tis of thee," *The Economist*, November 23, 1996, p. 61.

해 심리적으로 불일치할 때 형성된다. 이때 사람들은 자신의 행동이 정당하다고 믿게 할 만한 근거를 찾아 부조화를 감소시키려는 성향이 있다.

자주 언급되는 사례는 흡연이다. 흡연자는 흡연이 암을 유발한다는 사실을 알기 때문에 인지부조화를 일으킨다. 흡연자는 평생 하루에 25개비 이상의 담배를 피우고도 장수하는 사람들을 예로 들면서 이 부조화를 감소시키려고 한다. 사람들은 인지부조화 효과에 따라 상품을 구매하기 전보다 구매 후에 해당 상품에 관한 정보를 더 많이 수집한다. 이는 그들 스스로 올바르게 결정했다는 점을 확인하고 싶어하기 때문이다. 사람들은 구매 전보다 구매 후에 그 상품을 더 좋아하게 되는데, 이 역시 인지부조화를 감소시키기 위한 것이다.

인지부조화 효과는 사람들이 긍정적 또는 부정적으로 평가하기 위해 감정을 분류하고 감정의 충돌을 용납하지 않는 개인주의 문화권에서 더 전형적이다. 내적 원인과 일관성의 추구는 인지부조화를 유발한다. 집단주의자들은 사람들이 다른 분위기에서 다르게 행동하는 것을 알고 있으며 상황적 제약에 따라 그들의 행동이 종종 달라진다고 생각하는 것 같다.[20] 그들은 상충되는 감정에서 유발되는 모순에 별다른 문제없이 대처할 수 있다. 다른 것에 대한 선호에서, 집단주의자는 두 가지 정보 모두에 비중을 두려는 데 비해, 개인주의자는 하나의 정보를 폄하함으로써 불일치에 반응하려고 한다.[21]

---

19) Solomon, Michael; Bamossy, Gary; and Askegaard, Søren, *Consumer behavior. A European perspective*, Horlow, Essex, UK: Pearson Education, 1999.

20) Choi, Incheol; Nisbett, Richard E.; and Norenzayan, Ara, "Causal attribution across cultures: Variation and universality," *Psychological Bulletin*, 125, 1999, pp. 47~63.

21) Aaker, Jennifer L. and Sengupta, Jaideep, "Additivity versus attenuation: The Role of culture in resolution of information incongruity," *Journal of*

4. 언어

언어는 규칙의 추상적 체계이자 커뮤니케이션 매체이다. 추상적 규칙은 메시지를 창조하기 위해 전달경로(구어적, 문어적, 신호적 언어)로 전환된다.[22] 언어에 대해 가장 확실하게 일반화할 수 있는 것은 문자체계로 구어(*spoken language*)를 부호화할 수 있다는 점이다. 쓰기는 구어를 시각화한 것이다.[23]

언어는 문화의 발현체이다. 언어습득 수준에서 아동은 자동적으로 언어를 배우는 것이 아니라 각각 다른 상황적 맥락에서 적절하게 소통할 수 있도록 해주는 언어적 커뮤니케이션의 다양한 양식과 스타일을 학습한다. 그들은 예컨대 개인주의 문화권의 직접적이며 명시적인 스타일이나 집단주의 문화권의 간접적이며 암시적인 스타일 같은, 문화에 적합한 커뮤니케이션 스타일을 습득한다. 직접적인 스타일에 관련된 사례에는 '절대적으로'(*absolutely*), '분명히'(*certainly*), 또는 '긍정적으로'(*positively*) 같은 범주의 단어가 있다. 반면에 상호의존과 융화를 강조하는 집단주의 문화권에서는 '아마도'(*maybe, perhaps, probably*) 같은 언어를 주로 사용하며 단어를 아껴 쓴다.[24]

Consumer Psychology, 2, 2000, pp. 67~82.

22) Gudykunst, William B.; Ting-Toomey, Stella; Hall, Bradford J.; and Schmidt, Karen L., "Language and intergroup communication," in *Handbook of international and intercultural communication*, edited by Molefi Kete Asante and William B. Gudykunst, Newbury Park, CA: Sage, 1989, p. 145.

23) Munroe, Robert L. and Munroe, Ruth H., "A comparative anthropological perspective," in *Handbook of cross-cultural psychology*, Vol. 1, edited by John W. Berry, Ype H. Poortinga, and Janak Pandey, Boston: Allyn & Bacon, 1997, p. 183.

24) Gudykunst, W. B. and Ting-Toomey, S., *Culture and interpersonal communication*, Newbury Park, CA: Sage, 1998.

영어는 '나'(I)를 대문자로 쓰는 유일한 언어이다. 이러한 현상은 개인주의 근원이 영국에 있음을 반영하는 것인지도 모른다.25) 영어의 'I'에 상응하는 일본어는 없다. 말하는 사람이 자신을 표현하는 방법은 사회적 맥락과 화자의 성별, 나이, 그리고 청자와 관련된 여러 가지 사회적 속성에 따라 달라진다. 이러한 용어들은 사회적 지위의 차이를 반영한다. 화자는 적절한 어휘를 사용함으로써 스스로를 낮추고 상대방의 지위를 높이려고 한다. 마찬가지로 '너'(*you*) 같은 2인칭 언어도 사회적 맥락에 따라 달라진다.26)

언어는 가치를 반영하며 가치의 표현은 사용되는 언어에 따라 달라진다. 2개 국어를 쓰는 사람(*bilinguals*)을 대상으로 실시한 몇 가지 연구에서 2개 국어 사용자들은 그들이 쓰는 언어와 연계되는 가치를 잘 표현하는 것으로 나타났다. 2개 국어 사용자에 대한 투사법 조사에 의하면, 불어가 모국어이며 영어도 사용하는 2개 국어 사용자들은 영어를 쓸 때보다 불어만 쓸 때 더 감성적이고 낭만적인 모습을 나타냈다. 그 반대는 응답자들이 그들의 문화집단에 강한 정체성을 보이는 것으로 나타났다. 홍콩의 학생들에게 영어와 광둥어로 가치조사를 한 결과에서는 중국어보다 영어로 중국의 전통적 가치를 더 잘 표현하는 것으로 나타났다.27)

---

25) Macfarlance, A., *The origins of English individualism*, Oxford, UK: Blackwell, 1978.

26) Trandis, Harry C., *Individualism and collectivism*, Boulder, CO: Westview, 1995, p. 69.

27) Giles, Howard and Franklyn-Stokes, Arlene, "Communicator characteristics," in *Handbook of international and intercultural communication*, edited by Molefi Kete Asante and William B. Gudykunst, Newbury Park, CA: sage, 1989, p. 127.

언어구조가 문화구조를 어떻게 반영하는지는 대명사의 생략과 문화와의 관계를 연구한 카시마(Kashima)와 카시마(Kashima)[28]에 의해 밝혀졌다. 영어를 포함한 일부 언어는 대명사(나, 당신)를 반드시 써야 하지만 일부 언어에서는 선택사항이다. 스페인어 같은 인도-유럽계 언어에서 인칭대명사는 필수가 아닌데 이는 어느 정도 변형된 동사에서 추론이 가능하기 때문이다. 이런 현상을 대명사의 생략이라고 한다. 1인칭을 분명하게 사용하면 그 사람이 두드러진다. 그렇지 않은 경우에는 화자의 두드러짐이 약해진다. 대명사의 생략을 허용하는 언어들은 그렇지 않은 언어에 비해 맥락 의존적이다. 개인주의가 낮은 문화권에서는 대명사의 생략이 유의하게 나타났다. '나' 또는 '당신' 같은 인칭대명사가 필수인 언어에서는 대명사의 생략이 나타나는 언어에서보다 개인주의 성향이 높다.

언어가 문화를 반영한다는 관점은 언어구조가 지각과 범주화를 통해 문화에 영향을 미친다는 사피어-워프(Sapir-Whorf)의 가설과 상충한다. 이 가설은 언어구조와 특성이 사람들의 세계관이나 사회적 행동을 좌우한다는 주장을 담고 있다.[29] 특정한 사고과정이 한 언어체계에서 비교적 두드러지는 이유는 언어구조가 상이하기 때문이라고 가정한다. 또한, 서구언어와 사고방식은 비서구권과 체계적 차이가 있다는 관점도 자주 등장하는 가설이다.[30]

이러한 가정은 블룸(Bloom)[31]의 연구에서 시작되었다. 그는 문화

28) Kashima, Emiko S. and Kashima, Yoshihisa, "Culture and language. The case of cultural dimensions and personal pronoun use," *Journal of Cross-Cultural Psychology*, 29, 1998, pp. 461~486.

29) Usunier, Jean-Claude, "International Marketing, A cultural approach," Harlow, Essex, UK: Pearson Education, 1996, p. 7.

30) Semin, G. R. and Zwier, S. M., "Social cognition," in *Handbook of cross-cultural psychology*, Vol. 3, *Social behavior and applications* (2nd ed.), edited by J. W. Berry, M. H. Segall, and G. KaitHibaÕi, Boston, MA: Allyn & Bacon, 1997, pp. 51~75.

권에 따라 추론이 지니는 구체성(*concrete*)과 추상성(*abstract*)이 상이한데 이는 언어구조의 차이에서 기인한다고 주장한다. 블룸은 홍콩에서 수행한 연구에서 영어가 추상적 사고를 돕는 언어형태로 배열되며 이는 중국어에서는 찾아볼 수 없는 특징이라고 결론지었다. 그러나 이 결과를 검증할 만한 후속연구는 없었다. 중국인이 미국인에 비해 추상적 사고능력이 부족할 것 같지는 않다. 하지만 추상적 사고에서 나타난 차이는 집단주의 문화권에서 발견되는 구체적 사고방식과 관련되는 듯하다. 사고는 사회적 맥락에서 독립될 수 있으므로 보다 추상적일 수 있는 개인주의 문화권과는 달리 집단주의 문화권의 사고는 맥락에 따라 달라져 보다 구체적일 수 있다.[32] 마케팅 커뮤니케이션의 함의는 상품에 대해 평가할 때 중국인은 추상적·정서적 측면보다 구체적 상품의 속성을 보다 중시할 것이라는 점이다.[33]

1) 언어, 지각, 그리고 기억

언어구조(문법, 글쓰기 체계의 유형)는 지각과 기억 같은 기본적인 소비자 정보처리과정에 필요한 결과를 갖는다. 인도 유럽계열의 언어와 아시아 언어의 활자체 같은 구조적 차이는 정신적 재현에 영향을 미치며, 결국 기억에도 영향을 미친다. 중국인은 시각적 재현에, 영어 사용자는 음성적 재현에 의존한다. 영어권에서는 음성언어를 통해 광고 메시지를 작성하여 기억을 활성화시킨다. 언어를 두드러지게 반복하면 소비자들은 쉽게 부호화하고 잘 기억하게 된다. 예를

31) Bloom, A. H., *The linguistic shaping of thought: A study of the impact of language on thinking in China and the West*, Hillsdale, NJ: Lawrence Erlbaum, 1981. In Semin and Zwier, 1997, p. 66.

32) Semin and Zwier, 1997, p. 67.

33) Malhotra and McCort, 2001.

들어, 캐논(Canon)의 영국광고는 'can'이라는 음성을 반복하는 "If anyone can, Canon can"(만약 누군가 할 수 있다면 캐논도 할 수 있습니다)이라는 카피로 광고의 핵심을 전달하고자 했다. 하지만 중국과 일본에서는 시각 이미지를 강조하면서(즉, 브랜드의 기능) 광고 메시지를 전달했다.

서양인은 소리와 발음에 치중하기 때문에 서구기업은 소리와 발음을 강조하며 시각적 방법보다 청각적 방법으로 해외시장에 자사의 브랜드 이름을 적용하려는 경향이 있다.

> 코카콜라의 첫 번째 중국식 이름은 발음이 비슷한 '케쿠켈라'(ke-kou-ke-la)로 정했다. 하지만 그것이 방언에 따라서 '입질하는 올챙이' 또는 '교미하는 암말'이란 의미로 해석될 수 있음을 안 것은 이미 수천 장의 광고판이 인쇄된 다음이었다. 두 번째는 더 심혈을 기울여 4만 자의 중국어를 조사하여 코카콜라는 '코쿠콜레'(ko-kou-kole)가 되었고 의미는 보다 좋은 '입 안의 즐거움'이 되었다.[34)]

중국 소비자는 음성적 단서보다 시각적 단서로 정보를 더 잘 상기하는 경향이 있다. 슈미트와 그의 동료들(Shimitt et al.)[35)]은 중국인이 말을 할 때보다 글로 쓸 때 브랜드를 더 잘 기억한다고 발표하였다. 이 연구자들은 마케터가 서양의 브랜드를 소리로 바꾸려고 하기보다 시각적 재현에 익숙한 중국인의 습성에 부합되는 전략을 수립할 것을 권고한다. 중국에서는 시각적으로 독특한 브랜드 이름의 서체

---

34) Retrieved September 1, 2002, from www.essentialaction.org and www.us-expatriate-handbook.com

35) Schmitt, Bernd H.; Pan, Yigang; and Tavassoli, Nader T., "Language and consumer memory: The impact of linguistic differences between Chinese and English," *Journal of Consumer Research*, 21, 1994. pp.419~431.

나 서예체 그리고 그러한 서체를 강조하는 로고 디자인이 보다 효과적일 것이다. 반면 영어권에서는 브랜드 이름을 징글(*jingle*)*이나 상품을 잘 표현할 수 있는 의성어를 활용하여 제시해야 한다. 중국어에서 문자 언어가 중요한 것은 음성보다 더 다양하기 때문이다. 한 가지 소리가 다양한 의미를 가지기도 하는데 그 의미는 오직 글씨로 썼을 때만 파악되는 경우가 있다. 이것이 중국인이 대화할 때 가끔씩 왜 손에 글씨를 쓰는지를 설명해준다.[36)]

> 중국에서 이름을 쓰는 것은 예술의 일종이다. 글쓰기의 예술인 서예는 오랜 역사적 전통을 가지고 있다. 이름은 보기 좋아야 하고 매력적인 글씨체로 제시되어야 한다. 브랜드 친밀도는 어떤 글씨체로 제시되느냐에 따라 달라진다. 일본식 한자읽기 표기체계인 간자를 사용하는 브랜드는 더 전통적인 것으로 여겨지므로 최첨단 상품보다 차 종류 같은 상품에 어울릴 것이다. 첨단상품은 가장 최근의 표기방법인 가타카나를 사용하는 것이 나을 것이다. 11세기 고급창부들이 사용했던 히라가나는 다소 여성적 이미지를 가지고 있는데 미용상품, 미장원, 기모노 상점의 이름에 적합한 언어체계이다.[37)]

대부분 기업들은 차선책을 채택하기도 한다. 어떤 서구기업들은 자사의 서구식 이름과 철자를 그대로 사용한다. 이런 접근은 이미 로마자에 익숙한 일본에서 적절할 수 있지만, 소수의 사람들만 로마자를 아는 중국 같은 신흥시장에서는 효과가 떨어질 수 있다.

---

* 역자주) 소리와 음악을 조합시켜 만든 음성 상징.

36) Hofstede, G. (personal communication, August 2002).

37) Schmitt, Bernd H.; Pan, Yigang, "Managing corporate and brand identities in the Asia-Pacific region," *California Management Review*, 36, 1994, pp. 32~48.

2) 언어와 범주화

말의 언어적 구조는 범주화와 판단에 영향을 미친다.[38] 인도-유럽계 언어와는 달리 중국어, 일본어, 그리고 한국어 같은 아시아계 언어는 분류사 사용어(*classifier language*, 分類辭 使用語)이다. 분류사 사용어란 수사(*numerals*, 數詞)나 한정사(*determiners*: *a*, *the*, *this*, *that* 등)와 함께 사용되는데 모양, 크기, 두께, 길이 같은 물리적 특성은 물론 '유연성'(*bendability*)과 '접촉성'(*graspability*) 같은 대상에 관련되는 개념적 특성을 묘사하는 말이다. 분류사 사용어는 주어진 대상을 더 큰 대상의 집합으로 분류하고 대상의 특성을 묘사하기도 한다. 이런 면에서 분류사 사용어는 한 집단 내에서 특정 대상을 묘사하는 형용사와는 차이가 있다. 형용사가 "그것은 어떤 물건인가?"라는 질문에 대한 응답이라면, 분류사 사용어는 "그것은 어떤 집단에 속하는가?"라는 질문에 대한 응답이다.

분류사 사용어는 중국어, 일본어, 한국어, 그리고 태국어는 물론 나바호어(*Navajo*),* 유카탄·마야어에서도 나타난다. 그 중 일본어 같은 어떤 언어에서의 분류사 사용어는 중국어 같은 다른 언어보다 범위가 넓은 것으로 나타났다. 영어 원어민과 비교하여 중국인은 같은 분류사 사용어를 쓰는 대상을 그렇지 않은 대상보다 더 유사하게 여기는 경향이 있다.[39] 중국어 사용자들은 분류사 사용어에 따른 도식적 구조를 가지기 때문에 중국인은 영어 사용자에 비해 분류사 사

38) Zhang, Shi and Schmitt, Bernd, "Language-dependent classification: The mental representation of classifiers in cognition, memory and evaluations," *Journal of Experimental Psychology: Applied*, 4, 1998. pp. 375~385.

* 역자주) 북미 인디언의 대부족.

39) Schmitt, Bernd H. and Zhang, Shi., "Language structure and categorization: A study of classifiers in consumer cognition, judgment, and choice," *Journal of Consumer Research*, 25, 1998, pp. 108~122.

용어를 함께 쓰는 대상을 떠올리기 쉽다.

분류사 사용어 언어권의 광고에서, 대상은 분류사 사용어와 관련된 시각적 단서와 결합될 때 보다 긍정적 평가를 받는다. 하나의 사례는 중국어의 분류사 사용어 '바'(*ba*)를 써서 '손에 쥘 수 있는' 대상(솔, 지팡이, 우산, 빗자루)의 그림을 판단할 때의 차이이다. 단지 대상만 보여주는 그림은 손으로 쥐고 있는 대상을 보여주는 그림보다 덜 긍정적으로 평가되었다.[40]

범주화의 차이는 광고형식에 대한 변량과 상점에서의 상품진열의 차이를 설명할 수 있다. 중국의 백화점에서는 미국의 동업자들과는 달리 분류사 사용어를 공유하는 상품을 함께 진열한다. 예를 들어, 헤어드라이어, 텔레비전, 라디오, 세탁기, 컴퓨터, 그리고 전기 칼 같은 전기적 기계장비인 타이(*tai*) 상품은 같은 층에 진열한다.

분류사 사용어 체계는 긍정적 또는 부정적 효과를 가질 수 있으므로 조심스럽게 선택해야 한다. 예를 들어, 파이프 같은 두꺼운 대상에 관한 분류사 사용어는 립스틱에 긍정적 기대를 갖도록 하지만, 길고 얇은 대상에 대한 분류사 사용어는 부정적 기대를 유도할 수 있는데, 이는 양이 적고 오래 쓰지 못한다는 인식을 제공할 것이기 때문이다. 현재 상품이 수정되고 모양이 바뀌면 불일치가 일어난다. 일반전화(프레임으로 나타난 대상)에 사용되던 분류사 사용어는 휴대전화에 사용될 수 없다.[41]

40) Zhang and Schmitt, 1998.

41) Schmitt and Zhang, 1998.

범주화의 체계는 브랜딩 전략에 영향을 미친다. 개인주의 문화권의 기업들은 세심하게 상품범주에 적합한 라인을 선정하거나 브랜드 확장을 꾀하는 반면, 집단주의 문화권의 기업들은 보다 과감하게 브랜드를 확장한다. 미국의 콜라 기업들은 브랜드를 음료수나 스낵 같은 관련된 식품군 이미지 이상으로는 확장하지 않는다. 만약 그런 이미지 확장을 시도할 경우 다른 브랜드명을 사용할 것이다. 유럽 브랜드 니베아(Nivea)는 자사 이미지를 관련된 상품군의 범위 내로 제한하고 '순수함'이나 '값어치있는' 브랜드 가치를 일관되게 유지했다. 일본 화장품 기업인 시세이도(Shiseido)는 자사 이미지를 식품범주에까지 확장하기도 했다. 시세이도가 취급하는 전반적인 상품군은 물론 화장품이나 미용식품〔반짝이는 눈이나 풍성한 머리를 위한 막대사탕, 셀프 태닝(*self-tanning*) 씹는 껌〕 모두 '미용'(*beauty*)의 범주에 속한다.[42] 살바도르 달리가 디자인한 로고로 유명한 스페인의 브랜드 추파춥스(Chupa Chups)는 사탕은 물론 선글라스, 의류, 신발, 그리고 문구류까지 생산한다.[43]

3) 광고언어와 가치 연구

특정 언어에서 특수한 언어적 기제나 수단을 사용하면 작업용량에 대한 부하(負荷)를 줄일 수 있다. 서양광고에서는 재인(*recognition*)과 기억을 활성화시키기 위해 효과적인 가치표현적 언어를 사용하는 경향이 있다. 그러나 하나의 언어에서 특정한 행동을 효율적으로 언급하는 몇몇 기질적 용어들이 다른 언어에는 존재하지 않는다. 예를 들어, 영어에서는 '자유로운'(*liberal*)과 '예술적인'(*artistic*)이라는 형용사로 다양한 행동을 묘사할 수 있는 체계가 있지만 중국어에서는 이것이 불가능하다. 중국어로는 그런 행동을 각각 표현할 수 있지만 이들

---

42) Gemmen, Paul, "Eet u smakelijk (Enjoy the food)," *Adformatie*, September 12, 2002, pp. 24~26.

43) Jahn, Robert, "Laat de zon shijnen in markenland" (Let the sun shine in brand country), *Adformatie*, March 29, 2001, p. 50.

모두를 아우르는 단어가 존재하지 않는다.[44] 번역을 할 때마다 언어적으로나 개념적으로 동등한 단어를 찾기가 어려운데, 그것은 광고카피를 가치표현적 의미를 상실하지 않고 다른 문화권에 번역할 수 없다는 문화적으로 유의한 가치를 나타내는 개념에 관련된다. 언어간의 차이는 단순한 번역문제를 한참 넘어설 수 있다. 다른 문화권의 사람들은 다른 '도식'(*schemata*)을 가지고 있다. 이러한 도식은 종종 전형적인 언어개념과 특수한 상품범주 모두에 연결된다.[45] 이 점이 한 문화권에서 의미심장한 콘셉트의 카피가 왜 다른 언어로 쉽게 번역될 수 없는지를 설명한다. 하나의 언어는 오직 하나의 문화적 기틀을 나타낸다. 다른 언어 사용자들은 사물을 단지 다르게 말하는 것이 아니라 그들은 사물을 다르게 경험하며, (특히 추상적 단어에서) 직접 번역이 드물다는 점은 이를 반영한다.[46] 결국, 광고가 의미심장할수록 점점 더 번역하기 어렵다고 하겠다.

> 국제광고 전문가 사이먼 앤홀트(Simon Anholt)는 다음과 같이 말한다.
>
> 광고카피의 번역은 마치 빙산의 정상에 페인트칠을 하고 전체가 붉게 되기를 바라는 것과 같다. 카피의 기능은 단어 자체에 있지 않고 그런 단어들의 모호한 조합과 수용자의 마음을 어떻게 울리는지에 달려 있다. 이것들이 바로 번역되지 못하는 미묘함이다. 광고는 단어로 만들어지지 않고, 문화로 만들어진다.[47]

---

44) Semin and Zwier, 1997, p. 65.

45) Müller, Wendling. Verlust von Werbewirkung durch Standardisierung. (Loss of advertising effectiveness through standardization). *Absatzwirtschaft*, 9, 1998, pp. 80~88.

46) García, Sara, "When is a cat not a cat?" *Admap*, October 1998, pp. 40~42.

47) Anholt, Simon, "Another one bites the grass," *Marking sense of International advertising*, New York: John Wiley & Sons, 2000, p. 5.

번역은 가치연구에서 편견을 유발할 수 있다. 2개 국어 사용자들이 다른 언어를 쓸 때 상이한 가치관을 나타내는 현상은 질문을 어떻게 번역할 것인지에 영향을 미친다. 번역과 역번역(*back translation*)의 체계는 가치표현의 변화를 수정하지 못할 수도 있다. 처음 미국에서의 VALS 설문에 포함된 다음과 같은 두 가지 진술문은 심지어 영국 영어로도 번역될 수 없었듯이, 때로는 질문 자체의 번역이 불가능하다. 영어의 "나는 거듭난 기독교인이에요"(*I am a born-again Christian*)와 "나는 어느 정도 프리섹스주의자인 것 같아요"(*I like to think I am a bit of a swinger*) 같은 질문이 그렇다.[48]

4) 외국어의 사용과 이해

영어가 세계에서 가장 인기 있는 제2언어의 자리를 차지하고는 있지만 유창한 정도는 다양하다. 대화에 참여할 수 있을 정도로 영어를 잘할 수 있다고 답한 사람의 비율은 스페인 18%, 포르투갈 22%, 프랑스 32%, 독일 44%에 비해 덴마크 79%와 네덜란드 75%에서 월등히 높았다. 영국인 중 11%만이 프랑스어를 하며 독일어를 할 수 있는 비율은 6%에 지나지 않는다. 외국어를 잘 할수록 낮은 불확실성의 회피와 상관관계가 있는 것으로 나타났다. 일반 대중이든 젊은층이든 낮은 불확실성의 회피가 변량의 58%를 설명하였다.[49] 불확실성의 회피가 높은 문화권에서 외국어를 약간만 할 수 있는 사람들은 실수를 염려하여 외국어를 배우려 하지 않는다.

---

48) Williams, Jim, "Constant questions or constant meanings? Assessing intercultural motivations in alcoholic drinks," *Marketing and Research Today*, August 1991, pp. 169~177.

49) Eurobarometer 55, 2001, and Eurobarometer, The Young Europeans (부록B 참조).

영어를 이해한다고 말하는 사람의 비율이 높은 나라에서도 그들이 표현된 모든 의미를 진정으로 이해한다고는 할 수 없다. 이 점이 국제광고에 영향을 미친다. 네덜란드와 덴마크 같은 나라에서는 국제광고주가 젊은 층에서 영어를 이해할 것으로 가정하여 영어로 쓰인 카피를 번역하지 않고 그대로 두는데 이는 다소 문제가 될 수 있다. 게릿센과 얀센(Gerritsen & Jansen)[50]이 네덜란드의 젊은이들을 대상으로 수행한 연구에서는 영어에 대한 지식이 부족할수록 오히려 영어를 많이 쓰는 것으로 나타났다. 특히 14세에서 17세에 이르는 청소년층은 네덜란드에서도 통용되는 영어단어인 운동용 상의(*blazer*), 오락(*entertainment*), 이미지(*image*), 연구(*research*), 그리고 섬세한(*sophisticated*) 같은 단어의 의미를 모르는 것으로 나타났다. 예를 들어, 연구대상이던 네덜란드 젊은이들은 운동용 상의를 '리모컨이나 레이저 권총'으로 착각했으며, 오락을 '컴퓨터 작업'으로, 이미지를 '에너지, 뇌, 건강, 외모'로, 연구를 '쓰레기'로, 그리고 섬세함은 '추한, 히스테리에 걸린, 공격적인' 등으로 오해했다.

전자회사 필립스(Phillips)의 광고카피였던 "필립스는 당신을 위해 발명합니다"(*Phillips invents for you*)를 사람들은 "필립스가 당신을 초대합니다"(*Phillips invites you*)로 오해하기도 했다. 시계 브랜드 스와치(Swatch)는 '지루하지 않은'(*boreproof*)이라는 용어를 사용했는데 이는 '뚫리지 않는'(*drill-proof*)의 의미로 이해되었다. 또 다른 연구에서[51] 영어를 잘 이해한다고 응답한 사람 중 절반 이상이 광고에 나온 내용을 받아 적지 못했고 오직 3분의 1만이 텔레비전 광고장면의 의

50) Gerritsen, Marinel and Jansen, Frank, "Teloorgang of survival?"(Loss or survival?), *Onze Taal*, No. 2/3, 2001, pp. 40~42.

51) Gerritsen, Marinel; Gijsbers, Inge; Korzilius, Hubert; and Van Meurs, Frank, "Engels in Nederlandse TV reclame"(English in Dutch TV advertising). *Onze Taal*, No. 1, 1999, pp. 17~19.

미를 이해하는 것으로 나타났다. '파'(Fa) 라는 브랜드 광고의 "상쾌한 기분"(*The spirit of freshness*) 이라는 카피는 "적절한 기분"(*The spirit of fitness*) 으로 이해되었다. 로레알(L'Oreal) 의 카피 "내 머리를 위한 사랑과 스타일 — 인비지겔 FX"(*style and love for my hair, invisi'gel FX*) 는 "내 머리 스타일의 변화와 보이지 않는 경이로움"(*style grow of my hair and invisual terrifics*) 으로 이해했다. 세이코(Seiko) 의 광고카피인 "배터리 없는 평생의 정확함"(*Lifetime precision without a battery*) 은 "느리게 가는"(*goes slow*) 을 의미하는 것으로 오해했다. 광고에서의 영어 요소는 순수 네덜란드어 광고보다 광고를 덜 이해되도록 한다.

텔레비전 광고의 번역에 대해서도 언급하자. 독일, 프랑스, 그리고 스페인 같은 비교적 큰 시장의 경우 사람들은 더빙된 텔레비전 프로그램에 익숙하지만 네덜란드 같은 작은 시장에서는 대부분의 텔레비전 프로그램에 자막이 들어가게 마련이어서 사람들은 실제 배우들의 목소리를 들으며 입술모양도 지켜본다. 가장 자연스러운 더빙마저도 그들에게는 조작된 것으로 보일 수 있다. 미국 드라마에 네덜란드 성우의 목소리가 자연스럽게 덧씌워졌을지라도 신뢰성에는 별 도움이 되지 않는다. 자막을 넣었든 더빙을 하였든 시청자는 그 광고가 그들을 위해 창작되지 않았음에 주목할 것이다.

5. 지 각

지각(*perception*)은 우리들에게 주변 세계에 대한 지식을 제공해 준다. 하나의 그림이 무엇을 묘사하고 그 의미가 무엇인지에 대한 지각은 그 그림과 지각하는 사람에게 달려 있다. 그림과 그 의미에 대한 인식에 실패하는 것은 그림 자체와 맥락과의 낯설음에 관련된다.

지각에 관한 거의 모든 연구는 서구사회에서 이루어졌다. 만약 시각적 지각의 발달이 각자의 어떤 종류의 학습경험에 달려있다면, 지각에서 어떠한 비교문화적 차이들이 있을 것으로 기대할 수 있다.[52] 턴불(Turnbull)[53]은 지각에 있어서 기본적인 비교문화적 차이점의 증거를 보고했는데, 그는 울창한 밀림에서만 거주하여 멀리 있는 대상을 보는 경험이 많이 제한된 피그미족을 연구하였다. 그는 피그미족을 평원으로 데리고 가 멀리서 물소 떼를 보여주었다. 피그미족은 보이는 것이 벌레일 것이라고 응답하며 실제 물소라는 말을 믿으려 하지 않았다. 물소에게 다가가게 하여 실제로 보여주자 그는 마법 때문에 벌레가 물소로 성장한 것이라고 생각했다. 단지 한 사람만이 참여했으므로 이 연구는 제한적이다. 더욱이 다양한 사회의 이미지가 전지구적으로 전파되어 그런 실험을 반복하기는 어려워질 것이다.

그러나 국제광고에서 제기되는 중요한 질문의 하나는 한 문화권의 광고가 다른 문화권에 제시될 때 그 문화를 경험해 보지 않은 사람들이 과연 광고주가 의도하는 의미를 이해할 수 있을 것인가 하는 점이다. 사람들은 '보는 규칙'(*the rules of seeing*)을 배우는데 여기에는 보편적 원칙이 없고 무엇을 보고 어떻게 보는지를 우리에게 가르쳐주는 자연환경과 사회적 환경에 따라 형성된다.

---

52) Eysenck, 2001, p. 104.

53) Turnbull, C. M., *The forest people*, New York: Simon & Schuster, 1961. In Eysenck, 2001, p. 105.

몇몇 연구에서는 시각적 요소의 통합은 문화권에 따라 달라진다고 제안한다. 그림요소의 정확한 명칭이 그것들의 상호 관계성을 제대로 지각하는 능력을 예측하지는 못한다.[54)]

지각 연구에서의 전통적 관심사는 무엇이 지각되느냐에 대한 것이다. 사람들이 그림이나 색상을 보거나 인지하는가? 이어지는 다음 질문은 그들이 본 것을 좋아하는지 싫어하는지 같은 지각의 정서적 결과이다.

1) 미적 경험

미적 경험(*aesthetic experience*)이란 아름답거나 추하거나, 매력적이거나 시시하거나, 그리고 가치 있거나 가치 없는 것으로 여겨지는 자극에 의해 유발된 즐거움 또는 불쾌함에 대한 경험을 말한다.[55)] 예술작품의 스타일과 관행에서 많은 역사적·지리적 차이들은 문화적 영향력에 집중된다. 한 문화권의 예술은 그 사회구조와 사회적 실천의 상징적 재현이다. 예술과 디자인에서 시각적 구조는 언어적 구조가 그렇듯이 의미를 만들어낸다.

시각적 언어는 문화적으로 특수하다. 예를 들어, 서구의 시각 커뮤니케이션은 왼쪽에서 오른쪽으로 쓰는 필기문화의 관습에서 많은 영향을 받았다. 위에서 아래로 그리고 오른쪽에서 왼쪽으로 필기하는 문화권에서는 시각적 공간에 서구와 다른 의미를 부여하는 경향이 있다. 서부 앵글로 지역 인쇄매체의 필기는 기본적으로 왼쪽에서 오

---

54) Russell, P. A.; Deregowski, J. B.; and Kinnear, P. R., "Perception and aesthetics," in *Handbook of cross-cultural psychology*, Vol. 2, edited by John W. Berry, Pierre R. Dasen, and T. S. Saraswathi, Boston: Ally & Bacon, 1997.

55) Russell et al., 1997, p. 125.

른쪽으로 향하는 데 비해 다른 지역에서는 주요 메시지와 사진을 맨 위쪽이나 가운데에 배치하기도 한다. 서구의 시각화에서 중앙 배치는 다소 드문 일이지만 아시아권의 디자이너에게는 매우 중요하다. 구성이나 디자인에서 동양과 서양의 차이가 크게 나타나지만 이런 차이는 서구국가들 사이에서도 발생한다. 영국 매체에서의 페이지와 이미지 구성은 좌우를 대조시키는 특징이 있으나, 이런 성향은 그리스나 스페인 언론에서는 드문 일이다.[56]

동아시아인들은 장식에 가치를 두며 폭포, 산, 봄의 꽃, 그리고 가을 같은 자연적 상징물을 활용한다.[57] 동아시아 광고에서 자연적 상징물은 어디에나 편재해있다. 일본의 심리학자 도이(Doi)[58]는 일본인들이 인간관계에서 뭔가 불만족스럽기 때문에 자연으로 돌아간다고 설명한다. 자연은 중립적이다. 집단주의 문화권에서 내집단과 외집단 간에 갈등이 발생할 때 인간관계는 개인주의 문화권에서보다 훨씬 어려워진다.

미적 반응에 영향을 미치는 것으로 알려진 변인은 복잡성(*complexity*), 참신함(*novelty*), 불확실성(*uncertainty*), 그리고 부조화(*incongruity*)이나, 이러한 변인이 문화권에 따라 얼마나 다르고 어떻게 다른지에 관한 연구는 거의 없다.

---

56) Kress, Gunther and Van Leeuwen, Theo, *Reading images. The grammar of visual design*. London: Routledge, 1996, pp. 4 and 206.

57) Schmitt, Bernd H., "Language and visual imagery: Issues of corporate identity in East Asia," *Columbia Journal of World Business*, 3, 1995. pp. 28~37.

58) Doi, Takeo, *The anatomy of self. The individual versus society*, Tokyo: Kodansha International, 1985, p. 151.

> 번드 슈미트(Burnd Schmitt)와 이강 팬(Yigang Pan)은 동아시아의 미적 표현을 다음과 같이 요약하였다.
>
> 매력적인 외양, 감촉, 세부묘사에 대한 배려 같은 미적 요소에 대한 관심이 아시아·태평양 지역에 널리 퍼져있다. 지역에 따라 존재하는 약간의 차이에도 불구하고 아시아·태평양 지역에는 공통적인 미적 스타일이 존재하는 것 같다. 특히, 예술적인 것이든 상업적인 것(포장, 안내문, 광고물, 상점 디자인)이든 예술적 표현은 세 가지 미적 기준에 따라 결정된다. 첫째, 아시아인은 복잡성과 장식을 강조한다. 복잡한 형태와 색상을 제시하는 것을 좋아한다. 중국, 태국, 말레이시아, 인도네시아 등에서 이런 성향이 두드러진다. 둘째, 아름다움이란 다양한 미적 요소 사이에 균형을 유지하는 것이다. 미적 표현의 조화가 가장 중요한 목표 중 하나다. 셋째, 아시아의 미학적 표현은 자연주의에 높은 가치를 부여한다. 중국에서 산, 강, 불사조 같은 자연물이 가장 자주 보이는 미적 상징이나 제시물이며, 이것들이 광고나 포장디자인에 가장 자주 등장한다. 마지막으로 색상은 서양과 아시아·태평양 지역에서 각각 다른 의미와 미적 매력을 발산한다.[59]

2) 색채지각

서로 다른 문화권에서 색채에 대한 용어는 통일성을 가지고 사용되지만, 색상 선호도(*color preference*)에 대한 비교문화연구에서는 유사성과 차이점이 동시에 나타났다.[60] 미국에서 색상은 특정 이미지와 관련된다. 청색은 건강, 신뢰, 그리고 안전과 연결되며 회색은 힘, 독점권, 성공과 관련되며, 오렌지색은 '값싼 것'과 관련된다. 반면에 적색, 흑색, 갈색은 슬픈 색이다. 네덜란드인에게 가장 먼저 떠오르

---

59) Schmitt and Pan, 1994.

60) Madden, Thomas J.; Hewett, Kelly; and Roth, Martin, "Managing images in different cultures: A cross-national study of color meanings and preferences," *Journal of International Marketing*, 8, 2000, pp. 90~107.

는 색은 적색이지만, 미국인은 청색을 떠올린다. 색상의 의미와 연상작용에 대한 비교문화연구에 따르면 청색이 여러 문화권에서 가장 높이 평가되는 색이며 그 다음이 녹색과 흰색이다. 가장 보편적인 색은 흑색과 적색이다. 일본, 중국, 그리고 한국에서 보라색은 고급 이미지를 갖지만 미국에서는 그 반대의 이미지를 가진다. 인도의 힌두교도는 오렌지색을 가장 성스러운 것으로 보지만, 잠비아의 템보(Ndembo) 사람들은 오렌지색을 다른 색과 구별되는 것으로 여기지 않는다.

색상의 짝(조합)은 개별 색상보다 변화가 더 다양하다. 색상을 조합하여 새로운 브랜드 이미지나 포장디자인을 만들어 다른 문화권에서 마케팅을 전개할 때 이 점이 특히 중요하다. 녹색과 적색을 조합하는 것을 예로 들어보자. 캐나다, 홍콩, 중국, 대만에서는 녹색과 가장 잘 어울리는 색을 노란색이라고 여기며, 콜롬비아에서는 청색, 오스트리아에서 백색이라고 생각한다. 오직 중국과 홍콩만 녹색과 적색을 조합한다. 브라질과 미국은 적색과 흑색을 조합하고 콜롬비아, 홍콩, 중국, 대만에서 적색은 백색과 짝을 이룬다. 오스트리아, 캐나다, 중국에서 적색과 가장 조화를 이룬다고 생각되는 것은 노란색이다. 청색과 짝을 이루기 위해 가장 자주 선택되는 색상은 백색이다.

3) 풍경과 음악

풍경(*landscape*)에 대한 선호도는 응답자의 거주환경과 얼마나 유사하느냐에 따라 영향을 받는다. 중국학생들은 중국의 풍경화를, 서양학생들은 서양의 풍경화를 선호했다.[61] 음악의 선호와 관련하여 몇

61) Niu, Weihua and Sternberg, Robert J., "Cultural influences on artistic creativity and its evaluation," *International Journal of Psychology*, 36, 2001, pp. 225~241.

몇 연구에서는 화음과 불협화음에 대한 인식에서 문화적 차이가 있다고 제시했으나 그런 차이의 본질과 정도에 대해 알려진 것은 없다.[62] 일반적으로 말해서, 미적인 것에 대한 선호에서 익숙한 것을 가장 좋아한다는 실증적 증거는 없다.

4) 현장 종속성

다양한 분야의 연구에서는 개인주의와 집단주의 문화권의 구성원들이 대상을 하나의 독립적 전체(현장 독립적, *field independent*), 또는 그것들이 등장하는 맥락에 관련된 것으로 파악하는지(현장 종속적, *field dependent*)를 인지하는 정도가 문화권에 따라 다르다는 사실을 제안하고 있다. 현장 종속적인 사람들의 지각은 사물의 물리적·사회적 환경의 특성에 따라 영향을 받는다. 현장 독립적인 사람들은 대상을 그 환경에서 독립적인 것으로 이해한다. 일반적으로 여성이 남성보다 비교적 현장 종속적이다. 그리고 문화적 남성성에 따라 성적 차이가 다양하게 나타나기 때문에 남녀간에 현장 종속성의 차이는 문화 수준에서도 다르게 나타난다.

사회적 관계가 인정받는 문화권(문화적 여성성)에서는 사람들이 행동지침으로 외적인 준거틀에 의존하는데(현장 종속적), 자기중심적 문화권(문화적 남성성)에서는 내적인 준거틀에 보다 의존하는 것으로 나타났다.[63] 집단주의 문화권에서의 광고는 현장 종속적으로 지각되

---

62) Russell et al., 1997, pp. 132~133.

63) Kühnen, Ulrich; Hannover, Bettina; Roeder, Ute; Shah, Ashiq Ali; Schubert, Benjamin; Upmeyer, Arnold; Zakaria, Saliza, "Cross-cultural variations in identifying embedded figures. Comparisons from the United States, Germany, Russia, and Malaysia," *Journal of Cross-Cultural Psychology*, 32, 2001, pp. 365~371.

도록 창작되고는 한다. 현장 종속적 목표집단에게 쉽게 지각되도록 만들어진 정보는 현장 독립적 수용자들에게는 그만큼 지각되기가 쉽지 않을 것이다. 현장 종속적 집단의 사람들은 송신자가 의도한 것 이상의 메시지를 읽어낼 것이다. 이에 대해서는 시각적 이미지 과정에 관한 이 장의 다음 부분에서 논의한다.

5) 선택적 지각

지각이란 현실에 대한 선택적 관찰일 수도 있다. 우리는 그것이 실재하지 않더라도 보기를 원하는 것이나 보기를 기대하는 것을 보게 된다. 우리는 보고 싶지 않은 것은 보지 않는다. 선택적 지각(*selective perception*)이 함의하는 바는 사람들이 실재의 한 측면만 보고 다른 측면은 보지 못한다는 점이다. 선택적 지각이 보편적 현상이기는 하지만 문화에 영향을 받는다. 자신의 문화권 내에서의 행동과 현상에 익숙해진 사람들은 다른 문화권을 접할 때도 동일한 행동과 현상을 기대하는 경향이 있다.

사람들이 더 보편주의를 가지며 타인들도 같은 가치관을 지녔으리라고 기대하는 경향은 개인주의 문화권에서 더 두드러진다. 사람들은 차이는 간과하고 유사점만 지각하려는 경향이 있다. 개인주의 문화권에서의 현실은 주관적 관찰이다. 집단주의 문화권에서는 더 많은 현상이 지각에 영향을 미친다. 특히 맥락은 사람들이 보는 것과 듣는 것에 영향을 미친다. 이런 차이 때문에 종종 집단주의 문화권에서 온 사람들과 개인주의 문화권에서 성장한 사람 사이에 오해가 발생하기도 한다. 개인주의 문화권과 집단주의 문화권에서 다른 언어로 커뮤니케이션할 때, 단어는 같을지라도 단어가 해석되는 맥락에 따라 오해가 발생할 수 있다.[64] 또한, 사람들이 듣는 것은 말하는 사람이 어떻게 보이는지에 따라 영향을 받을 수 있다.

6. 크리에이티브 과정

창의성(*creativity*)이란 어떤 집단에 의해 독특하고(*novel*) 적합한(*appropriate*) 것으로 인정받는 아이디어나 상품을 창출하는 개인의 능력으로 정의할 수 있다. 예술적 창의성이란 시각예술, 음악, 문학, 무용, 연극, 영화, 그리고 혼합매체를 포함하여, 예술의 어떤 측면에 나타난 창의성을 말한다. 지능, 지식, 사고방식, 개성, 동기, 그리고 사회적 환경 같은 몇 가지 자원들은 창의성에 영향을 미친다. 사람이나 상품이 창의적이라고 평가되는 정도는 사람의 출신지나 상품 생산지에 따라 영향을 받을지도 모른다. 사회적 환경은 사람이나 상품의 창의성 수준을 판단하는 데 강력한 영향을 미칠 수 있다.[65)]

창의성의 두 가지 측면은 창의적 표현(즉, 창의적 결과물의 창작)과 창의적 결과물에 대한 평가이다. 몇몇 연구에서는 평가를 측정했으나, 창의적 결과물의 차이를 측정한 비교문화연구의 숫자는 제한적이다. 대체적인 결과는 내집단(*in-group*)의 창의적 표현물을 외집단(*out-group*)의 표현물에 비해 보다 긍정적으로 평가한다는 점이다.[66)]

서구적 가정은 창의적 과정이 확산적 사고(*divergent thinking*)에 바탕을 두고 있다는 것이다. 확산적 사고가 창의성의 핵심이라면 집단

---

64) Giles, Howard and Franklyn-Stokes, Arlene, "Communicator characteristics," in *Handbook of international and intercultural communication*, edited by Molefi Kete Asante and William B. Gudykunst, Newbury Park, CA: sage, 1989, p. 133.

65) Niu, Weihua and Sternberg, Robert J., "Cultural influences on artistic creativity and its evaluation," *International Journal of Psychology*, 36, 2001, pp. 225～241.

66) Chen, Chuansheng; Kasof, Joseph; Himsel, Amy J.; Greenberger, Ellen; Dong, Qi; and Xue, Gui, "Creativity in drawings of geometric shapes. A cross-cultural examination with the consensual assessment technique," *Journal of Cross-Cultural Psychology*, 33, 2002, pp. 171～187.

주의 문화권에서의 순응욕구는 창의적 과정을 억누를 것이다. 서구에서 개발된 몇몇 창의성 테스트는 아시아와 서구 문화권을 초월하여 창의성 차이를 측정하는 데 사용되었는데, 몇 가지는 시각적 표현(드로잉 테스트)에 다른 몇 가지는 언어적 표현에 바탕을 두고 있다. 대체로 어린이와 학생들을 대상으로 수행한 이 연구결과들은 혼란스럽다. 어떤 연구에서는 서구사회의 사람들이 보다 창의적이라고 규명한 반면, 다른 연구에서는 중국인들이 더 창의적이라는 사실이 발견되었다.

상이한 문화권에서 창의성이 계발되는 방식에는 일정한 차이가 있다. 불확실성의 회피가 높은 나라에서는 조직의 규범, 규칙, 그리고 절차보다 창의적 개인을 중시하고, 권력거리가 높은 나라에서는 행동을 하기 전에 권위자의 도움을 받기보다 개인의 창의성을 발휘하는 것을 보다 중시한다. 불확실성의 회피와 권력거리가 낮은 개인주의 문화권(즉, 영국)에서는 외부조직의 제약이 없을 경우에 창의성이 보장된다고 믿는다.[67]

광고의 창의성은 예술의 응용형태이다. 광고회사의 크리에이티브 디렉터는 캐나다 인류학자 그랜트 매크래켄(Grant McCracken)이 명명한 '문화적으로 구성된 세계'(*culturally constituted world*)[68]에서 중요한 자산들을 선택해야 한다. 선택과정은 무의식적·의식적 수준에서 진행된다. 디렉터들은 중요한 자산의 선택이 불가피하고 필요할 때도 그러한 선택이 행해지는 과정과 원인을 지각하지 못한다. 그들은

---

67) Matsmoto, David, *Culture and Psychology: People around the world* (2nd ed.), Delmar, CA, Wadsworth Thompson Learning, 2000, and Hofstede, 2001, p. 166.

68) McCracken, G., *Culture and consumption: New approaches to the symbolic character of consumer goods and activities*, Bloomington: India University Press, 1988, pp. 78~79.

'문화적으로 구성된 세계'를 광고 속에서 어떻게 묘사할지 결정해야 한다. 크리에이티브 디렉터에게 이 과정은 자동 조종사 같은 역할을 한다. 크리에이티브 디렉터의 가치체계는 콘셉트나 소구방법의 개발이나 비주얼을 창작할 때 자동적으로 적용된다. 대체로 훌륭한 크리에이티브 디렉터는 자신의 문화가 몸에 배어 있다.[69)]

광고는 문화적 의미의 목록이며, 광고창작자와 문화적으로 구성된 세계를 공유하는 시청자나 독자는 전달된 의미를 성공적으로 해독할 수 있을 것이다. 그러나 문화적 배경이 다른 시청자나 독자는 광고 디자이너에 의해 의도된 의미를 해독하지 못할 수도 있다.

광고는 디자이너의 문화와 디자인 공부의 반영이다. 서구에서 디자인 공부는 대체로 디자이너에게 예술과 디자인 역사에 대한 통찰력을 제공한다. 그러나 학습과정은 학교 졸업과 동시에 끝나며 디자이너는 즉각적인 천재성을 발휘해야 한다. 이에 비해, 평생학습 과정을 강조하는 대부분의 아시아 문화권에서와 마찬가지로 일본의 디자이너들은 여타의 문화적 영향을 적극적으로 추구한다.[70)]

---

69) 광고대행사의 크리에이티브 담당자가 그의 고유한 문화에서 벗어날 수 있는지를 알아보기 위해, 필자는 홉스테드의 설문지를 작성했던 사람들에게 몇 가지를 질문하였다. 결과의 국가별 점수는 홉스테드 점수를 거의 반영하였다.

70) Gagliardi, Mario, "Alchemy of cultures: From adaptation to transcendence in design and branding," *Design Management Journal*, Fall 2001, pp. 32~39.

7. 귀 인

귀인(歸因, *Attribution*)이론은 현상의 원인을 탐색하는 것에 대한 이론이다.[71] 인과적 귀인은 타인들의 행동을 예측하고 설명하는 것과 관련된다. 사람들은 미래의 유사한 일을 예측하기 위해 사건에 대한 인과적 설명력을 찾으려고 시도한다.[72]

내적 귀인(*internal attribution*, 개인의 행동 원인을 개인 내부에서 찾는 것)과 외적 귀인(*external attribution*, 개인의 행동 원인을 개인이 아닌 외부에서 찾는 것) 간에는 차이가 있다. 내적이고 지속적인 성향에 대한 귀인을 기질적 귀인(*dispositional attribution*)이라고 하며, 외부적 요소에 대한 귀인을 상황적 귀인(*situational attribution*)이라고 한다.[73] 사회적 지지나 상황적 요인 같은 외적 관계적 속성에 치중하는 집단주의 문화권과는 달리, 개인주의 문화권에서는 개인의 행동이나 행동의 결과(즉, 성공)를 상황적 요인보다 내적 속성으로 설명하는 경향이 많다.[74] 상황이나 맥락을 상당히 중시한다는 것이 집단주의자들이 성격적 기질을 전혀 도외시한다는 것을 함축하지는 않으나, 그들은 그것들을 특정 맥락에 있는 사람들을 묘사하는 데 주로 활용하며 일반적인 행동을 설명하는 데는 활용하지 않는다. 미국인들은 과거 행동에서 얻은 소규모 표본에 근거하여 미래의 행동을 자신 있게 예

---

71) Antonides, Gerrit and Van Raaij, W. Fred, *Consumer behavior. A European perspective*. Chichester, UK: John Wiley & Sons, 1998, p. 125.

72) Choi et al., 1999.

73) Eysenck, Michael W., *Psychology: A student's handbook*, Hove, East Sussex, UK: Psychology Press, 2001.

74) Gelfand, Michael J.; Spurlock, David; Sniezek, Janet A.; and Shao, Liang, "Culture and social prediction. The role of information in enhancing confidence in social predictions in the United States and China," *Journal of Cross-Cultural Psychology*, 31, 2000, pp. 498~516.

측하고 성격적 기질에 대한 예측력을 과대평가하려는 경향이 있는 데 비해, 동아시아인들은 사회적 설명과 개인적 기술에서와 같이 상황적 맥락에 따라 예측한다.

내적 귀인과 외적 귀인을 설명하는 것에 관련된 또 다른 차원은 문화적 남성성이다.[75] 여성적 문화권에서의 자아를 드러내지 않는 규범과 비교하여, 남성적 문화권의 사람들은 자신의 문제점과 역량을 보다 심각하게 여기는 경향이 있다.

1) 귀인과 마케팅 조사

내적 귀인과 외적 귀인 간의 차이는 시장조사 접근방법의 차이를 설명할 수 있다. 일본기업들은 미래의 행동을 예측하기 위해서 소비자의 기질 같은 것을 물어보는 서구식 소비자 조사에 회의적이다. 일본의 조사자들은 직접 다니면서 소비자의 욕구를 파악하고 그들의 상품을 파는 소매상을 방문하여 자료를 모은다. 일본기업들은 맥락과 무관한 것보다 맥락에 부합되는 정보를 원한다. 그들은 실제의 소비자행동과 거리가 있는 연구결과보다 실제 구매과정의 방식과 밀접한 정보를 추구한다. 일본기업에서 조사를 수행할 때, 그들은 실제로 특정 상품을 사용한 경험이 있는 사람들을 대상으로 인터뷰한다. 그들은 일반적 태도와 가치를 알아보기 위하여 차별화되지 않은 대중을 무작위로 조사하지는 않는다.[76]

---

75) Hofstede, 2001, p. 304.

76) Johansson, Johny K. and Nonaka, Ikujiro, "Market research the Japanese way," *Harvard Business Review*, May-June 1987, pp. 16~19.

일본에서 모발관리 상품의 경우 맥락 의존적 시장조사에 따라 전략을 수립한다. 이런 조사는 주로 집에서나 매장에서 행해진다.[77] 가구조사는 실제 사용경험을 잡아내기 위해서 화장실 같은 상품이 사용되는 장소에서 촬영과 인터뷰를 하게 마련이다. 이런 조사를 통해 품질을 향상시키기 위한 정보(저장, 구매, 사용 등에서의 장·단점 등)를 알아낼 수 있다. 즉흥적 발언뿐만 아니라 사용자의 실제 이용행동까지 기록한다. 일본여성이 집에서 머리를 감는 모습을 보면 좋은 샴푸란 어떤 것인지, 머리를 감을 때의 즐거움, 샴푸의 실제효과 같은 실제로 머리를 감으며 느낄 수 있는 경험을 파악할 수 있다. 실제 매장에서는 포장에 대한 평가, 구매자들의 행태, 구매 직후 소비자가 직접 묘사하는 구매행동에 대한 정보를 얻을 수 있다. 구매와 사용 시기가 가장 정확하고 흥미로운 지각행동이 일어나는 순간이 될 것이다. 관찰과 비형식적 질의를 통해 소비자들이 상점에 머무는 시간, 소비자들이 상품을 대하는 태도와 표정, 그리고 판매원에 대한 태도를 기록한다. 끝으로 한 시간 이상 지속되는 심층 인터뷰에서는 품목에 대한 소비자의 회상 정도, 매장의 참신함에 대한 지각, 구매이유, 구매상품의 특징(명칭, 브랜드, 형태, 확산, 가격), 그리고 광고에 나타난 내용까지 포함하여 브랜드의 기능에 대한 질문이 이어질 수 있다.

77) Becker, Catherine, "Hair and cosmetic products in the Japanese market," *Marketing and Research Today*, February 1997, pp. 31~36.

8. 통제위

귀인과 관련되는 하나의 현상은 줄리안 로터(Julian Rotter)[78]가 제시한 통제위(統制位, *locus of control*)이다. 서구와 동양의 차이를 나타내는 많은 귀인연구에서는 '통제위' 차원을 주목한다.[79] 내적 통제와 외적 통제는 행동의 결과가 개인의 행동과 성향에 좌우된다고 보는지(내적 통제위), 또는 운명이나 다른 권위자에 의해서 좌우되고 그 결과가 예측 불가능한 것으로 파악하는지(외적 통제위)를 말한다.[80] 통제위는 문화권에 따라 다르기 때문에 한 문화권의 사람들은 생활의 질을 향상시키기 위해서 스스로 사회적 행동을 취하는 반면(시민적 능력), 다른 문화권의 사람들은 정부나 다른 권위 있는 기관에 의존한다. 행동의도 모형처럼 내적 통제위가 소비자행동의 근본적 가정이 되기 때문에 내적 통제위와 외적 통제위의 차이를 이해하는 것이 중요하다.

내적 통제위와 외적 통제위 설명에 관련되는 차원은 개인주의, 권력거리, 그리고 불확실성의 회피이다. 스미스와 동료들(Smith et al.)[81]은 43개국에서 내적 통제위와 개인주의 사이에 유의한 상관관계가 있음을 발견하였다. 집단주의 문화권의 구성원은 개인주의 문

78) Rotter, J. B., "Generalized expectancies for internal versus external control of reinforcement," *Psychological Monographs*, 80, Whole No. 609, 1996.

79) Lieber, Eli; Yang, Kuo-shu; and Lin, Yi-Cheng, "An external orientation to the study of causal beliefs," *Journal of Cross-Cultural Psychology*, 2, 2000, pp. 160~186.

80) Rotter, Julian B., "Internal versus external control of reinforcement," *American Psychologist*, 45, 1990, pp. 489~493.

81) Smith, Peter B.; Trompenaars, Fons; and Dugan, Shaun, "The Rotter locus of control scale in 43 countries: A test of cultural relativity," *International Journal of Psychology*, 30, 1995, pp. 377~400.

화권의 구성원보다 외부적 요소에 더 많은 영향을 받았다. 또한, 높은 권력거리와 불확실성의 회피도 설명변인이 된다. 트라이언디스[82]는 1985년에 미국과 소련(러시아) 학생들을 대상으로 상반되는 두 가지 명제에 대한 의견을 물어보았다. ① 인간은 자신을 통제할 수 없으니 정부가 통제해주어야 한다. ② 인간은 자신을 통제할 수 있으며 최소의 정부가 최고의 정부이다. 권력거리와 불확실성의 회피에서 점수가 높은 소련학생들은 첫 번째 문장에 더 동의하였으며, 같은 척도에서 점수가 낮은 미국학생들은 두 번째 문장에 더 강하게 동의하였다.

통제위란 권위에 대한 기대치 대 스스로를 다스리는 사람들의 능력과 소망의 함수이다. 따라서 복지를 정부에 의존하려는 성향은 높은 불확실성의 회피와 관련되며 그것은 변량의 32%를 설명한다.[83] 또한, 권위에 대한 의존은 사람들에게 권위의 관용을 바라게끔 하는데,[84] 이는 사법체계, 경찰, 시민 서비스 같은 정부기관의 불신을 초래한다. 몇 가지 자료들이 이런 문화적 관계성을 뒷받침한다.

필자는 여기에서 〈유럽가치연구〉(*European Value Study*)의 "기관의 신뢰"에 관한 연구결과를 활용하고자 한다. 그 질문은 "제시된 각 항목에 대해 어느 정도 신뢰하는지, '상당히', '많이', '약간', '전혀'로 응답해주세요"였다. 응답의 범주는 "상당히 신뢰한다"와 "전혀 신뢰하지 않는다"이었다. 필자는 교회, 언론, 사법기관, 행정기관, 그리고 경찰에 대한 신뢰도를 활용한다. 〈표 6-1〉에는 관련되는 세 가지 문화적 변인과 회귀분석에서 나타난 설명변량의 비율 간의 상관계수가 제시되어 있다.

---

82) Triandis, 1995.

83) Data *Reader's Digest*, 1991.

84) Hofstede, 2001, p. 173.

〈표 6-1〉 2000년 동서유럽 25개국의 공공기관에 대한 신뢰도

	권력거리	개인주의	불확실성의 회피	예측변인1	R^2	예측변인2	R^2
상당히 신뢰함							
교회	.54***	−.41*	.52***	권력거리	.29		
언론	.25	−.51**	.36*	개인주의(−)	.26		
전혀 신뢰하지 않음							
사법기관	.78***	−.46*	.68***	권력거리	.61	불확실성의 회피	.69
행정기관	.63***	−.58***	.70***	불확실성의 회피	.49		
경찰	.70***	−.48**	.57***	권력거리	.48		

출처 : The European Values Study, 2000(부록B 참조).

외적 통제위가 작동하는 문화권에서 도덕적 기관(교회와 언론)은 신뢰를 얻은 반면 사법기관, 행정기관, 그리고 경찰은 그렇지 못하였다. 특히 사법기관에 대한 신뢰가 아주 낮다는 점이 두드러진다. 비교적 부유한 서유럽의 15개국에서는 사법기관에 대한 신뢰가 없었는데 권력거리는 강하게 나타났다. 권력거리는 변량의 80%를 설명하였다.

외적 통제위가 두드러지는 문화권은 내적 통제위가 강조되는 문화권보다 정부에 대한 기대가 크게 나타나며, 정부는 사람들의 태도에 더 큰 영향을 미친다. 그것이 이러한 태도와 행동이 일치한다는 것을 의미하지는 않는다. 하나의 사례는 유럽 단일통화(유로화) 도입 전후의 채택에 대한 변량이다. 오랫동안 여러 조사에서는 유럽 단일통화의 수용도를 측정하였다. 문화와의 관련성은 단일통화에 대한 입장이 외적 통제위의 문제라는 점을 입증한다.

단일통화에 대한 아이디어가 아직 추상적 수준이던 1970년대에는

개인주의 변인이 국가별 차이를 설명하였다. 그러나 1990년대 이후에는 높은 권력거리와 불확실성의 회피 중 적어도 하나의 변인이 단일통화에 대한 태도와 관련되었다. 권력거리가 크다는 것은 사람들이 타인(즉, 정부)이 자신을 위해 의사결정을 하는 것에 익숙하다는 것을 의미한다. 반대로 권력거리가 작다는 것은 남성성이 아주 낮은 상태이며 독립적이고 평등주의적인 태도가 포함된다. 사회 지도자에 의해 단일통화가 도입된다는 사실은 권력거리가 낮은 사회에서는 더욱 받아들이기 힘들 것이다. 이러한 추정이 권력거리가 낮고, 남성성이 낮고, 불확실성의 회피가 약한 문화권인 덴마크에서 유로화에 강력히 반발하는지를 설명해준다. 유럽의 젊은 층과 유럽통화체계(EMS, *European Monetary System*) 내의 부유층이 생각하는 단일통화에 대한 태도가 유럽 전역의 주류의 태도와 별로 다르지 않았음도 밝혀졌다. 2002년 1월 실제로 도입된 이후에도 유로화에 대한 벨기에와 스페인에서의 지지율은 네덜란드와 핀란드에서 보다 높게 나타났다.

하지만 지지하는 태도가 행동과 반드시 일치하지는 않았다. 불확실성의 회피가 높은 문화권에서는 불확실성의 회피가 낮은 문화권에 비해 가격을 원래의 자국통화로 환산하려는 경향을 가지는 것으로 나타났다. 프랑스인의 78.1%가 그러한 경향을 나타낸 반면, 아일랜드인은 39.7%에 지나지 않았다. 〈표 6-2〉에서는 관련되는 네 가지 문화적 변인과 단일통화의 채택 대 불채택의 간의 상관계수와 설명변량의 비율을 제시하고 있다. 여러 곳에서 인용한 이 자료에서는 유사한 관계성이 나타나고 있다.

또한, 통제위는 자신의 건강에 대한 스스로의 영향력을 사람들이 어떻게 지각하는지에 영향을 미칠 것이다. 1997년 여론조사기관인 유로바로미터는 암 예방의 가능성을 조사한 결과, 암 예방에 대한 자신감은 국가별로 상당한 차이가 있었으며 문화와 관련되는 것으로 나

〈표 6-2〉 유럽 단일통화에 대한 찬반

	권력거리	개인주의	남성성	불확실성의 회피	예측변인	R^2
유럽 단일통화에 찬성						
리더스 다이제스트 1970	−.02	.78***	.04	−.38	개인주의	.60
리더스 다이제스트 1991	.66*	−.03	.20	.58*	권력거리	.44
유로바로미터 1998	.50*	−.04	.21	.53*	없음	
유로바로미터 2002	.34	−.41	.22	.57*	불확실성의 회피	.33
유로바로미터 Young Europeans 1997	.37	−.37	.43	.56*	불확실성의 회피	.32
EMS 1997	.56*	−.08	.40	.48*	권력거리	.31
자국화폐로 항상 또는 자주 교환, 2002(11개국)	.58*	.13	−.42	.44	없음	
유럽 단일통화에 반대						
리더스 다이제스트 1970	−.71***	.26	.03	−.52*	권력거리 (−)	.50
리더스 다이제스트 1991	−.77***	.38	−.24	.77***	불확실성의 회피 (−)	.60
유로바로미터 Young Europeans 1997	−.31	.41	−.48*	−.54*	없음	
EMS 1997	−.54*	.38	−.59**	−.66***	불확실성의 회피 (−) 남성성 (−)	.44 .63
유로바로미터 1998	−.56*	.28	−.35	−.67**	불확실성의 회피 (−)	.44
유로바로미터 2002	−.28	.43	−.30	−.55*	불확실성의 회피 (−)	.31
자국화폐로 거의 교환하지 않음, 2002(11개국)	−.57*	−.11	−.39	−.46	없음	

출처: Reader's Digest; Eurobarometer; EMS(부록B 참조).

〈표 6-3〉 1997년 암 예방에 대한 신뢰

암 예방에 대한 신뢰	권력거리	개인주의	불확실성의 회피	예측변인	R^2
예방이 불가능함	−.34	.57*	−.43	개인주의	.33
정기 건강검진	.68***	−.45	.75***	불확실성의 회피	.57
더 좋은 다이어트	−.59*	−.11	−.50*	권력거리(−)	.34

출처 : Eurobarometer(부록B 참조).

타났다. 주요 질문은 다음과 같다. "당신은 개인적으로 암을 예방할 수 있다고 보는지 없다고 보는지요?", 만약 그렇다면 "어떻게 예방할 수 있을까요?", 가능한 답변으로는 "균형 잡힌 다이어트와 건강한 라이프스타일"이나 "정기검진" 등이 제시되었다. 내적 통제위를 추구하는 사람들은 예방이 불가능하다고 응답했으나, 권위자나 전문가에 의존하는 외적 통제위 성향을 추구하는 사람들은 예방할 수 있다고 응답하였다. 그들은 전문가에 의한 정기검진을 신뢰하였다. 내적 통제위를 지향하는 참여자들은 식이요법 같은 방법으로 스스로 조절이 가능하다고 응답하였다. 〈표 6-3〉도 관련되는 세 가지 문화적 변인의 상관계수와 설명변량의 비율을 나타낸다.

또한, 내적 통제위 대 외적 통제위는 사회정치적 태도나 통화체계의 차이를 설명하는 좋은 도구가 된다. 통제위를 외부에 두면 정부나 기업으로부터 나오는 연금을 선호하고, 통제위를 내부에 두면 개인이 각자 드는 연금보험을 보다 선호하는 현상이 나타난다. 영국에서 노동연령 인구의 75%가 개인연금 프로그램을 선호하는데, 이는 유럽대륙의 비율보다 훨씬 높다.[85)]

〈그림 6-2〉는 내적-외적 통제위에 따라 국가를 어떻게 구분할 수

---

85) *The Economist*, September 4, 1999, p.37.

있는지를 나타낸다. 이 그림은 권력거리와 불확실성의 회피라는 두 가지 변인으로 이루어진 2차원의 좌표이다. 좌측에 있는 두 가지 사분면에 위치한 국가들은 대개 개인주의적이며, 우측 사분면에 있는 국가들은 개인주의적인 프랑스와 벨기에를 제외하고는 대부분 집단주의적이다.

〈그림 6-2〉 내적 통제위와 외적 통제위

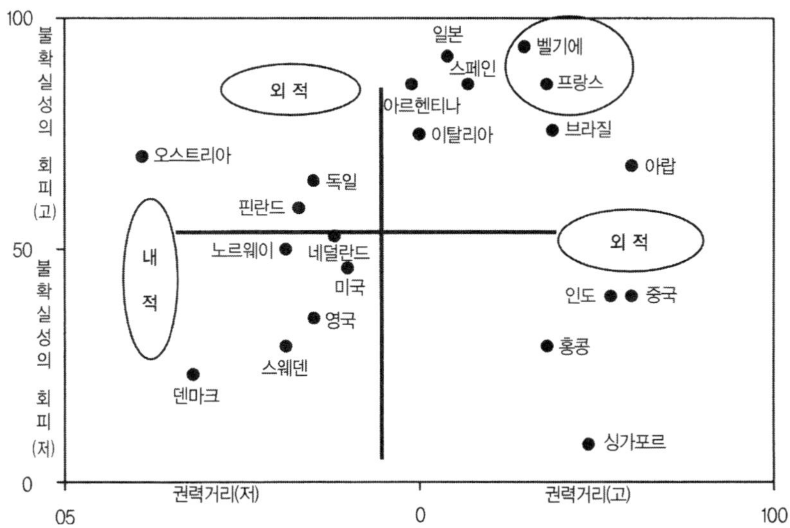

출처 : Data Hofstede(부록A 참조).

1) 정보처리

정보처리이론은 행동을 결정하기 위해서 정보를 습득하고 조직한 정보를 이용하는 과정을 분석하는 심리학적 접근방식이다. 사람들은 누구나 문제를 해결하기를 원하며 문제해결 방법을 이성적으로 선택하기를 원한다는 것이 정보처리이론의 이면적 가정이다. 이런 가정에 대한 반론은 서구사회에서도 지속적으로 제기되었고 비서구 문화권에서는 일반화하기 어렵다. 개인주의에 따라 사람들이 어떻게 정보를 습득하는지가 달라진다. 집단주의 문화권의 사람들은 정보를 주로 개인간의 커뮤니케이션으로 습득하는 반면 개인주의 문화권의 사람들은 매체를 통하여 정보를 습득한다.

습득된 정보가 기억되기 위해서는 조직화 과정을 거쳐야 한다. 인간의 기억은 대상, 사건, 사람들, 또는 현상에 대한 지식을 구조화하는 도식(*schemata*)에 따라 조정된다. 습득된 정보가 기억되려면 기존의 도식에 맞게 부호화되어야 한다. 행동과 연관되는 도식을 스크립트(*script*)라고 한다. 하나의 상품에 대한 한 사람의 발생적(*generic*) 도식에는 그 상품으로 무엇을 할지, 사용 후의 결과, 그리고 사용할 수 있는 환경에 대한 정보가 포괄적으로 담겨 있다.[86] 개인주의 문화권의 독립적 자아는 맥락으로부터 독립된 도식을 형성하는 반면, 집단주의 문화권의 상호의존적 자아는 맥락에 의존하는 도식을 구성한다.[87]

---

86) Domzal, Teresa J.; Hunt, James M.; and Kernan, Jerome B., "Achtung! The information processing of foreign words in advertising," *International Journal of Advertising*, 14, 1995, pp. 95~114.

87) Kühnen, Ulrich, "The semantic-procedural interface model of the self: the role of self-knowledge for context-dependent versus context-independent modes of thinking," *Journal of Personality and Social Psychology*, 80, 2001, pp. 397~409.

2) 광고의 정보처리

광고의 정보처리 과정에서는 도식에 맞게 정보가 제시되기도 하고 새로운 도식이 만들어지기도 한다. 습득된 정보의 대부분은 이미 기억에 존재하는 도식 내에서 조직화된다. 단지 활성화되는 도식과 중요한 관련성이 있는 정보만이 선별되고 나머지는 무시되게 마련이다. 그리고 선별된 정보는 기존의 도식에 부합되도록 해석된다. 마지막으로 도식으로 저장된 정보는 판단, 평가, 그리고 선택하는 데 사용될 수 있다. 그러나 그 정보는 사용되기 전에 인출되어야 하며, 따라서 그 정보가 기억되어야 한다.

서구의 정보처리이론에서는 대체로 차별적(특이한) 정보가 보통의 정보에 비해 더 잘 기억되는 것으로 언급한다. 현저한(매우 중요한) 정보는 덜 중요한 정보에 비해 더 잘 기억된다.[88] 이 과정에서 여러 가지 장애물이 존재할 수 있다. 먼저, 각각 다른 문화적 배경에서 발생한 정보를 이해하는 데서 오는 장애이다. 둘째, 의도와 달라질 수 있는 의미의 해석이다. 셋째, 평가와 의사결정 과정이 다양해질 수 있다는 점이다.

> 목표고객의 도식과 어긋나는 광고의 사례는 핀란드 주부를 대상으로 한 광고를 들 수 있다. 그 광고는 젊은이를 대상으로 한 M-TV에서나 볼 수 있는 현란한 영상편집(짧은 컷과 장면)을 중심으로 창작되었다. 이런 형식은 주부를 대상으로 한 채널에서는 매우 드문 것이었다. 그러한 형태의 광고는 젊은이를 위한 것이므로 주부에게는 무시될 것이다. 그 차별성이 핀란드 소비자에게 각인되었겠지만, 목표고객이 아닌 다른 집단을 겨냥한 것이었다.[89]

88) Domzal et al., 1995.

89) Banister, Lucy, "Global brands, local contexts," *Admap*. October 1997, p. 28.

광고의 영원한 딜레마는 광고를 특정 문화권의 특정 상품범주에 알맞게 할 것인지 아니면 인지도를 높이고 사람들의 기억에 각인시키기 위해 특이하게 할 것인지의 문제이다. 여러 나라에서 주목을 끌기 위해 만든 특이한 광고들은 소비자의 도식과 어긋나 무시당할 수 있다는 위험성이 있다. 이런 위험성은 동일한 문화권 내에서보다 다른 문화권에서 더 크며, 이는 사람들의 도식이 다양하기 때문이다. 사람들이 어떻게 정보처리를 하는지는 사람들이 정보처리를 하는 정보의 유형과 관련된다. 상징, 기호, 그리고 간접적 커뮤니케이션에 익숙한 고맥락 문화권(*high-context culture*)의 구성원들은 설명, 설득적 카피, 그리고 수사학에 익숙한 저맥락 문화권(*low-context culture*)의 구성원들보다 정보처리를 다른 방식으로 할 것이다.

3) 시각적 이미지의 정보처리

시각적 지각과 재인(*recognition*)은 문화권에 따라 상당한 차이가 있다. 같은 민족이라면 얼굴에 대한 재인을 촉진시킬 수 있다(제5장 참조). 뚜렷한 이미지의 단순한 시각적 정보에 익숙한 개인주의 문화권의 수용자보다는 맥락에서 의미를 도출하는 데 익숙한 집단주의 문화권의 소비자들이 함축적 의미에 의존하는 복잡한 시각 이미지를 비교적 더 쉽게 해석할 수 있다. 개인주의적 저맥락 문화권에서 의미는 명시적 정보로 전달되며, 이미지는 그 자체로 의미를 전달한다. 집단주의적 고맥락 문화권의 메시지에서 나오는 정보의 대부분은 맥락으로 파악된다. 사람들은 암시적 은유적 메시지와 맥락적 언어의 해독을 학습하게 된다. 이 차이는 이미 어릴 때부터 존재한다. 그림에서의 분위기 은유는 영국 어린이보다 중국 어린이가 더 잘 이해한다. 그 효과는 학습의 차이에서 기인할 수 있다. 중국 어린이들은 모델 드로잉의 반복에 초점을 맞추는 미술교육에서 섬세한 디테일을 알아

보는 법을 배운다.[90]

한 문화권의 구성원에게 매우 의미심장한 그림은 그 문화의 중요한 가치를 담고 있기 때문에 다른 문화권의 구성원에게는 전혀 무의미한 것이 될 수도 있다. 〈그림 6-3〉의 LG 광고를 보라. 동아시아 사람들은 LG광고에서 연속성을 읽어낼 수 있다. 광고 속의 노인이 이룰 수 없는 일은 젊은 세대가 이어갈 수 있는 것이다. 대부분의 서구인은 이 그림이 나타내는 의미를 파악할 수 없을 것이다. 하지만 이 광고는 서구의 비즈니스 잡지에 실렸다. 마찬가지로 동양인은 독일 동화 작가인 그림(Grimm) 형제의 〈개구리왕자〉가 의미하는 바를 이해할 수 없을지도 모른다.

〈그림 6-3〉 LG 광고와 인포넷 광고

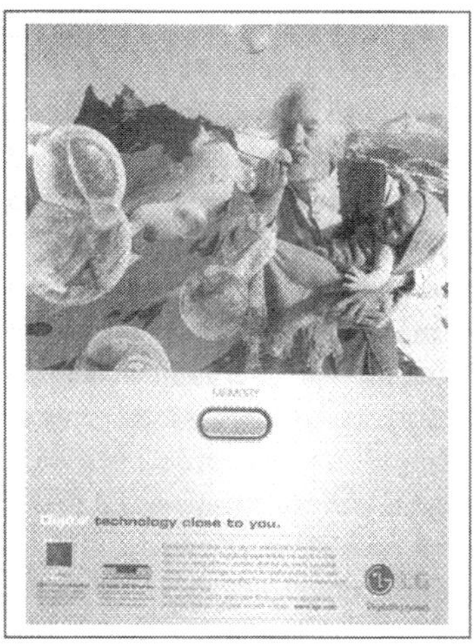

90) Jolley, Richard P. ; Zhi, Zhang; and Thomas, Glyn V, "The development of understanding moods metaphorically expressed in pictures," *Journal of Cross-Cultural Psychology*, 29, 1998, pp. 358~376.

이미지는 광고에서 아주 중요한 요소이지만 미국에서는 오랫동안 언어적 커뮤니케이션을 강조해서 많은 연구에서 시각적 요소의 가치를 저평가했다. 이러한 편견 때문에 '광고이론'보다 '카피이론'(*copy theory*, 광고문구에 대한 이론)이라는 용어가 더 자주 쓰였다.[91] 마찬가지로 광고효과를 측정하는 '카피조사'(*copy research*)나 '카피 테스팅'(*copy testing*)도 광고의 언어적 효과에 더 관심을 갖는 편향된 모습을 보여준다.

결과적으로 각각 다른 문화권의 소비자들이 인쇄광고의 시각적 이미지를 어떤 방식으로 소비하는지에 대해서 알려진 것이 거의 없다. 광고카피는 보통 다른 언어권에서는 번역할 필요가 있다. 반면에 시각이미지는 '읽기'에 제약이 없으리라는 가정 때문에 세계적으로 동일한 인쇄광고를 창작할 때 주로 이용되었다. 하지만 고도로 표준화된 시각이미지를 사용한 광고일지라도 수용자들이 동일하게 해석하지는 못한다. 예를 들어, 베네통(Benetton) 광고 중 흑인여성이 백인아이를 보살피는 이미지를 담은 것이 있었다. 이 광고는 통합과 평등의 이미지로 유럽에서는 많은 상을 받았지만 미국에서는 논란을 일으켰다. 미국에서는 많은 사람들이 그 광고를 노예로서 아이를 돌보는 흑인 보모를 그린 것이라고 보았기 때문이었다.[92] 시각적 이미지가 모든 문화권에서 동일하게 이해될 것이라는 것은 착각이다. 그림들은 사람들이 가지고 있는 도식에 맞추지만 도식은 문화권에 따라 달라진다. 한 문화권에서는 자유를 상징하는 그림(즉, 사자)이 다른 문화권에서는 능력을 나타낼 수도 있다.[93]

---

91) Scott, 1994.

92) Callow, Michael and Schiffman, Leon, "Implicit meaning in visual print advertisements: A cross-cultural examination of the contextual communication effect," *International Journal of Advertising*, 21, 2002, pp. 259~277.

보편적인 것으로 여겨지는 그림도 다른 방식으로 읽힐 수 있다. 맥락을 통한 독해에 익숙한 사람들은 메시지 작성자가 의도한 것 이상의 의미를 도출하는 데 익숙하기 때문에 같은 의미에서 다양한 의미가 생성될 수 있다. 고맥락 문화권의 수용자들은 맥락이 중요한 메시지에 익숙하기 때문에 이미지를 더 자세히 보고 숨겨진 의미를 찾으려고 할 것이다. 명시적 의미만 담은 간단한 이미지에서도 고맥락 문화권의 수용자들은 숨겨진 은유적 이미지를 찾으려 할지 모른다.

이러한 효과에 대해 연구한 캘로와 시프만(Callow & Schiffman)[94]은 개인주의 문화권을 대표하는 미국과 집단주의 문화권인 필리핀의 수용자를 대상으로 실험을 하였다. 기존의 향수상품을 사용하여 광고에 등장한 사람들의 수에 차이를(한 명과 집단) 두었고, 이미지에서 암시적 의미를 도출하는 능력은 제휴(*affiliation*, 집단주의적 가치)와 성취(*achievement*, 개인주의적 가치)를 통해서 측정하였다. 연구결과는 미국인보다는 고맥락 문화권인 필리핀 사람들이 홀로 서 있는 남자의 이미지에서 제휴의 이미지를 더 많이 읽었고, 함께 서 있는 여성들을 담은 향수광고 이미지에서 성취의 이미지를 더 많이 읽어내는 것으로 나타났다.

시각적 이미지에 대한 지각과 정보처리에서의 차이가 광고사진의 선정에도 영향을 미친다. 인쇄광고의 차이에 대한 영국, 미국, 한국, 프랑스, 인도에 대한 다국적 비교연구[95]에 따르면 광고에 사용되는 주된 시각적 요소란 이미지의 크기, 사진사용의 빈도, 상품의 모습과 크기, 은유의 사용, 특히 여성과 어린이 인물 사용 빈도를 들 수 있다.

---

93) Müller, 1998.

94) Callow and Schiffman, 2002.

95) Cutler, Bob D.; Javalgi, Rajshekhar G.; and Erramilli, M. Krishna, "The visual components of print advertising: A five-country cross-cultural analysis," *European Journal of Marketing*, 26, 1992, pp. 7~20.

4) 외국어 정보처리

광고에서 외국어는 크게 두 가지 목적에서 사용된다. 하나의 목적은 주목을 끌기 위해서이다. 광고에 나오는 외국어는 광고를 더 돋보이게 하고 호기심을 끌 것으로 가정된다. 또 다른 목적은 국제광고에서의 효율성이다(주로 영어로 된 광고들이 그렇다). 다른 언어로 번역하지 않고 하나의 광고만 사용하는 이유는 비용절감 효과가 있기 때문이다. 광고에서 외국어는 표현이 특이하고 예상치 못한 것이면서 상관성 있는 정보에 한하여 주목을 끌 수 있고 기억되는 것으로 가정된다. 그러나 외국어 표현의 의미는 수용자에게 충분하고 명백히 전달되어야 하며, 광고 브랜드에 대하여 소비자가 가진 기존의 도식에 근접한 것이어야 한다.

소비자들이 '프랑스다움'(*Frenchness*)이 와인의 주요 속성과 상관성이 있다고 생각한다면 영어 사용자를 대상으로 하는 와인광고에 프랑스어를 쓰는 것은 좋다.[96] 이런 언어들이 단일어 사용자를 겨냥한 광고에 나온다면 그 쓰임새는 '이탈리아 파스타'처럼 상품의 기원을 밝히는 경우에 한정된다. 영어 사용자에게 영어와 프랑스어로 발음되는 브랜드에 대한 지각과 평가가 상이하게 나타난다는 증거가 있다. 프랑스어 브랜드명이 영어 브랜드명에 비해 즐거움을 준다는 것이다.[97] 그러나 네덜란드에서 수행된 한 연구에 따르면 긍정적 반응을 얻은 영어 상호명이라도 다른 긍정적 연상작용을 일으키는 것은 아니라고 한다.[98] 영어의 사용은 브랜드에 대한 긍정적 태도형성과

---

96) Domzal et al., 1995.

97) Leclerc, France; Schmitt, Bernd H.; and Dubé, Laurette, "Foreign branding and its effects on product perceptions and attitudes," *Journal of the Marketing Research*, 31, 1994, pp. 263~270.

98) Renkema, Jan; Hallen, Emmy; and Hoeken, Hans, "Tuinapparatuur of

무관하다는 주장도 있었다.[99]

국제광고에서 영어를 쓰는 목적은 국제적 세분시장에 소구하기 위해서이다. 젊은 층에게 영어로 된 광고는 그것이 미국이라는 나라의 젊음과 진취성을 상징하기 때문에 이것이 브랜드 선호도로 이어질 수 있다. 영어가 국제 비즈니스 언어라는 사실은 한국인들에게 영어로 표현된 브랜드가 국제적 이미지를 갖는다고 생각하게 할 수도 있다. 젊은 일본인에게 외국어는 이국적 정서를 자극하는 것으로 여겨진다.[100] 이 장 앞쪽의 언어 관련 부분에서 필자는 적잖은 많은 영어카피가 잘못 이해되고 있음도 언급하였다.

9. 관여이론

전통적 소비자행동론에서는 특히 학습의 위계라고 불리는 그 무엇에 의해 광고에서의 정보처리가 이루어진다고 본다. 동기부여를 통해 정보를 추구하고 대안을 비교하며 고민 끝에 의사결정을 한다는 것이다.[101] 후속이론에서는 메시지가 수신될 때 소비자의 관여수준의 차이가 상이한 인지과정을 일으킨다는 사실을 규명하였다. 소비자들이 어떻게 정보를 처리하고 광고에 반응하는지를 알아보자. 먼저 상품이나 브랜드에 관한 학습이 이루어지고, 태도나 감정이 형성되며, 결과적으로 행동을 취하여 구매의도를 갖거나 구매하게 된다. 이러한 과

---

garden equipment?" *Onze Taal*, 10, 2001, pp. 257~259.

99) Gerritsen et al., 1999.

100) Taylor, Charles R. and Miracle, Gordon E, "Foreign elements in Korean and U.S. television advertising," *Advances in International Marketing*, 7, 1996, pp. 175~195.

101) Solomon et al., 1999, p. 124.

정을 '학습-느낌-행동'(*learn-feel-do*)이라고 한다. 이러한 과정은 자동차와 '고관여'(*high-involvement*) 상품에 대한 정보처리에 적용된다.

고관여 상품이란 정보처리가 매우 이성적으로 이루어지는 상품을 의미한다. 고관여 모형에서는 정보를 수집하고 의사결정을 하는데 소비자가 적극적 참여자가 된다. 반면에 세제나 유통속도가 빠른 소비재는 이른바 저관여 상품으로 소비자의 관심이 덜하다. 저관여의 개념은 허버트 크루그먼(Hurbert Krugman)[102]의 이론에 근거한다. 그는 텔레비전이 저관여 매체로 브랜드 인지도는 얻을 수 있지만 태도에 미치는 영향은 크지 않다고 주장하였다. 저관여 과정은 '학습-행동-느낌'의 과정으로 설명할 수 있다. 다시 말하면 지식이 우선이고 그 다음에 구매행동 그리고 마지막으로 사용하고 나서야 하나의 태도를 형성한다는 것이다.

국제 광고학자 고든 미라클(Gordon Miracle)[103]은 일본 소비자들이 '느낌-행동-학습'의 과정도 갖는다고 주장하였다. 일본광고의 목적은 서양광고처럼 판매나 태도의 변화가 아니라, 기업과 소비자 간의 관계구축을 기본으로 한다. 일본에서 광고의 목적은 소비자를 기쁘게 하고 브랜드에 대한 의존도(제 5장 '아마에' 참조)를 형성하는 것인데, 이 과정은 간접적 접근방법을 통해 이루어진다. 그래서 일본인의 최초 반응은 '느낌'이고 그 다음에 상품을 구매하러 매장으로 가는 구매행동이 이어진다. 이런 과정을 지나서야 지식(*knowledge*)의 단계가 된다. 고든 미라클은 이런 과정이 한국과 중국의 소비자에게도 적용될 수 있다고 주장한다. 이는 집단주의 문화권의 유사성일 수도 있다.

---

102) Krugman, H. E., "The impact of television advertising: Learning without involvement," *Public Opinion Quarterly*, 29, 1965, pp. 349~356.

103) Miracle, G. E., "Feel-do-learn: An alternative sequence underlying Japanese consumer response to television commercials," The Proceedings of the 1987 Conference of the American Academy of Advertising, edited by F. G. Feasley, 1987.

페티와 캐시오포(Petty & Cacciopo)의 정교화가능성모형(ELM, *Elaboration Likelihood Model*)[104]에 따르면 정보처리는 메시지에 대한 관여도 수준에 따라 중심경로나 주변경로를 거쳐 이루어진다. 중심경로를 통하면 수용자는 메시지의 주장과 관련된 정보를 심사숙고하게 된다. 메시지의 주장과 관련된 정보를 처리할 능력과 동기가 부족할 경우에는 주변경로를 통하여 정보처리가 이루어진다. 메시지에서 제시하는 주장에 대한 적극적 사고경로는 중심경로이다. 메시지의 주장을 생각하도록 동기부여가 되지 않으면 주변경로가 작동되는 것이다. 이론적으로 주변경로에는 포장과 사진 그리고 메시지의 제시 맥락 등이 포함된다.

이와 같은 이론을 바탕으로 서구의 광고에서는 단어를 그림으로 표현한다. 많은 서구의 연구에서는 시각적 단서들이 광고카피의 이성적 측면이 지닌 정보적 측면과는 달리 감성적 요소를 자극할 뿐이라고 주장한다. 그러나 시각이미지의 해석은 관습에 따라 달라지기 때문에 그림을 보는 것은 글을 읽거나 숫자를 이해하는 것처럼 학습된 패턴을 따르는 과정이다. 따라서 시각이미지의 해석도 인지적 과정이라고 할 수 있다. 이 이론에 따르면 그림을 주변단서로 보는 관점에 의문을 제기할 수 있다.[105] 정보를 분석적으로 보지 않고 총체적으로 접근하는 집단주의 문화권에서 이런 정보의 가치는 쓸모없을 수도 있다. 광고의 정보처리를 제대로 하기 위해서는 맥락이 언어적 요소나 그 이상으로 중요할 수 있다. 광고에 나타난 다양한 단서(즉, 그림과 언어)가 서로 일치하지 않으면 보다 총체적 사고를 하는 동아시아인은 부조화를 더 잘 견디는 데 비해, 북미인은 부조화를 이루는

---

104) Petty, R. E. and Cacioppo, J. T., "The elaboration likelihood model of persuasion," in *Advances in experimental social psychology*, edited by L. Berkowitz, New York: Academic Press, 1986.

105) Scott, 1994.

단서 중 하나를 기각하기 위해 정교화 과정을 거친다.[106]

10. 커뮤니케이션과 문화

고전적 커뮤니케이션 이론에서 넓은 의미의 커뮤니케이션에는 하나의 마음이 다른 것에 영향을 미칠 수 있는 모든 과정이 포함된다. 모든 커뮤니케이션은 설득적인 것으로 간주된다.[107] 전통적인 커뮤니케이션 모형은 〈그림 6-4〉처럼 메시지의 출처 또는 송신자(사람, 조직, 회사, 브랜드), 메시지 그 자체(이야기, 그림, 광고), 수단(메시지를 전달하는 수단: 이야기 전달자, 신문, 텔레비전), 그리고 수신자(사람, 소비자)를 포함한다.

이러한 커뮤니케이션 과정에서 메시지는 선별되고 의미전달을 위해 부호화된다. 수신자는 반드시 그 매체를 통해 메시지를 받을 수 있어야 하며 이를 해독할 수 있어야 한다. 일반적으로 메시지의 송신자는 메시지가 전달되고 제대로 이해되었는지 알기 위해 피드백을 받고 싶어한다. 이 과정에서 많은 것이 잘못 전달될 수 있고 그 과정을 통제하기 어려우며 부호화와 해독과정에 오류가 있을 수 있기 때문에, 대인 커뮤니케이션보다 매스 커뮤니케이션에서 오류 가능성이 더 높다는 점은 이해하기 쉽다.

특히, 광고는 특정한 문화적 관습으로부터 구성되는 상징적 산물이다. 송신자는 다양한 관습에 대한 공통지식을 활용하여 수용자의 가능한 반응을 예상하며 메시지를 작성한다. 메시지 수신자는 동일

106) Aaker, Jennifer L. and Sengupta, Jaideep, "Additivity versus attenuation: The role of culture in the resolution of information incongruity," *Journal of Consumer Psychology*, 2, 2000, pp. 67~82.

107) Schramm, Wilbur and Roberts, Donald F., *The process and effects of mass communication*, Urbana: University of Illinois Press, 1974, p. 12.

〈그림 6-4〉 전통적 커뮤니케이션 모형

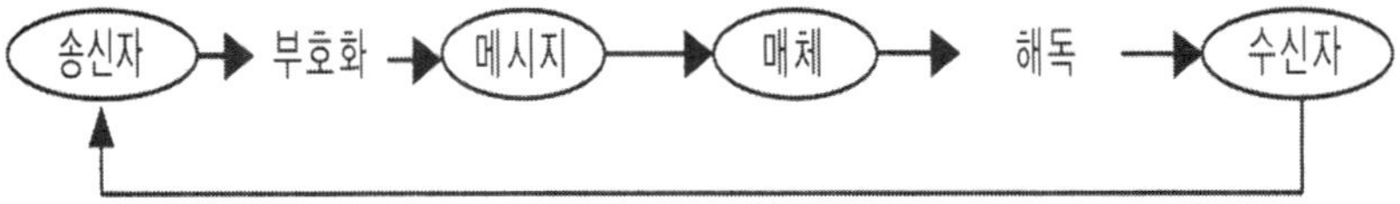

한 문화적 지식을 활용하여 메시지를 읽고 송신자의 의도를 추론하고 그 의견을 평가하며 반응하게 된다.[108] 문화적 지식은 상호작용의 토대를 제공한다. 만약 광고가 문화를 벗어나면 공유된 관습의 부족으로 나타난다. 또한, 커뮤니케이션의 목적은 문화권에 따라 달라질 수 있다. 모든 문화권에서 커뮤니케이션이 설득으로 정의되지는 않는다.

몇몇 문화적 차원은 다양한 문화권에서 나타나는 커뮤니케이션에서의 변량을 설명하는데, 개인주의-집단주의는 대인 커뮤니케이션과 매스 커뮤니케이션에서 나타나는 차이점을 가장 잘 설명하는 차원이다. 개인적 커뮤니케이션 스타일은 자아개념과 함께 문화권에 따라 달라진다. 타인에 대하여 생각할 때 독립적 자아는 관계적 또는 맥락적 요인보다 타인의 개인적 특성과 태도를 고려한다. 상호의존적 자아는 지위, 역할, 관계, 소속감과 적합성, 그리고 적절한 공간의 점유를 강조한다.[109] 홀(Hall)이 고맥락과 저맥락으로 구분한 커뮤니케이션의 두 가지 유형(제 2장 참조)은 집단주의 문화권의 상호의존적 자아와 개인주의 문화권의 독립적 자아의 커뮤니케이션 행동에서의 차이에 부합된다.

108) Scott, 1994.

109) Singelis, Theodore M. and Brown, William J., "Culture, self, and collectivist communication," *Human communication Research*, 21, 1995. pp. 354~389.

고맥락 커뮤니케이션은 대부분의 메시지 정보가 물리적 맥락에 있거나 사람에게 내재화되었을 때 발생하며, 이때 메시지는 부호화되고 명확하지 않아 순전히 맥락에서 의미를 추론할 수 있다. 예를 들어, 침묵은 일본에서 반대하는 의미로 해석된다. 또한, 맥락은 메시지를 변화시킬 수 있다. 비언어적 맥락의 요소는 얼굴표정, 동작, 역할, 그리고 커뮤니케이터와의 관계이다.[110] 고맥락 커뮤니케이션에서 메시지의 의미는 외부인에 의해 평가되기 어렵기 때문이며, 그런 커뮤니케이션은 접근할 수 없는 것으로 간주된다.

저맥락 커뮤니케이션은 상당량의 정보가 명확한 커뮤니케이션 코드로 제시되었을 때 일어난다. 대인 커뮤니케이션에서 개인주의자들은 내용을 강조하는 반면, 집단주의자들은 타인의 의중 읽기를 기대한다.[111] 개인주의적 문화권에서의 커뮤니케이션은 효과적 커뮤니케이션에 필요한 화술과 화자의 전략을 강조하는 반면, 집단주의 문화권에서는 듣기와 해석을 중요시한다.[112]

다양한 여타의 요인들과 문화적 차원들은 커뮤니케이션 스타일에서의 차이점을 설명한다. 예를 들어, 느린 연설이 한국인에게 타인과 맥락에 대한 세심한 배려임을 함축하는 데 비해, 빠른 연설속도는 미국인에게 화자가 진실되며 있는 그대로 연설한다는 점을 의미한다.[113]

---

110) Singelis and Brown, 1995.

111) Triandis, 1995, p. 76.

112) Singelis and Brown, 1995.

113) Oyserman, Daphna; Coon, Heather; and Kemmelmeier, Markus, "Rethinking individualism and collectivism: Evaluation of theoretical assumptions and meta-analyses," *Psychological Bulletin*, 128, 2002, pp. 3~72.

문화의 커뮤니케이션 스타일은 그들의 세계관과 관련되며, 이는 예술과 과학에 반영된다. 건축 역시 문화의 반영이다. 1997년 7월 21일의 〈뉴스위크〉에 게재된, 두 개의 공공도서관 건물, 런던의 대영도서관과 파리의 파리국립도서관 건축에 대한 기사는 건물에 대한 접근성과 불편함에 대하여 설명한다.

두 도서관은 수많은 역사적 소장품에 더하여 해마다 각국에서 출판된 서적을 제공받는다. 파리국립도서관의 보도자료에서는 작가들이 "자신의 작품이 후세까지 보존될 것"을 확신한다는 점을 자랑하고 있다. 반면에 대영도서관의 한 안내인은 같은 사실을 지적하며 "이는 아무도 다시 보지 않을 온갖 쓰레기를 우리가 갖게 된다는 것을 의미한다"고 말한다. 파리국립도서관은 냉혹한 극단에 도달한 위대한 프랑스의 논리적 전통에 서 있다. 엄격하고 완벽한 대칭, 지구 위에 완전하게 계획된 건물에 대한 생각…. 수십 개의 좁은 나무계단이 놓여 있어 거리에서는 보이지 않는 거대한 광장으로 누군가 들어가서 기이하게도 금속문 뒤로 얽혀 있는 관목을 지나간다. 그 다음에 길고 느린 에스컬레이터가 정원을 거쳐 내려가지만, 누구도 그것을 이용할 수는 없다. 그리하여 그 건축물 속에 존재의 무상함과 터무니없음을 표현하며 도서관은 사르트르(Sartre)나 데리다(Derrida)를 감상할 수 있는 적절한 마음의 틀을 만들어낸다. 이와 달리, 대영도서관은 안뜰 주위에 정렬된 복도들이 불규칙하게 뻗어 있는 미로형태로 시작된다. 이 안뜰의 따뜻해 보이는 빨간 벽돌은 러스킨(Ruskin)이나 워즈워스(Wordsworth)의 책들과 함께 뒹굴기에 완벽한 장소인 세인트 판크라스의 빅토리아 양식의 탑들을 닮았다. 대영도서관 입구는 크기와 무관하게 이상할 정도로 부담을 주지 않는데, 그것은 모든 가능한 직접적 방법으로 근본적 인류애를 표현한다. 끝없는 상태에서.[114)]

114) Adler, Jerry, with Malone, Maggie, "Where the books are," *Newsweek*, July 21, 1997, pp. 54~55.

저맥락 커뮤니케이션에서 정보는 말 속에 있다. 고맥락 커뮤니케이션에서 정보는 이미지, 상징, 그리고 그것에 관련된 관계에 있다. 집단주의 문화권에서는 보다 시각 지향적이 되는 데 비해, 개인주의 문화권에서는 보다 언어 지향적이 된다. 불확실성의 회피가 낮은 집단주의 문화권에서는 비교적 언어 지향적이지만 그럼에도 불구하고 더욱 그러하다. 미국광고에서는 많은 카피를 이용하는 반면, 일본광고에서는 시각적 요소를 더 많이 활용한다. 개인주의적이며 불확실성의 회피가 낮은 문화권의 구성원이 지닌 언어 지향적 성향은 사람들의 독서성향에도 반영된다. 여러 설문조사에서는 시차를 두고 사람들의 독서 정도를 조사하였다. 유럽에서는 1970년대 이후 진지한 독서는 개인주의, 낮은 권력거리, 그리고 낮은 불확실성의 회피와 관련되었다(〈표 6-4〉 참조).

〈표 6-4〉 독서, 개인주의, 불확실성의 회피 간의 관계(유럽)

독서량	권력거리	개인주의	불확실성의 회피	예측변인	R^2
리더스 다이제스트 조사 (15개국)					
1970 지난 1년간 8권 이상 독서	–.23	.58*	–.63**	불확실성의 회피(–)	.40
1991 지난 1년간 12권 이상 독서	–.31	.72***	–.68***	개인주의	.52
유로바로미터 (10개국)					
1992 지난 일주일간 1권 독서	–.53	.81***	–.74**	개인주의	.65
유로스타트 (9개국)					
1998 지난 한 달간 1권 이상 독서	–.89***	.62*	–.84***	권력거리(–)	.79

출처 : *Reader's Digest*; Eurobarometer; Eurostat(부록B 참조).

언어적 지향성과 시각적 지향성과 관련하여 문화권간의 차이는 기업 정체성, 브랜드 이름, 포장 디자인, 그리고 광고 스타일 같은 마케팅 커뮤니케이션의 모든 영역에 반영된다. 마케팅 커뮤니케이션 스타일은 개인적 커뮤니케이션 스타일과 관련된다. 중국어를 쓰는 소비자는 브랜드 이름을 그것의 시각적 매력에 따라 판단하는 경향이 있는 반면, 영어를 쓰는 소비자는 브랜드 이름이 호소력을 가지고 있는지에 따라 판단한다. 아시아에서 시각적 상징성은 기업 정체성의 중요한 요소이다.115)

7개국의 포장디자인을 비교한 연구에서는 포장디자인이 3차원 디자인과 그래픽 디자인을 통해 소비자에게 커뮤니케이션하는 방식 두 가지 모두에서 차이가 있음을 발견했으며 문자정보가 다양하게 사용된다는 점을 확인하였다. 이 밖에도 색깔, 모양, 그리고 상징기호의 사용에서도 차이가 있었다. 문화는 주목할 만한 차이에 큰 영향을 미친다. 또한, 상품이 속하는 범주는 포장디자인에 영향을 미친다. 데오도란트는 수프나 담배와는 다르게 커뮤니케이션되며 이는 포장 디자인에 반영된다.116)

---

115) Schmitt, Bernd H., "Language and visual imagery: Issues of corporate identity in East Asia," *Columbia Journal of World Business*, 3, 1995, pp. 28~37.

116) Van den Berg-Weitzel, Lianne and Van de Laar, Gaston, "Relation between culture and communication in packaging design," *Brand Management*, 8, 2001, pp. 171~184.

11. 커뮤니케이션 스타일

커뮤니케이션 스타일은 언어적 스타일과 비언어적 스타일로 구성된다. 구디쿤스트와 팅투미(Gudykunst & Ting-Toomey)는 언어적 비언어적 커뮤니케이션 스타일에 미치는 다양한 문화적 차원의 영향력을 뛰어나게 기술하고 있다.117)

1) 언어적 스타일

언어적 스타일은 맥락의 정도에 따라 개인 언어적(*verbal personal*) 또는 맥락 언어적(*verbal contextual*) 스타일이 될 수 있다. 또 다른 구분은 만연체(*elaborate*), 간결체(*exacting*), 그리고 압축체(*succinct*)이다. 〈그림 6-5〉의 그림은 이런 스타일에 따라 국가를 구분한 것이다. 개인 언어적 스타일은 개인 중심적 언어이지만, 맥락 언어적 스타일은 역할이 중심이 되는 언어이다. 개인 언어적 스타일은 '나'(I)의 정체성을 중시하며 개인이 중심이 되는 언어구사 형식인 반면(즉, 영어), 맥락 언어적 스타일은 맥락과 관련된 역할에서 기대되는 정체성을 중시한다(즉, 일어와 중국어). 개인적 언어는 개성을 강조하며 맥락적 언어는 맥락을 강조한다. 개인 언어적 스타일은 낮은 권력거리(즉, 평등) 및 개인주의(즉, 저맥락)와 관련되며, 맥락 언어적 스타일은 높은 권력거리(즉, 위계화된 인간관계)와 집단주의(즉, 고맥락)와 상관성이 있다. 맥락 언어적 스타일은 지위에 따라 사람을 다르게 부르는 특징이 있다. 예를 들어, 일본어에서는 자신보다 지위가 높은 사람인지 낮은 사람인지에 따라 말하는 방법이 다르다.

---

117) Gudykunst and Ting-Toomey, 1988, pp. 99~116.

〈그림 6-5〉 언어적 커뮤니케이션 스타일

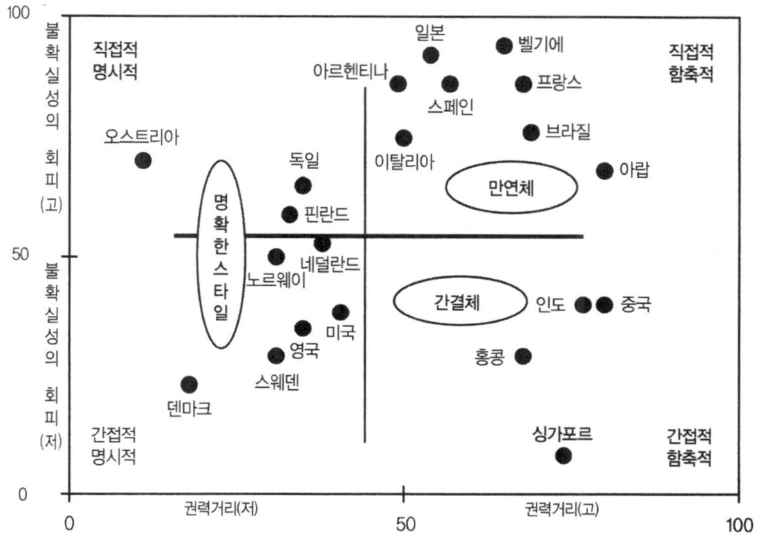

출처: Gudykunsk and Ting-Toomey, 1988을 수정; Data Hofstede(부록A 참조).

만연체는 풍부하고 다양한 표현을 사용하는 스타일을 말한다. 간결체는 정확히 필요한 만큼의 이야기를 하는 것을 뜻한다. 압축체는 완곡어법(*understatements*, 완곡하게 낮추어 말하기), 멈추기, 침묵 같은 기술을 포함한다. 대화 중의 침묵 역시 의미가 있다. 중간 정도의 강한 불확실성의 회피성향이 있는 고맥락 문화권의 사람들은 만연체를 사용하는 경향이 있다. 아랍 문화권에서는 은유는 물론 형용사, 화려한 표현, 은유나 속담을 포함하는 긴 문장을 사용하는 만연체가 두드러지는 언어적 커뮤니케이션 스타일이다. 불확실성의 회피가 낮은 저맥락 문화권(즉, 영국과 미국)에서는 간결체를 주로 쓴다. 압축체는 강한 불확실성의 회피와 고맥락 문화가 상호작용하는 일본 같은 문화권에서 두드러진다.

2) 비언어적 스타일

구디쿤스트와 팅투미는[118] 비언어적 커뮤니케이션을 독특한 명시적 스타일, 독특한 암시적 스타일, 집단의 명시적 스타일, 그리고 집단의 암시적 스타일 등 네 가지로 구분한다. 여기에 사용되는 두 가지 기본적 차원은 개인주의에 대한 자아의 지향성 대 집단주의에 대한 집단의 지향성을 반영하는 정체성-공유도(*identity-communality*) 및 권력거리와 불확실성의 회피 차원을 반영하는 접근가능성-접근불가능성이다. 접근가능성-접근불가능성(*accessibility-inaccessibility*)은 한 집단에 속한 사람이 외부인에게 보이는 개방성의 정도를 말한다. 불확실성의 회피가 강한 사람은 정도가 약한 사람보다 외부인을 더 위협적으로 평가하며, 권력거리는 이런 성향을 강화한다. 더욱이 언어적 스타일과 비언어적 스타일은 문화권을 초월한 광고 스타일을 이해하는 데 도움이 된다.

12. 광고 스타일

매크래켄(McCracken)[119]은 다음과 같이 언급한다.

> 광고는 소비 상품을 전달하며 특정 광고물의 틀 속에서 문화적으로 구성된 세계를 재현함으로써 의미를 전달하는 잠재적 방법으로 기능을 발휘한다. 광고회사의 크리에이티브 디렉터는 앞에서 언급한 두 가지

---

118) Gudykunst and Ting-Toomey, 1988, pp. 117~133.

119) McCracken, G, *Culture and consumption: New approaches to the symbolic character of consumer goods and activities*, Bloomington: Indiana University Press, 1988, p. 77.

역할이 지닌 유사성을 시청자/독자가 쉽게 알아볼 수 있게 결합하려고 한다. 이런 상징적 동등성(*symbolic equivalence*)이 성공적으로 구축될 때 시청자/독자는 문화적으로 구성된 사회에 존재한다고 여기는 어떤 속성들을 소비상품에 귀인(歸因)하게 된다.

광고는 그 자체로 특별한 의미체계를 개발하였다. 이런 방식은 보편적이지 않고 문화적으로 규정되는 것이며 나라별로 차이가 있다. 이는 광고가 만들어지고 읽히는 방식의 차이를 설명한다. 또한, 이런 현상은 다른 언어가 사용되는 곳에서 신화, 역사, 유머, 예술 같은 다른 상징적 준거들이 필요하다는 것을 의미한다. 이런 기호와 무관한 광고들은 기호에 민감한 광고에 비해 덜 매력적인 제안을 하게 되는 셈이다.[120]

의미의 전달자로서의 광고시청에 이어, 서구의 광고이론에서 광고는 수사법이 통합적 일부가 되는 설득 커뮤니케이션으로 간주된다. 설득이란 '추론이나 압박 또는 권유를 통해 타인으로 하여금 어떤 행동을 하게하는 것'을 의미한다.[121] 설득은 '끌어들이다'라는 표현과 동의어다. 광고의 설득 커뮤니케이션 기능은 이성적 특성만으로 왜곡되어 대중에 대한 직접 소구나 '적극적 판매'로만 대표되는 경향이 있다. 언어적이든 시각적이든 광고의 요소는 판매과정에서의 설득효과로 평가되는 경향이 있다. 광고이론의 기원에 대한 문화권별 구분에 따르면, 이는 개인주의적이며 남성적 사회에서 문화를 보는 전형적 관점이다.

각각 다른 문화권이라도 광고의 궁극적 목표는 판매이겠지만 광고

---

120) Becatelli, Ian and Swindells, Alan, "Developing better pan-European campaigns," *Admap* March 1998, pp. 12~14.

121) *Webster's new twentieth century unabridged dictionary*(2nd ed.), New York: Prentice Hall, 1983.

의 기능은 문화권에 따라 각각 다르다. 집단주의 문화권에서는 소비자를 설득하기보다 경성판매의 활용이나 소비자에 대한 직접 판매가 우세하다. 미국의 연구[122]에서 설득 테스트(선호도 이동)가 감정, 이미지, 분위기에 소구하는 미국광고의 효과측정에 적합하다는 결과에도 불구하고, 이성적이며 선형적 정보처리에 근거한 설득 테스트를 다른 차원의 정보처리 체계를 갖춘 사람들을 위해 만들어진 광고효과를 측정하는 데 사용하는 것은 적절하지 않다. 아시아, 남미, 아랍세계 같은 집단주의 문화권은 물론 러시아에서의 광고효과도 지역적 신념과 가정에 대한 철저한 지식이 없다면 이해될 수 없다.[123]

> BDDP사의 공동창립자이자 회장인 장마리 드루(Jean-Marie Dru)[124]는 다음과 같이 쓰고 있다. "광고는 사회의 거울이다. 광고는 각 문화를 반영한다. … 글로벌화는 아무것도 바꾸지 않는다. 오히려 광고가 더 정교해질수록 보다 지역적 특성을 띄게 된다." 드루는 광고의 특성을 다음과 같이 묘사한다. 영국광고가 귀여움을 목표로 하거나 재미를 추구하는 반면, 미국광고는 굶주림, 섹스, 부성애 같은 다양한 감정을 추구한다. 일본광고는 브랜드를 맥락에 따라 알림으로써 '상징'이라는 프랑스적 매력을 지닌다. 표현을 절제하는 나라인 영국광고는 줄임말을 두 번째 특징으로 한다. 스페인 광고는 예상치 못한 장면이나 잊을 수 없는 장면이라는 개성을 지닌다. 독일광고는 제시되는 상품에 대한 책임감을 전제로 한다. 또한, 독일광고는 판매를 위주로 하며 설득하려고 애쓴다. 노르웨이 광고는 다소 지나치며 유머를 무차별적으로 사용하는 특징이 있다. 아시아의 광고는 메시지에 특이한 감수성을 부여하는 겸손과 인간애를 나타내는 특성이 있다.

---

122) Rosenberg, K. E. and Blair, M. H., "Observations: The long and short of persuasive advertising," *Journal of Advertising Research*, July/August 1994, pp. 63~69.

123) Zinkhan, George M., "International advertising: A research agenda," *Journal of Advertising*, 23, 1994, pp. 11~15.

124) Dru, Jean-Marie, *Disruption*, New York: John Wiley & Sons, 1996, pp. 1~12.

정보처리와 커뮤니케이션 스타일에서의 차이가 문화권을 초월하여 특수한 광고 스타일을 만드는 결과를 낳았다. 광고에 나타난 소구법과 동기는 물론 미적 선호도를 포함한 커뮤니케이션 스타일은 광고의 스타일을 규정한다. 직·간접적 커뮤니케이션에서 가장 두드러지는 차이가 나타나지만, 직·간접적 스타일이 적용되는 문화권 사이에서 또 다른 차이들도 발견된다.

1) 매스 커뮤니케이션과 광고에서의 직접 대 간접 커뮤니케이션

고맥락 문화권의 커뮤니케이션은 암시적이며 간접적인 메시지를 전달함으로써 언어적 메시지의 내용을 최소화하는 반면, 저맥락 문화권의 커뮤니케이션은 직접적이고 간결하며 개방적이다. 진술은 핵심이 분명하고 상관성이 있어야 하며 모호한 표현을 삼가야 한다.

> 2002년 7월 16일, 인도신문의 1면에 비싼 망고에 대한 기사가 났다. 대부분의 사람들은 이것이 뉴스가 되지 않는다고 생각하겠지만 인도북부의 사람들에게 이것은 재앙이나 다름없는 일이다. 고가의 망고는 조만간 심각한 가뭄이 2억 명의 인도인을 덮칠 것을 암시한다. 그 이전 몇 년간 우기(雨期)가 없어서 인도의 가뭄은 심각한 상태에 이르렀다. 망고나무는 농토의 가장 깊은 곳에서 물을 끌어올린다. 망고가 열매를 맺기 전에 지하에 저장된 물이 고갈되었기 때문에 수확되는 망고가 적고 따라서 가격이 오르는 것이다. 인도 언론인들이 재앙을 예측한 것은 아니다. 그들은 단지 간접적으로 망고의 가격이 높다고 말할 수 있을 뿐이다.[125]

125) Ramdas, Anil, Dure mango voorbode van paniek in Noord-India (Expensive mango predictor of panic in North-India), *NRC Handelsblad*, July 16, 2002, p. 4.

광고에서 직접적 스타일은 개인적 대명사 '당신'(*you*)이나 '우리'(*we*)를 사용하는 반면, 간접적 스타일의 광고는 사람들을 직접 호명하기보다 은유 같은 간접적 방법을 사용한다. 그러나 집단주의 문화권 내에서도 간접적 표현은 다양하다. 싱가포르에 거주하는 중국인은 대만인보다 더 직접적이다.126)

총 8개국(미국, 영국, 프랑스, 인도, 일본, 터키, 대만/홍콩, 한국)을 대상으로 한 커틀러(Cutler)와 동료들의 연구127)에서는 헤드라인에서 '여러분'(당신, *you*)이나 '여러분의'(당신의, *your*)라는 직접적이고 인격화된 표현을 사용하는 광고들을 연구함으로써 집단주의 문화권에도 차이가 있음을 확인하였다. 커틀러와 연구자들은 단수표현인 '당신'을 직접적 표현으로 보았고 '우리'는 집단주의적 표현으로 간주하였다. 하지만 '당신'이나 '우리'라는 표현을 사용한 모두는 실제로 직접적 접근방식의 반영이다. 위의 연구에서는 내용분석을 통해 잡지 광고의 개인화된 헤드라인과 개인주의 간의 상관관계를 밝혔다(r=.62*). 필자가 위 연구에 제시된 자료를 다시 분석한 결과 불확실성의 회피가 보다 강한 상관관계를 나타냈다(r=−.75***). 집단주의 문화권에서 불확실성의 회피 정도는 커뮤니케이션의 직접성에 있어서의 변량을 설명한다.

커뮤니케이션의 직접성-간접성의 차이는 커뮤니케이션의 정보적-전환적(*informational-transformational*) 특성의 차이와 유사하다. 정보

---

126) Bresnahan, Mary Jiang; Ohashi, Rie; Liu, Wen Ying; Nebashi, Reilo; and Liao, Chao-Chih, "A comparison of response styles in Singapore and Taiwan," *Journal of Cross-Cultural Psychology*, 30, 1999, pp. 342~358.

127) Cutler, Bob D.; Erdem, S. Altan; and Javalgi, Rajshekhar G., "Advertiser's relative reliance on collectivism-individualism appeals: A cross-cultural study," *Journal of International Consumer Marketing*, 9, 1997, pp. 43~55.

적 광고는 소비자에게 중요한 사실을 전달하는 데 초점을 맞추며, 전환적 광고는 소비자를 감동시키기 위해서 감정적 소구를 사용한다. 전환적 접근방식에는 연상, 은유, 스토리텔링, 미학적 방법이 있다. 정보적 접근방식에는 묘사, 비교, 실연 등이 있다. 일반적으로 광고와 관련된 비교문화연구를 수행할 때, 개인주의 문화권에서는 주로 정보적 접근방법을 사용하고, 집단주의적 문화권에서는 전환적 접근방식을 많이 쓴다.[128] 〈그림 6-6〉은 직·간접적 광고 스타일의 사례를 제시하고 있다. 직접적 광고에서는 '당신'과 '우리'라는 용어를 사용한다. 프랑스제 자동차 광고에서는 은유적 접근을 보여준다. 질레트 프랑스 광고에서는 간접적 표현의 문화권에서 사용되는 직접적 표현의 사례를 보여준다. 다른 두 개의 광고는 타이 국제항공과 볼 베어링을 제조하는 일본기업 NSK를 위한 광고사진이다.

〈그림 6-6〉 직접적·간접적 광고 스타일

직접적 광고(영국)

직접적 광고(독일기업의 국제광고)

128) Cutler, Bob D.; Thomas, Edward G.; and Rao, S. R., "Informational/transformational advertising: Differences in usage across media types, product categories, and national cultures," *Journal of International Consumer Marketing*, 12, 2000, pp. 69~83.

간접: 은유(프랑스)

간접: 은유(프랑스)

간접문화에서의 직접소구(프랑스)

간접: 상징주의(일본)

간접: 상징주의(타이항공 국제광고)

2) 광고 스타일의 구분

〈그림 6-7〉에서 알 수 있듯이, 앞에서 언급한 문화적 커뮤니케이션의 특징들과 언어적 비언어적 커뮤니케이션 스타일의 다양한 요소에 따라 국가를 나눌 수 있다.

표의 좌측 사분면에 있는 국가들은 권력거리가 작게 나타나는 개인주의 국가들이다. 이들 국가의 광고 스타일은 독특하며 명시적인 비언어적 커뮤니케이션 스타일같이 직접적이고 명시적인 동시에 개인적인 특성이 있다. 개인이나 브랜드의 특성 및 정체성과 개성의 중요성은 이 스타일에 반영된다. 미국과 북서유럽의 광고는 이런 스타일로 창작된다. 이들 국가의 광고는 개인화된('당신'이나 '우리'라는 표현을 사용하는) '강의'(*lecture*, 정보를 전달하는) 스타일 같은 직접적이고 명시적인 형식을 자주 활용한다. 강의 스타일의 광고란 유명한 등장

〈그림 6-7〉 광고 스타일

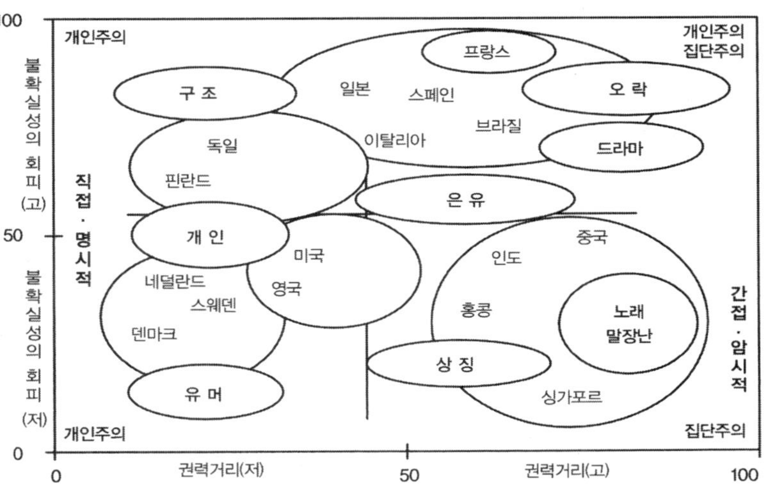

출처 : Data Hofstede(부록A 참조).

인물이 상품의 가치를 보증하는 광고유형이다. 가정용품이나 개인용품에 대한 미국의 텔레비전 광고는 보증의 형태를 취한다. 이런 광고는 상품을 보증하는 사람의 개성에 초점을 맞추며 그 밖의 비언어적 행동은 배제한다. 래스키(Laskey)와 동료들[129]은 미국시장에서 볼 수 있는 다양한 유형의 광고들의 효과성을 연구하고 회상에 긍정적 영향을 미치는 어떤 유형의 보증인이 있다고 주장했다. 개인적인 보증 스타일이 대부분의 다른 스타일보다 두드러진다.

〈그림 6-7〉에서 상단 좌측에 위치하며 불확실성의 회피가 높은 문화권의 광고는 보다 진지하고 구조적이다. 이미지는 매우 섬세하게 사용되며 때때로 상품을 사용하거나 실제로 작동하기도 한다. 이런 광고는 독일이 대표적이다. 독일에서는 불확실성의 회피가 낮은 문화권보다 시각적 이미지가 보다 정확하게 사용된다. 좌측 하단에 있는 불확실성의 회피가 낮은 문화권에서는 모호함이 문제시되지 않으며 유머가 자주 사용된다. 남성적 문화권인 영국과 미국광고에서의 추천인들은 유명인사인 반면, 스칸디나비아와 네덜란드 같은 여성적 문화권에서는 추천인의 인격이 무시되기 쉽다.

우측의 두 사분면은 독특함-암시적, 집단적-암시적, 그리고 집단적-명시적 같은 비교할 수 있는 스타일이 포함된다. 우측 상단의 사분면은 몇몇 스타일을 포괄한다. 이 영역에는 높은 권력거리와 높은 불확실성의 회피(즉, 프랑스)와 더불어 높은 개인주의에서 중간 정도의 개인주의를 조합하는 문화권이 포함되는데, 독특함(*uniqueness*)과 접근불가능성(*inaccessibility*) 모두를 나타내는 독특한 암시적 비언어적 커뮤니케이션 스타일이 나타난다. 접근불가능성은 어떤 광고에서

129) Laskey, Henry A; Fox, Richard J.; and Crask, Melvin R., "Investigating the impact of executional style on television commercial effectiveness," *Journal of Advertising Research*, November/December 1994, pp. 9~16.

영화, 미술, 다른 광고 같은 여타의 커뮤니케이션 형태를 어느 정도나 참조했느냐 하는 빈도에 따라 나타난다.

우측 상단의 사분면에는 높은 권력거리와 불확실성의 회피가 집단주의와 결합된 문화권들이 제시되었는데 이 역시 독특한 암시적 비언어적 커뮤니케이션 스타일이 나타나는 영역이다. 이탈리아, 브라질, 그리고 일본 같은 나라는 집단적 암시적이며 간접적 커뮤니케이션에 보다 익숙하다. 커뮤니케이션은 완곡하며 덜 공격적이며 체면을 더 차리게 된다. 의미는 맥락에 있다. 커뮤니케이션은 순응적이며 호감도에 따라 달라진다. 광고형태로 오락(*entertainment*)을 선호하는 것도 이런 커뮤니케이션 스타일이 반영된 것이다.

만약 유명인이 관여되면 그들은 소비자를 직접 대하기보다 상징적 역할을 하며, 상품의 장점을 직접 제시하기보다 상품과 자신의 이미지 사이에 연상작용을 시도한다. 영화 스타일의 광고, 시각적 은유, 그리고 상징기호들은 주로 맥락을 만들고, 권력거리가 상당한 집단주의 문화권에서 상품이나 브랜드를 적재적소에 배치하기 위해 사용된다. 드라마는 배우들이 등장하여 상품과 관련된 실제 장면이나 상상 속의 장면을 실연(實演, *acting*)하는 것을 말하며, 배우끼리의 상호작용을 통해 메시지를 전달한다. 드라마는 간접적 커뮤니케이션 스타일로 스페인, 이탈리아는 물론이고 남미에서도 자주 사용되는 광고 스타일이다. 드라마 역시 문화권의 남성성과 여성성에 따라 달라진다. 남성성이 강한 이탈리아에서는 쇼 형식이 강조되고, 극적 성향을 나타내며 경우에 따라 실생활에 기초하지 않는 것도 있다. 스페인에서 드라마 광고는 부드러운 특징이 있으며, 은유적 스토리를 통해 그 의미가 제공되는 맥락에 상품을 자리매김하고자 한다. 미국에서도 드라마 스타일이 사용되기는 하지만 우측 상단의 사분면에 위치한 국가들에서 그런 스타일이 더욱 두드러지는 것도 사실이다. 미국의 드라마 광고에서는 일상의 단면을 묘사하는 데 집중하는 반면, 우측 사분면에 위치한 문화권에서의 드라마 광고는 우선 오락의 목적에 봉사해야 한다.

우측 하단의 사분면에 위치하며, 중간에서 높은 수준의 권력거리와 아래에서 중간 수준의 불확실성의 회피를 나타내는 집단주의 문화권의 광고 스타일은 집단적-명시적 비언어적 커뮤니케이션 스타일에 비교된다. 광고 스타일은 집단의 규범을 강화하고 체면유지에 기여해야 한다. 시각적 소재의 활용, 시각적 말장난, 노래, 그리고 상징기호들은 이 문화권의 광고에서 중요하지만 수용자가 직접 호명될 수도 있다. 홍콩, 싱가포르, 그리고 인도광고가 여기에 속한다. 이 문화권에서는 커뮤니케이션이 보다 직접적인데 낮은 불확실성의 회피로 설명할 수 있다. 중국 소비자들은 이미지가 있는 시각적이고 직설적이며 생생한 광고를 좋아한다.[130] 인도인의 직접적 커뮤니케이션 스타일은 롤랜드(Roland)[131]가 규명했는데, 그는 "인도인의 커뮤니케이션 양식이 일본인의 커뮤니케이션 양식보다 더 높은 수준에서 동시에 명백하게 나타난다"고 주장한다.

13. 의사결정

서구적 의사결정론의 기본가정에서 결정이란 '발생하는' 것이 아니라 사람이 '만드는 것'이다. 이러한 서구적 관점에 비해 일본인은 사건 자체가 필요한 여하의 행동을 규정하기를 바란다. 그들은 의사를 결정하여 사건을 통제하기보다 사건으로부터 한 발짝 물러서는 성향

130) Shuqian, Tan. China reform and consumers' change. *IAA World congress*, Barcelona, 1992.

131) Roland, A., *In search of self in India and Japan*. Princeton, NJ: Princeton University Press, 1988.

이 있다.[132] 미국학자들이 중심이 된 의사결정론에서는 내적 통제위를 보다 중시한다. 사람은 각자의 운명을 통제할 수 있으며 자신의 행동에 책임져야 한다는 것이다. 숙명론에 더 집착하는 문화권에서는 여러 통제할 수 없는 고도의 영향력이 사람의 행동과 미래를 만드는 것으로 가정된다. 외적 통제위가 작동하는 문화권의 사람들은 개인주의와 약한 불확실성의 회피가 통합되며 내적 통제위가 작동하는 문화권의 사람들에 비해 결정을 미루는 경향(*mañana syndrome, tomorrow syndrome,* 내일증후군)이 두드러진다.[133]

마케팅 관련 문헌에서는 모든 소비자가 모든 과정을 거친다고 할 수는 없지만, 소비자의 의사결정 과정이 대체로 몇 단계를 거치는 것으로 제안되고 있다. 코틀러(Kotler)[134]는 소비자의 의사결정 과정에서 문제인식, 정보탐색, 대안평가, 구매결정, 그리고 구매 후 행동 같은 5단계를 제시하였다. 이러한 모형은 의식적으로 사고하는 이성적 소비자상을 가정하는 소비자 의사결정론에 바탕을 두고 있다. 그러나 소비자 의사결정의 대부분은 의식적 사고의 영역과는 거리가 있다. 많은 정보처리과정은 물론 기억의 인출 또한 무의식적으로 이루어진다. 이러한 무의식적 사고과정 중 적지 않은 부분이 '자동적' 인지과정이다.[135]

---

132) Stewart, E. C., "Culture and decision making," In *Communication, culture, and organizational processes*, edited by W. B. Gudykunst, L. P. Stewart, and S. T. Ting-Toomey, Beverly Hills, CA: Sage, 1985.

133) Abe, Shuzo; Bagozzi, Richard P.; and Sadarangani, Pradip, "An investigation of construct validity of the self-concept: Self-consciousness in Japan and the United States," in *Global perspectives in cross-cultural and cross-national consumer research*, edited by Lalita A. Manrai and Ajay K. Manrai, London: International Business Press/The Haworth Press, 1996.

134) Kotler, 1994, p. 193.

135) Grunert, Klaus, "Research in consumer behaviour: Beyond attitudes and

권력거리와 불확실성의 회피가 강할수록 그 나라에서 〈컨슈머 리포트〉(*Consumer Report*) 같은 잡지에서 객관적이고 비개인적인 정보를 얻으려는 소비자의 비율은 낮을 것이라고 가정할 수 있다. 이러한 문화적 배경을 가진 사람들은 비개인적 정보원보다 지인으로부터 정보를 얻으려는 경향이 있다.[136] 그러나 유로바로미터[137]는 식품에서 레이블의 중요성을 분석하였다. 유럽 내에서 권력거리가 높은 나라의 사람들이 낮은 나라의 사람들보다 식품에 붙은 레이블을 자세히 참고하는 것으로 나타났다. 심지어는 레이블에 너무 적은 정보가 담겨 있다고 생각하는 사람도 있는 것으로 나타났다.

정보추구와 관련하여 일본인과 그 밖의 아시아인들은 서구인과 다른 정보를 추구하며 다른 형식의 의사결정 과정에 반영된다는 증거들이 있다.[138] 자신의 의사결정 과정을 스스로 묘사하는 양식에서 나타나는 차이점도 있다. 미국인은 구매행동에서 나타난 감정적 특성을 이야기하는 반면 일본의 소비자는 자신들의 의사결정 과정을 보다 이성적으로 묘사하는 경향이 있다.[139] 연구자의 판단에 의하면, 이는 아마도 미국인은 자신의 행동을 개성이나 관련된 감정으로 해석하는 성향이 있는 반면, 일본인은 자신의 생각에 따라 감정에 얽매이지 않는 맥락적 요소로 구매행동을 설명하려 하기 때문이다.

---

decision-making," *European Research*, August 1988, pp. 172~183.

136) Dawar, Niraj; Parker, Philip M.; and Price, Lydia J., "A cross-cultural study of interpersonal information exchange," *Journal of International Business Studies*, 27, 1996, pp. 497~516.

137) Data 1998, Consumers in Europe, 2001, p. 62(부록B 참조)

138) Usunier, Jean-Claude, "Atonistic versus organic approaches," *International Studies of Management & Organization*, 26, 1996/1997, pp. 90~112.

139) McDonald, William J., "American versus Japanese consumer decision making: An exploratory cross-cultural content analysis," *Journal of International Consumer Marketing*, 7, 1995, pp. 81~93.

구매행동에 미치는 집단의 영향력은 개인주의와 집단주의 정도에 따라 다양하다. 중국에서는 최종 구매결정에 친구나 동료가 광고나 판매원보다 더 큰 영향을 미친다.[140] 구매행동에서 일본인이 구전에 의존하는 정도는 미국인보다 강하다. 구매결정에서 권력거리(권위에 대한 의존)와 이와 관련된 종속욕구(*dependency needs*)는 어른과 선배의 의견에 더 지배적 역할을 부여할 것이다.

종속욕구는 가족 내 부모와 자식 간의 의사소통에 영향을 미치며 이는 아동의 구매행동으로 이어진다. 집단주의 문화권의 어린이들은 사회적 갈등을 피하고 소비에서 부모의 기준을 따르라는 교육을 받는다. 반면에 개인주의 문화권의 어린이들은 자신의 의견에 따라 다양한 주장을 펼 수 있어야 하기에 비교적 어린 나이에도(3~8세) 소비에서 종속의 정도가 낮다. 일본 어린이들은 또래의 미국 어린이보다 물건을 사달라는 요구도 덜 하며 부모와 소비에 대한 대화도 덜 하는 것으로 나타났다.[141]

집단주의 문화권의 의사결정은 집단의 합의로 이루어지기 때문에 개인적 의사결정일 수 없다. 또한, 합의도출은 여성적 문화권에서도 중요한 특성이다.

역할의 차별화 정도가 의사결정에서 상대방의 관여에 영향을 미친다. 예를 들어, EMS 조사에서는 첫 번째와 두 번째 차량 구매 시 자동차 모양을 누가 결정하는지에 대해 알아보았다. 응답의 범주는 당신, 배우자, 가정의 다른 구성원, 고용자나 비즈니스 파트너, 그리고 기타 등이었다. 1995년에 '배우자'라는 응답의 절반은 남성성이 낮은 문화가 원인이라고 설명할 수 있었다. 여성적 문화권에서 부부는

---

140) Window shopping in Shanghai, *The Economist*, January 25, 1997, p. 71.

141) Rose, Gregory M.; Boush, David; and Shoham, Aviv, "Family communication and children's purchasing influence: A cross-national examination," *Journal of Business Research*, 55, 2002, pp. 867~873.

이런 결정을 함께 해야 하지만, 남성적 문화권에서는 자동차 모양을 고르는 것을 남성의 역할로 인식하는 듯하다. 이와 같은 영향력은 다른 많은 내구재에 대한 의사결정 과정에서도 같은 스타일로 나타난다. 어떤 연구에서는[142] 전통사회에서 역할의 차별화는 경제적으로 선진화된 국가보다 더 강하게 나타난다. 필자는 문화적 남성성과 여성성의 차이가 경제발전에 따라 보다 두드러진다는 점을 발견하였다(제3장 참조).

1) 소비자의 의사결정 스타일

소비자의 의사결정 스타일은 "의사결정에 대한 소비자의 접근방법을 특징짓는 정신적 지향성"으로 정의할 수 있다.[143] 서구의 소비자 의사결정모형에서는 소비자가 이성적 구매양식과 브랜드, 가격, 품질에 대해 고려하는 기본적 의사결정 모형이나 스타일을 가지고 있다고 가정한다. 다양한 문화권의 소비자 특성을 아우르는 보편적 의사결정 구조를 밝히는 데에는 다소 문제가 있다.

스프롤스와 켄달(Sproles & Kendall)[144]은 의사결정에서 소비자의 성향을 고려하는 접근방법을 제안하였다. 이들은 개성의 개념과 유사한 CSI(*consumer style inventory*)라는 척도를 개발하여 소비자의 의

---

142) Ford, John B.; LaTour, Michael S.; and Henthorne, Tony L., "Perception of marital roles in purchase decision processes: A cross-national study," *Journal of the Academy of Marketing Science*, 23, 1995 pp. 120~131.

143) Lysonski, Steven; Durvasula, Srini; and Zotos, Yiorgos, "Consumer decision-making styles: A multi-country investigation," *European Journal of Marketing*, 30, 1996, pp. 10~21.

144) Sproles, G. B. and Kendall, E. L., "A methodology for profiling consumer decision making styles," *The Journal of Consumer Affairs*, 20, 1986, pp. 267~279; In Lysonski et al., 1996.

사결정 스타일을 측정하였다. 다음은 CSI에서 제시된 소비자 의사결정의 여덟 가지 정신적 특성이다.

① 완벽주의 또는 고품질 의식
② 브랜드 의식
③ 독특한 유행 의식
④ 유희적 쾌락적 쇼핑 의식
⑤ 가격과 비용효율의 쇼핑 의식
⑥ 충동성
⑦ 브랜드의 선택, 상점, 소비자 정보에 대한 혼동
⑧ 소비에 대한 습관적 브랜드 충성도 지향성

해프스트롬과 동료들(Hafstrom et al.)[145]은 CSI를 한국의 청년층에 적용하여 유사한 의사결정 구조를 규명하였다. 브랜드 의식과 완벽주의자 스타일이 상위 세 가지 의사결정 구조에 포함되었다. 리손스키(Lysonski)[146]와 동료들이 그리스, 인도, 뉴질랜드, 미국 젊은이를 대상으로 한 연구결과에 따르면 스프롤스와 켄달이 사용한 총 40가지 항목 중에서 여섯 가지(즉, 가격 의식과 비용효율 의식)는 그리스와 인도의 청년집단에 적용할 수 없는 것으로 밝혀졌다. 따라서 기존의 항목 중 일부는 삭제해야 했다. 결국 34가지 항목이 사용되었으며, 완벽주의, 브랜드 의식, 독특한 유행 의식, 유희적 성향, 충동, 선택에 대한 혼동, 그리고 습관적 브랜드 충성도 같은 7가지 요인이 도출되

145) Hafstrom, Jeanne L; Jung Sook Chae; and Young Sook Chung, "Consumer decision-making styles: Comparison between United States and Korean young consumers," *The Journal of Consumer Affairs*, 26, 1992, pp. 146~158.

146) Lysonski et al., 1996.

었다. 시장조사 회사들은 소비자의 의사결정 스타일을 구분하기 위해서 이와 유사한 소비자 특성을 참고한다. 미국의 시장조사 회사 로퍼스타치(Roper Starch)[147]는 소비자를 염가추구(廉價, *bargain hunters*), 흥정선호(*haggler*), 지위추구(*status seekers*), 그리고 브랜드 충성도 같은 특성으로 구분한다. 1995년에 7개국에서 나타난 차이는 1인당 GNP와 가장 관련성이 높았다. 예를 들어, 소득이 낮은 나라의 사람들은 브랜드 충성도가 보다 높다.

2) 기업의 의사결정

기업인은 대체로 보다 감성적인 소비자에 비해 이성적으로 결정할 것으로 가정되기 때문에 문화적 영향에서 자유로울 것으로 간주된다. 하지만 기업인의 의사결정 역시 문화에 종속된다는 증거들이 있다. 기업인 역시 문화적으로 구성된 의식을 가지기 때문에 소비자들과 유사한 결정을 할 것이라고 볼 수 있다. 이에 더하여 기업문화는 비교문화적 차이에 영향을 미칠 것이다.

모든 문화권의 주요 구매행동에서 일군의 사람들이 관련된다. 이들을 대체로 의사결정단위(DMU, *decision-making unit*)로 불린다. 유럽에서는 의사결정단위에 보통 9명이 포함되는데, 나라마다 3명에서 20명까지 다양하다. 자국 내에서 구매행동이 이루어질 때 의사결정단위의 수가 가장 많은 나라는 스웨덴과 프랑스이다. 다른 나라 사람들끼리 구매가 이루어질 때는 의사결정단위의 크기가 달라진다. 예를 들어, 프랑스인은 독일 공급업자로부터 구매할 때 7명이 관여하지만, 프랑스 공급업자로부터 물건을 구입할 때는 20명이 관여한다.[148]

---

147) Roper Starch, "Get to spend it, got to buy it," *Newsweek*, July 24, 1995, p. 5, Countries were United States, Mexico, Hong Kong, India, United Kingdom, Japan, and Germany.

일본에서 비즈니스를 할 때는 은행가나 회계사, 또는 무역협회 대표를 중개인으로 내세우지만 미국인은 스스로 길을 모색하는 경향이 있다. 일본기업은 미국기업에 비해 개인적 정보원에 의존하는 성향을 보인다. 미국인들은 기업명부나 기업박람회를 통해 상대기업에 관한 정보를 구하는 반면, 일본인은 친구나 대행사로부터 정보를 구하며 "설립자의 가족을 잘 아는 이들과의 사업을 선호한다."[149]

의사결정 과정에서 타인의 영향을 발견하는 것은 쉽지 않은데, 문화적 영향이 사람들이 생각하는 정도와 실제로 의사결정을 하는 능력과 얼마나 다른가 하는 의사결정에 관련되기 때문이다. 권력거리가 낮은 문화권의 사람들은 평등주의에 대한 확신 때문에 권력거리가 높은 문화권의 사람에 비해 구매행동에서 자신의 영향력을 높게 평가하는 경향이 있다.

덴마크에서는 상사의 구매를 위해 정보를 수집하는 비서는 자신이 거기에 관여한다고 생각하겠지만, 프랑스에서는 같은 일을 하는 사람이 모든 명시적 결정은 상사가 한다는 이유 때문에 자신은 의사결정에 관여하지 않는다고 생각할지 모른다. 이것은 다음과 같은 연구를 수행한 EMS 조사에서 규명될 수 있다.

사업적 구매에 필요한 의사결정을 해야 할 때, 어떤 사람들은 의사결정과 다른 측면 때문에 책임을 져야 할지도 모른다. 각 상품이나 서비스 영역에서 다음 중 어디에 해당되는지 표시해주세요. ① 책임감(이는 필요량을 결정하고 브랜드와 공급업자를 선정하고 또는 구매나 자금을 결제하는 것이 해당됨), ② 약간의 관여(이런 결정을 하는 데 기

---

148) Wolfe, Alan R., "The 'Eurobuyer': How European businesses buy," *Marketing and Research Today*, February 1993, pp. 45~49.

149) Money, R. Bruce; Gilly, Mary C.; and Graham, John L., "Explorations of national culture and word-of-mouth referral behavior in the purchase of industrial services in the United States and Japan," *Journal of Marketing*, 62, 1998, pp. 76~87.

여), ③ 관여하지 않음.

이 설문에서는 26가지 상품범주가 언급되었다. 응답점수의 평균값 분석에서 26가지 중 16가지 상품범주에서 의사결정에 있어서 낮은 권력거리에 관련된다고 생각하는 사람들이 제시되었다.

권력거리가 높은 문화권에서는 집중된 의사결정 때문에 기업의 총수가 최종결정을 내리는 빈도가 권력거리가 낮은 문화권에서보다 빈번하다. 이것이 유럽 내에서 대금지불에 걸리는 시간의 차이를 설명할 것이다. 1996년에 대금 약정일과 실제 지불일과의 차이는 권력거리와 유의한 상관관계가 있었다(r=.69***, r=.73***). 권력거리가 높은 문화권에서는 대리인의 수가 적고 직원의 결정권은 제한적이며, 지불결정은 여러 단계의 조직을 거쳐 조직의 총수에게 전달되는데 이때 더 많은 시간이 소요된다.

14. 결 론

이 장에서 논의된 소비자행동의 이해에 관련되는 정신적 과정은 인지, 학습, 지각, 창의력, 귀인, 정보처리, 커뮤니케이션, 그리고 의사결정이다. 이 모든 과정은 문화권에 따라 차이가 있다. 이해의 바탕은 문화가 학습된 행동이라는 점이다. 하나의 문화권에서 성장한 사람들은 다른 맥락에서 보도록 학습된 다른 문화권의 사람들과 다른 방식으로 사물을 파악하는 학습을 하게 된다.

우리의 사고와 정보처리 방식은 우리가 무엇을 어떻게 커뮤니케이션할지를 결정한다. 차이에 대한 지식은 국제 마케터와 광고주에게 가장 중요하다. 커뮤니케이션은 단지 송신자가 의도한 대로 메시지의 수신자가 이해할 때에만 효과적이다. 최근에 들어서야 비교문화 심리학자들과 마케팅 조사자들은 문화가 이런 과정에 어떻게 영향을 미치는지에 대한 실증적 증거들을 발견하였다. 이 장에서 기술한 누적된 지식은 단지 향후 십수 년 동안에 발전시켜야 할 지적 토대의 단초일 뿐이다.

소비자행동 영역 제7장

앞서의 장들에서 정신적 사회적 과정이 문화에 따라 어떻게 다른 행동을 유인하는지를 논의했다. 행동이란 타인에 의해 직접 관찰되고 측정될 수 있는 소비자의 물리적 활동에 대해 언급한다. 또한, 그것은 정신적 활동과는 구별되는 명백한 행동으로 불린다.[1] 상점방문, 사용, 그리고 상품의 소유는 행동과 관련된다. 앞서의 장들에서 논의한 동기, 감정, 인지, 정서 같은 모든 요소들은 행동과 관련되지만, 그것들은 상품획득과 소유 및 이용, 쇼핑과 구매행동, 불만족 표출행동, 브랜드 충성도, 혁신의 수용과 확산, 매체이용, 그리고 마케팅 커뮤니케이션에 대한 반응 같은 다양한 소비자행동 영역에 따라 다르게 작동한다. 이 장에서는 이점에 대하여 논의할 것이다.

---

1) Peter, J. Paul; Olson, Jerry C.; and Grunert, Klasu G., *Consumer behaviour and marketing strategy* (European ed.), London: McGraw-Hill, 1999, p. 19.

1. 상품의 획득, 사용, 그리고 소유

상품의 획득과 소유에 대해서는 국가간에 상당한 차이가 있기는 하지만 대략 70%를 문화로 설명할 수 있다고 본다. 사람들의 가치는 상품의 소유에 직·간접적 영향을 미친다. 하나의 상품은 기능적 또는 사회심리적 결과나 혜택을 지닌 물리적 특성(속성)을 가진다. 또한, 하나의 상품은 소비자의 (바라는) 가치를 표현할 수 있다.[2] 자동차는 단순한 교통수단이 아니라, 소유자에 대한 그 무엇을 말해준다. 굿맨(Gutman)[3]은 속성, 혜택, 그리고 가치를 수단-목적 사슬모형(*means-end chain model*)으로 설명한다. 수단이란 대상(상품)이나 사람이 참여하는 활동이다. 목적이란 행복, 안전, 성취 같은 존재상태의 가치이다. 수단-목적 사슬모형에서는 어떤 상품이나 서비스를 선택하는 것이 원하는 목적상태의 달성을 어떻게 촉진하는지 설명하고자 한다. 수단-목적 사슬의 요소들은 가치와 행동을 연결하는 소비자의 주요 소비행동을 나타낸다. 속성이나 상품의 특성은 가치를 현실화시키는 수단으로서의 혜택이나 이익을 의미한다. 수단-목적 사슬을 개발하는 데 사용된 기법은 래더링(*laddering*)인데, 이는 소비자가 상품의 속성을 자신에게 의미 있는 연상물로 어떻게 바꾸는지를 이해하도록 도와주는 일대일 심층인터뷰 기법이다.[4]

필자는 상품의 속성, 혜택, 그리고 가치가 가치구조도 안에서 어

---

2) Antnides, Gerrit and Van Raaij, W. Fred, *Consumer behaviour. A European perspective*. Chichester, UK: John Wiley & Sons, 1998, pp. 140~141.

3) Gutman, J. A., "Means-end chain model based on consumer categorization processes," *Journal of Marketing*, 46, 1982, pp. 60~72.

4) Reynolds, T. J. and Gutman, J., "Laddering Theory, method, analysis, and interpretation," *Journal of Advertising Research*, March-February 1998.

떻게 연결되는지 립스틱을 통해 보여주고자 한다(〈그림 7-1〉). 상품 속성 '색의 범위'의 기능적 혜택은 '선택'이며, 이는 사회심리적 혜택의 하나인 '차별성'이다. 이 혜택은 도구적 가치인 '독특함'과 연결되며, 이것은 최종적 가치인 '자신감'에 연결될 수 있다. 이는 개인주의 문화에 알맞은 사다리(*ladder*)의 일종이다. 또한, '색의 범위'라는 같은 속성은 '내게 맞는 색을 포함한'이라는 혜택과 연결될 수 있다. 여기에서 '내게 맞는 색'이란 자신을 더 젊어 보이게 하는 색으로, 권력거리가 낮은 문화권에서는 중요한 가치이자 자신감에도 연결될 수 있다.

'내게 맞는 색'은 또한 나의 사회적 지위에 '맞는' 색으로, 집단주의 문화권에서는 타인에게 순응하려는 욕구를 충족하는 '멋져 보이는' 느낌으로 해석할 수 있다. 또한, 이것은 '안전함의 지각'을 가능하게 하는 '사회적 수용' 및 '사회적 재인'과 연결될 수 있다. 상품의 또 다른 속성인 '과학적 통제'는 '피부에 무해한'이라는 혜택을 거쳐 불확실성의 회피가 높은 문화권에서의 주요 가치인 '안전'에 연결될 수 있다.

〈그림 7-1〉 색조 화장품의 가치구조도 - 장기지속 립스틱

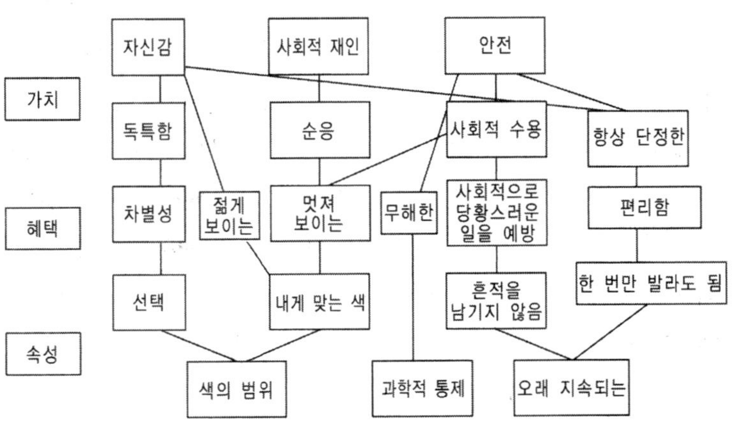

'오래 지속되는' 역시 다른 경로로 '안전'과 연결된다. 오래 지속된다는 속성이 '피부에 흔적을 남기지 않음'과 '사회적으로 당황스러운 일을 예방'을 제공하고, 이점이 다시 집단주의 문화권에서 추구하는 가치인 '사회적 수용'과 '안전'으로 이어지기 때문이다. 또한, '오래 지속되는'이라는 속성은 개인주의 문화권에서 중시되며, '자신감'뿐만 아니라 '안전'에도 연결되는 '편리함'(한 번만 발라도 됨)의 요소를 포함한다.

〈그림 7-1〉에서와 같이 다문화적 가치구조도에서는 다른 '사다리'가 제시될 수 있다. 이러한 지도들은 한 상품이나 브랜드의 다른 속성들이 어떻게 다른 '경로'에 이용되며, 이들이 다른 문화적 가치에 적용되는 혜택-가치의 사다리로 이어지는지 그 구조를 알 수 있도록 한다. 가치구조도는 사람과 브랜드 사이에 일어나는 연관관계 구조의 세 가지 단계를 보여준다. 또한, 사람들이 특정 상품의 속성이나 그에 따른 혜택과 가치를 어떻게 연관시키는지에 대한 관계성의 유형을 제시한다. 립스틱에 대한 구조도는 하나의 글로벌 상품이 다른 문화에 따라 다른 경로를 선택함으로써 성공할 가능성을 보여준다. 하나의 단일한 상품속성은 다양한 최종가치에 연결될 수 있다.

상품의 사용과 소유에 있어서 다양한 국가간의 차이는 상품범주와 문화적 가치를 연결함으로써 이해할 수 있다. 문화적 가치는 상품범주에 따른 특별한 수단-목적 사슬관계에 포함될 수 있으며 또는 문화와 범주별 특별 광고에 따라 추가될 수도 있다(즉, 자동차에 대한 지위). 범주의 특수한 연결은 상품범주 자료를 문화적 가치와 연계함으로써 파악할 수 있다. 이는 마케팅에서 매우 유용한 홉스테드의 성과를 적용한 것이다. 국부에 대한 자료 및 소비나 소유에 대한 국가의 자료와 더불어 다섯 가지 문화적 차원의 국가별 점수를 관련시킴으로써, 상품의 특별한 가치가 발견될 수 있다. 이는 다음에서 제시하려는 것이다. 또한, 필자는 식음료 범주에 하나의 가능성 있는 설명변량으로 기후를 포함한다.[5] 다음에서는 식품과 음료, 담배, 소모성 가정용품과 개인용품, 그리고 의복과 신발 같은 범주에 대해 고찰한다. 또한, 가전상품(즉, 식기세척기, 급속 냉동기, 전자오븐), 음향영상 전자상품(즉, 텔레비전, 라디오, 오디오 장비, 컴퓨터), 사치품(시계, 카메라), 커뮤니케이션 기술, 그리고 자동차 같은 내구성 상품의 다섯 가지 유형에 대해 논의한다. 마지막으로 필자는 레저행동과 금융에 대해서도 고찰한다.

2. 식품과 음료

식품소비는 기후, 역사, 경제, 문화적 요인에 따라 달라진다. 식품은 문화적 의미를 지닌다. 경제적으로 동질적인 유럽에서도 식음료에 대한 가계 지출비가 매우 다양하다는 점이 그 증거이다. 또한, 특정 상품범주의 소비와 관련된 차이에서도 나타난다. 이는 유럽연합국가들의 소비패턴의 본질적 차이를 나타낸다.[6] 제 3장(엥겔법칙)에서 필자는 개인주의 문화권보다 집단주의 문화권에서 더 강력한 음식의 상징적 기능에 대해 논의하였다.

음식에 대한 상이한 태도는 상점에서의 식품배치에 따라서도 알 수 있다. 대개의 개인주의 문화권 사람들은 랩으로 깔끔하게 포장되거나 샌드위치용으로 가공된 육류를 파는 위생처리가 잘된 슈퍼마켓에

---

5) A general reference for findings presented in this chapter is De Mooij, Marieke, "Convergence and divergence in consumer behavior. Consequences for global marketing and advertising," Unpublished doctoral dissertation, Universidad de Navarra, Pamplona, Spain, 2001.

6) Magrabi, Frances M.; Chung, Young Sook; Cha, Sanghee Sohn; and Yang, Se-Jeong, *The economics of household consumption*, New York: Praeger, 1991, pp. 210~234, 245~248.

서 식품을 구매한다. 그러나 대개의 집단주의 문화권에서는 상점의 크기와 관계없이 사람들이 보고 만지고 음식의 질감을 느낄 수 있도록 하는 카운터가 배치되어 있다.

제 3장(기후)에서는 칼로리 섭취량과 기후의 관련성에 대하여 논의하였다. 논리적으로 칼로리 섭취는 따뜻한 기후보다 추운 곳에서 더 높지만, 국부와 문화는 보다 유용한 설명변량이다. 세계적으로 1인당 GNP는 설명변량이며, 부유한 국가에서는 개인주의와 남성성이 변량을 설명한다. 미국인들은 칼로리 섭취의 최강자이며, 이는 시대에 따라 계속 증가했다. 1960년대 미국인들은 평균적으로 4파운드의 냉동 프렌치프라이를 먹었는데, 2001년에는 30파운드 이상을 먹었다.[7] 이는 미국 패스트푸드 회사들의 성공적 마케팅 결과로 설명할 수 있다.

세계의 기후는 조사된 18종의 식품범주 중 육류, 액상우유, 요구르트, 치즈, 캔식품, 초콜릿, 그리고 과자류 같은 7종의 소비에 대하여 20%에서 52%까지의 변량을 설명한다.[8]

유럽에서 대부분의 생과일은 이탈리아, 오스트리아, 그리고 스페인에서 소비되며 영국인들은 과일섭취량이 가장 적다. 또한, 생선소비량은 그 차이가 큰데, 긴 해안선을 낀 스페인의 생선소비량은 내륙에 있는 오스트리아의 10배가 넘는다. 현대적 유통시스템이 약간의 수렴원인이 되기도 하겠지만, 여전히 상당한 차이가 존재한다. 이러한 소비습관은 지난 수세기 동안 형성되어 왔으며, 만약 변한다 하더라도 쉽게 바뀔 것 같지 않다.

---

7) Nagorski, Andrew, "Hold the french fries," *Newsweek*, February 26, 2001. pp. 50~51.

8) Data Euromonitor 1997(부록B 참조.)

1) 가공식품

세계적으로 국가수입과 문화적 변인은 가공식품에 관련된 대부분의 차이를 설명한다. 예를 들어, 국민 1인당 GNP는 차가운 디저트나 수프 소비에 관한 변량을 설명할 수 있고, 개인주의는 냉동식품, 비스킷(쿠키나 크래커), 그리고 짭짤한 맛의 스낵 소비에 관한 변량을 설명할 수 있다. 날씨가 추운 곳일수록 아이스크림을 더 많이 소비한다. 아이스크림 소비에 대한 날씨의 강한 설명력은 아이스크림이 열대의 시원함 대신 한대의 에너지 제공원임을 나타낸다. 아이스크림은 기본적으로 달콤한 우유이다. 또한, 아이스크림은 음식의 청결에 대한 욕구와 연계된 문화적 차원인 낮은 불확실성의 회피와 관련된다. 기후가 음식소비를 어떻게 간접적으로 설명하는지, 그리고 기후가 어떻게 음식상품의 신뢰와 관련되는지에 대해 제 3장(기후)에서 논의하였다. 가공식품은 불확실성의 회피 성향이 높은 문화권에서는 신뢰받지 못하며, 이는 대부분의 가공식품에 대한 변량을 설명한다.

유럽은 식습관의 확산에 따라 경제적 수렴이 균형을 이루어온 지역이다. 1997년 노르웨이인은 1인당 141리터의 우유를 마셔 벨기에인의 소비량 70.5리터의 두 배에 달하는 소비량을 보여주었다. 우유 소비량은 1970~1977년[9] 사이에 수렴되었다가 이후 확산되었다. 낮은 불확실성의 회피성향은 우유와 아이스크림은 물론 대부분의 가공식품에 대한 변량을 설명한다. 1997년[10] 덴마크의 냉동식품 판매량은 1인당 40.4kg, 영국의 판매량은 30.6kg, 스페인은 10.3kg이었다. 낮은 불확실성의 회피성향은 60%의 변량을 설명하였다. 원래 냉동식품의 소비는 냉각기의 보급정도와 관련되었으나, 이 관계는 더 이

---

9) Eurostat Report, *Social indicators*, 1980(부록B 참조).

10) Data Euromonitor 1997(부록B 참조).

상 나타나지 않는다. 이는 많은 냉동식품이 저장을 위해 소비되기보다 구입 후 바로 조리하기 위해 소비된다는 의미를 내포한다.

개인주의는 역사적으로 유서 깊은 가공식품 유형인 비스킷(쿠키와 크래커)에 대한 변량을 설명한다. 개인주의 문화권에서 비스킷은 간식용 스낵으로 소비되지만, 스페인 같은 나라에서는 아침 식사용으로 소비된다.

2) 음료

1997년 미국인은 네덜란드인보다 두 배나 많은 음료를 소비했다. 독일인은 1인당 164리터를 마셔 86.1리터를 마신 노르웨이인의 두 배에 달하는 양을 소비하였다. 그 차이는 문화로 설명할 수 있다. 1997년 유럽[11]에서는 문화적 남성성이 음료소비 변량(1인당 리터)의 60%를 설명하였다. 〈그림 7-2〉는 그 관계성을 나타낸다. 이 관계성의 원인 중 하나는 글로벌 광고이다. 음료시장은 오랫동안 앵글로-아메리칸 글로벌 브랜드들에 의해 지배되어왔다(즉, 코카콜라, 펩시콜라, 환타, 세븐업, 스프라이트, 슈베페스). 이러한 글로벌 브랜드들은 가장 먼저 선진 마케팅 기법을 적용했다. 글로벌 경쟁이 치열해지자 이들 브랜드 소유주들은 효율 증대를 위하여 자사의 마케팅과 광고를 표준화하였다. 많은 글로벌 광고 캠페인들이 런던이나 뉴욕에서 개발되었기 때문에 음료에 대한 글로벌 캠페인은 수십 년간 다른 문화권에서는 소구하기 어려운 남성성, 모험, 지위, 성공 같은 앵글로-아메리카의 가치를 반영했다. 따라서 글로벌 광고의 결과는 의도와는 다르게 나타났다. 글로벌 광고가 수렴을 유발하기보다 확산을 유발했다. 앵글로-아메리카와 가치가 다른 국가에서는 표준화된 광고

---

11) Data Euromonitor 1997(부록B 참조).

〈그림 7-2〉 청량음료와 남성성

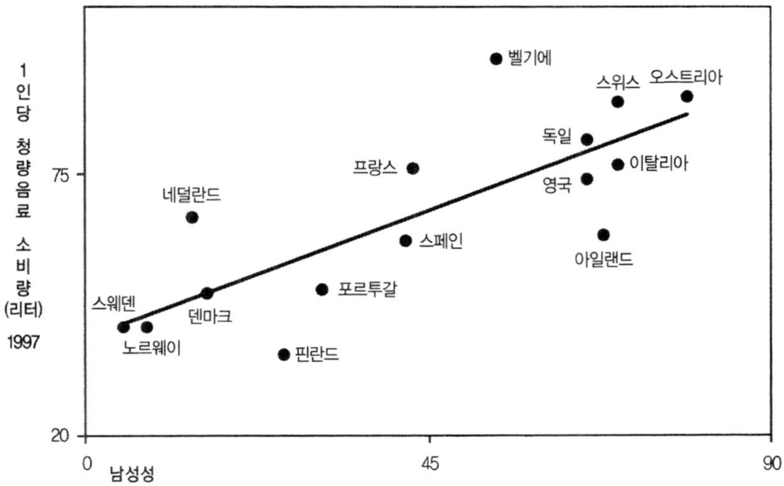

출처: Data Hofstede(부록A 참조); Euromonitor 1997(부록B 참조).

캠페인이 판매의 최적화에 영향을 미치지 못했다. 젊은이의 음료소비도 똑같이 달라진다. 1998년에 15세인 학생들의 상당수도 남성성과 관련된 음료수를 매일 마신다고 응답했다.[12]

3) 생수

생수의 소비는 나라에 따라 상당한 차이가 있다. 가장 중요한 설명변인은 불확실성의 회피이며, 이 관계성은 시대를 초월하여 일관된다. 제 3장(〈표 3-3〉)에서 이것을 안정성의 사례로 들었다. 유럽 전역에서 수돗물의 질이 지난 30년간 향상되었지만 국가간 차이는 1970년대와 비슷하거나 오히려 더 커졌다. 1970년 이후 높은 불확실성의

12) Consumers in Europe, 2001, p. 73(부록B 참조).

회피는 44%에서 53%의 변량을 설명했다. 프랑스, 독일, 이탈리아, 벨기에처럼 불확실성의 회피가 높은 문화권에서는 영국과 스칸디나비아처럼 자신의 건강에 필요한 것에 대해 다양한 생각을 가진 사람들이 사는 불확실성의 회피가 낮은 문화권에 비해 생수 소비량이 증가하였다.

4) 커피와 차

커피의 소비에 관한 차이를 가장 잘 설명하는 변인은 기후이다.[13] 추운 나라일수록 커피를 더 많이 소비한다. 제3장(기후)에서 기후와 커피 같은 자극제와의 관계성을 설명할 수 있는 항상성 이론에 대해 논의하였다. 비록 차 역시 자극제이지만, 차 소비는 기후와 관련된 그런 관계성이 존재하지 않는다. 그러나 낮은 불확실성의 회피와 차 소비량은 유럽과 전 세계에서 유의한 상관관계가 있다. 유럽에서는 영국인과 아일랜드인이 차를 가장 많이 마시고(1인당 1,148컵과 1,417컵), 이탈리아인이 가장 적게 마시는 것으로(1인당 39.6컵) 나타났다. 원래 차는 중국에서 들어왔고 네덜란드인들이 17세기에 유럽인들에게 소개하였다. 그러나 일본이나 중국에서 차 마시는 방식은 영국의 그것과는 거리가 멀다. 커피와 차 마시는 방법은 역사적으로 규정된 것이다. 커피 소비유형 또한 블랙커피에서부터 큰 컵에 우유를 섞어 마시는 형태까지 다양하다. "에스프레소"와 "카푸치노"는 이탈리아 것으로 유럽 이외의 지역에서 이름을 따왔으며, "솔로"와 "코르타도"는 스페인의 것이다. "라떼"는 미국에서 사용되는 것으로, 유럽 대륙의 이미지를 풍기지만 사실은 미국에서 가장 대표적 유형의 커피이다. 북유럽에서는 대개의 커피가 가정에서 소비되는 반면, 남유럽에

13) De Mooij, 2001, p. 271.

서는 대부분의 커피가 사람 만나는 일이 커피 마시는 것만큼 중요한 바에서 소비된다. 차 소비는 영국식으로 진한 홍차와 우유를 아침과 오후에 소비하는 방식부터 독일식으로 모든 종류의 허브차를 소비하거나, 중국식으로 뜨거운 식사에 녹차를 마시는 방식까지 다양하다.

〈뉴스위크〉의 스타벅스 이야기("스타벅스 행성," 2002년 9월 9일자 머리기사)에 대한 한 이탈리아 독자의 반응이 〈뉴스위크〉 2002년 10월 7일자 "독자 리포트"란에 실렸다.

스타벅스(Starbucks)가 언젠가 이탈리아에 진출할 것이라는 스타벅스의 주장이 무척 웃겼다. 자동 에스프레소 기계라고? 대다수의 이탈리아인들은 기계는 잘 못 다루어도 자바(Java) 게임은 할 줄 아는 현금출납원이나 커피 기계 담당자와 함께 최근의 여배우나 풋볼경기에 대해 수다를 떨려고 바에 간다. 또 고객들에게 웹(Web)을 통해 커피를 주문하게 한다고? 만약 고객이 바에 가는 도중에 누구를 만나면 어떻게 될까? "만나서 반갑지만, 커피를 이미 시켜버렸으니, 이메일을 보낼게!" 아서라. 사전지불 카드? 여기에서 그것은 노인용이다. 이탈리아에서 우리가 원하는 (그리고 우리가 이미 가진) 것은 적절한 가격의 양질의 커피와 커피에 잘 어울리는 좋은 음식, 그리고 빠르면서도 인간미 있는 서비스이다. 스타벅스가 지금 할 수 있는 것은 이 중에서 아무것도 없다. 그리고 그들은 "커피 바?"하며 자문한다. 브ㄹㄹㄹㄹ...

알베르토 카네시(Alberto Canesi), 로마

5) 알코올음료

유럽에서 알코올 소비는 수렴되고 있다. 이는 와인 제조국에서 와인소비가 감소했기 때문이다. 예를 들어, 북쪽지역 국가에서 알코올 소비는 증가하지 않은 데 비해, 포르투갈과 프랑스의 알코올 소비는 1983년의 17.7리터에서 1995년에 각각 13.4리터와 14.1리터로 감소하였다. 한대기후의 사람들이 맥주를 더 마시는 데 비해, 더 따뜻한 나라의 국민들은 와인을 더 많이 마신다. 이는 두 가지 알코올음료의 생산지역과 관련된다. 와인은 남부유럽에서 재배되고 대부분의 맥주는 북쪽에서 생산된다. 문화적 남성성의 증가는 알코올 소비차이를 설명한다. 특정 알코올음료는 문화적 변인과 관련된다. EMS의 자료에서는 샴페인, 포트와인, 그리고 베르무트(*vermouth*)*는 권력거리가 낮은 문화권보다 높은 문화권에서 더 많이 소비되는 것으로 나타났다. 이런 음료들은 명백히 사회적 지위를 나타낸다. 또한, 유럽대륙에서 스카치위스키는 높은 권력거리와 관련된다.

6) 담배

세계적으로 1인당 GNP는 담배소비에 대하여 변량의 34%를 설명하고, 높은 불확실성의 회피는 나머지 13%를 설명한다. 남성성은 선진국에서 변량의 28%를, 유럽에서는 변량의 45%를 설명한다.

〈그림 7-3〉은 이런 관계성을 나타낸다. 불확실성의 회피와의 관계성은 흡연이 스트레스 감소기제임을 입증하고, 남성성과의 관계성은 흡연이 지위가치가 있음을 입증한다. 소프트음료 범주에서와 같이, 몇몇 앵글로-아메리칸 담배 브랜드가 광고를 독점한다. 특히, 말보로와 카멜 같은 브랜드(〈그림 7-4〉 참고)는 오랫동안 여성적 문화보다 남성적 문화에 소구하는 강한 남성성을 반영해왔다. 역시, 글로벌 광고는 의도한 바와 다른 효과를 나타냈다. 광고는 상품범주를 보다 동질화시키는 대신, 확산의 원인이 되기도 하였다.

---

* 역자주) 백포도주에 향료를 섞어 식전에 마시는 와인.

〈그림 7-3〉 담배 소비와 남성성

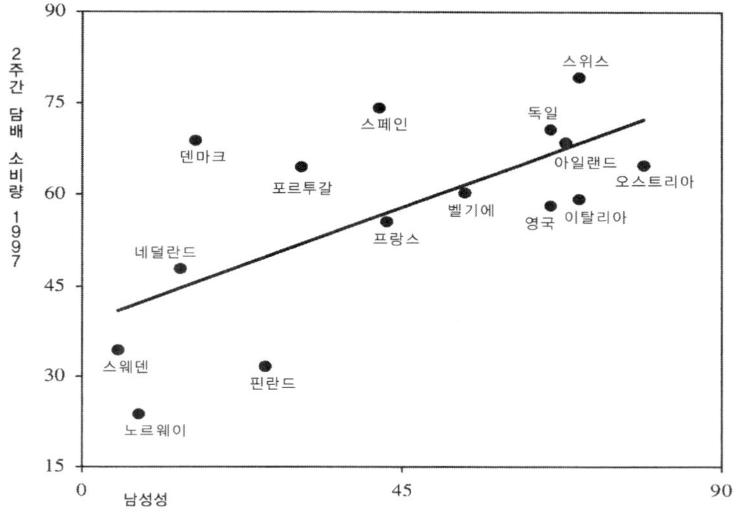

출처: Data Hofstede(부록A 참조); Eurostat Yearbook 1998/1999(부록B 참조).

〈그림 7-4〉 담배광고

3. 비 내구재 가정용품

세계적으로 1인당 GNP는 가정용 세척용품에 대한 변량의 54%를, 가정용 일회용품에 대한 변량의 59%를 설명한다. 선진국에서 높은 불확실성의 회피는 비누와 세제에 대한 변량의 24%를 설명한다. 〈그림 7-5〉는 세계 15개국의 이런 관계를 나타낸다. 1997년 스페인 사람들은 1인당 37.7kg, 프랑스인은 24.5kg의 세제를 사용한 반면에, 네덜란드인은 17kg, 스웨덴인은 9.8kg의 세제를 사용하였다.

세척용품의 사용과 불확실성의 회피와의 관계는 음식선호에 대한 가치(제 5장 참고)로 작동하는 깨끗함에의 욕구에 의해 가장 잘 설명된다. 불확실성의 회피가 높은 문화권의 사람들은 자신의 옷이 정말로 깨끗함을 확인하기 위해 불확실성의 회피가 낮은 문화권의 사람들이 하는 것보다 더 많은 세제를 세탁기에 넣는다.

〈그림 7-5〉 비누/세제와 불확실성의 회피

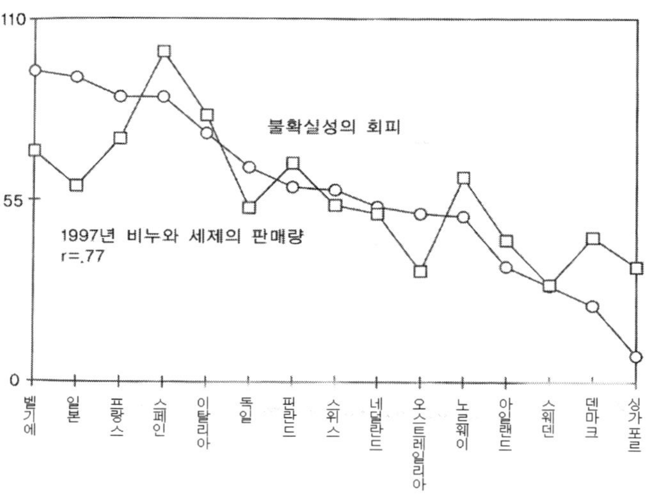

출처: Data Hofstede(부록 A 참조); Euromonitor 1997(부록B 참조).

4. 비 내구재 개인용품

몇몇 개인 보호용품은 선진지역에서는 수렴되고 있지만 그 밖의 지역에서는 여전히 상당한 차이가 있다. 향수, 색조화장, 피부관리, 헤어관리, 목욕 및 샤워용품, 그리고 화장실용 비누와 치약 등은 1997년 평균 CV가 세계적으로는 0.73, 유럽에서는 0.42였다.

대부분의 개인 보호용품은 유럽 각국에서 수렴되었지만, 일부는 확산되었다. 화장품 유형은 바뀌었지만, 문화의 영향은 그대로 남아 있었고 개인주의 문화권의 사람들은 자신을 타인과 구별되는 존재로 확인하려고 한다. 색조 화장품은 이를 실현할 수 있는 수단이다. 1999년 총 화장품 범주에 대한 1인당 소비량[14]은 개인주의와 유의한 상관관계가 있었다(r=.71***). 또한, 치장용 화장품 및 향수용품에 대한 지출 역시 개인주의와 관련되었다. 그러나 화장품이 순수한 것이 아닌 인위적인 것이듯, 낮은 불확실성의 회피 역시 변량을 설명한다. 세 번째 차원은 낮은 권력거리인데, 이는 화장품이 젊어 보이게 하는 데 사용된다는 점을 의미할 수도 있다. 화장품 범주에 속한 모든 상품에서 권력거리와 불확실성의 회피와는 부적인 상관관계를 나타낸 반면, 개인주의와의 방향은 모두 정적인 상관관계를 나타냈는데, 이는 세 가지 문화적 차원들이 화장품과 개인 보호용품 사용에서의 차이를 설명하는 데 의미심장하다. 제 8장에서는 색조화장품의 문화적 지도를 설명할 것이다.

개인주의와 낮은 불확실성의 회피와 관련된 또 다른 개인 보호용품은 데오도란트이다. 프라이버시 욕구는 개인주의적 문화권의 사람들에게 타인의 냄새를 의식하게 하는 데 비해, 집단주의적 문화권의 사람들은 그다지 신경을 쓰지 않는다. 그러나 비자연적 상품인 데오도

---

14) Consumers in Europe, 2001, p. 93(부록B 참조).

〈표 7-1〉 문화와 색조화장품 및 데오도란트

		립스틱	눈 화장품	데오도란트
권력거리	1970[1]	−.27	−.50*	−.46*
	1991[1]	−.60**	−.34	−.47*
	1997[2]	−.29	−.55*	−.40
개인주의	1970	.65***	.49*	.46*
	1991	.71***	.63**	.56*
	1997	.38	.37	.54*
불확실성의 회피	1970	−.69***	−.72***	−.74***
	1991	−.90***	−.63***	−.84***
	1997	−.32	−.48*	−.64***

출처 : 1. Reader's Digest Surveys(상품 사용량) ; 2. Euromonitor(1인당 지출금액) (부록B 참조).

란트는 낮은 불확실성의 회피와 상관관계가 있음이 입증된다. 〈표 7-1〉은 유럽에서 세 가지 문화적 차원과 세 가지 화장품 및 개인 보호용품 간의 관계성(상관계수)을 개괄적으로 보여준다.

4. 옷과 신발

수입이 낮은 국가들에서는 옷과 신발에 대한 가계지출 비율이 부자나라에서보다 높다. 또한, 그 차이들은 집단주의와도 관련된다. 체면을 살리기 위해 사람들은 외출할 때 잘 꾸미고 나가야 하기 때문이다. 선진국에서는 높은 불확실성의 회피와 지속적인 관계가 있다. 일반적으로 불확실성의 회피가 높은 문화권의 사람들은 잘 꾸미고 다닌다. 그것은 위험한 세상에 대응하는 하나의 방법이다. 또한, 옷과 신발에 돈을 쓰는 것은 자존감의 욕구와 자기 강화이다. 1999년에 남성성은 옷과 신발에 대한 평균 가구 소비 지출액에 대한 변량의 46%를 설명하였다. 그것은 또한 옷(42%)과 신발(39%)에 대한 지출액을 각각 설명하였다.[15] 제 5장(외모)에서 필자는 외모에 대한 욕구의 다양화를 설명하는 사회적 과정에 대해 기술하였다.

5. 가정용 기구

선진 유럽지역에서는 아직도 가정용 기구의 소유에 대해 국가간에 상당한 차이가 있다. 일반적으로 국부가 대형 가전상품의 소유에 대한 변량을 설명한다. 그러나 기후가 냉각기의 소유에 대한 변량을 설명한다. 1970년에는 1인당 GNP가 냉각기의 변량을 48% 설명했는데, 1991년에는 변량의 57%를, 1997년에는 변량의 42%를 설명하였다. 제 3장(기후)에서 설명했듯이, 눈 속에 음식을 저장하던 나라의 사람들이 전자냉각 기술을 가장 열렬히 받아들였다.

1997년에 낮은 개인주의가 음식 조리기 판매량의 변량을 39% 설명하였고, 낮은 남성성이 나머지 19%를 설명하였다. 집단주의와의 연계는 패스트푸드 대신 슬로푸드에 대한 선호를 설명한다. 제 5장(편의)에서 논의했듯이, 패스트푸드와 간편식은 개인주의적 문화권의 전형적 욕구이다.

1999년에 집과 정원에 필요한 도구와 장비에 대한 지출의 60%를 개인주의가 설명하였다.[16] 이는 개인주의와 일 가족 일 가구 생활간의 관계는 물론 개인정원의 소유라는 관점에서 이해할 수 있다.

---

15) Consumers in Europe, 2001, p. 96(부록B 참조).

16) Consumers in Europe, 2001, p. 135(부록B 참조).

6. 소비자 전자제품

많은 소비자 전자제품은 다양함과 자극을 위한 개인주의적 욕구에 봉사한다. 대개의 오디오나 비디오 소비자 전자제품의 소유는 개인주의와 상관관계가 있다. 세계적인 음악의 판매량은 국가의 세입과 관련되며, 따라서 부자나라일수록 CD나 카세트, 레코드에 더 많은 돈을 소비한다. 1999년부터 개인주의와 낮은 불확실성의 회피는 관련성이 있었다. 〈표 7-2〉는 전 세계 22개국의 음반판매와 레코드 매체의 평균 지출비용에 대한 상관계수와 예측치(설명 변량의 비율=R^2)를 나타낸다. 두 가지는 개인주의와 유의한 상관관계가 있었다.

〈표 7-2〉는 유럽에서의 CD플레이어, 개인용 스테레오, 미니디스크, VCR, DVD 플레이어, 그리고 게임기에 대한 상관관계와 예측치를 나타낸다. 최상급 오디오와 비디오 전자제품에 대한 설명변인은 개인주의, 낮은 불확실성의 회피, 그리고 낮은 권력거리이다. 고품질의 오디오와 비디오(CD와 DVD 플레이어)의 소유는 낮은 남성성과 관련된다. 1991년에 '워크맨'으로 처음 나타난 개인용 스테레오의 판매와 소유는 개인주의, 약한 불확실성의 회피, 그리고 작은 권력거리의 통합에 관련된다. 무엇보다도 혼자서 음악을 듣는 것은 개인주의적 습관이다. 이는 개인용 스테레오 범주에 관한 변량을 설명한다. 보다 최신 상품들은 낮은 불확실성의 회피와 관련된다. 이 문화권의 사람들은 불확실성의 회피가 높은 문화권 사람들에 비해 혁신을 보다 빨리 채택했다.

〈표 7-2〉 문화와 여러 가지 오디오-비디오 기기

	1인당 GNP	권력거리	개인주의	남성성	불확실성의 회피	장기 지향성	예측변인	R^2
1인당 음반 판매고(22개국, 2001년)	.79***	-.62***	.61***	-.04	-.59***	.04	1인당 GNP 불확실성의 회피(-)	.63 .70
레코딩 매체 평균 소비지출액(1999년)	.66**	-.29	.80***	-.11	-.65***	.28	개인주의(+)	.64
CD 플레이어 소유율(유럽 15개국, 1999년)	.61**	-.27	.43	-.65***	-.51*	-.37	남성성(-) 1인당 GNP	.42 .73
개인 스테레오 소유율(유럽 15개국, 1991년)	.54*	-.44*	.56*	-.38	-.65***	-.17	불확실성의 회피(-)	.42
개인 스테레오 소유율(유럽 15개국, 1997년)	.29	-.48*	.48	.05	-.63***	-.01	불확실성의 회피(-)	.40
미니디스크 소유율(유럽 15개국, 1999년)	.53*	-.63**	.17	-.07	-.40	-.47*	권력거리(-)	.40
VCR 가구당 보유(유럽 14개국, 1998년)	.65**	-.47*	.68***	-.23	-.73***	-.04	불확실성의 회피(-)	.53
DVD 가구당 보유(유럽 14개국, 2000년)	.29	-.13	.54*	-.47*	-.55*	-.05	불확실성의 회피(-) 권력거리(+)	.30 .52
게임기 소유율(유럽 14개국, 2000년)	.17	.06	.59*	.14	-.33	-.05	개인주의(+)	.35

출처: 음반 판매고: 국제 음성산업 연맹, 개인 스테레오: *Reader's Digest*, 유로데이터 1991, 미니 디스크: EMS 1999, 기타: Eurostat(부록 B 참조).

1) 텔레비전

제3장에서 인구 1000명당 텔레비전 수상기의 수렴과 라디오 소유의 확산에 대한 사례를 들었다. 세계적으로, 텔레비전 소유는 부와 관련된다. 유럽에서는 텔레비전 보급의 동질성이 미시적 차원에서의 이질성을 나타내는데, 가구당 텔레비전 수상기의 수, 텔레비전 수상기의 유형, 또는 시청 시간이 다양하다. 어느 곳에서나 텔레비전은 생활의 통합적 부분이 되어왔다. 그러나 예상했던 지구촌을 구현하지 못하고 이용형태도 동질화되지 못했다. 어떤 프로그램을 얼마나 자주 시청하느냐는 문화적 차원에 달려있다. 사회생활에서 텔레비전의 기능은 다양하다. 오늘날 중국에서 텔레비전은 아마도 사람들이 가장 상징적으로 구매하는 상품으로 떠올랐다. 대다수의 중국인들이 자동차를 구매하는 것은 아직 시기상조이므로 전자상품, 특히 텔레비전은 개인의 경제적 이미지와 성공을 나타내는 데 중요한 역할을 한다. 즉, 개인소유의 텔레비전은 타인들에게 올바른 이미지를 투사해야만 한다.[17] 중국 같은 나라에서 텔레비전 수상기는 가라오케처럼 사회적 욕구충족을 위해서도 아주 중요하게 사용된다.

선진국에서는 가구당 텔레비전 수상기의 수도 다양하다. 1999년에 유럽에서는 소득이 낮은 나라들이 높은 나라들보다 가구당 텔레비전 수상기를 더 많이 보유한 것으로 나타났다. 1999년 EMS보고에 따르면 프랑스인의 16.5%, 스페인 사람의 13%, 네덜란드인의 6.7%, 그리고 덴마크인의 4.6%만이 와이드 스크린 텔레비전을 가지고 있었다. 그 차이는 국부와는 상관관계가 없었으나, 높은 불확실성의 회피($r=.63^{**}$)와 남성성($r=.45^{*}$)과는 상관관계가 있었다. 불확실성의

17) Brewer Doran, Kathleen, "Symbolic consumption in China: The color television as a life statement," *Advances in Consumer Research*, 24, 1997, pp. 128~131.

회피-남성성의 통합은 중시청*을 설명하는 통합과 유사하다(이 장의 매체행동 참조). 당연히 중시청자는 경시청자에 비해 고화질 시청의 혜택을 더 많이 본다.

2) 라디오

1985년까지 국부는 인구 1000명당 라디오 소유에 대한 설명변인이었다. 1985년경 이 영향은 사라지고 개인주의가 설명변인이 되었다. 개인주의 문화권에서는 가구당 라디오 하나로 충분한 집단주의 문화권의 사람들과 달리 모든 사람이 하나 이상의 개인용 라디오를 가지고 있기 때문이다. 개인주의 문화권에서는 가족구성원 각자가 듣고 싶은 프로그램이 있기 때문에 개인별로 자신만의 라디오를 가질 필요가 있다. 뿐만 아니라, 개인주의 문화권에서는 사람들이 침실, 부엌, 차에도 라디오를 비치한다. 20세기 말 영국에서는 인구 1000명당 라디오 보유수가 1,440대, 스페인에서는 333대에 이르렀다. 스페인과 포르투갈에서는 라디오보다 텔레비전의 수가 두 배 이상 많았던 반면, 영국은 스페인에 비해 라디오가 텔레비전보다 두 배 가까이 많았다. 가장 적절한 해석은 언어적 지향성과 시각적 지향성과 관련하여 개인주의적 문화와 집단주의적 문화 간에 나타나는 차이이다. 텔레비전은 시각적이고 라디오는 언어적이다. 〈그림 7-6〉에서는 유럽 14개국에서 라디오 소유와 개인주의 사이의 유의한 상관관계가 계속 증가하고 있음을 보여준다. 이 14개국에서 1960년부터 2000년까지의 상관계수가 증가되었다. 1960년에는 r=.62**, 1980년에는 r=.76***, 그리고 2000년에는 r=.82***로 나타났다.

* 역자주) 1일 텔레비전 시청시간 2~4시간.

〈그림 7-6〉 라디오와 개인주의

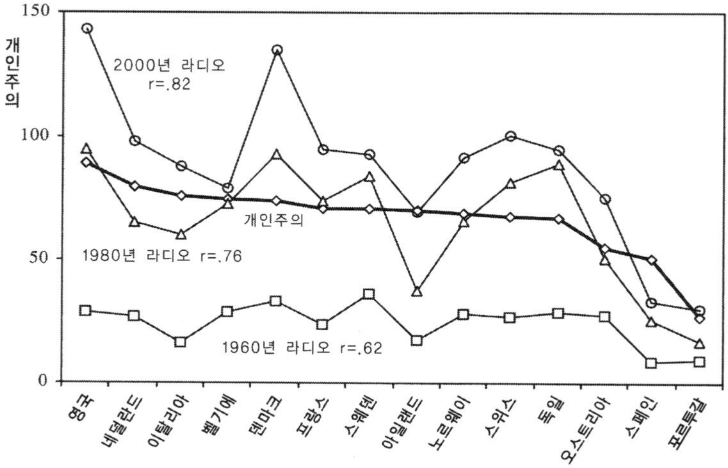

출처: Data Hofstede(부록A 참조); UN 통계연감(부록B 참조).

7. 사치품

많은 사치품은 지위 욕구에 봉사한다. 진품 보석의 소유는 선진국 집단에서도(r=.61***) 유럽에서도(r=.51*), 세계적으로도(r=.44*) 문화적 남성성과 상관관계가 있었다. 국부와는 유의한 상관관계가 나타나지 않았다. 부유층, 전 세계의 여행자 집단과 비즈니스맨들은 구매행동, 소유, 고가품과 브랜드 선호에서 동질적일 것으로 가정되지만, EMS 자료에서는 유럽의 소득 상위 20%의 집단에서 다른 양상이 나타난다. 1999년에 EMS는 고가품에 소비하는 비용과 자신이 소유한 고가품의 가치가 어떠한지에 대하여 설문을 실시하였다. 사례를 보면 800달러 이상의 정장이나 드레스를 가지고 있는지, 또는 300달러 이상의 핸드백이나 서류가방을 가지고 있는지 여부였다. 남성성은 고가의 옷에 대한 변량의 46%를, 핸드백과 서류가방에 대해서는 변량의 27%를 설명하였다. 자신이 가진 고가품의 가치를 묻는 질문에 "잘 모르겠다"고 응답한 사람들은 지위욕구가 낮기 때문에 자신의 고가품 소유 여부에 신경을 쓰지 않는 사람일 수 있다. 응답 결과 남성성과 낮은 상관관계(r=-.49*)가 있었다.

1) 시계

현대 세계에서 모든 사람이 손목시계를 가질 수 있지만, 고가시계의 소유에 있어서 차이가 크며 이때 수렴은 일어나지 않는다. 1991년에 유럽에서 미화 300달러 이상의 고가시계의 소유에 대한 CV는 0.70이었다. 1999년에 EMS의 부유층 표적집단 중 미화 1,500달러 이상의 고가시계에 대한 CV 역시 0.70이었다. 시계소유와 구매양상은 문화와 관련된다.

EMS가 1999년에 유럽 최상위 부유층 20%를 조사한 결과에서는, 낮은 1인당 GNP가 비교적 저렴한 시계(미화 160달러 이하)의 소유에 대한 변량의 50%를 설명하였고, 낮은 남성성이 나머지 25%를 설명하였다. 저가의 시계소유와 낮은 수입과의 관계는 논리적이다. 남성성이 고가시계 판매(미화 1,600달러 이상)에 대한 변량의 29%를 설명하는 데 비해, 여성성 문화권에서는 지위욕구가 낮다는 점이 저가시계의 소유를 설명한다. EMS의 조사에서 이탈리아 응답자의 11.9%가 자신이 소유한 시계의 가치가 미화 1,600달러 이상이라고 응답한 반면, 스웨덴 응답자의 2.1%만이 자신이 그런 고가의 시계를 가지고 있다고 응답했다(제 5장의 〈표 5-1〉 지위욕구 참조).

또한, EMS는 특정 시계 브랜드의 소유에 대한 질문도 하였다. 4가지 시계 브랜드(롤렉스, 세이코, 스와치, 오메가)는 문화에 따라 유의한 관계가 발견되었다. 이 브랜드들은 글로벌 광고에 따라 세계적으로 알려진 브랜드이다. 필자는 1인당 GNP가 고가의 시계 브랜드와 어떤 관계도 없음을 발견하였다. 개인주의와 롤렉스 소유와의 관계에 대한 판단에서, 이 브랜드는 자신을 타인과 차별화하기를 원하는 사람들을 위한 시계임이 나타났다. 롤렉스시계 광고캠페인의 메시지는 이 브랜드가 특별한 인물, 음악가, 과학자, 운동선수처럼 각 분야에서 자신을 타인으로부터 차별화해온 사람을 위한 브랜드라는 것이다. 롤렉스시계의 광고 메시지에 담긴 가치는 물질적 성공뿐 아니라 독특한 성취를 포함하고 있다. 광고캠페인에서는 이 브랜드가 보통 사람들과 특정분야에 몰두하는 전문인을 어떻게 구별하는지를 제시한다. 롤렉스 국제광고캠페인의 4가지 사례가 〈그림 7-7〉에 제시되어 있다. 세이코는 물질적 지위가 불필요한 사람들에게 무의미

〈그림 7-7〉 롤렉스의 국제광고

하지 않은 브랜드인 듯하다. 첫 번째 시계로서의 세이코의 소유는 낮은 불확실성의 회피(r=−.66***)와, 낮은 남성성(r=−.61**)과 상관관계가 있었다. 고가 브랜드는 아니지만 스와치 브랜드는 지위를 나타내는 브랜드였다. 변량은 높은 남성성으로 설명된다. 스와치를 차는 것은 일종의 역 속물근성을 의미한다.

2) 카메라

유럽에서 카메라의 소유는 여전히 수렴되고 있다. 1970년에 1인당 GNP가 변량의 70%를 설명했던 반면에, 이후에는 고가의 콤팩트 카메라(미화 160달러 이상) 소유가 국부와 관련되었다. 사람들이 자신의 카메라를 이용하는 방법은 다양하다. 남성적 문화권에서는 자주 사용된다. 실제적인 여성적 문화권에서는 카메라를 소유하기는 하지만 자주 사용하지는 않는다. "작년에 사용된 필름 수"의 측정은 1991~1999년에는 국가수입과 관련되지만,[18] 높은 사용빈도 역시 남성성과 관련된다. 1999년에 1인당 GNP는 변량의 42%를 설명하였고, 남성성이 나머지 36%를 설명하였다.

8. 커뮤니케이션 기술

교통, 기술, 커뮤니케이션에 대한 한 국가의 기반구조는 국부에 달려있다. 국부의 동질화가 증가함에 따라 차이는 줄어들고 있으나 소멸되지는 않았다. 1996년과 1998년 사이에 1인당 GNP는 세계적으로 인구 1,000명당 주요 전화선에 대한 변량의 95%와 70%를 설명하였

---

18) Data 1991 *Reader's Digest*: data 1999 EMS(부록B 참조).

다. 1인당 GNP에 이어 1980년에는 문화가 설명변인으로 떠올랐다. 이후 전 세계에서는 개인주의가, 유럽에서는 약한 불확실성의 회피가 나머지 설명변인이 되었다. 1990년부터 낮은 남성성 역시 부가적 설명변인이다. 이런 결과들은 여성적 문화권에서 양질의 커뮤니케이션 기반구조가 생활의 질의 일부라는 결론을 적시한다. 1인당 GNP에 이어, 낮은 불확실성의 회피와 낮은 남성성이라는 두 가지 차원은 커뮤니케이션 기술상품에 대한 주요 설명변인이 된다. 〈표 7-3〉은 텔레커뮤니케이션의 차이를 이해하는 데 있어서 여러 이질적 지역과 동질적 지역의 국부와 문화가 어떤 기능을 하는지에 대한 목록을 제공한다. 이 표는 1인당 GNP와 두 가지 문화적 차원에 따라 설명되는 변량의 비율을 나타낸다. 나머지 설명된 비율은 +로 표시한다.

〈표 7-3〉 텔레커뮤니케이션에 대한 국부와 문화의 설명변량 비율

	1인당 GNP	낮은 남성성	낮은 불확실성의 회피
2001년, 인구 천 명당 주요 전화선			
세계 44개국	85%	+2%	
세계 선진 26개국	62%	+9%	
유럽 15개국	65%	+16%	
남미 12개국	44%	+21%	
아시아 10개국	74%		
1998년, 거주자 천 명당 이동전화			
세계 44개국	58%		
세계 선진 26개국	18%		
유럽 15개국			34%
남미 12개국	48%		
아시아 10개국	81%		

출처 : International Telecommunication Union, 2002. www. itu. com

이 표는 1인당 GNP가 주요 전화선에 대한 주요 예측변인이지만 추가적으로 낮은 남성성이 변량을 설명한다는 점을 나타낸다. 1998년의 국부는 유럽 외의 지역에 대하여, 당시 상대적으로 새로운 현상이었던 모바일 폰에 대한 변량을 설명하였다. 경제적으로 동질적인 유럽에서는 혁신성의 정도인 낮은 불확실성의 회피가 변량을 설명하였다.

모든 지역에서 주요 전화선의 보급과 모바일 폰 사이에는 유의한 상관관계가 있다. 이런 현상은 커뮤니케이션 기반이 약한 국가에서 모바일 폰이 더 빠르게 보급될 것이라는 일반적인 기대와는 다른 것이다.

사람들이 전화를 어떻게 이용하느냐는 문화에 따라 다양하다. 유럽은 전화의 보급 측면에서 비교적 동질적인 지역이지만 2~3개 이상의 전화선을 갖는 면에서는 다양하다. 전화의 사용 정도, 예를 들어 국제전화 같은 경우에도 다양하며 여기에서 나타나는 차이는 낮은 불확실성의 회피와 상관관계가 있는데, 1999년의 총 국제전화에 대한 변량의 40%를 설명하였다. 제 6장(언어)에서 불확실성의 회피와 외국어 구사와의 관계를 기술했는데 이 역시 국제통화와 관련될 것이다.

모바일 폰의 보급으로 급속한 수렴이 이루어지고 있지만 사용에 있어서는 차이가 있다. 개인주의적인 북유럽 사람들은 보다 언어 지향적인데, 즉각적인 문자메시지 전송이 매우 보편적이므로 사람들은 상호간의 정보교환을 위해 이동전화를 사용한다. 보다 집단주의적이고 권력거리가 높은 문화권인 남쪽지역 사람들은 네트워킹을 위해 이동전화를 사용하고 전화로는 대화를 많이 한다. 특히, 이탈리아의 유비쿼터스 이동전화는 누구나 누구에게라도 말할 수 있는 공간인 웹 비슷한 가족의 본질로 설명할 수 있다. 이탈리아에서는 젊은 성인의 절반 이상이 부모와 함께 산다. 특히, 젊은 성인과 그들의 어머니와의 관계는 매우 강하다. 어머니와 함께 살지 않는 젊은이의 3분의 2

이상이 매일 어머니와 통화한다.[19] 상호 의존도가 강한 문화권에서 부모는 자녀를 통제하는 데 이동전화를 활용한다. 이탈리아의 8세 정도의 어린이들은 부모가 연락할 수 있도록 학교에 이동전화를 가지고 다닌다. 결국, 이탈리아에서 이동전화는 "커뮤니케이션이 가능한 젖병"[20]으로 불린다. 〈그림 7-8〉은 이동전화의 사용에 따라 유럽의 문화가 어떻게 나눠질 수 있는지를 나타낸다.

이 지도는 유럽에 해당된다. 다른 지역에서는 음성과 문자 메시지 간의 차이가 다르게 나타날 수 있다. 특히, 집단주의 문화권에서는 모든 사람들이 자기 집단 내의 사람들과 지속적인 의사소통을 원하며, 모든 커뮤니케이션 수단들이 거기에 사용된다. 일본의 젊은이들에게 이동전화는 자기 집단 내의 사람들과 늘 연결되어 있다는 느낌(츠나가테 이루)을 주는 수단이다. 따라서 사람들은 자신의 존재 욕구를 보다 과도하게 만족시키려고 새로운 커뮤니케이션 기술을 활용한다.

〈그림 7-8〉 이동전화에 따른 유럽의 문화지도

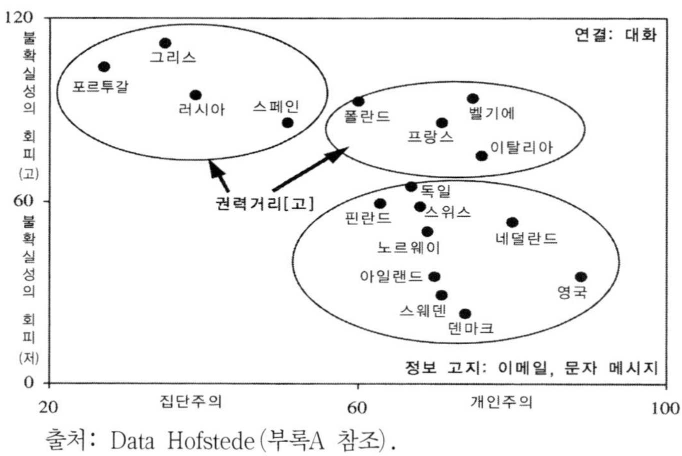

출처: Data Hofstede(부록A 참조).

19) "Mamma mia!" *The Economist*, April 1, 2000, p. 24.

20) Graziella, Giovanni, as quoted from the Corriere della Sera, Translated in *NRC Handelsblad*, 18 January, 2003, p. 4.

> 2002년에 일본의 한 텔레비전 방송국에서는 꽤 친한 친구들인 세 명의 여중생에 대한 실험을 진행했다. 세 사람 모두 휴대전화를 가지고 있었고, 문자(sms) 메시지로 서로 지속적으로 연락하는 데 사용하였다. 실험에서는 두 명은 휴대전화를 가지고 있도록 하였고 나머지 한 명은 전화를 가지고 있지 못하도록 하였다. 텔레비전 방송국 촬영팀은 계속해서 세 여학생을 추적했다. 첫째 날 저녁 세 친구들이 노래방에서 함께 노래하는 장면이 방영되었다. 전화가 있는 두 친구는 계속 문자 메시지를 받았다. 갑자기 전화가 없는 소녀가 울기 시작했는데, 비록 친구들과 함께 있었지만 그녀는 외로움을 느꼈기 때문이었다.[21]

9. 컴퓨터와 인터넷

새로운 경제 수단들은 선진국에 집중된다. 1998년에 미국에는 인구 1,000명당 459대의 개인용 컴퓨터가 있었고, 네덜란드에는 318대, 스페인에는 145대, 그리고 인도에는 2.7대의 개인용 컴퓨터가 보급되어 있었다. 제 3장에서(〈표 3-5〉) 필자는 국부와 문화적 변인들이 컴퓨터와 인터넷의 확산에 미치는 영향에 대해 기술하였다. 불확실성의 회피에 인접한 1인당 GNP가 여전히 컴퓨터 소유에 대한 변량을 설명하지만, 인터넷에는 맞지 않는다. 불확실성의 회피가 낮은 문화권의 사람들이 인터넷을 가장 빨리 받아들였다. 그러나 유럽에서는 인터넷이 더 이상 새로운 현상이 아니었던 1997년 이후, 다른 문화적 변인의 영향이 더 강해지기 시작했다. 1997년 이래 낮은 권력거리와 낮은 남성성이 유럽에서의 변량의 대부분을 설명하였다. 〈그림 7-9〉는 1997년 세계 18개국에서의 불확실성의 회피, 컴퓨터 소유, 그리고 인터넷의 관계를 나타낸다.

---

21) Praet, Carlo(personal communication, January, 2003).

인터넷은 단기간의 시계열밖에 이용할 수 없는 최근의 현상이다. 2000년 유럽의 인터넷 호스트 수에 대한 CV는 인구 10,000명당 0.80으로, 유럽은 그다지 동질적인 지역이 아니었다. 〈표 7-4〉에서 필자는 1인당 GNP 및 전 세계와 몇몇 지역의 개인용 컴퓨터와 인터넷 사용자에 관련된 세 가지 차원에 의한 설명변량의 비율에 대하여 정리하는데, 이는 낮은 남성성이 전 세계의 모든 지역에서의 주요 설명변량임을 입증한다. 이는 남성성이 아주 낮은 스칸디나비아 국가에서 인터넷을 많이 사용한다는 점을 설명한다.

〈그림 7-9〉 개인용 컴퓨터, 인터넷, 그리고 불확실성의 회피

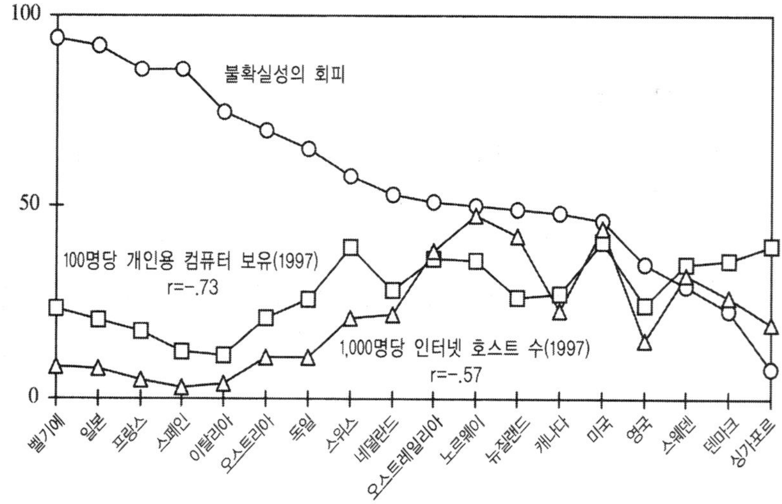

출처: Data Hofstede(부록A 참조); World Bank Development Indicators, 2002(부록B 참조).

〈표 7-4〉 컴퓨터와 인터넷에 대한 국부와 문화의 설명변량 비율

	1인당 GNP	낮은 권력거리	낮은 남성성	낮은 불확실성의 회피
2000년, 인구 1천 명당 PC 보급률				
세계 44개국	83%		+2%	+3%
세계 선진 26개국	60%		+13%	
유럽 15개국	52%		+18%	
남미 12개국		45%		
아시아 10개국	85%			
2000년, 인구 1만 명당 인터넷 사용자				
세계 44개국	75%		+3%	
세계 선진 26개국	45%		+9%	
유럽 15개국	35%		+27%	
남미 12개국			34%	
아시아 10개국	70%			

출처 : International Telecommunication Union, 2002; World Bank Development Indicators, 2002(부록B 참조).

1) 인터넷 활용

인터넷은 이메일과 커뮤니케이션을 위해, 교육적·과학적 목적을 위해, 비즈니스, 레저, 은행결제, 또는 전자상거래를 위해서 다양하게 활용된다. 필자는 다양한 정보원으로부터 활용에 있어서의 큰 차이는 낮은 불확실성의 회피와 낮은 남성성으로 설명된다는 점을 발견하였다. 유로바로미터(Eurobarometer)[22]는 정기적으로 정보사회를 측정하는데, 인터넷 활용에 대한 자료는 유로스타트(Eurostat)[23]에서

22) Eurobarometer Report, *Measuring information society*, 2000(부록B 참조).

얻을 수 있으며, EMS 역시 인터넷 사용에 관한 조사를 실시한다. 유로바로미터는 사람들에게 11가지의 인터넷 활용 기능에 대해 매월 10유로를 지불할 의사가 있는지를 물어보았다. 이 중 6가지는 문화적인 것이었다. 낮은 개인주의는 집단주의 문화권에서 개인적 접촉 욕구에 해당되는 '온라인으로 정치인 만나기'의 활용에 대한 변량을 설명했다. 모든 정보원에서 나온 자료들은 낮은 불확실성의 회피가 이메일을 위한 인터넷 사용에 대한 주요 설명변인임을 나타낸다. 레저와 개인적 이유를 위한 인터넷 사용의 주요 설명변인은 낮은 남성성이다. 또한, 낮은 남성성은 전자신문에의 활용과 홈뱅킹에 대한 변량을 설명하였다. 여성적 문화에서는 가능한 모든 활용 요소들이 생활의 질을 향상시키는 데 이용된다.

낮은 불확실성의 회피는 교육/과학과 원격학습에의 인터넷 활용에 대한 변량을 설명한다. 원격학습은 교사의 전문지식에 대한 의존도가 낮은 학습을 의미한다. 어떤 상품의 정보를 찾기 위해 인터넷을 검색하는 것 역시 불확실성의 회피가 낮은 문화와 연결되는 인터넷 활용이다.

낮은 불확실성의 회피는 비즈니스에 인터넷을 활용하는 변량을 설명하는 동시에 낮은 권력거리와도 관련된다. 이러한 통합적 문화권에서는 권력거리가 크고 불확실성의 회피가 높은 문화권에 비해 비즈니스를 위해 인터넷을 더 많이 활용한다. 낮은 권력거리는 평등한 가치가 중시된다는 점을 의미하며, 이는 인터넷의 가장 중요한 특징이다. 인터넷은 지위, 권력 다툼, 텃세, 완강한 구조, 권위에서 비롯된 불평등을 허용하지 않기 때문이다. 〈표 7-5〉에서는 주요 예측 차원에 의해 설명되는 백분율과 변량의 추가적인 백분율을 설명하는 차원(+부호 표시)을 요약하고 있다.

23) Consumers in Europe, 2001, p. 205(부록B 참조).

전반적으로 남성성과 불확실성의 회피가 각종 정보기술의 활용에 대한 변량을 설명하는 데 중요하다는 점을 입증하고 있다. 더욱이 남성성이 높은 문화권에서는 사람들이 더욱 경쟁적으로 인터넷을 사용하며, 여성적 문화권에서는 사람들이 생활의 질을 향상시키기 위해 인터넷을 수용한다. 여성적 문화권에서는 남성적 문화권의 딱딱한 과제 및 성과중심이 아닌 질적인 측면을 중심으로 가정과 사무실에서 시간을 소비한다. 이는 여성적 문화에 바탕을 둔 스칸디나비아 국가들의 인터넷 사용이 레저와 개인적 목적 위주로 이루어지고 있다는 점에서도 나타난다. 여성적 문화권에서는 남성적 문화권에 비해 텔레비전이나 전자 텍스트에 접근하기 쉽다. EMS의 조사결과를 보면, 직장 내 텔레비전 채널에 대한 접근성 측면에서, 낮은 남성성이 변량

〈표 7-5〉 유럽인들의 인터넷 이용목적 : 설명력

	낮은 개인주의	낮은 남성성	낮은 불확실성의 회피
EMS 1999			
사업			76%
교육/과학학습			31%
e-mail		+13%	62%
여가 또는 개인적 이유		45%	+26%
유로바로미터 2000			
정치인 접촉	31%		
원격학습			39%
신문기사 검색		36%	
e-mail		54%	
홈뱅킹		42%	
유로스타트 2000			
e-mail			67%
상품정보검색			46%

출처 : EMS; Eurobarometer; Eurostat(부록B 참조).

의 56%를 설명하며, 전자 텍스트에 대해서는 66%를 설명한다. 남성성은 또한 남성성과 불확실성의 회피가 높지만 집단주의적인 일본에서의 비교적 낮은 가정용 컴퓨터 보급률을 설명하는데, 일본에서는 사적 영역과 공적 영역이 개인주의 문화권에 비해 보다 엄격히 구분된다. 일본에서 개인용 컴퓨터 보급률이 낮기 때문에 인터넷에 대한 접근 역시 지연되었다. 인터넷은 모바일 폰의 인터넷 서비스 같은 새로운 형태로 소개되며 보다 대표성을 띠게 된다.

일본에서 넷폰(*Netphone*: *WAP phone*)이 출시되었을 때, 핸드폰은 인터넷 접속을 위한 도구가 되었다.[24] 로퍼 스타치 월드와이드(Roper Starch Worldwide)[25]의 연구는 컴퓨터 활용에서의 이런 차이를 입증한다. 미국인들은 자녀 및 교육에 관련된 목적으로 컴퓨터를 많이 사용하는 반면, 아시아의 선진국에서는 자녀교육 및 학교와 관련하여 인터넷을 덜 사용하는 경향이 있었다. 또한, 이탈리아인들은 아이들과 관련하여 인터넷을 거의 사용하지 않는 것으로 나타났다. 한편, 제5장에서는 권력거리가 높은 문화권의 부모들은 그들의 자녀교육에 관련된 활동에 소극적으로 참여하는 경향이 있음을 논의하였다.

인터넷은 다른 오래된 매체나 여타 활동에 비해 시간이 덜 걸리는 새로운 매체로 간주될 수 있다. 2000년, 각 문화권의 사람들은 인터넷으로 인해 대체될 활동이 무엇인지에 대하여 각각 다른 견해를 가지고 있었다.[26] 여러 국가에서 그런 활동들은 사람들이 다른 활동을 하는 것보다 시간이 덜 걸리는 활동들이었다. 어쨌든 개인주의 사회보다 책을 덜 읽는 집단주의 문화권에서는 독서가 하나의 사례가 될

---

24) Kunii, Irene, "The company that got Japan to log on," *BusinessWeek*, July 12, 1999, pp. 40~41.

25) "The public pulse," *Roper Starch Worldwide* 12(10, 11) October/November 1997, p. 5.

26) Eurobarometer Report, *Measuring information society*, 2000(부록B 참조).

수 있다. 활동적인 스포츠에 소극적으로 참여하는 성향이 있는 집단주의 문화권의 사람들은 인터넷이 신체활동이나 적극적인 스포츠에 소비하는 시간을 줄여줄 것이라고 기대했다. 전통적으로 신문과 잡지를 읽어온 미국과 영국에서 인터넷 사용시간은 신문이나 잡지 읽는 시간보다 텔레비전 시청시간에서 확보될 것이라는 지표도 있다.[27) 인터넷의 효과는 기술혁신이 우리 자신의 강화나 확장에 불과하다는 맥루한의 이론[28)을 입증한다. 혁신적 기술은 대개 현재의 활동들을 강화하는 데 사용되고 있지만, 사람들의 가치나 습관을 바꾸지는 못한다.

10. 자동차

국부와 개인주의는 인구 1,000명당 자동차 소유를 설명하는 주요 설명변인이다. 원래 부자 나라의 주요 인사들은 자가용을 소유하기 쉽다. 나라가 발전할수록 더 많은 자동차가 존재한다. 유럽에서는 1994년을 기점으로 1인당 GNP가 자동차 소유를 차이를 더 이상 설명하지 못한다. 시간이 자남에 따라 개인주의와의 관계도 점차 약해졌으나, 1998년 유럽에서는 가구당 자동차 보급률이 개인주의와 상관관계가 있었다(r=.61*). 비록 거시적 관점에서 국가간에 수렴되고 있지만, 미시적 측면에서는 사람들이 자동차를 가지고 무엇을 하는지에는 차이가 있다.

개인주의 문화권에서의 높은 이동성은 사람들로 하여금 자동차를

---

27) Mareck, Manfred, Research watch, *M&M Europe*, December 1999, p. 47.

28) McLuhan, Marshall, *Understanding media: The extensions of man*, New York: McGraw-Hill, 1964.

더 많이 이용하도록 한다. 1998년에 개인주의는 개인당 자동차 1대당 이동거리에 대한 50%의 변량을 설명하였다.[29]

모든 국가에서 대부분의 가족들이 한 대 이상의 자동차를 소유할 때, 문화적 가치는 가족당 소유한 자동차 수를 설명한다. 예를 들어, 이탈리아, 독일, 그리고 영국 같은 남성적 문화권에서는 여성적 문화권인 네덜란드나 스칸디나비아 국가들보다 자동차가 더 많다. 이러한 문화권에서는 사람들이 한 대 이상의 자동차를 살 수 있지만 한 대로 충분하다고 생각한다.[30] 여성적 문화권에서는 남성적 문화권에 비해 "자동차를 원하지 않는다"고 응답한 사람의 비율이 높았다. EMS의 증거 역시 낮은 남성성과 자동차 "1대" 소유와의 관계에 대한 증거를 제시한다. 낮은 남성성은 "한 대만 가지고 있음"(r=-.61**)으로 응답한 범주와 어떤 종류의 두 번째 차를 가지고 있느냐는 질문에 "두 번째 차 없음"(r=-.58*)으로 응답한 범주와 유의한 상관관계가 나타났다. 자동차를 한 대만 소유하거나 자동차가 없는 가구의 사람들이 작은 규모의 가족을 이루거나 1인가구일 가능성도 있으나, 가구의 규모는 설명변인이 아닌 것으로 나타났다. 한 대 이상의 자동차를 소유하는 것은 지위의 문제이다. 이는 새 자동차의 등록[31]과 55%의 변량을 설명하는 남성성과의 관계에 따라 입증된다.

수입에 관계없이 지난 30년간 변하지 않은 차이는 사람들이 새 차와 중고차 중 어느 것을 선호하느냐의 문제인데, 필자는 제3장에서 안정성의 차이를 논의할 때 언급했었다.

여성적 문화권의 사람들은 남성적 문화권에 비해 기술에 대한 관심이 적다. 〈리더스 다이제스트〉와 EMS에서 응답자들이 소유한 자동차의 엔진 크기를 묻는 조사를 한 결과, "모르겠다"는 응답은 엔진

---

29) Consumers in Europe, 2001, p.23(부록B 참조).

30) Consumers in Europe, 2001, p.143(부록B 참조).

31) Euromonitor, 1997(부록B 참조).

크기 같은 기술적 문제에 대하여 관심이 낮은 점이 반영된 것으로 간주되었다. EMS의 1999년 응답자 중 30.6%의 스웨덴 사람들은 자기 자동차의 엔진 크기를 몰랐던 반면에 영국인들은 2.6%만이 모른다고 응답했다.

11. 레저

유럽에서 수렴의 사례를 언급할 때, 자주 거론되는 것이 바로 레저활동 같은 서비스에 대한 지출이다.[32] 그러나 레저비용의 지출은 수렴되지 않는다. 1986년과 1996년 사이에 레저에 지출된 개인 소득의 백분율은 연평균 1.35%가 달라졌다. 1996년과 1999년 사이에 그 차이는 더 커졌다. 비록 세계적으로 국부가 레저에 대한 지출을 설명하지만, 선진국에서는 문화가 설명력을 가진다. 유럽에서는 권력거리가 낮고 불확실성의 회피가 낮은 개인주의 문화권에서 레저에 대한 지출이 가장 높았다. 레저에 가장 많이 지출한 두 나라는 스웨덴과 영국이었고, 가장 적게 지출한 두 나라는 포르투갈과 스페인이었다. 이는 문화적으로 통합된 문화권의 사람들은 자유시간을 가족과 친지들과 보내는 반면, 권력거리가 낮고 불확실성의 회피가 낮은 개인주의 문화권의 사람들은 자유시간에 돈을 내고 레저 시설을 즐긴다는 점으로 설명할 수 있다.

레저상품과 서비스에 대한 지출을 설명하는 낮은 불확실성의 회피 요소는 낮은 불안감, 혁신, 운동의 문화이다. 적절한 개인주의 가치는 기쁨, 자극, 다양성, 모험심이며, 따라서 여행이나 놀이공원 그

32) Leeflang, Peter S. H. and van Raaij, W. Fred, "The changing consumer in the European union: A 'meta-analysis,'" *International Journal of Research in Marketing*, 12, 1995, pp. 373~387.

리고 극장이나 오페라 같은 문화적 이벤트를 통해 '기쁨'을 파는 레저 산업은 집단주의 문화권보다 개인주의 문화권에서 판매성과가 더 좋다.[33] 1990년 〈세계가치조사〉(World Value Survey)[34]에서는 응답자에게 레저시간이 자신에게 얼마나 소중한 시간인지 물어보았다. 응답 결과, 개인주의는 이에 대한 변량의 33%를 설명하였다. 〈유럽가치조사〉(European Value Study)[35]에서는 2000년에 동서 유럽 25개국을 대상으로 같은 설문을 실시하였다. 대체로 경제적으로 동질적인 나라의 집단에서는 GNP가 변량의 63%를 설명하였다. 그러나 상위 15개의 부국에서는 낮은 불확실성의 회피가 변량의 54%를 설명하였다. 또한, 낮은 불확실성의 회피는 1999년 유럽에서 여가와 문화에 지출된 가구소득의 비율을 설명하고,[36] 나아가 1999년 보다 광범위한 유럽연합(22개국, 52% 설명)과 14개 회원국에 대해서도 설명하였다(64% 설명). 1999년에 개인주의는 여가, 레스토랑, 호텔[37]에 대

33) Milner, Laura M.; Fodness, Dale; and Speece, Mark W, "Hofstede's research on cross-cultural work-related values: Implications for consumer behavior," in *European Advances in Consumer Research*, Vol. 1, edited by Gary J. Basmossy and W. Fred van Raaij, Provo, UT, Association for Consumer Research, 1993, pp. 70~76.

34) Inglehart, Ronald; Basañez, Miguel; and Moreno, Alejandro, *Human values and beliefs*, Ann Arbor: University of Michigan Press, 1998.

35) European Value Study 2000(부록B 참조), Countries included in the calculation are Austria, Belgium, Denmark, Finland, France, Germany, Greece, Ireland, Italy, the Netherlands, Portugal, Slovenia, Spain, Sweden, and U.K.

36) Consumers in Europe, 2001(부록B 참조), Countries are Austria, Belgium, Bulgaria, Czech Republic, Denmark, Estonia, Finland, France, Germany, Greece, Hungary, Ireland, Italy, Netherlands, Poland, Portugal, Romania, Slovak Republic, Slovenia, Spain, Sweden and the United Kingdom.

37) Consumers in Europe, 2001, p. 212(부록B 참조).

한 평균 지출에 대한 변량을 설명했는데, 1인당 GNP와는 관련성이 약했다.

1) 레저활동

다양한 레저활동은 다양한 문화적 차원과 연결되어 있다. 낮은 권력거리는 놀이공원이나 동물원 가기 같은 오락시설 방문에 대한 변량을 설명한다. 개인주의는 스포츠와 여가 관련 서비스 및 녹음 매체의 평균 지출에 대한 변량을 설명한다.

1999년에는 45.8%의 유럽인이 전혀 휴가를 가지 않았다. 휴일에 여행을 떠난 사람들의 비율은 부자나라에서 훨씬 높았다. 1인당 GNP는 이에 대한 변량의 60%를 설명하였다. 문화적 남성성과 낮은 불확실성의 회피는 휴가여행당 지출비용에 대한 변량을 설명하였다. 아일랜드 사람들이 휴일에 가장 많은 비용을 지출하였다. 또한, 휴가 때 패키지여행의 이용은 남성적 문화에서 상대적으로 더 높았다. 영국과 오스트리아 사람들이 가장 많이 지출했다.[38] 여성적 문화권에서는 사람들이 숙박시설보다 여행 자체에 더 많은 돈을 소비하여 숙박에 지출한 비용은 여행예산의 25% 이하를 차지하였다. 여성적 문화권의 사람들은 남성적 문화권의 사람들보다 가정을 소중하게 여기며 이는 사람들의 휴가계획에 영향을 미친다. 이는 캐러밴(미국영어에서 "트레일러"를 가리킴)의 소유에도 반영된다. 여성적 문화권의 사람들은 여행을 떠날 때 집을 그대로 옮겨가는 것 같은 형태를 선호한다. 1991년 유럽에서 캐러밴의 소유[39]는 낮은 남성성과 상관관계가 있었다($r=-.57^{**}$). 또한, 여성적 문화권의 사람들은 남성적 문화권

38) Data 1999, Consumers in Europe, 2001, p.243(부록B 참조).

39) Data *Reader's Digest* 1991(부록B 참조).

의 사람들보다 호텔에 머무는 것을 그다지 선호하지 않는 것으로 나타났다. 1999년 유럽에서 남성성과 낮은 권력거리는 인구 10만 명당 호텔 수에 대한 변량을 설명하였다.[40] 남성적 문화권의 사람들이 1년에 11~30일 정도 호텔에 투숙하는 반면, 여성적 문화권의 사람들 중 EMS 응답자들은 호텔 투숙 기간이 1년에 1~5일 미만으로 나타났다. 지난 1년간 개인적 목적의 호텔 이용에 대해 남성성은 11~20일의 기간에 대한 변량의 65%를 설명했고, 21~30일의 기간에 대해서는 56%를 설명했다.[41] 〈표 7-6〉은 다양한 레저활동을 요약한 것이다.

〈표 7-6〉 문화와 레저 활동

	낮은 권력거리	개인주의	남성성	낮은 불확실성의 회피
레크리에이션, 문화, 레스토랑, 호텔에 대한 평균 지출[1]		43%		
가구당 문화와 레저활동에 대한 지출 비율[1]				64%
가구당 오락시설 방문 비율[2]	72%			
스포츠와 오락 서비스에 대한 평균 지출[1]		56%		
녹음 매체에 대한 평균지출[1]		64%		
휴가여행 평균 지출[1]			39%	+40%
인구 10만 명당 호텔 수[1]	+22%		50%	
연간 11~20일간의 여행[3]			65%	

출처 : 1. Data 1999, Eurostat; 2. Data 2000, European Amusement Industry Consumer Survey, 2001; 3. EMS 1999(부록B 참조).

40) Eurostat Yearbook 2001(부록B 참조).

41) Data EMS 1999(부록B 참조).

사람들은 휴일을 어떻게 즐길 것인지에 대해 각자 다양한 생각을 할 텐데, 이는 그들이 집에서 무엇을 하느냐와 관련된다. 미국인과 아시아인들은 에어컨이 갖추어진 호텔 방을 원하고, 유럽인들은 에어컨이 건강에 좋지 않다고 생각한다. 북유럽인들은 남유럽의 따뜻한 날씨에 집 밖에서 식사하기를 좋아하는 반면, 스페인 사람들은 음식이 상하거나 파리가 와인에 빠질 수도 있어 밖에서 식사하기를 좋아하지 않는다. 서양인들은 아시아에서 태양, 바다, 민속문화를 체험하고, 저녁에는 수영장 근처에서 맥주를 마시고 싶어하는 데 비해, 일본인과 한국인 및 중국인은 가라오케(노래방)에 가고 싶어 할 것이다.

2) 예술 대 스포츠

스포츠와 체력단련 활동은 사람들이 대개 예술에 더 관심이 많은 권력거리가 높고 불확실성의 회피가 높은 문화권에 비해 권력거리가 낮고 불확실성의 회피가 낮은 문화권에서 보다 중요하게 여겨진다. "예술 지향성"(*art-orientation*)에 관련된 모든 활동은 인테리어 디자인과 미술 및 관련서적을 사보는 것부터 휴가 때 정기적으로 극장이나 문화여행을 하는 것까지 매우 다양하다. 예술 지향성은 육체적 활동을 덜 하는 것에 연결되며, 따라서 이 차이는 적극적-소극적 성향과 연결된다. 예술 지향성에 관한 EMS의 1997년 조사 결과, "회화와 드로잉에 흥미가 있고 관련 서적을 샀다", "지난 12달 중 휴가를 문화여행으로 보낸 적이 있다", "지난 12달 중 자기나라 박물관에 11번 이상 갔다", "지난 7일 중 극장에 간 적이 있다", "스포츠에 활발히 참여한다", "조깅이나 에어로빅 같은 활동을 한다", 그리고 "골프를 친다" 같은 응답 범주가 있었다. 유로바로미터 같은 다른 자료에서는 "지난 3개월간 박물관 웹사이트에 접속한 적이 있다"[42] 같은 박물관 웹사이트의 방문빈도를 물었다. 〈표 7-7〉에서는 문화와 두 가지 관련된 문화적 차원에 의해 설명되는 변량의 비율 사이의 관계를 나타낸다.

국가의 박물관 수는 이런 예술 지향성과 무관하다. 인구 1백만 명당 박물관의 수[43]는 단기 지향성과 상관관계가 있었다(r=−.57*). 단기 지향성의 중요한 가치는 전통이며, 대체로 박물관의 기능은 과거의 보존이다.

〈표 7-7〉 레저: 예술 대 스포츠

	권력거리	불확실성의 회피	예측변인1	R^2	예측변인2	R^2
1997년 그림, 책 구입	.56*	.54*	권력거리	.32		
1997년 문화 여행	.47*	.52*	불확실성의 회피	.27		
1997년 11회 이상 박물관 방문	.59**	.57*	권력거리	.35		
1997년 극장 방문	.77***	.64***	권력거리	.59		
2000년 박물관 웹사이트 방문[1]	.63**	.41	권력거리	.39		
1997년 스포츠 활동	−.61**	−.30	권력거리(−)	.37	남성성	.62
1997년 건강생활	−.52*	−.40	권력거리(−)	.27		
1997년 골프	−.38	−.68***	불확실성의 회피(−)	.47		

출처 : 1. Eurobarometer; Other data EMS(부록B 참조).

42) Eurobarometer Report, *Measuring informations society 2000*(부록B 참조).

43) Data UNESCO 1992, Europe, 12 countries(부록B 참조).

유럽에서, 예술 지향성은 이탈리아에서 가장 돋보인다. 예술과 쇼에 대한 욕구는 역사 속에서 추적할 수 있다. 루이기 바지니(Luigi Barzini)[44]는 다음과 같이 쓰고있다.

이탈리아인들은 항상 건축, 장식, 정원조경, 조형미술, 야외극, 봉화, 의식, 오페라, 그리고 산업 디자인, 무대보석, 패션, 영화 같은 외양(外樣)이 돋보이는 모든 활동에 있어서 탁월하다. 이탈리아의 중세 갑옷은 유럽에서 가장 아름다웠는데, 그것은 화려한 치장에 우아한 형태를 갖추고 디자인이 뛰어났으나 전투시에 입기에는 너무 가볍고 얇았다.

12. 금융

사람들이 자신의 돈을 어떻게 취급하는지는 문화에 달려있다. 보험, 은행거래, 그리고 사적인 투자가 그 사례들이다.

1) 보험

자신과 자신의 재산에 보험을 드는 것은 부유하고 개인주의 성향이 있는 나라의 관습이다(〈표 7-8〉 참조). 모든 종류의 보험상품의 소유를 비교하면 시간경과에 따라 수렴되지만 국가간에 여전히 상당한 수준의 차이가 난다. 부의 증가에 따라 개인주의와의 관계가 더욱 분명해졌다. 집단주의 사회에서는 가족이 하나의 안전망 같은 역할을 하는 경향이 있다. 세계적으로 아시아, 라틴아메리카 그리고 넓은 의미의 유럽에서는 수입이 변량의 대부분을 설명하며, 개인주의는 두 번째 예측요인의 기능을 한다(아시아처럼 전반적으로 집단주의 성향이

44) Barzini, Luigi, *The Italians*, London: Penguin Books, 1964, p. 111.

〈표 7-8〉 문화와 보험

	1인당 GNP	권력거리	개인주의	남성성	불확실성의 회피	장기 지향성	예측변수1	R^2	예측변수2 · 3	R^2
1인당 보험료($)[1]										
세계 49개국	.88***	−.56***	.68***	.17	−.32	.07	1인당 GNP	.78	개인주의	.80
아시아 14개국	.83***	−.47*	.37	.64**	.41	.27	1인당 GNP	.69	불확실성의 회피 남성성	.68 .95
남미 12개국	.84***	−.17	.57*	−.20	.32	자료없음	1인당 GNP	.71	개인주의	.83
유럽 24개국	.84***	−.64***	.66***	−.10	−.63***	.21	1인당 GNP	.70		
유럽 16개국	.64***	−.36	.68***	.13	−.61**	.25	개인주의	.46		
유럽의 보험										
1970년[2] 생명	.55*	−.35	.61*	−.16	−.73***	.11	불확실성의 회피(−)	.54		
1991년[2] 생명	.20	−.27	.64***	−.28	−.67***	−.14	불확실성의 회피(−)	.45		
1991년[2] 건물	.17	−.03	.61**	−.18	−.34	−.39	개인주의	.37		
2001년[3] GNP 대비 연금펀드 비율	.37	−.44	.53*	−.57*	−.74***	.28	불확실성의 회피(−)	.54	남성성(−)	.71

출처 : 1. Swiss Re. www.internationalinsurance.org; 2. *Reader's Digest* Surveys(부록B 참조); 3. William Mercer. www.merceric.com

높은 지역은 제외된다). 서유럽의 16개 부유한 나라 중에서 개인주의는 유력한 설명변인이다. 유럽에서는 1970년과 1991년에 낮은 불확실성의 회피가 변량을 설명하였다. 언뜻 보기에, 불확실성의 회피가 강한 개인들이 불확실성의 회피가 약한 개인들보다 더 많은 보험상품에 가입할 것처럼 보이지만 실제 관계는 반대의 양상을 띤다. 이는 불확실성의 회피가 위험회피와 같지 않음을 나타낸다.

보험상품은 분명히 위험을 줄여주지만 불확실성의 회피가 낮은 문화권에서는 내적 통제가 선행되기 때문에 사람들은 자신을 보호함으로써 스스로의 미래를 준비한다. 그들은 자신이 처할 위험을 잘 계산한다. 외적 통제가 작동하는 불확실성의 회피가 높은 문화권의 사람들은 타인이 관리해줄 때까지 기다리는 경향이 있으며 스스로 보험에 드는 것은 정서적 반응이다. 외적 통제는 또한 사람들이 자기 연금을 정부에게 맡기기보다 스스로 준비하는 개인연금이 낮은 불확실성의 회피와 달리 공적 연금과 높은 불확실성의 회피와의 관계를 나타낸다. 국민총생산(GNP)의 비율 같은 공적 연금 지출에 대한 몇 가지 OECD 자료들은 높은 불확실성의 회피와 상관관계가 있었다.

2) 은행거래와 개인 투자

1999년 유럽에서 은행계좌가 없는 사람의 비율은 이탈리아 22.4%, 그리스 17.9%, 아일랜드 16.7%였다. 이는 네덜란드의 0.5%와 덴마크의 0.7%와 대비되는 수치이다. 1인당 GNP와 문화적 남성성의 상호효과는 은행거래에 대한 변량을 설명한다(〈표 7-9〉 참조). 활발한 은행거래 시스템은 생활의 질과 관련되며 이는 남성적 문화권보다 여성적 문화권에서 중시되는 가치임이 분명하다. 온라인 뱅킹과 현금카드 사용 같은 몇몇 효율적인 은행거래 시스템은 낮은 남성성과 관련된다. 신용카드 회사와 현금인출단말기(ATM)의 숫자는 단기 지향성에 관련된다. 2001년에 "신용카드 구매는 위험하기보다 유용하다"라는 진술에 동의한 사람의 비율 역시 단기 지향성과 상관관계가 있었다.[45] 개인대출은 평등주의적 권력거리가 낮은 문화권에서 가장 보편적이었다.

신용카드의 소유는 1970년까지만 해도 참신했고 낮은 불확실성의 회피와 관련되었지만, 1990년대 말에 이르러서는 국가를 초월하여 다소간에 수렴되었다. 여성적 문화권에서는 남성적 문화권보다 현금카드가 더 많이 사용되었다. 법인 신용카드는 불확실성의 회피가 높은 문화권보다 개인간의 믿음이 더 높은 불확실성의 회피가 낮은 문화권에서 더 보편적이었다.

개인투자 측면에서는 국가별로 상당한 차이가 있었다. 1970년과 1991년에는 주식과 지분소유가 부유한 사회의 특징이었다. 이런 관계는 1995년에 이르러 사라지게 되는데, 대신에 낮은 불확실성의 회피가 이에 대한 변량을 설명하였다. 또한, 낮은 불확실성의 회피는 부유한 EMS 대상집단 중 주식투자와 지분소유에 대한 변량을 설명하였다. 〈표 7-9〉는 문화적 관계를 요약한 것이다.

45) Eurobarometer Report, *Views on financial services*, December 7, 2001, (부록B 참조).

〈표 7-9〉 문화와 은행이용 및 개인투자(유럽)

	1인당 GNP	권력 거리	개인 주의	남성성	불확실성의 회피	장기 지향성	예측변수1	R^2	예측변수2·3	R^2
은행										
은행계좌 미신청, 1999년	.64**	.18	−.40	.64**	.38	−.29	1인당 GNP	.41	남성주의	.69
인구 10만 명당 ATM 사용률, 1999년	−.46	.36	−.35	−.04	.31	−.51*	없음			
인구 10만 명당 신용시설, 1999년	−.11	.12	−.24	.21	.33	−.52*	없음			
개인대출자 비율, 2000년	.65**	−.78***	.31	−.10	−.70***	.33	권력거리(−)	.61		
신용카드 사용의 유용성, 2001년	−.64**	.41	−.19	.33	.22	−.50*	1인당 GNP	.42		
가구당 신용카드 보유율, 1970년[1]	.49*	−.45*	.37	−.39	−.67***	.10	불확실성의 회피(−)	.45		
신용카드 보유율, 2001년	.35	.02	.48*	−.40	−.41	−.22	없음			
온라인 뱅킹 이용률, 2001년	.65*	−.39	.14	−.82***	−.43	.53	남성성(−)	.67		
직불카드를 매일 사용함, 1999년[2]	.11	−.15	−.13	−.78***	−.19	.38	남성성(−)	.61		
기업 신용카드를 보유함, 1999년[2]	.56*	−.59*	.32	−.55*	−.73***	.39	불확실성의 회피(−)	.53	남성성(−) 1인당 GNP	.68 .78
개인투자										
주식지분 소유, 1970년[2]	.69***	−.39	.47*	−.58*	−.63**	.34	1인당 GNP	.48		
주식지분 소유, 1991년[2]	.66***	−.29	.36	−.56*	−.56*	.41	1인당 GNP	.43	남성성(−)	.68
주식 구입 및 지분, 1994년4	−.04	−.11	.26	−.21	−.54*	−.09	불확실성의 회피(−)	.29		

출처 : 1. *Reader's Digest* Surveys; 2. EMS; Other data : Eurobarometer(부록B 참조).

13. 쇼핑과 구매행동

상이한 쇼핑행동은 쇼핑 중 탐색, 구매, 그리고 상품이용으로 구분된다. 상품이용에 대해서는 앞에서 논의하였다. 쇼핑동기는 상품공급에 관한 학습, 세일 쫓아다니기, 오락과 여가(재미로 쇼핑하기), 다양함 추구, 지루함 이겨내기, 그리고 우울한 기분을 극복하고 자기만족 느끼기가 있다.[46] 우울한 기분에서 벗어나기 위한 쇼핑은 사람들이 우울한 기분을 잘 지각하지 못하는 집단주의 문화권에서는 잘 나타나지 않는 현상이다(제 5장 참조). 개인주의자는 집단주의자보다 '재미있는' 것을 더 찾기 때문에 재미를 위한 쇼핑은 개인주의적 행동에서 전형적이다. 예를 들어, 개인주의적 미국인들은 개인주의 점수에서 23의 낮은 점수를 기록한 칠레인들보다 정보적이고 오락을 추구하는 쇼핑을 더 많이 한다. 미국인들은 대형상점에서 둘러보고 구경하는 반면, 칠레인들은 확실한 구매계획을 가지고 특정 가게를 찾는다.[47] 쇼핑이 전국적으로 활발한 일본에서도 쇼핑은 즐거움을 위한 구매 행동이다. 일본의 할인점 돈키호테는 젊은이들이 데이트를 하기 위해 밤늦게 쇼핑한다는 데 착안하여, 영업시간을 연장하기로 하였다.[48] 따라서 일본에서의 즐거움을 위한 쇼핑유형은 미국과는 목적이 다를 수 있다. 소비자의 가격에 대한 의식도 다양하다. 그 차이는 장기 지향성과 관련되기 쉽다.

---

46) Antonides and Van Raaij, 1998, pp. 419~424.

47) Nicholls, J. A. F.; Mandakovic, Tomislav; Li, Fuan; Roslow, Sydney; and Kranendonk, Carl. J., "Are U.S. Shoppers different from Chilean? A comparative study of shopping behaviors across countries," Proceedings of the Seventh Cross-Cultural Consumer and Business Studies Research Conference, Cancun, 1999. http://marketing.byu.deu

48) Botting, Geoff, "Buyers be wares — shopping consumers Japan," *The Japan Times*, May 23, 2002. www.japantimes.co

구매자와 판매자 사이의 탐색과 구매과정의 사회적 관계는 개인주의 문화권과 집단주의 문화권에 따라 달라진다. 집단주의 문화권에서 구매자는 판매자와 어떤 관계를 맺기를 바라며, 개인주의 문화권에 비해 집단 내 구성원에 더 많이 관여하기를 바란다.

> 트라이언디스(Triandis)[49]는 고관여 구매행동에 대해 다음과 같이 기술한다.
>
> 가정용 카펫(carpet)의 구매상황을 생각해보자. 대부분의 개인주의자들은 가게를 둘러보고 그들이 사려는 가격대의 카펫 한두 개를 찾으려하며, 가족 중 한두 명의 조언을 받아 카펫을 구매한다. 대부분의 집단주의자들은 보다 정교화된 방법으로 진행하기 쉽다. 먼저, 그들은 가게주인과 개인적 관계를 형성하려고 한다. 그들은 카펫을 파는 친척이나 혈족 구성원을 알아내려 할 것이다. 그들은 그 사람에게 자신의 욕구를 말하고 자신의 소득과 가족생활의 세세한 면면을 알려줄 것이다. 이 상인과 신뢰가 형성되면, 그들은 재고품을 알아보고 적절한 카펫 몇 개를 고를 것이다. 그들은 그때 카펫을 보여주고 자신들의 의견을 나타내기 위해 집단 내의 상당수를 초대할 것이다. 마지막으로 조언을 많이 듣고 난 다음 그들은 카펫을 구매할 것이다. 개인주의자들은 무엇보다 자신의 돈을 내서 카펫을 구매하는 상인과의 교환관계를 중시하는 반면, 집단주의자들은 최상의 결정을 하는 데 상인이 자신에게 많은 정보를 제공하게 하는 개인적 관계를 중시한다.

생활 여건 역시 쇼핑습관에 영향을 미친다. 미국과 영국 및 프랑스인들이 1주일에 한 번 정도 대량 쇼핑을 위해 대형상점에 가는 반면, 일본의 주부들은 가깝고 익숙한 상점에서 이웃 만나는 것을 하루 일과로 삼는다. 이런 현상에 대한 한 가지 이유는 사회적 영향이며, 다른 하나는 일본인이 사용하는 냉장고의 저장 공간이 한정되어있기 때문이기도 하다.[50]

---

49) Triandis, Harry, *Individualism and collectivism*, Boulder, CO: Westvies, 1995, p. 8.

전일제로 일하는 사람들은 시간제로 일하는 사람들보다 쇼핑의 기회가 적을 수밖에 없다. 따라서 이는 가게 방문 횟수에 영향을 미친다. 권력거리가 낮은 문화권의 여성들은 권력거리가 높은 문화권의 여성들보다 시간제 직업($r=-.61^{***}$)에 종사하는 수가 더 많다.[51]

구매행동의 또 다른 차이점은 계획된 구매와 충동구매이다. 충동구매는 어떤 사람이 처음에는 구매의도가 없었지만 구매를 하는 것을 말한다. 소비자는 구매의도가 있지만 어떤 브랜드를 살 것인지는 상점에 온 다음에 결정하기도 한다. 완전하게 계획된 구매는 어떤 브랜드를 구입할지가 명확히 계획된 경우에 이루어진다.[52] 만약 충동구매가 개인의 충동적 특징과 관련된다면, 이는 강한 불확실성의 회피와 관계가 있다. 그러나 개인의 충동적 측면이 충동구매와 관련된다는 증거는 미약하다. 그보다 충동구매는 스릴이나 다양성, 유행추구 및 자극 같은 개인주의, 낮은 불확실성의 회피 같은 문화적 요인과 관련된다. 서구 5개국과 아시아 국가 간의 충동구매를 비교한 결과[53] 자아, 개인적 욕구, 욕망에 대한 개인주의적 강조는 물론 쾌락적 만족은 충동구매를 조장하는 것으로 나타났다. 집단주의 개념에서의 자아는 상호의존적이며 정서적 통제와 중용을 바탕으로 개인주의 문화권에서와 같은 충동구매를 억제하는 것으로 나타났다. 라틴아메리카의 7개국 집단에서[54] 필자는 낮은 불확실성의 회피와 "나는

50) Tanikawa, Miki, "French supermarket struggles to fit in," *International Herald Tribune*, October 5, 2001, www.iht.com

51) OECD data 2001(부록B 참조).

52) Antonides and Van Raaij, 1998, pp. 419~424.

53) Kacen, Jacqueline and Lee, Julie Anne, "The influence of culture on consumer impulsive buying behavior," *Journal of Consumer Psychology*, 2, 2002, pp. 163~176.

54) Argentina, Brazil, Chile, Colombia, Mexico, Peru, Venezuela, Source TGI, 2001, www.tgisurveys.com

종종 충동구매를 한다"(r=−.70*) 라는 질문에 동의하는 응답비율 간에 관계성을 발견하였다. 칠레인들은 순간의 결정에 더 의존하는 미국인들에 비해 보다 계획된 구매를 하는 경향이 있다.[55]

14. 불만행동

소비자의 불만행동은 ① 불만사항에 직접 관련된 곳에 발언하기, ② 부정적 구전이나 브랜드 바꾸기, ③ 법적 대응 같은 세 가지 범주로 구분될 수 있다.[56] 자아개념, 타인에 대한 인식, 사회활동 수준에 따라 이 세 가지 반응 사이에서 소비자들은 다양한 방식으로 대응한다. 조화 욕구 때문에 집단주의적 소비자들은 개인주의적 소비자에 비해 구매 후 발생하는 문제에 대해 불만을 제기하지 않고 비교적 브랜드 충성도가 높다. 불만이 있을 때 그들은 자기 집단의 구성원에게 부정적인 소문을 내는 방법을 택하는 경향이 개인주의적 소비자에 비해 강하다. 나아가 집단주의적 소비자가 이탈하면 공급자는 그들을 다시 고객으로 끌어들이기가 특히 어렵다.[57] 이는 중국인들이 호주인에 비해 하자상품에 대해 불만을 토로하는 데 시간을 할애하지

55) Nicholls et al., 1999.

56) Chelminski, Piotr, "The effects of individualism and collectivism on consumer complaining behavior," Proceedings of the Eighth Cross-Cultural Research Conference, Kahuku, Hawaii, 2001.

57) Watkins, Harry S. and Liu, Raymond, "Collectivism, individualism and in-group membership: Implications for consumer complaining behaviors in multicultural contexts," in *Global perspectives in cross-cultural and cross-national consumer research*, edited by Lalita A. Manrai and Ajay K. Manrai, New York/London: International Business Press/The Haworth Press, 1996.

않는 경향을 보아도 알 수 있다.58)

미국문화에서 자주 사용되는 방법은 법적 대응이다. 이는 사람들이 인생에서 최대한 얻어내고자 하는 개인주의와 남성성의 혼합에 관련될 수도 있다. 이는 미국에서의 높은 소송건수를 설명한다. 또한, 소비자는 더 많은 법적 대응을 한다. 오랫동안 담배회사들은 흡연자의 건강을 해친 것에 대한 소송을 당했다. 2002년에 미국에서는 비만자들까지도 자신들의 비만에 패스트푸드 체인에 책임이 있다며 소송을 제기하기에 이르렀다.

법적 대응의 공포는 미국과 영국의 많은 기업들에게 소비재 상품 레이블 지시문에 다양한 경고를 포함하도록 하고 있다.
다이얼(Dial) 비누—사용법: 보통의 비누처럼 사용하세요.
시어스(Sears) 헤어드라이어—자는 동안은 사용하지 마세요.
로웬타(Rowenta) 다리미—옷을 입은 채 다리지 마세요.
니톨(Nytol) 수면제—경고: 나른함의 원인이 될 수도 있습니다.
어린이 슈퍼맨(Superman) 의상—이 옷을 입어도 날 수 없습니다.
세인즈베리(Sainsbury) 땅콩—경고: 땅콩이 들어 있습니다.
마크 앤 스펜서(Marks & Spencer) 브레드푸딩—가열 후에 상품이 뜨거워집니다.
부츠(Boot's) 어린이 기침약—투약 후에 운전하거나 기계를 작동하지 마시오.

58) Lowe, Anthony Chun-tung and Corkindale, David R., "Differences in 'cultural values' and their effects on responses to marketing stimuli. A cross-cultural study between Australians and Chinese from the People's Republic of China," *European Journal of Marketing*, 32, 1998. pp. 843~867.

15. 브랜드 충성도

불확실성의 회피가 높은 집단주의 문화권의 사람들은 불확실성의 회피가 낮은 개인주의 문화권의 사람들보다 브랜드 충성도가 더 높을 것으로 기대된다. 신상품이나 브랜드의 시도는 어느 정도의 위험이 뒤따르므로 이는 다양성을 추구하는 사람들에게 만족스러운 동기일 것이다.[59] 다양성의 추구와 자극은 개인주의 문화권의 단면이다. 순응욕구는 집단주의자들을 브랜드에 보다 충성하도록 한다. 집단 구성원에게 잘 알려진 상품을 구매하는 것은 구매 결과의 집단 내 승인에 대한 불확실성을 줄이는 데 도움이 될 수도 있다.[60] 그러나 패키지 상품에서는 미국과 일본 및 영국 사이에 비슷한 패턴의 브랜드 충성도와 브랜드 선택기준이 적용된다는 실증적 증거가 있다.[61]

브랜드 충성도에 대한 본질적 비교문화연구는 거의 없다. 1991년 헨리센터(Henry Center) 주관으로 독일, 네덜란드, 이탈리아, 영국, 프랑스 그리고 스페인에서 이루어진 프런티어(Frontier)[62] 연구에서 새 자동차 구입 시 기존에 사용하던 브랜드의 재구매 의사를 몇 가지

---

59) Baumgartner, Hans and Steenkamp, Jan-Benedict E. M., "Exploratory consumer buying behavior: Conceptualization and measurement," *International Journal of Research in Marketing*, 13, 1996, pp. 121~137.

60) Lee, Julie Anne, "Adapting Triandis' model of subjective culture and social behavior relations to consumer behavior," *Journal of Consumer Psychology*, 2, 2000, pp. 117~126, Countries studied were Australia, Hong Kong, Malaysia, Singapore, and United States.

61) Keng, Kau Ah; Uncles, Mark; Ehrenberg, Andrew; and Barnard, Neil, "Competitive brand-choice among Japanese consumers," *Journal of Product and Brand Management*, 7, 1998, pp. 481~494.

62) Stockmann, Lenie, "Frontiers geeft Euromarketeers grip op de toekomst" (Frontiers offers grip on future to Euromarketers), *NieuwsTribune*, November 7, 1991.

연령 범주별로 물었다. 이 연구의 45~59세 사이의 응답자 집단에서 자동차에 대한 브랜드 충성도와 문화적 남성성 사이에 유의한 상관관계(r=.90***)가 나타났다. 시장조사대행사 TGI[63]의 세계 7개국 조사자료에 따르면, 하나의 브랜드를 고수하려는 희망과 장기 지향성 사이에는 관계가 있었다. 이런 결과들은 조사 대상 국가들이 제한된 탓에 단지 지표로만 간주되어야 한다.

16. 혁신의 확산

마케터의 입장에서 연구하기에 가장 적절한 분야가 신상품의 확산인데, 혁신상품으로 분류되는 영역에서 특히 그러할 것이다. 신상품의 수용은 신상품의 성공과 연결되고 이는 수익에 직결되기 때문에 마케터에게 신상품의 수용은 중요한 질문일 수밖에 없다.[64] 소비자 혁신성은 기존의 브랜드 선택과 소비패턴을 고수하기보다 신상품과 브랜드를 선택하려는 성향으로 정의될 수 있다.[65] 로저스(Rogers)[66]는 신상품에 대한 수용도에 따라 (미국)소비자들을 5가지로 분류하였다. 그들은 혁신층(*innovators*), 초기 수용층(*early adopters*), 초기 다수층(*early majority*), 후기 다수층(*late majority*), 그리고 뒤처진 수용층(*laggards*)으로 명명되었다. 혁신층은 (미국)사회의 2.5% 정도에

63) Data TGI, Copyright TGI, all rights reserved. www.tgisurveys.com

64) Kotler, Philip, *Marketing management*, Englewood Cliffs, NJ: Prentice Hall, 1994, p.620.

65) Steenkamp, Jan-Benedict; Ter Hofstede, Frenkel; and Wedel, Michel, "A cross-national investigation into the individual and national cultural antecedents of consumer innovativeness," *Journal of Marketing*, 63, 1999, pp.55~69.

66) Rogers, E. M., *Diffusion of innovations*, New York: Free Press, 1962.

해당하며, 그들은 위험을 감수할 의지를 지닌 모험적 개인들이다. 초기 수용층(13.5%)은 그들에게 역할 모형으로 제시되는 혁신층이 선택한 아이디어를 받아들이는 사람이다. 초기 다수층(34%)은 위험 회피성향을 가진 사람들이고, 후기 다수층(34%)은 새로운 아이디어에 대해 신중하고 의심 많은 사람들이며, 뒤처진 수용층(16%)의 경우 아주 전통적인 사람들이다. 두 개의 범주구분이 혁신층과 모방층 사이에 있다.

확산(*diffusion*)은 사회체계의 구성원 사이에 특정 경로를 통해 일정 시간 동안 혁신이 커뮤니케이션되는 과정이다. 수용률은 사회구성원들이 혁신을 받아들이는 상대적 속도를 말한다. 신상품의 확산은 국가에 따라 매우 다른 수용률을 나타낸다. 예를 들어, 미국에서의 신상품의 확산은 아시아나 유럽에서보다 느리지만, 유럽 내에서도 국가별로 상당한 차이가 있다.[67] 일본에서는 집단주의와 높은 불확실성의 회피에 따라 새로운 아이디어와 상품에 대한 수용이 느리지만 순응에 대한 욕구 때문에 오피니언 리더들이 채택할 경우에는 즉시 퍼져나가게 된다. 아시아에서의 낮은 불확실성의 회피는 혁신을 더 빨리 받아들이게 한다. 일본, 한국, 중국, 그리고 미국 소비자들을 비교한 결과 일본인들은 신상품이 알려지기 전까지 신중한 태도를 유지하는 모습을 보여주었고, 중국인이 수용도가 가장 높은 것으로 나타났다.[68]

문화권에 따라 확산을 비교하고 측정하기는 어렵다. 확산의 정도를 오랜 시간을 두고 지켜보아야 하기 때문이다. 시간 간격이 필요한

---

67) Tellefsen, Thomas and Takada, Hirokazu, "The relationship between mass media availability and the multicountry diffusion of consumer products," *Journal of International Marketing*, 7, 1999, pp. 77~96.

68) Samli, A. Coskun, *International consumer behavior*, Westport, CT and London: Quorum, 1995, p. 106.

조사의 가장 큰 문제는 자료의 유효성과 정확성이다. 자료가 유효하다 하더라도 이전 시점의 자료가 나중에 가서 정확하지 않을 수 있기 때문이다.

혁신층은 여타의 수용층에 비해 혁신에 대한 높은 수준의 불안정성에 대응할 수 있기 때문에, 불확실성의 회피가 낮은 문화권의 혁신층 비율은 불확실성의 회피가 높은 문화권에 비해 높다. 또한, 새로운 행동을 독립적으로 할 수 있는 것이 혁신성의 특성이기 때문에 개인주의도 이에 관련된다. 몇몇 연구자들은 높은 남성성과의 관계를 찾아내기도 했는데, 성취와 성공 그리고 야망에 대한 강조가 혁신성과 연결된다는 것이다.[69] 필자의 연구결과에 따르면 가장 최근의 혁신은 불확실성의 회피가 낮고 남성성이 낮은 문화권에서 가장 먼저 받아들여지는 것으로 나타났다. 20세기 말 전 세계와 유럽에서 이런 차원의 통합이 모바일 폰과 인터넷 같은 대부분의 정보기술의 조기수용과 관련한 변량을 설명하였다.

스틴캠프(Steenkamp)[70]는 유럽 5개국을 대상으로 패키지 상품의 수용집단의 비율을 계산하였다(〈표 7-10〉). 이는 239개의 새로운 패키지 상품을 대규모의 표본고객에게 소개한 후 52주 동안 이들 상품의 첫 구매 시점을 각 가구 패널들을 대상으로 조사한 자료를 바탕으로 작성되었다. 문화적 변인들은 불확실성의 회피와 개인주의의 관계를 확증해주었으며, 5개국의 혁신층과 미국의 경우에는 낮은 불확실성의 회피와 개인주의 간에 유의한 상관관계가 나타났다. 반면에 후기 다수층은 높은 불확실성의 회피와 집단주의와 상관관계가 나

69) Steenkamp et al., 1999.

70) Steenkamp, Jan-benedict, "Global consumers," Presentation at Tilburg University, November 17, 2002, Based on "Consumer and market drivers of the trial probability of new consumer packaged goods," Working paper. Tilburg University.

타났다.

린과 겔브(Lynn & Gelb)[71]는 자동 응답기와 컴퓨터, 비디오카메라, 전자레인지, CD 플레이어, 무선 전화기, 위성방송 시설의 소유를 바탕으로 국가 혁신도를 측정할 수 있는 지표를 연구하였다. 이 지표는 개인주의와 낮은 불확실성의 회피 그리고 구매력과 상당한 상관관계가 있음을 밝혀주었다. 개인주의는 지속성 있는 상품의 조기 보급을 설명했으나 모든 지속성 상품에 있어서 유사한 패턴이 유효하지는 않았다.[72] 혁신성은 상품품목에 따라 다르게 나타났다. 즉, 어떤 품목에서는 최신 상품을 빨리 받아들이는 반면 다른 상품에 대해서는 그렇지 않을 수도 있는 것이다. 신상품의 수용은 같은 부류의

〈표 7-10〉 국가별 수용의 범주

(단위 : %)

	혁신층	초기 다수층	후기 다수층	뒤처진 수용층
미 국	16.0	34.0	34.0	16.0
영 국	23.8	43.4	26.4	6.4
프랑스	15.1	25.5	35.6	23.8
독 일	16.8	26.1	34.2	22.9
스페인	8.9	34.1	43.9	13.1
이탈리아	13.4	30.8	41.0	14.8
상관계수				
개인주의	.75*		−.74*	
불확실성의 회피	−.83*		.83*	

출처 : Rogers, 1962; Steenkamp, 2002.

71) Lynn, Michael and Gelb, Betsy D., "Identifying innovative national markets for technical consumer goods," *International Marketing Review*, 13, 1996, pp. 43~57.

72) Lindberg, Bertil C., "International comparison of growth in demand for a new durable consumer product," *Journal of Marketing Research*, 19, 1982, pp. 364~371.

사람들에게 수용을 강화한다. 신상품 혁신층은 상품범주 내의 다른 상품의 중사용자로부터 나오게 될 것이다.[73] 이 또한 문화수준에 적용된다.

확산과정에서 매체의 영향은 문화권에 따라 다르다. 상호간 개인적 커뮤니케이션이 자주 일어나는 집단주의 문화권에서는 사람들이 대중매체에서 정보를 얻는 개인주의 문화권에서보다 확산이 빠르다. 텔레프센과 타카다(Telefsen & Takada)[74]의 연구에서는 대중매체의 영향력이 확인되었다. 대중매체에 대한 접근성이 높을수록 혁신을 강화하고 대중매체에 대한 접근성이 낮으면 대인간의 정보 의존도를 강화한다는 점이 확인되었다.

몇몇 연구에서는 혁신의 확산에 대한 매체의 영향력을 측정하기 위해 바스(Bass)[75]가 발전시킨 혁신(p)과 모방(q)의 계수(*coefficients*)를 사용했다. 혁신 p의 계수는 대중매체의 영향력을 나타내며, 이는 또한 외적 영향의 계수로도 알려져 있다. 모방 q의 계수는 사회체계의 초기 수용층과 잠재 수용층 사이에 일어나는 사회적 상호작용의 영향을 나타낸다. 혁신의 확산에 대한 여러 연구를 진행해온 타카다와 제인(Takada & Jain)[76]은 혁신층에 속하는 인구비율이 어느 사회에서나 매우 적기 때문에 모방의 계수가 혁신의 계수보다 국가간 차이를

---

73) Gatignon, Hubert an Robertson, Thomas S., "A propositional inventory for new diffusion research," *Journal of Consumer Research*, 11, 1985, pp. 849~861.

74) Tellefsen, Thomas and Takada, Hirokazu, "The relationship between mass media availability and the multicountry diffusion of consumer products," *Journal of International Marketing*, 7, 1999, pp. 77~96.

75) Bass, Frank M., "Empirical generalizations and marketing science: A personal view," *Marketing Science*, 14, 1995, pp. G6~G19.

76) Takada, Hirokazu and Jain, Dipak, "Cross-national analysis of diffusion of consumer durable goods in Pacific Rim countries," *Journal of Marketing*, 55, 1991, pp. 48~54.

보다 명확하고 분명하게 제시한다고 확신하였다. 시장에서 혁신층의 비율은 매우 낮은 편이며 그들은 다른 집단에 혁신을 확산시키는 데 제한적 역할만을 한다. 반면에 모방자들은 시장에서 혁신을 확산시키는 데 주도적 역할을 하며 그 비율 역시 상당하다.

거네쉬(Ganesh)[77]는 5개 상품범주(비디오, 전자레인지, 컴퓨터, 핸드폰, CD플레이어)에 대해 유럽 12개국을 대상으로 혁신과 모방의 계수를 계산하였다. 이들 중 가장 일찍 도입된 상품인 비디오는 유럽에 1970~1982년 사이에 알려졌다. 서독에는 1970년에 처음 알려졌고 포르투갈에 1982년 마지막으로 알려졌다. 다른 혁신상품들은 1970년 중반부터 1980년대 말까지 소개되었다. 거네쉬(Ganesh)의 문화적 차원에 따른 혁신과 모방계수에 대한 상관관계 분석에서는 혁신과 모방에 따라 문화와의 관련성이 다양하게 나타났다. 비디오와 전자레인지에서는 어떤 문화와의 관련성도 찾을 수 없었지만, 컴퓨터와 핸드폰 그리고 CD플레이어에 대해서는 문화와의 관계가 있는 것으로 나타났다. 〈표 7-11〉은 문화적 변인과의 상관계수와 회귀분석으로 설명된 변량의 비율을 나타낸다.

이 표는 CD플레이어에 대한 혁신의 계수만이 낮은 불확실성의 회피와 관련되며, 가정용 컴퓨터에 대한 모방계수만이 집단주의 문화권에서의 모방이 개인주의 문화권보다 더 빠를 것이라는 가정을 지지한다. 혁신의 계수는 모방의 계수보다 여타의 문화적 차원과 연계되는 것은 물론 혁신성과 문화 간의 관계유형 역시 상품범주에 따라 달라진다.

중요한 결론은 문화적으로 비슷한 국가들이 유사한 확산의 패턴을 가진다는 점이다. 어떤 상품에서는 몇몇 국가가 선도할 수 있지만 다

77) Ganesh, Jaishankar, 1998, "Converging trends within the European Union: Insights from an analysis of diffusion patterns," *Journal of International Marketing*, 6, 1998, pp. 32~48.

른 상품에서는 지체될 수 있다. 글로벌 매체의 결과에 따라 선진국과 후진국 사이에 학습 효과가 존재한다. 후진국 소비자들은 선진국의 초기 수용층의 경험을 바탕으로 상품의 혜택을 잠재적으로 알게 된다. 그리고 이러한 효과는 후발 시장에서 확산의 속도를 증가시키는 결과를 초래한다.[78] 산업적 신상품에 대한 학습효과는 상당하다. 미국에서 스캐너의 수용이 성숙되기까지는 (소매까지) 17년이 걸린 반면에, 후진국에서는 훨씬 빠른 속도로 퍼졌다. 유럽에서 벨기에와 독일에서는 1980년에 처음 소개된 이후 9년에 걸쳐 수용이 성숙되었지만, 덴마크에서는 1986년에 소개된 다음 4년 만에 수용이 이루어졌다.[79]

문화는 또한 신상품 개발에도 영향을 미친다. 신상품의 개발과정에서 두 단계가 중요한데, 개시(*initiation*)와 실행(*implementation*)이 그것이다. 개시를 중시하는 문화권은 개인주의가 높지만 권력거리, 남성성, 그리고 불확실성의 회피는 낮다. 실행을 중시하는 문화권은 개인주의가 낮지만 권력거리, 남성성, 그리고 불확실성의 회피는 높다.[80]

---

78) Ganesh, Jaishankar; Kumar, V.; and Subramaniam, Velaven, "Learning effect in multi-national diffusion of consumer durables: An exploratory investigation," *Journal of the Academy of Marketing Science*, 25, 1997, pp. 214~228.

79) Ganesh, Jaishankar and Kumar, V., "Capturing the cross-national learning effect: An analysis of an industrial technology diffusion," *Journal of the Academy of Marketing Science*, Vol. 24, 1996, pp. 328~337.

80) Nakata, Cheryl and Sivakumar, K., "National culture and new product development: An integrative review," *Journal of Marketing*, 60, 1996, pp. 61~72.

〈표 7-11〉 문화와 혁신 및 모방의 상관계수

	권력 거리	개인 주의	남성성	불확실성의 회피	장기 지향성	예측변인	R^2
혁신의 상관계수							
가정용 컴퓨터 (12개국)	−.42	.07	−.53*	−.38	.62*	없음	
휴대폰(8개국)	.52	.46	.05	.24	.38	없음	
CD 플레이어 (9개국)	−.54	.20	−.45	−.60*	.64*	없음	
모방의 상관계수							
가정용 컴퓨터 (12개국)	.21	−.82***	−.02	.42	−.50*	개인주의 (-)	.67
휴대폰(8개국)	.64*	.37	.85***	.62	−.73*	남성성	.72
CD 플레이어 (9개국)	.05	.19	−.16	−.38	−.07	없음	

출처 : Data Ganesh, 1998.

일본에서 최상위 자동차회사 설립자는 디자인의 지속적 개선을 강조하는 진화적 접근을 취한다. 해마다 어떤 부분이 좋으면 바꾸지 않고 그대로 유지한다. 그리고 자동차의 영역을 초월하여 평범한 구성요소를 사용함으로써 일본 디자인은 — 오래되고 친숙한 품질의 적인 — 변경가능성(*variability*)을 제거한다. 전혀 반대로 미국 자동차회사에서는 자동차를 새로 디자인할 때마다 완전 백지에서 시작하는 경향이 있다. 그리고 이는 고통으로 인도할 수 있다. 크라이슬러가 새로 디자인된 1999년형 그랜드 체로키 지프(Jeep Grand Cherokee)을 소개할 때 전 회장 로버트 이튼(Robert J. Eaton)은 신형과 구모델 간에 같은 부분이 전무하다는 점을 자랑했다. 그는 그랜드 체로키를 "우리가 보아온 것 중 최악의 차가 분명하다"고 소개한 〈컨슈머 리포트〉(*Consumer Report*)의 보도 앞에 침묵해야 했다.[81]

81) Muller, Joan(with Kerwin, Katie), "Crushing for quality," *BusinessWeek*, September 3, 2001, pp. 59~60.

17. 매체행동

제 3장에서 수렴과 확산과정을 설명하기 위한 사례로 매체자료를 사용하였다. 거시적 관점에서는 몇몇 매체가 수렴되지만, 미시적 수준에서의 차이나 사람들이 매체로 무엇을 하느냐에는 상당한 차이가 있다. 여기에서는 신문과 텔레비전에서의 이런 차이들을 기술한다. 필자는 이 장의 소비자 전자상품 부분에서 라디오 소유에서의 차이를 설명한다.

1) 텔레비전

텔레비전 수상기의 보급률이 국가를 초월하여 수렴되고 있지만 시청시간은 국가별로 상당한 차이가 있다. 제 3장에서 필자는 국가간 시청시간의 차이가 시기에 따라 어떻게 유지되어왔는지를 살펴보았다. 세계의 19개 중시청 국가들은[82] 높은 남성성과 높은 권력거리와 관련된다. 유럽에서는 낮은 GNP와 높은 남성성이 변량을 설명한다. 텔레비전은 점점 쇼가 되어왔다. 남성적 문화권의 사람들은 여성적 문화권의 사람들보다 유명인이나 쇼에 대해 더 매력을 느낀다.

또한, 남성성과 관련된 중시청(텔레비전을 하루에 2~4시간 보는 사람의 비율)에서도 차이가 있다. 영국에서는 57.9%가 독일에서는 46.2%가 중시청자였던 반면, 여성적 문화권인 스웨덴에서는 35.9%가 네덜란드에는 38.8%가 중시청자였다.[83]

---

82) Austria, Belgium, Denmark, Finland, France, Germany, Greece, Ireland, Italy, Japan, Netherlands, Norway, Portugal, Spain, Sweden, Switzerland, Turkey, U.K., U.S. Source: Initiative Media, initiative-media.com

83) Data EMS 1997(부록B 참조).

유럽사람들은 다른 나라 프로그램을 거의 보지 않았는데 이는 아마도 언어 장벽이 주된 이유일 것이다. 1997년의 EMS 응답자 중 30%가 그들이 다른 언어의 뉴스를 볼 만큼 이해하는 외국어가 없다고 응답했으며, 54%의 유럽인들은 거의 또는 전혀 외국어 뉴스를 본적이 없다고 했고, 75%는 외국어로 된 드라마를 한 번도 본 적이 없다고 했다. 심지어 국가 내 다른 언어집단들은 다른 프로그램을 볼 것이다. 독일의 피플미터(People-Meter) 자료분석과 스위스의 세 문화 지역에 대한 분석에서도 텔레비전 시청에 상당한 차이가 있음이 나타났다.[84]

1997년에 모든 유럽국가에서 가장 대중적인 텔레비전 프로그램은 각 지역 제작사의 프로그램이었다. 프랑스 액션 드라마인 〈나바로〉(Navarro)는 시청률이 33% 아래로는 절대 내려가지 않았다. 1998년 독일에서는 지역 제작사가 연 35억 달러에 이르는 매출의 48%를 차지했으며 5년 전에는 이 수치가 두 배에 달하였다. 스페인에서는 음반 총 매출액 10억 달러 중 58%가 스페인과 라틴 아메리카 예술가들로부터 창출되었다.[85]

결국 많은 국제적 텔레비전 채널들은 언어와 콘텐츠를 지역화하였다. 2001년에 전 유럽 대상의 채널이었던 국제 CNN(CNN International)의 경우도 영어, 독일어, 터키어, 그리고 스페인어로 방송하는 동시에 스칸디나비아와 독일에서는 각국의 광고를 방송하게 하였다. 카툰 네트워크(Cartoon Network) 방송 역시 영어, 불어, 덴마크어, 스위스어, 네덜란드어, 스페인어, 이탈리아어, 그리고 폴란드어로

---

84) Krotz, Friedrich and Hasebrink, Uwe, "The analysis of people-meter data: individual patterns of viewing behavior and viewers' cultural backgrounds," *European Journal of Communication Research*, 23, 1998, pp. 151~174.

85) Culture wars, *The Economist*, September 12, 1998, pp. 99~103.

방송된다. 영국, 프랑스, 덴마크, 스웨덴, 이탈리아, 스페인, 폴란드에서는 지역광고 창이 제공된다. 유로스포츠(Eurosport) 방송은 18가지 다른 언어로 방송되며 독일과 스칸디나비아 반도의 국가에 대해서는 고유한 광고 창을 개설하고 있다. MTV는 독일어, 네덜란드어, 프랑스어, 이탈리아어, 노르웨이어, 폴란드어, 스페인어, 영어로 만든 프로그램이 있으며, 각각 다른 16개국의 광고를 실을 수 있는 창을 제공한다.[86] 2002년에 MTV는 전 세계에 35개 채널이 있었으며 이 중 15개가 유럽채널이었다. 대부분의 콘텐츠는 지역에 알맞게 맞춘 것이었다. 예를 들어, MTV 이탈리아의 콘텐츠의 80%는 이탈리아에서 만든 것이다.[87]

또한, 사람들이 어떻게 텔레비전을 보는지, 혼자 보는지, 친구와 보는지, 가족과 보는지도 문화와 연결된다. 모든 나라에서 어린이 방에 텔레비전이 놓여있는 추세가 늘고 있지만 프랑스 어린이들은 스웨덴 어린이들보다 텔레비전을 덜 보는 것으로 나타났다. 프랑스에서는 텔레비전 시청이 가족활동이며 거실에서 이루어진다. 또한, 부모가 자기 자녀에게 무엇을 볼 것인지에 대한 자유를 주는 정도에 있어서도 굉장한 차이가 있다.[88]

시각 지향성이 강한 집단주의 문화권일수록 텔레비전은 인쇄매체보다 매력적인 매체이며, 인쇄매체 중에서도 잡지가 신문보다 인기

---

86) M&M Pocket Guide on pan-European television(5th ed.), *Media and Marketing Europe*, October 2001.

87) "Think local, Cultural imperialism doesn't sell," *The Economist*, April 13, 2002, p. 13.

88) Pasquier, Dominique; Buzzi, Carlo; d'Haenens, Leen; and Sjöberg, Ulrika, "Family lifestyles and media use patterns. An analysis of domestic media among Flemish, French, Italian and Swedish children and teenagers," *European Journal of Communication*, 13, 1998, pp. 503~519.

가 많다. 고품질의 인쇄매체는 잡지를 열심히 읽는 일본인에게 인기가 많다. 또한, 잡지는 수입된 사치 브랜드에 있어 중요한 매체다. 일본의 잡지산업을 지배하는 주요 상품 범주는 화장품, 화장용품, 패션, 액세서리, 자동차, 레저, 그리고 음료와 담배이다.[89]

2) 신문

신문의 발행부수는 대부분의 국가에서 감소되고 있지만, 우리가 제 3장에서 보았듯이 그 차이는 지난 반세기 동안 안정을 유지하고 있다. 신문 발행부수의 변화는 ① 부가 증가하면 개발도상국에서 더 많은 신문이 발행된다는 점, ② 텔레비전이 중요해지면 개발도상국에서 종이신문의 중요성이 감소하지만 그 정도가 어느 곳에서나 같지는 않다는 두 가지에 영향을 미쳤다. 〈표 7-12〉에는 1950년, 1980년, 그리고 1996년의 인구 천 명당 신문의 수에 대한 몇몇 사례가 제시되어 있다. 이를 통해 몇몇 국가들(즉, 벨기에, 미국, 호주)에서는 신문의 수가 점차 줄어들고 있는 반면, 다른 곳(즉, 멕시코)에서는 처음에 증가했다가 텔레비전 이용이 늘어나면서 점차 감소되는 것을 알 수 있다. 다른 나라(즉, 노르웨이)에서는 종이신문이 꾸준히 늘어나고 있다. 이는 사람들의 습관이 안정적임을 나타낸다. 텔레비전과 새로운 텔레비전 채널의 도입은 언제나 열심히 신문을 읽어온 나라에서는 효과가 떨어진다. 신문 읽기를 좋아하는 사람들은 뉴 미디어가 등장해도 계속 신문을 볼 것이다.

89) Voyiadzakis Andreas, "Why magazines and newspapers are so important in the Japanese media mix," *M&M Europe*, November 2001, pp. 41~45.

〈표 7-12〉 몇몇 국가의 인구 1,000명당 신문의 수, 1950~1996

	1950	1980	1996
오스트레일리아	455	323	297
미국	357	273	212
벨기에	331	232	160
멕시코	46	124	97
노르웨이	415	463	593

출처 : UN 연감(부록B 참조).

국부는 세계적 차이를 설명하는 반면, 전반적으로 동질적 집단인 유럽에서는 권력거리와 불확실성의 회피의 통합이 변량을 설명한다. 광고주들에게 발행부수(*circulation*)보다 중요한 것은 열독률(*readership*)이다. 1996년 세계 31개국에서 발간되는 신문에 대해 "어제 신문을 보았는지"를 측정하는 맥캔에릭슨(McCann Erickson)의 조사에서,[90] 낮은 권력거리는 변량의 26%를 설명하였고 낮은 불확실성의 회피는 변량의 15%를 설명하였다. 권력거리가 높고 불확실성의 회피가 높은 문화권의 사람들은 반대의 경우에 비해 신문을 더 적게 보는 것으로 나타났다. 권력거리가 낮고 불확실성의 회피가 낮은 문화권에서는 신문에 대한 신뢰가 없었다. 이는 아마도 사람들이 신문을 더 많이 읽기 때문일 터이다. 몇몇 자료들은 권력거리와의 관계를 증명하였다. 해마다 유로바로미터에서 측정하는 "매일 신문에서 뉴스를 읽는다"는 진술의 응답결과에서는 언제나 낮은 권력거리와 상관관계가 있었다. 2001년에 낮은 권력거리는 변량의 68%를 설명하였다. 유럽연합(EU) 후보국을 포함한 24개 유럽국가 중에서 낮은 불확실성의 회피가 변량의 57%를 설명했으며, 낮은 권력거리가 나머지 11%를 설명하였다. 〈그림 7-10〉에서는 전 세계 20개국에서의 신문 열독

90) Coen, Robert J., *The insider's report*, New York: McCann-Erickson, 1997, www.mccann.com

률과 권력거리 간의 상관관계를 나타내고 있다.

유럽 국가간에 나타나는 신문 열독률의 차이는 반세기 이상 지속되었으며, 사라질 것 같지 않다. 집단주의 문화권에서는 신문보다 텔레비전이 더 중요한 매체가 될 것이다. 잡지와 책 같은 다른 인쇄매체에 대한 차이는 주로 개인주의-집단주의와 관련된다. 제 6장에서 언어적-시각적 지향성의 차이를 조망하기 위해 도서 열독률의 변화량을 활용하였다.

〈그림 7-10〉 신문과 권력거리

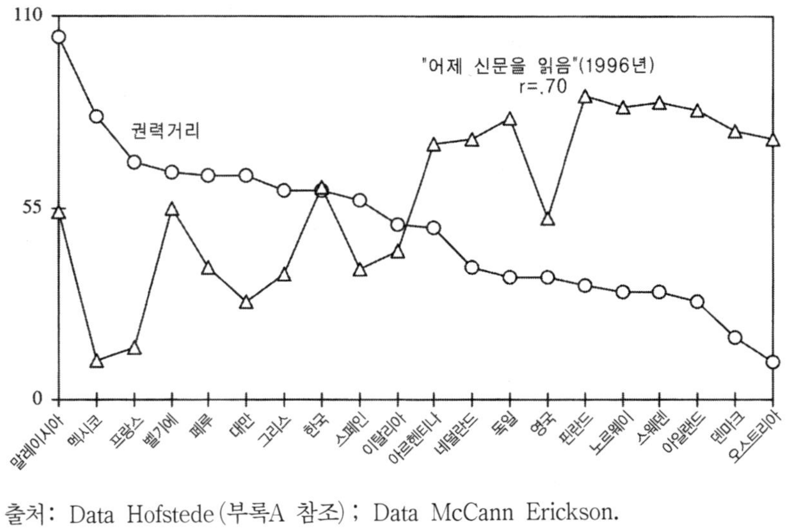

출처: Data Hofstede(부록A 참조); Data McCann Erickson.

18. 마케팅 커뮤니케이션에 대한 반응

마케팅 커뮤니케이션 비용이 증가하기 때문에, 마케팅 커뮤니케이션에 대한 반응은 중요한 소비자행동영역이다. 대부분의 조사에서 광고에 대한 비교문화적 반응을 알아보았다. 필자는 또 다른 마케팅 커뮤니케이션 도구인 판매촉진(*sales promotion*)에 대해 먼저 알아보고자 한다.

1) 판매촉진에 대한 반응

판매촉진은 문화에 따라 다양하며, 대부분의 소비자들은 자신에게 익숙한 판촉형식에 긍정적으로 반응한다. 따라서 쿠폰에 대한 태도는 쿠폰에 대한 친숙도의 영향을 받는다. 기능을 하는 또 다른 태도는 가족과 친구의 쿠폰사용에 대한 태도와 소비자의 가격에 대한 의식이다. 쿠폰이 판촉수단으로 종종 쓰이는 미국에서 히스패닉계의 미국인들은 쿠폰에 대해 부정적 태도를 나타내는데, 이는 그들이 쿠폰을 저소득 계층의 상징이나 제값주고 살 능력이 없음을 나타내는 것으로 생각하기 때문이다. 또한, 일본인과 한국인들은 쿠폰을 사용한지 오래되었지만 상품교환 쿠폰에 대해 당황스러워한다. 태국 소비자들은 경품응모와 비교하여 쿠폰에 가장 큰 관심을 나타낸다. 태국보다는 덜하지만 대만의 소비자들도 경품응모보다 쿠폰을 선호한다. 말레이시아 소비자들은 쿠폰에 대해 가장 호의적이지 않다.[91] 장기 지향성을 지닌 소비자에게 소구하는 판촉활동에서는 할인제공이나 구매 스탬프 찍어주기처럼 소비자와 브랜드 간에 장기적 관계를

---

91) Huff, Lenard C. and Alden, Dana L., "An investigation of consumer response to sales promotions in developing markets: A three country analysis," *Journal of Advertising Research*, May~June 1998, pp. 47~56.

유지하는 할인혜택을 주어야 한다. 세계 각지의 7개국에서, 장기 지향성과 특별 제공 간에(r=.71*) 그리고 "최저가에 구매하려는" 희망 간에(r=.78**) 유의한 상관관계를 발견하였다.[92] 경품에 대한 반응은 사람들의 도박에 대한 태도에 따라 달라지기 쉽다. 경품은 도박처럼 문화권에 따라 다양한 법적 규제를 받았다.

2) 광고에 대한 반응

광고에 대한 반응은 광고의 목적(제 8장에서 다시 논의됨), 광고에 대한 일반적 수용도, 소비자와 매체의 관계, 특정한 광고 소구법, 그리고 창작 스타일 같은 다양한 측면에 관련된다.

개인주의 문화권에서 광고의 목적이 설득이라면 집단주의 문화권에서는 구매자와 판매자 사이의 신뢰구축이며, 예컨대 직접소구 대 오락처럼 광고 스타일이 각각 달라진다. 설득에 대한 반응은 오락에 대한 반응과 다를 것이며, 따라서 반응 측정도 같을 수 없다. 측정항목의 일례인 "상관성"은 개인주의적 저맥락 커뮤니케이션 문화권에서 중요한 것으로 간주된다. 개인주의 문화권에서 상관성은 텔레비전 광고에 대한 시청자의 정서적 반응을 측정하는 데 이용된다. 사용된 반응항목은 "텔레비전을 볼 때 나는 이 상품을 사용하는 이유를 생각했다"이다. 텔레비전 광고의 상관성을 측정할 때, 상품에 대한 생각은 앵글로-색슨 국가들의 관념의 일부이다. 아시아의 경우 그런 관계는 나타나지 않는다. 대체로 상관성은 개인주의 문화권에서는 기능을 하겠지만, 고맥락 문화권에서 정서적 반응측정에 활용될 수 있을

---

92) Data TGI, Copyright TGI, all rights reserved, Countries are Brazil, France, Germany, Ireland, Spain, U.K. and for "price" data were available for Hungary, For "special offer" data were also available for Italy, www.tgisurveys.com

지는 의문이다.[93] 집단주의 문화권에서 맥락적 단서들은 상품관련 주장보다 태도의 예측에 관련된다. 반면에 예컨대 미국 소비자들은 상품과 관련되는 생각을 더 많이 할 것이며, 대만 소비자들은 광고의 미적 요소를 더 많이 생각할 것이다.[94] 고맥락 문화권에서는 광고의 소구점이 다르기 때문에, 소비자에게 광고와 상품사용은 직접 관련되지 않는다. 또한, 개인주의 문화권에서의 설득은 다르게 작동하기 쉽다. 심리학적 조사 결과, 외적 통제는 내적 통제보다 사람들을 보다 쉽게 설득하고 사회적 영향을 미치며 보다 순응하게 한다는 점을 보여준다.[95]

광고에 대한 반응으로 전형적으로 측정되는 것은 광고에 대한 태도와 브랜드에 대한 태도이다. 소비자의 상품과 브랜드에 대한 반응은 광고에 대한 평가에서 많은 영향을 받는다. 광고에 대한 태도(*Aad*)는 특정한 노출기간 동안 특정 광고물에 대해 호의적 또는 비호의적으로 반응하는 경향으로 정의된다.[96] 광고에 대한 태도는 특정 광고는 물론 시청자의 광고주 및 제도로서의 광고에 대한 태도에도 영향

---

93) Ewing, Michael; Salzberger, Thomas; and Sinkovics, Rudolf R. Assessing responses to standardized TV commercials: Using the Lastovicka "Relevance, Confusion and Entertainment Scale"—A cross-cultural perspective. Proceedings of the Australian and New Zealand Marketing Academy Conference, Auckland, N.Z., 2001.

94) Shavitt, Sharon; Nelson, Michelle R.; and Yuan, Rose Mei Len, "Exploring cross-cultural differences in cognitive responding to ads," *Advances in Consumer Research*, 24, 1997, pp.245~250.

95) Avtgis, Theodore A., "Locus of control and persuasion, social influence, and conformity: A meta-analytic review," *Psychological Reports*, 83, 1998, pp.899~903.

96) Solomon, Michael; Bamossy, Gary; and Askegaard, Søren, *Consumer behaviour. A European perspective*. Harlow, Essex, UK: Pearson Education, 1999.

을 받는다. 제도로서의 광고는 광고 전반에 대하여 지속적으로 호의적 또는 비호의적으로 반응하는 경향에 달려있다. 광고주에 대한 태도는 광고에 대한 신뢰성, 스폰서에 대한 태도, 그리고 광고의 호감도에 관련된다.

3) 일반적 광고의 수용

몇 가지 요인들은 일반적으로 광고에 대한 지각에 영향을 미치는데, 정치적 풍토, 문화, 한 나라의 광고규모 등이다. 국제 광고주들이 메시지를 지배하지만 그 문화에 맞지 않는 작은 시장의 사람들은 광고가 태동하고 성장해온 큰 시장에서보다 광고에 비호의적 태도를 갖는다. 예를 들어, 미국 학생들은 덴마크나 그리스의 학생들에 비해 광고에 대한 정서적 반응을 강하게 나타낸다.[97]

광고에 대한 호평의 정도도 국가에 따라 다양하다. 광고가 경제적 효과 때문에 호평을 받는 반면에 사회적 효과 때문에 혹평을 받는다는 것이 보편적 결과이다.[98] 경제가 발전하는 과정에는 광고의 기능에 대한 지식이 부족하기 때문에, 광고의 경제적 효과에 대한 기대가 선진국에 비해 높을 수 있다. 1994년 연구에서 당시 러시아인들은 광고를 매우 긍정적으로 평가하였다. 그들은 광고를 "교역의 엔진"으로 보았다.[99]

---

97) Andrews, J. Craig; Lysonski, Steven; and Durvusala, Srinivas, "Understanding cross-cultural student perceptions of advertising in general: Implications for advertising educators and practitioners," *Journal of Advertising*, 20, 1991, pp. 15~28.

98) Ramaprasad, Jyotika, "South Asian students' beliefs about and attitude toward advertising," *Journal of Current Issues and Research in Advertising*, 23, 2001, pp. 55~70.

99) Andrews, J. Craig; Durvasula, Srinivas; and Netemeyer, Richard G.,

몇몇 조사에서 사람들은 광고의 정보적 기능과 광고의 호감도 같은 광고수용에 관한 질문을 받았다. 그 결과 유럽에서 광고의 수용과 인식에서 주요 차이점이 나타났는데, 1992년에 77%의 영국인과 66%의 프랑스인 및 56%의 독일인이 광고를 일상생활의 긍정적 요소라고 생각하였다. 대부분의 국가에서 가장 자주 인용되는 광고의 혜택은 광고의 정보적 내용이었다. 오락으로서의 광고는 단지 프랑스에서만 혜택으로 인식되었다.[100)]

4) 매체와 소비자의 관계

2001년 유럽에서 텔레비전과 라디오 광고에 대한 호감도는 낮은 개인주의와 높은 불확실성의 회피와 상관관계가 있었다.[101)] 스페인 응답자의 24%, 독일 응답자의 6%만이 텔레비전 프로그램보다 광고를 좋아하였다. 만약 사람들이 특정 매체를 선호한다면, 그들은 그 매체의 광고 역시 좋아하거나 광고에 정보적 역할을 부여한다. 국가를 초월하여 매일 신문에서 뉴스를 읽는 것과 신문광고에서 신상품 정보를 얻는 것은 동일하다.[102)] 또한, EMS 자료에서는 언론매체를 열심히 보는 사람과 신문광고를 열심히 보는 사람이 광고를 상품정보의 유용한 자료원으로 보는 것과는 정적 상관관계가 있음을 의미한

"Testing the cross-national applicability of U.S. and Russian advertising belief and attitude measures," *Journal of Advertising*, 23, 994, pp. 71~82.

100) Heyder, H.; Musiol, K.G.; and Peters, K., "Advertising in Europe — Attitudes towards advertising in certain key East and West European countries," *Marketing and Research Today*, March 1992, pp. 58~68.

101) Hielkema, Ruurd, Europa over reclame(Europe about advertising). Results of the study Euro Life & Living by NFO Trendbox, *Adformatie*, 24, 2001, pp. 54~56.

102) Data Eurobarometer 1997~1999(부록B 참조).

다. 텔레비전에서도 유사한 관계를 볼 수 있다. 텔레비전 중(重)시청은 텔레비전 광고에 대한 긍정적 태도에 관련된다. 텔레비전 중시청자의 비율과 텔레비전 광고가 상품정보를 획득하는 유용한 자료라고 응답한 사람의 비율은 정적 상관관계(r=.66***)가 있었다.

전반적 설명 요인들은 문화적인 것이다. 신문광고에 대한 긍정적 태도와 신문 열독률은 낮은 불확실성의 회피와 상관관계가 있었다. 텔레비전 광고시청이 상품정보를 획득하는 유용한 방안이라는 생각은 낮은 개인주의와 상관관계가 있었으며, 보다 시각적인 지향성이 있는 집단주의 문화권에서 텔레비전은 정보적 기능을 지니고 있었다. 이는 텔레비전 광고에까지 확장되어 만약 어떤 사람들이 특정 매체를 이용한다면 그들은 그 매체의 광고도 좋아하거나 정보적 속성을 부여

〈표 7-13〉 언론과 광고에 대한 유럽인의 태도 : 문화적 관계

	권력거리	개인주의	불확실성의 회피
광고산업에 대한 신뢰[1]	.46	−.57*	.54*
언론에 대한 신뢰[1]	.52*	−.66***	.71***
어제 읽은 신문들[1]	−.76***	.56*	−.84***
언론에 대한 불신[2]	−.32	.47	−.56*
매일 신문에서 뉴스를 읽음[2]	−.76***	.39	−.71***
높은 신문구독[3]	−.55*	−.03	−.63**
신문광고는 신상품의 정보원[3]	−.46*	.62**	−.75***
텔레비전을 주당 31~40시간 시청[3]	.51*	−.40	.32
텔레비전 광고는 신상품의 정보원[3]	.17	−.64***	.36
텔레비전 광고에 대한 호감도[4]	.38	−.51*	.61*
라디오 광고에 대한 호감도[4]	.41	−.57*	.60*

출처 : 1. Reader's Digest, 1991; 2. Eurobarometer, 1997~1999(13개국); 3. EMS, 1997; 4. NFO Trendox, 2001(13개국)(부록B 참조).

한다는 결론을 내릴 수 있게 해준다. 〈표 7-13〉은 문화적 변인과 여러 매체의 열독률 및 텔레비전 시청측정과의 상관관계를 나타낸다.

5) 광고 소구법

하나의 문화권에서 효과적인 광고 소구법이 다른 문화권에서는 상이한 반응을 나타낼 수 있다. 미국의 많은 마케터들은 유럽이 미국과 동일한 시장이고 자신들의 광고에 대해 미국 소비자와 유사한 반응을 나타낼 것으로 가정한다. 또한, 동유럽 국가를 대상으로 하는 마케터들은 그 지역의 다양성을 고려하지 않고 지역중심적 접근을 하고 있으나 동유럽 국가들은 서로 상이한 문화가 있다. 폴란드인은 뽐내며 드러내기를 좋아하는 반면, 루마니아인은 지위를 강조하는 광고에 대해 부정적 반응을 나타낸다.[103] 하나의 문화를 배경으로 창작된 광고가 다른 문화권에서는 이해되지 못하기도 한다. 다양한 문화권에 따라 하나의 광고에 어떤 반응이 나타났는지를 알려주는 사례가 베네통 캠페인이다. 문화가 다른 네 나라(영국, 노르웨이, 프랑스, 독일)에서 베네통이 이미지로 전달하려고 한 메시지는 의도대로 전달되지 않았다.[104]

광고의 소구법은 대체로 상품범주와 관련된 소비동기에 반영되며 각 범주별로 이 동기들은 문화에 따라 특수하다. 제 5장에서 필자는

---

103) Lascu, Dana-Nicoleta; Manrai, Lalita A.; and Manrai, Ajay K., "Value differences between Polish and Romanian consumers: A caution against using a regiocentric marketing orientation in Eastern Europe," in *Global perspectives in cross-cultural and cross-national consumer research*, edited by Lalita A. Manrai and Ajay K. Manrai, New York: International Business Press/The Haworth Press, 1996.

104) Evans, Ian. G. and Riyait, "Sumandreep, Is the message being received? Benetton analysed," *International Journal of Advertising*, 12, 1993, pp. 291~301.

범주별 특정 동기와 문화별 특정 동기의 사례를 제시하였다. 광고의 역사가 오랜 문화권에서는 상품 특수성 소구가 문화에 뿌리깊게 자리 잡았다. 역사적으로 영국에서는 맥주광고에서 유머소구를 사용하고, 독일에서는 역대 자동차 광고에서 기술적 소구를 한다. 그러나 이런 차이는 신흥 시장에서도 나타난다. 중국에서는 특정 상품에 알맞은 특정 광고의 소구효과가 있다. 예를 들어, "현대성"은 서비스 광고와 자동차 광고에 자주 나타난다. "가족가치"는 가정용품 광고에서 자주 나타나며, "전통"은 식음료 광고에서 가장 자주 나타난다. 또한, 홍콩에서 "현대성"은 서비스 광고와 자동차 광고에서 나타나지만, "즐거움"은 식음료 광고에서 더 자주 나타난다.[105)]

제 6장의 언어영역에서 문화가 사고과정에 영향을 미친다고 언급한 바 있다. 서양적 사고가 추상적이며 맥락으로부터 독립적인 특징이 있는 반면, 동양적 사고는 보다 구체적 특징이 있다. 이와 관련하여 중국인들은 소비에서 즐거움만을 추구하는 미국인들보다 소비의 구체적 측면에 주목한다.[106)] 실질적 주제(혜택과 특성의 강조)가 있는 광고물은 호주인보다 중국인에게 더 소구되기 쉽다. 동아시아인들의 보다 구체적인 사고패턴은 감정적 또는 표현적 소구(즉, 개인주의, 현대성, 젊음, 지위)보다 실용적 소구(즉, 편리함, 깔끔함, 품질)를 선호하도록 한다.[107)]

---

105) Chan, Kara and Cheng, Hong, "One country, two systems. Cultural values reflected in Chinese and Hong Kong television commercials," *Gazette: the International Journal for Communication Studies*, 64, 2002, pp. 385~400.

106) Malhotra, Naresh K. and McCort, J. Daniel, "A cross-cultural comparison of behavioral intention models," *International Marketing Review*, 18, 2001.

107) Lowe and Corkindale, 1998.

6) 창작 스타일

제6장에서 광고 스타일이 대인 커뮤니케이션 스타일을 어떻게 모방하고 지각 과정을 다르게 하는지에 대해 언급하였다. 아시아인이 지각하고 평가하는 글쓰기는 미국인이 바라보는 글쓰기와 현저히 다르다. 미학적 표현이 다르고 색상의 사용도 다르다. 이는 광고반응에도 반영된다.[108] 특히 고맥락과 저맥락 커뮤니케이션에서의 차이는 광고에 대한 반응에 영향을 미친다. 저맥락 커뮤니케이션에 대한 고맥락 문화권 구성원의 반응은 저맥락 커뮤니케이션 광고물의 창작자가 의도한 것과 달라지기 쉽다. 직접 말하는 것 같은 단순한 그림을 사용하는 것은 보다 복잡한 이미지를 써서 배워온 사람들에게는 무례하게 비칠 수 있다. 고맥락 수용자는 너무 단순한 시각 이미지를 과장되게 읽을 것이며 그 메시지가 상대적으로 비유적 복합성이 부족하다는 이유를 들어 부정적 평가를 내릴 것이다. 이러한 유형의 수용자는 메시지의 비유적 의미의 메시지를 읽도록 훈련받아, 단지 상품만을 보여주는 단순한 시각적 이미지에서는 어떤 영감도 받지 못할 것이다.[109] 그렇지 않으면 사람들은 광고 창작자가 포함시키려 하지 않은 정보를 이끌어 낼 것이다.

만약 사람들이 특정 광고 스타일에 익숙할 경우 사람들은 광고 그 자체를 기대할 것이다. 티지아지(TGI)[110]는 인터넷 사용자 중에서

108) Schmitt, Bernd H. and Pan, Yigang, "Managing corporate and brand identities in the Asia-Pacific Region," *California Management Review*, 36, 1994, pp. 32~48.

109) Callow, Michael and Schiffman, Leon, "Implicit meaning in visual print advertisements: A cross-cultural examination of the contextual communication effect," *International Journal of Advertising*, 21, 2002. pp. 259~277.

110) TGI Europa Internet Report, December 2001, www.tgisurveys.com

51.4%의 스페인 응답자가 32.2%의 독일 응답자보다 오락으로써의 광고를 기대하는 것으로 나타났다.

광고 스타일의 일부는 회사에서 선택해야 할 기본 형식인데, 예를 들어 "수업" "드라마" "오락", 추천인의 활용 또는 비교광고이다. 광고 창작자가 습득한 문화는 그들에게 어떤 기본 형식을 다른 형식보다 선호하도록 한다. 국제 광고주들은 때때로 자신들의 문화적 창작 스타일이나 기본 형식을 그것이 적용되지 않을 다른 문화권에서 사용하기도 한다. 이때 광고에 대한 반응은 해당 문화에 맞출 때보다 부정적일 수 있으며 그 결과 효과가 낮아질 수 있다. 가장 좋은 사례는 비교광고의 활용인데, 이는 경쟁적(개인주의적-남성적) 문화권에 맞춘 것이다. 비교광고는 개인주의와 남성성이 낮고 불확실성의 회피가 높은 대부분의 문화권에서 제 기능을 하지 못한다. 집단주의 문화권에서는 경쟁자와의 비교가 조화를 깨뜨린다. 따라서 "맥주의 왕" 같은 최상급 표현이나 언어 비교는 중국에서 받아들여지지 않는다.[111] 남성성이 낮은 문화권에서 겸손함은 당신이 타인보다 낫다고 말하는 것을 막아주는 가치이다.[112] 종종 이런 선택은 광고주의 문화를 따르게 된다. 집단주의 문화권에서 비교광고의 활용이 조화를 깬다는 우려는 소비자보다 경쟁 업체의 체면 손상을 걱정하는 기업의 문제이다. 이는 미국과 한국학생을 대상으로 직접적 비교광고의 호감도를 비교한 연구결과를 설명한다. 실제로 한국에서는 직접 비교하지 않은 광고가 사용되었기 때문에 학생들은 혁신적으로 보고 호의적으로 반응한 반면, 미국 학생들은 간접적 비교광고보다 직접적 비

111) Moshavi, Sharon, "Winding up for the big pitch," *BusinessWeek*, October 23, 1995, pp. 22~26.

112) This is described more comprehensively in de Mooij, Marieke, *Global marketing and advertising cultural paradoxes*, Thousand Oaks, CA: Sage, 1998, pp. 252~253.

교광고에 더 호의적으로 반응했는데, 아마 그들은 직접적 비교방법에 더 익숙하기 때문일 것이다.[113)]

몇몇 기본 형식들은 특정 광고주들의 자산이 된다. 가정용품 광고에서 프록터 앤 갬블(Proctor & Gamble)과 유니레버(Unilever)가 사용했던 증언형(*testimonial*)이 그 사례이다. 몇몇 브랜드(즉, Ariel, Dove)는 그 형식에 배타적으로 연결된 듯하다. 마찬가지로 유머의 사용은 어떤 문화권이 다른 문화권보다 유머감각이 뛰어나는지의 문제보다 광고 관리자의 문화에 더 관련되는 것 같다. 유머는 역사적으로 규정되는 그 사회의 관습 속에서 작용하기 때문에 통용되기 힘들다. 사람들이 다른 문화권의 유머광고를 보며 웃을 때, 그것은 대개 잘못된 이유 때문이다.

7) 광고의 창작

"단순히" 창작 측면에서 일반적으로 지적되는 차이들 역시 문화적 가치와 관련된다. 중국 광고에서 장년층이 선호하는 것은 예컨대 높은 권력거리와 관련된다. 광고에 강력한 헤드라인과 무료 메시지가 있기를 바라는 영국 광고주의 지속적 희망은 그 문화의 직접 커뮤니케이션 스타일에 관련된다. 광고에 쓰인 음악의 형태, 말과 음악의 간격, 브랜드 이름의 반복 횟수는 모두 광고가 만들어진 국가 문화의 반영이다. 많은 일본 광고의 목적은 수용자를 웃기는 것이기 때문에, 광고에서 광고주나 브랜드가 언급되기까지는 시간이 오래 걸린다. 일본인들은 자신이 느끼는 판매자와의 친밀감에 따라 구매하기 때문에, 종종 광고에 혜택도 없고 "구매이유"도 없다. 일본에서는 이러한

113) Jeon, Jung Ok and Beatty, Sharon E., "Comparative advertising effectiveness in different national culture," *Journal of Business Research*, 55, 2002, pp. 907~913.

과정이 생략되어 브랜드나 판매자는 광고의 끝 부분에서 나오는 반면, 미국에서는 광고의 시작에서부터 브랜드나 판매자와 관련된 감정을 끌어낸다. 광고목적으로서 회사의 신뢰가 중요하기 때문에 미국 광고에 비해 한국과 일본 광고에서는 회사명이 더 자주 등장한다. 반면에 미국 광고주들은 주로 브랜드에 초점을 맞추고 회사명은 포함시키지 않기 때문에, 한국이나 중국 광고는 나쁜 광고로 보일 수 있다.[114] 대부분의 아시아 국가에서 모든 텔레비전 광고는 회사의 로고를 커다랗게 강조하는 샷으로 끝난다. 일본의 프록터 앤 갬블(Procter & Gamble)은 자신들의 "이야기하는 소"라는 광고에 P&G가 좋은 회사이며 안정되고 믿을 만한 기업이라는 사실을 상품 메시지와 함께 전달했을 때 효과적이었음을 알게 되었다.[115]

19. 결 론

이 장에서 필자는 상품의 소유와 이용에서 국가간에 존재하는 중요한 차이점들을 살펴보았다. 상품소비와 소유에 관한 많은 자료는 공적 영역에서 사용가능하며 그 차이를 이해하기 위해서는 상관관계와 회귀분석이 필요하다. 이 장에서는 문화가 어떻게 변량을 설명하는지를 제시하였다. 많은 차이들은 시간이 흘러도 안정적이었으며, 부의 증가에 따라 일인당 GNP와 다양한 문화적 차원 간의 관계가 바뀌었다. 특히, 새로운 기술은 시간의 흐름에 따라 다른 패턴을 나타낸다. 일반적으로 낮은 불확실성의 회피와 결합된 국가소득은 처음에

114) Taylor, Charles R. and Miracle, Gordon E., "Foreign elements in Korean and U.S. television advertising," *Advances in International Marketing*, 7, 1996, pp. 175~195.

115) Taylor, Tracey, "Cracking Japan," *M&M Europe*, June 1997, p. 41.

신상품의 변량을 설명하지만, 시간이 흘러 신상품이 보급된 다음에는 다른 차원들이 사용에 대한 변량을 설명한다.

구매와 쇼핑행동의 몇 가지 측면은 문화와 관련된다. 자아에 대한 상이한 개념은 쇼핑활동과 동기에 반영된다. 사람들의 불만 여부와 어떻게 불만을 나타내는지는 개인주의와 집단주의에 관련된다. 로저스(Rogers)가 정의한 혁신의 확산과정과 수용의 범주는 미국문화에 바탕을 둔 것이다. 비록 다른 문화권에서도 동일한 수용자 분류가 가능하더라도 구체적 양상은 문화권에 따라 달라지며 확산의 비율도 마찬가지다. 마지막으로 매체이용에 대한 변량은 마케팅 커뮤니케이션에 대한 반응과 같이 설명되었다. 국가별로 일반적인 광고에 대한 태도가 달랐으며, 이는 창작 스타일의 차이와 함께 광고에 대한 반응에도 영향을 미쳤다.

글로벌 마케팅과 광고에의 적용 제8장

이론에 대해 논의할 때 이 책 전체에 걸쳐 필자는 실무적인 사례들을 제시했다. 이 장에서는 몇몇 특수한 적용사례들을 다룬다. 문화적 영향을 이해하면 국제적 시장개발과 시장세분화에 도움이 된다. 각 상품을 위해 각 나라들은 문화적 차원에 따라 분류되고 도식화될 수 있다. 국가의 특성을 분류하는 데 있어서 문화적 요소가 지역적 근접성, 언어 또는 1인당 GNP보다 효율적이고 의미심장한 기준이 된다. 소비자행동에 대한 문화의 장기적 효과를 이해하면 보다 나은 글로벌 브랜드, 마케팅, 광고전략 수립이 가능하다. 마케팅 연구자들은 표본의 동등성, 언어 문제, 그리고 측정의 동등성 같은 비교문화연구에서의 몇 가지 특수한 문제점들을 반드시 고려해야 한다. 국제광고가 원산지(*country of origin*)의 가치를 반영하듯이, 국제마케터들은 가치 연구가 연구자의 원산지 가치를 반영하는 경향이 있다는 점을 이해할 필요가 있다.

1. 국가를 초월한 상품시장 개발

시장의 발전을 예측하는 데 사용되는 전통적 요인은 사회기반시설, 과학기술의 발전, 그리고 경제성장 같은 경제적 지표이다. 시장은 전통적인 것에서 발전하는데, 21세기에 많은 시장들은 대량소비 단계에 도달하였다. 많은 나라의 경제수준이 향상되어 1인당 소득은 다수의 국민들이 충분한 재량 소득을 보유할 수준까지 도달하였다.[1] 이 마지막 단계를 필자는 탈결핍 사회(*post-scarcity society*)로 명명하고자 한다. 그러나 21세기 초반부터 모든 시장이 탈결핍의 사회로 불릴 정도는 아니다. 이것은 절대적 기준에 따라 그런 것이 아니라 국가간 소득분배의 정도에 차이가 있기 때문이기도 하다. 제3장에서 논의한 바와 같이, 일부 시장은 비교적 고른 분배가 이루어지는 반면에 다른 시장은 남미시장처럼 불평등한 구조를 안고 있다. 20세기 말까지 유럽연합 회원국들은 소득수준이 높을 뿐만 아니라 분배구조도 비교적 양호했다. 그 때문에 유럽연합은 경제적으로 동질화된 영역으로 볼 수 있다. 경제적 수준이 상이한 국가간에는 1인당 국민총생산(GNP/*capita*)이 효율적 척도가 되지만 경제적 수준이 동질적인 국가들을 비교할 때는 문화가 시장의 발달정도를 파악하는 척도가 된다.

문화의 역할을 이해하면 시장이 어떻게 성장하고 신상품과 새로운 서비스가 어떻게 확산되는지 알 수 있으며 결국 마케팅 전략의 성과를 높일 수 있을 것이다. 어떤 문화권의 사람들은 혁신상품을 잘 받아들이는 반면에 다른 나라에서는 그렇지 못할 것이다. 인터넷을 예로 들어보자. 20세기 말에는 인터넷이 모든 곳에서 생산성의 향상과

---

1) Cateora, Philip R., *International marketing*(7th ed.), Homewood, IL: Irwin, 1990, p. 291.

평등을 가져다줄 것으로 여겨졌다. 그러나 사람들은 문화적으로 한정된 목적에 부합되는 경우에만 제한적으로 받아들였다.

보다 예측을 잘 하려면 문화권을 구분해야 한다. 인터넷의 효과와 발달에 따른 문화권의 구분을 살펴보자. 인터넷은 우선 불확실성의 회피가 낮거나 중간 정도인 국가들에 먼저 도입되는데 이는 불확실성의 회피가 높은 국가들보다 쉽게 혁신을 수용하려고 하기 때문이다. 불확실성의 회피가 낮거나 중간인 국가들은 〈그림 8-1〉의 두 개 사분면에 위치한다.

위쪽의 두 사분면은 인터넷 도입 정도가 느린 국가들이 포함된다 (불확실성의 회피의 정도가 높은 나라들). 인터넷은 우선 선진국에 공통적으로 확산되었지만 사용 목적은 각각 달랐다. 남성성이 낮은 경우에는 교육이나 여가선용을 위한 목적으로 사용하며 생활의 질을 높이는 데 보다 많이 사용하는 반면에, 남성성이 높은 경우에는 인터넷 도입의 우선적이고 주된 목적은 경쟁력 제고이다.

〈그림 8-1〉 인터넷 문화지도

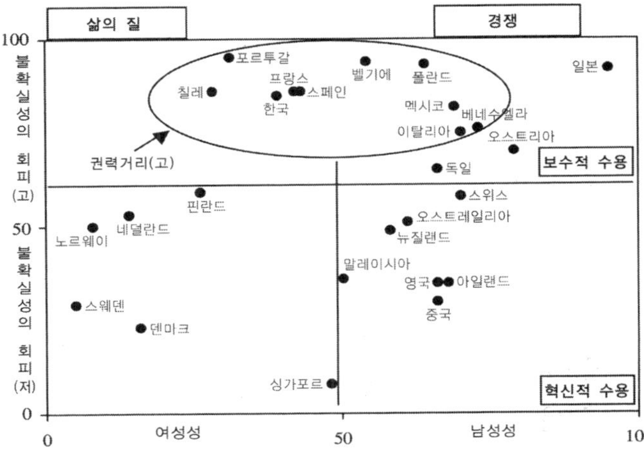

출처: Data Hofstede(부록A 참조).

도입률의 변량을 설명하는 세 번째 차원은 권력거리이다. 권력거리가 높은 문화권에서 정부는 새로운 발전에 보다 강력한 영향력을 행사한다. 프랑스 정부는 미니텔(*Minitel*) 시스템을 장려함으로써 정보기술 초기에 영향을 미쳤다. 스페인 정부는 학교에서 인터넷 사용을 지원해주며 인터넷 확산을 이끌었다. 한국의 광대역통신은 정부의 주도 하에 이루어졌다. 결국 2001년 한국의 온라인 인구는 다른 나라들을 모두 추월했으며 이런 변화는 한국경제에도 활력을 불어넣었다.[2)]

1) 시장발전의 단계

모든 종류의 내구재와 기술은 물론 가공식품에 있어서 세계적 소득은 국제 시장을 초월하여 신상품 침투의 요체가 될 것이다. 불확실성의 회피가 낮은 경제적으로 동질적인 시장에서 신기술의 채택과 가공식품군에서의 혁신이 장려된다. 제 7장에서 고찰하였듯이, 상이한 문화의 통합은 상이한 상품군에 적용된다. 이런 차이에 대한 지식은 선진국에서의 상품-시장 개발 프로그램을 구축하는 데 도움이 된다.

여전히 출현하는 시장이 많을 때, 과거의 접근법은 새롭게 개발되는 시장에 신속히 진입하여 과잉투자를 하고 자사상품에 필요한 시장을 매입하는 것이었다. 경제적 동질화에 따라 이런 전략이 과거처럼 성공적이지 않게 되었다. 외국시장에 부적절한 상품을 가지고 진입하는 것은 보다 강력한 저항에 직면할 것이며 보다 정밀한 전략이 요청될 것이다.

경제적 동질성이 증가함에 따라 문화권별로 다른 상품개발과 마케팅 전략을 추진하게 되었다. 이런 상이한 전략은 그 상품시장이 어떤

---

2) Drewitt, Neil, "Korea opportunities," *M&M Europe*, June 2001, pp. 15~22.

수준에 있느냐에 따라서 달라진다. 신상품 도입시 상품들은 다소 유사하며 이때의 광고는 상품특성에 초점을 맞추는 경향이 있으며 광고와 상품 모두 표준화되는 특징을 나타낸다. 경쟁의 심화에 따라 상품의 차별화가 일어나면 광고 역시 혜택과 가치를 강조하며 상품을 차별화시켜야 한다. 소비자의 수요는 보다 이질적이 되며, 문화를 초월하여 소비자 욕구가 달라지기 때문에 커뮤니케이션에 활용되는 혜택과 가치는 욕구의 다양화에 보다 잘 적용될 수 있다. 이제 국제 마케팅 커뮤니케이션의 각 단계의 상이한 결과들과 함께 국제적 시장개발의 3단계를 제시하고자 한다. 휴대전화 브랜드인 에릭슨과 노키아 광고를 사례로 활용할 것이다.

제 1단계 : 글로벌 상품, 글로벌 마케팅 커뮤니케이션

원조상품(*generic product*)의 시장진입은 경제적으로 이질적인 시장에서는 국부에 따라, 경제적으로 동질적인 시장에서는 문화적 요인에 따라 의존할 것이다. 텔레비전이 처음 도입되었을 때 어떻게 확산되었는지 살펴보는 것이 예가 될 수 있지만 보다 최근 사례로 휴대전화를 들 수 있다. 이와 같은 제 1단계의 마케팅 커뮤니케이션은 상품의 속성에 보다 집중하며 표준화되는 경향을 보인다. 해외시장에서 코카콜라의 성공은 이 단계에서 이루어졌는데 당시에는 경쟁도 심하지 않았고 글로벌 광고도 효과적이었다.

노키아와 에릭슨은 이처럼 표준화된 글로벌 광고와 함께 휴대전화를 도입하였다. 노키아는 모바일 커뮤니케이션의 기본 속성을 강조하며 '사람들을 연결하는'(*connecting people*)이라는 슬로건을 제시했는데, 이는 인간 커뮤니케이션의 기본 속성을 반영하는 것이기도 하다. 휴대전화 제조회사들은 휴대전화 서비스 공급자들의 덕을 보기도 했다. 이 서비스 공급자들은 국영 통신기업인 데다가 지역적 의미를 지닌 광고와 함께 지역적 특성을 반영한 서비스를 제공하면서 시장에 진입했다. 이 시기의 휴대전화 광고는 예컨대 소형전화나 디자인이 우수한 전화 같은 새로운 상품의 속성을 나타내는 평범한 메시지를 반영하는 것이었다(〈그림 8-2〉 참조).

제2단계 : 글로벌 상품, 적용된 마케팅 커뮤니케이션

시장이 성숙되면 시장 안팎에서 차별화가 일어난다. 시장의 차별화는 시장에 따라 상이한 패턴으로 이루어진다. 차별화된 상품이 다양한 지역에서 판매되지만 판매량 역시 천차만별이기 때문이다. 많은 기업들이 와이드 스크린 텔레비전과 문자다중방송(*Teletext*) 기술에 전력을 기울였다. 불확실성의 회피가 높은 문화권에서는 와이드 스크린 텔레비전의 판매량이 더 많고, 보다 개인적인 문화권에서는 문자다중방송의 인기가 더 높은 것으로 나타났다. 이 단계에 접어들면 휴대전화 서비스 공급자들은 자사의 서비스를 차별화하려 한다. 짧은 문자서비스는 개인주의 문화권에서 먼저 도입되었다. 스페인 같은 집단주의 문화권에서 특별 서비스는 자녀와의 소통을 중시하는 어머니를 위해 먼저 제공되기도 했다. 권위주의 정도가 높은 벨기에에서는 수업시간에 휴대전화를 사용하는 학생을 싫어하는 교사들을 위해서 학생들이 방과 후에 전화를 사용하면 특별히 할인해주는 서비스가 제공되기도 했다. 여성적 문화권에서는 폰뱅킹 서비스가 우선 도입된다. 새로운 서비스는 기존의 습관과 기호를 따르는 경향이 있다.

이 단계에서 브랜드 특성이 약한 상품시장은 충분히 성숙되지 않았기 때문에 상품들은 여전히 표준화될 수 있지만 문화권별 특성을 반영한 마케팅 커뮤니케이션이 적용되어야 한다. 국영 휴대전화 서비스 공급자의 광고가 지역특성을 나타내는 상태에 머물러도 휴대전화

제조업자는 상품과 광고에 사용되는 언어를 다양하게 바꾸기도 한다. 이제, 광고는 한 단계 높은 혜택을 제공하는 수준에 이르게 된다. 이 단계에서 노키아는 "당신은 통제된 정보가 있다"(*You have information under control*)와 에릭슨은 "힘에 대한 그 무엇"(*It's about power*)이라는 메시지를 광고에 사용하였다(〈그림 8-3〉 참조). 코카콜라가 이 단계에 들어가서 여전히 제 1단계의 전략을 구사한다면 그 효과가 떨어질 것이다.

〈그림 8-2〉 제 1단계 광고

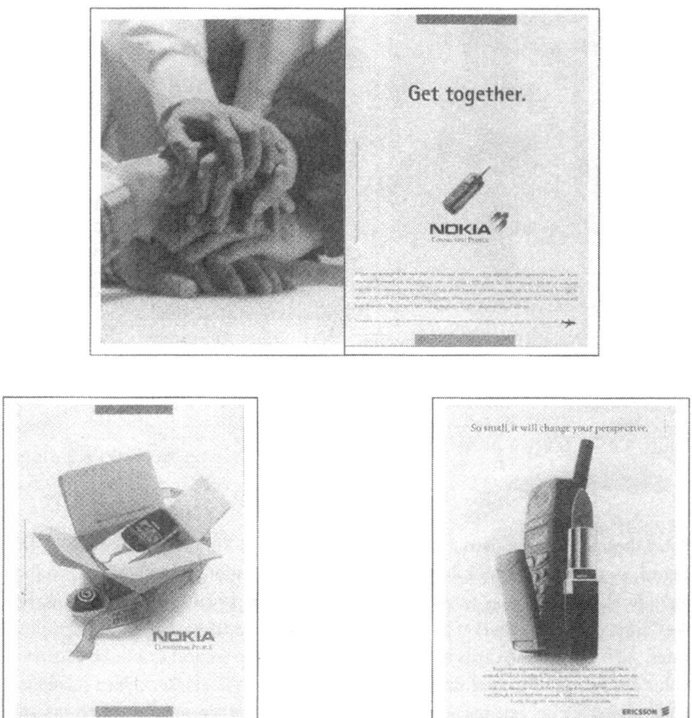

〈그림 8-3〉 제 2단계 광고

제 3단계 : 지역 상품, 지역 마케팅 커뮤니케이션

이 단계에 이르면 원조상품을 위한 시장도 성숙하게 되고 경쟁은 심화되어 대부분의 기업들이 광고와 상품전략에서 차별화시켜야 한다는 압박감에 시달리게 된다. 문화권과 국가에 따라 다른 구매행동과 동기에 부합되는 전략을 수립하기 위해서 상품의 확장(*product extension*, 한 상품에서 파생된 상품이나 그 창작)을 연구해 보는 것이 좋을 것이다. 텔레비전에서는 인터랙티브 TV(*Interactive TV*)나 인터넷을 이용한 방송이 그러한 확장의 사례가 될 것이다. 비디오 콤팩트 디스크(VCD)는 미국에서보다 아시아 국가에서 더 빨리 확산되었는데 가라오케에서 VCD가 사용되었기 때문이다. 2002년에 이미 휴대전화는 제 3단계에 들어섰지만, 유럽에서 휴대전화 제조회사는 휴대전화가 마치 제 1단계에 머물러 있는 듯이 차별화 전략을 도외시하였다. 노키아 역시 중국 같은 신흥공업국 시장에서만 지역적 특성을 반영하여 고객들에게 연하장을 보내는 마케팅 전략을 실시하였다.[3] 그러나 노키아는 시장에 알맞은 휴대전화 개발에 관심을 기울이지는 않았다. 물론 자회사에서 부유층을 겨냥한 하위 브랜드인 베르투(Vertu)를 생산하기도 했고 지멘스(Siemens)도 젤리브리(Xelibri)라는 브랜드로 이른바 "패션 액세서리 전화"라는 전화를 생산하기도 하였다.[4] 중국에서는 가짜 다이아몬드가 박힌 휴대전화가 시판되었는데 이는 서구인들이 저속하다고 여길 만했다. 결국 TCL이나 닝보 버드(Ningbo Bird) 그리고 아모이소닉(Amoisonic) 같은 브랜드들이 시장 점유율을 높이기 시작했으며 노키아와 모토롤라는 성과가 좋지 못했다. 노키아는 최근에서야 인기 있는 가짜 다이아몬드 디자인을 흉내내기 시작했지만 너무 늦었다.[5] 이미 제 3단계에 들어선 코카콜라도 중국 내 콜라 브랜드의 등장과 함께 최근 새로운 전략을 수립하기 시작했다.

경쟁이 심화되고 나서야 광고 창작자들은 광고의 단계를 높여서 가치를 추구하는 수준으로 이동한다. 이 단계에서 문화적 차이를 무시하고 표준화된 광고를 사용하는 것은 위험한데 문화권에 따라 상이한 가치가 지배하기 때문이다. 제 3단계에 접어들어 마케팅은 다양한 지역특성을 반영할 수 있어야 하며 문화적 구분에 알맞은 차별화 전략을 도입해야 한다. 이 단계에 들어서 노키아와 에릭슨 모두 "자유"를 하나의 가치로 사용하였다. 기본적으로 이 광고를 통해서 전달되는 메시지는 "당신이 원하는 어느 곳에서나 통한다"는 것이었다(〈그림 8-4〉의 광고 참조). 이런 특성은 두 브랜드를 생산한 (스칸디나비아 반도 근처의) 권위주의와 남성성이 낮게 나타나는 국가들에서 아주 중요한 가치라고 할 수 있다. 스칸디나비아 반도 근처의 국가에서 사람

---

3) Cai, Yang, "Design strategies for global products," *Design Management Journal*, Fall 2001, pp. 59~64.

4) "The origins of Vertu," *The Economist*, February 22, 2003, pp. 66~67.

5) "The local touch," *The Economist*, March 8, 2003, p. 62.

들은 업무에 융통성이 있기를 원한다. 제 7장(인터넷)에서 필자가 언급했듯이, 집단주의적이고 남성적 문화권의 사람들은 일과 사생활에 있어서 명확한 경계선을 긋고자 한다. 예를 들어, "원하는 곳에서 일하라"는 제안은 이탈리아와 일본에서는 좋지 못하다.

세 가지 발달 단계 중 제 2단계가 국제 마케팅에서 가장 중요한데, 그 단계의 시장에서 차별화가 시작되기 때문이다. 만약 기업이 이 단계에서 지역의 소비자행동을 이해한다면, 그것은 제 3단계에서 뜻밖의 성과가 될 투자이다.

〈그림 8-4〉 제 3단계 광고

2. 브랜딩 전략

브랜딩(*branding*)의 몇 가지 양상은 문화종속적이다. 브랜드는 대체로 독특한 개성으로 자리매김되었기 때문에, 브랜드 개념 자체는 서구적이며 개인주의적인 현상으로 여겨진다(〈그림 4-2〉 참조). 또한, 브랜드의 유형도 다양하다. 아시아에서는 기업 브랜드(*company brand*)가 보다 익숙한 반면 서구에서는 상품 브랜드(*product brand*)가 보다 보편적이다. 상품 브랜드는 경쟁사에 대비하든 자사 브랜드에 대비되는 타사 브랜드에 대응하는 것이든 브랜드 포지셔닝을 목적으로 한다. 집단주의 문화권인 아시아에서 마케팅의 중요한 목적 중의 하나는 소비자와 기업 간에 신뢰를 유지하는 것이다. 이런 목적에 부합하려면 회사 이미지 중심으로 브랜드 이미지를 형성하는 것이 경쟁력 있는 상품 중심의 브랜드를 구축하는 것보다 효율적이다. 아시아에서 브랜드는 기업의 성공 이미지와 연결될 때 가장 긍정적 효과를 거둘 수 있으며, 서구에서는 한 브랜드 아래에 상상할 수 없는 상품들이 하나의 기업 브랜드에서 제조 및 판매된다. 서구에서는 일본의 화장품 기업 시세이도(Shiseido)가 판매하는 기저귀를 화장품과 기저귀의 연관성에서 판단한다. 하지만 아시아에서 화장품 시세이도의 이미지는 고객들에게 시세이도 기저귀를 한 번 써보는 것도 나쁘지는 않을 것이라고 생각하게 한다.[6]

성공적인 국제 브랜드는 다양한 방법으로 개발되었다. 2001년 〈리더스 다이제스트〉[7]는 유럽 내 18개국 국민들에게 18개 상품군의 브랜드 중 가장 신뢰하는 브랜드를 선정하도록 하였다. 연구결과에 의

---

6) Schmitt, Bernd H. and Pan, Yigang, "Managing corporate and brand identities in the Asia-Pacific region," *California Management Review*, 36, 1994, pp. 32~48.

7) *Reader's Digest European Trusted Brands*, 2001 and 2002(부록B 참조).

하면, 강력한 다국적 기업들의 공세 속에서도 토종기업들은 여전히 저력을 발휘하고 있음을 확인할 수 있다. 이런 나라들은 전통이 있고 광고에서 자국의 주요 가치를 구현하는 유사성이 있다. 그 사례를 보면 핀란드의 루메네(Lumene, 화장품)와 발리오(Valio), 이탈리아의 바릴라(Barilla, 파스타), 독일의 슈워츠코프(Schwarzkopf, 샴푸), 네덜란드의 안델론(Andelon, 샴푸), 프루덴트(Prudent, 치약), 멜쿠니(Melkunie, 식품) 등이다.

또한, 국가적 가치의 중요성은 어떤 경우에는 글로벌 브랜드에서도 인식되고 있다. 신뢰를 많이 받는 브랜드는 네 가지 특성에 따라 범주화가 가능하다.

(1) 이들은 새로운 시장에 최초로 진입한 브랜드로서, 기술적으로 앞서 있으며 속한 상품군의 상품이 지닌 특별한 가치를 거의 최초로 제시한 브랜드라고 할 수 있다(예: 소니, 캐논, IBM, 노키아).

(2) 포장된 상품범주에서 믿을 만한 브랜드들은 일찍 시장에 진입하여 엄청난 광고예산을 투입하여 신뢰를 얻었다. 사례를 보면, 아리엘(Ariel), 로레알(L'Oreal), 팬틴(Pantene), 네슬레(Nestle), 다농(Danone) 등이다. 이런 브랜드는 체코 공화국, 헝가리, 러시아, 슬로바키아 같은 국가시장에 거의 최초로 진입한 글로벌 브랜드이다. 이상의 시장이 최고의 성장을 구가하던 1996년에서 1999년 사이에 대부분의 유럽국가에서 이들 브랜드들은 〈애드 에이지〉(*Adage*)가 선정한 10대 광고주로 선정되기도 했다.

(3) 신뢰를 얻는 몇몇 글로벌 브랜드는 매우 오래되었다. 그들은 오랜 세월동안 소비자에게 꾸준하고 일관된 메시지를 전달하였다. 각국의 시장에서 니베아와 콜게이트 같은 일부 글로벌 브랜드는 해당

국의 고유 브랜드로 여겨지기도 한다. 특히, 니베아는 여러 나라에서 자국 브랜드로 여겨진다.

(4) 네 번째 범주는 다른 문화권에서보다 몇몇 문화권에서 더 자주 소구되는 특정 가치에 소구하는 글로벌 브랜드들이다. 벤츠는 벨기에, 폴란드, 러시아, 스페인같이 사회적 지위를 중요하게 여기는 권력거리가 높은 국가에서 신뢰가 높았다. 높은 사회적 지위와는 거리가 있는 오펠(Opel)과 도요타는 네덜란드나 노르웨이처럼 권력거리가 낮은 국가에서 더 신뢰를 얻었다.

〈리더스 다이제스트〉의 조사에서 얻을 수 있는 함의는 글로벌 브랜드나 국내 브랜드나 오래된 브랜드가 신뢰를 얻는다는 점이다. 몇몇 글로벌 브랜드는 과감하게 광고에 투자하거나 신속히 신흥시장에 진입함으로써 신뢰를 얻는다. 강력한 브랜드로 남으려면 꾸준히 광고에 투자해야 한다. 강력한 글로벌 브랜드가 되고는 싶지만 광고비를 절감하고 싶다면 문화적 가치를 잘 고려하여 다국적 포지셔닝 전략을 수립해야 한다. 문화권에 따라 차별화된 광고는 훌륭한 광고전략이다. 각 상품군에서 특정 가치가 돋보이게 되고 국가들은 그러한 가치에 따라 권역으로 묶이게 마련이다.

문화에 바탕을 둔 또 다른 현상은 서구의 대형 슈퍼마켓 체인점들이 개발한 사적 소매 브랜드(*private retail brand*)의 등장이다. 21개국에서 선정한 사적 레이블 브랜드(*private label brand*)의 시장점유율은 개인주의와 단기 지향성과 상관관계가 있었다.[8] 집단주의 문화권에

---

8) The 21 countries are Australia, Austria, Belgium, Brazil, Canada, Denmark, Finland, France, Germany, Italy, Japan, Mexico, Netherlands, New Zealand, Portugal, South Africa, Spain, Sweden, Switzerland, United Kingdom, and United States. Calculations with LTO are

서 사적 레이블 브랜드보다 국내 또는 글로벌 브랜드를 선호하는 원인은 크게 두 가지이다. 우선 국내 브랜드가 사회적 지위를 드러내는 데 도움이 되는 부가적 가치를 더 많이 가지고 있기 때문이며, 다른 하나는 조화를 이루고자 하는 욕구가 사람들에게 브랜드에 보다 충성하도록 하기 때문이다. 여기에 장기지향성(*long-term orientation*)이 더해지기도 하는데, 그것은 고객과 브랜드 간의 장기적 관계를 촉진하기 때문이다.

시간이 지날수록 다수의 기업들이 세계적으로 성공하는 기업이 되기 위해 글로벌 브랜드 개발에 집착해서는 안 된다는 점을 깨닫고 있다. 기업들은 각각의 시장에서 강력한 지배력을 지닌 브랜드 개발에 초점을 맞추어야 한다.[9] 다만, 이런 브랜드가 모든 시장에서 동일한 모습으로 등장해야 할 필요는 없다. 서구적 관점에서 글로벌 브랜드는 일관된 개성을 바탕으로 모든 시장에서 일관된 전략이 수행되어야 성공할 수 있다. 집단주의 문화권에서 일관성이 그다지 중요한 조건이 아니라는 점을 상기한다면 유연성이 보다 중요한 성공전략이 될 것이다. 토종기업에 속하건 다국적 기업의 소유이건 간에 토종 브랜드와 지역적 특성에 잘 적응한 다국적 브랜드들은 꾸준히 성공하고 있다. 맥도날드 해외지점의 성공은 꾸준히 지역적 특성에 적응해온 결과라고 할 수 있다. 중국에서 일부 브랜드들은 원래 브랜드와는 다소 거리가 있는 이름과 이미지를 추구하여 중국적 이미지를 담아내려고 한다.[10] 많은 아시아 국가들에서 적지 않은 토종 브랜드들이 글

---

only for 19 countries, as no data for LTO are available for Mexico and South Africa, Data are from ACNielson, 2001, provided by Hans Brok of the retail chain Metro, Germany.

9) Aaker, David A. and Joachimsthaler, Erich, "The lure of global branding," *Harvard Business Review*, 77, 1999, pp. 137-144.

10) Chan, Allan K. K., "Localization in international branding: A longitudinal comparison of the Chinese names of foreign brands in Hong

로벌 브랜드와 유사하거나 보다 나은 시장점유율을 보이고, 성공적 글로벌 기업들은 본국에서와 다른 내포적 의미(*connotations*)로 활동하고 있다. 인도시장에서 가장 인기 있는 콜라는 펩시도 코카콜라도 아닌 텀스 업(Thumbs Up)이라는 브랜드이다. 스리랑카 최고의 판매율을 기록하는 맥주는 하이네켄(Heineken)이나 버드(Bud)가 아니라 라이언(Lion)이다. 케어링(Caring)은 태국에서 가장 잘 팔리는 모발관리 상품이다.[11] 인도네시아 담배인 삼포르나 어 마일드(Sampoerna A Mild)는 아시아 남부지역에서 가장 인기있는 저타르 담배이다. 인도네시아에서 가장 유명한 맥주는 비르 빈탕(Bir Bintang)[12]이며, 유럽에서 수프와 소스로 유명한 마기(Maggi)는 아시아 국가에서 인스턴트 국수와 동의어가 되었다.

3. 소매업

미국에 있는 대형 쇼핑몰이 모든 나라에 다 있는 것은 아니다. 많은 서구국가들의 쇼핑센터들이 다양한 소비자들에게 천차만별의 상품들을 판매한다. 집단주의 문화권에서는 같은 종류의 물건을 파는 상점들이 한 지역에 밀집되어 있는데 이는 가격비교와 흥정을 하기 위해서이다. 슈퍼마켓에서 쇼핑을 하는 목적도 다양하다. 서구의 대형매장에서는 다양한 포장상품이 가장 큰 특징이라고 한다면 태국인

Kong between 1987~1988 and 1994~1995," *Journal of Marketing Communications*, 3, 1997, pp. 127~137.

11) Malhotra, Sanjeev and Mangrulkar, Seema, "Branding in the last of the unsaturated markets," *Design Management Journal*, Fall 2001, pp. 53~58.

12) Temporal, Paul, The great Asian brands survey, Retrieved September 1, 2002, from www. brandingasia. com/survey

들은 청결함과 신선식품의 품질 때문에 대형매장을 찾는다고 한다. 따라서 신선한 음식의 중요성 때문에 재래시장(*wet market*)은 태국인의 소비행동에서 중요한 역할을 지속해 갈 것이다.[13] 남부유럽에서도 신선한 식품을 파는 시장은 인기가 있다. 스페인에서는 (포장되어 신선하지는 않은 상품을 파는) 대형매장에서의 식품판매율이 40%일 뿐이지만 다른 유럽지역에서는 거의 60%에 달한다. 네덜란드의 식품소매업체 아홀드(Ahold)는 스페인에서 사업을 확장했다. 이 업체는 포장상품을 표준화하고 신선한 음식판매에는 소홀했는데 결과적으로 적지 않은 영업손실을 입게 되었다.[14] 유럽 전역에 걸쳐서 소비자들의 기호에 따라 소매의 형태도 다양하다. 천여 가지의 한정된 자체 브랜드를 저가에 판매하는 독일의 하드 디스카운터(Hard Discounter), 알디(Aldi), 리들(Lidl)은 비교적 높은 시장점유율(30%)을 나타낸다.* 이는 그와 비슷한 형태의 영국기업(10%)이나 프랑스기업(8%)의 시장점유율을 한참 웃도는 것이다.[15] 할인업체의 시장점유율에 대한 변량은 사업번창(*thriftiness*)을 포함하는 차원인 장기 지향성과 관련된다. 유럽 14개국에서의 모든 할인판매의 점유율에 관한 자료 역시 장기지향성과 관련된다.[16]

---

13) "Shopping habits die hard in Thailand," *Insights Asia Pacific*, 92, April 2000, p. 11.

14) Baltesen, Frits, "Spaans benauwd"(Scared out of their wits), *NRC Handelsblad*, October 6, 2002, p. 14.

* 역자주) Soft Discounter: 자체 브랜드 및 메이커상품 혼합, 일반/세일가격 공존

15) "German retailing. Cheap and cheerless," *The Economist*, September 2, 2000, pp. 65~66.

16) Belgium, Denmark, Germany, Norway, Sweden, and the United Kingdom, Euromonitor 1998(부록B 참조).

4. 국제 시장의 세분화

마케터들은 유사한 기호와 구매습관을 지닌 사람들을 집단으로 묶어 시장을 구획하려고 한다. 손목시계처럼 자주 볼 수 있는 상품을 생각해보자. 스와치(Swatch, 스포티한 느낌의 시계 브랜드)를 사는 사람과 롤렉스(Rolex)를 사려는 사람은 분명 다른 구매의도를 가지고 있다고 볼 수 있을 것이다. 스와치 구매자들은 명백히 롤렉스를 구매하려는 사람과 다른 집단에 속한다고 할 수 있다. 마케터들은 그들이 판매하려는 상품의 구매자가 될 수 있는 사람들의 집단을 정의하려고 노력한다. 스와치와 롤렉스는 각각 속성이 다르며 다른 집단의 사람들에게 소구할 만한 다른 가치를 중시하는 각각 다른 시장에 위치한다.

일반적으로 소비자 집단은 인구통계학적 특성(연령대 등)으로 구분되며 사이코그래픽스(*psychographics*, 라이프스타일, 태도, 가치 등) 범주, 혜택으로 구분되거나 사용빈도에 따라서 구별되기도 한다.[17]

국제 시장을 구분하는 데 가장 자주 사용되는 변인은 1인당 GNP, 거주지, 언어 등이다. 이것에 더해서 비교문화 가치조사에서는 제한적이기는 하지만 국가별로 유사한 사이코그래픽스의 특성을 조사하였다. 필자는 이 장의 후반부에서 그런 연구들에 대해 논의하려고 한다.

언어와 지리적 근접성 모두 때때로 문화와 겹치지만 그렇지 않은 경우가 더 많다. 독일과 스위스의 독일어 사용자들은 언어적으로 동일하고 문화적으로도 가깝지만 네덜란드와 벨기에의 네덜란드어 사용자들은 지리적으로 언어적으로 가까운데도 문화적으로는 상당한

---

17) Sampson, Peter, "People are people the world over: The case for psychological market segmentation," *Marketing and Research Today*, November 1992, pp. 236~244.

거리가 있다. 베네룩스(Benelux)라는 것은 문화적으로 상당히 부적절한 묶음이라고 할 수 있다. 네덜란드와 벨기에처럼 문화적으로 상이한 사례를 찾기도 힘들 것이다. 예를 들어, 미국, 호주, 뉴질랜드는 모두 언어적으로 동질적이나 그들간의 문화적 격차는 시간이 지날수록 커지고 있다.

경제적 동질성이 증가함에 따라, 문화적 특성에 따라서 국가들을 묶는 것이 언어의 사용, 지리적 근접성, 또는 경제발전에 따라 구분하는 것보다 더 효과적이다. 자동차와 같이(지위, 안전, 또는 연비), 문화권에 따라 동기가 달라지는 몇몇 상품범주에 대하여 살펴보았다. 이러한 동기들은 어느 곳에서나 발견되지만, 그것들이 보다 두드러지는 문화권과 덜 나타나는 문화권은 따로 있다. 물론 〈그림 8-5〉에서 알 수 있듯이, 특정 가치를 공유하는 문화권들이 있다. 기업들은 자사 브랜드가 지닌 가치와 그것을 표현한 광고를 목표시장의 특성에 알맞게 바꿀 것인지 아니면 자국 시장에서의 이미지를 고수할 것인지를 결정해야 한다. 이에 따라 글로벌 브랜드는 자국에서의 거대시장

〈그림 8-5〉 문화의 공유

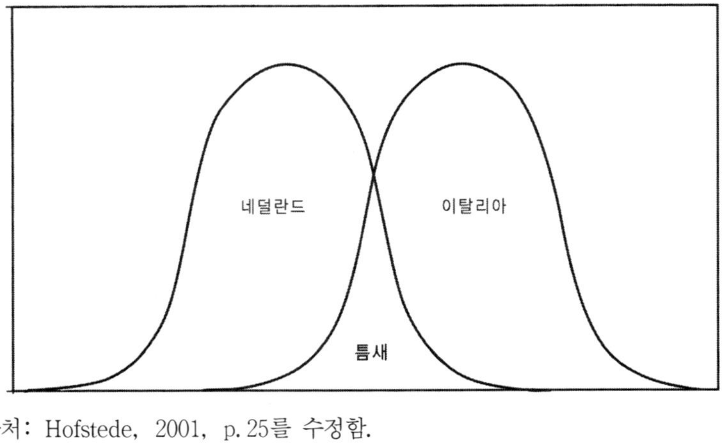

출처: Hofstede, 2001, p. 25를 수정함.

대신 외국에서의 틈새시장을 겨냥하게 된다. 이탈리아의 자동차 브랜드 알파 로메오(Alfa Romeo)를 예로 들어보자. 알파 로메오는 저돌적 운전이라는 이탈리아의 문화에 적합한데, 이는 남성성과 높은 불확실성의 회피와의 문화적 통합으로 설명할 수 있다. 남성성이 낮고 불확실성의 회피가 중간 정도인 네덜란드에서는 거칠게 운전하는 사람도 일부 있겠지만 이는 소수에 불과하다. 이탈리아에서 거대시장을 형성하는 알파 로메오는 그들의 포지셔닝 전략을 바꾸지 않는다면 네덜란드에서는 단지 틈새시장에 머무를 것이다.

특정 가치에 소구하는 강력한 포지셔닝은 대체로 일반적인 것들을 섞는 것에 소구하는 것보다 더 성공적이지만, 국제적으로 강력한 지역적 포지셔닝은 오직 문화적으로 유사하게 통합된 국가를 대상으로 할 때 효과를 발휘한다. 해외에 진출하여 틈새시장 이상으로 발전시키기를 원하는 기업에서는 목표시장의 가치를 반영하는 마케팅을 전개해야 한다. 거의 모든 상품군이 문화에 따라 특성화되기 때문에 상품군 분석을 위한 문화지도를 미리 그려보아야 한다. 문화와 상품군 간의 관계에 대한 지식이 있으면 효율적인 브랜드 포지셔닝을 기대할 수 있다. 제 7장에서 고찰하였듯이 고급시계는 남성성과 관련되지만 개인주의 가치에 초점을 맞춘 롤렉스(Rolex) 광고가 개인주의적인 유럽 문화권에서 설득력이 있다는 연구결과도 있었다. 보다 차별화된 브랜드 전략을 시행하면 사회적 지위를 보다 중시하는 집단주의 문화권에서 보다 강력한 브랜드 파워를 기대할 수 있다. 제 5장에서 특정 상품군과 관련된 구매동기와 지위를 나타내는 상품(시계, 술, 음료수)을 분석하는 데 이용할 수 있는 문화적 기틀을 제시하였다. 이에 더하여 자동차 구매동기에 있어 어떤 차이가 있는지도 설명하였다. 이번 장에서는 자동차 구매동기에 대한 문화적 틀을 제시할 것이다. 제 7장에서 수단-목적 사슬(*means-end chain*)의 작동이 문화권에 따라 어떤 차이가 있는지에 대하여 립스틱의 사례를 들어 설명하였다. 이

번 장에서 필자는 문화지도를 그리는 방법의 또 다른 사례로 색조화장품을 사용한다.

1) 자동차 구매 동기

〈그림 8-6〉에 제시한 자동차 구매동기를 보면 남성성이 낮고 불확실성의 회피가 낮은 통합국가들은 사분면의 좌측 하단에 위치한다. 여기에서 사람들은 가정의 안정을 추구하며 엔진 크기나 여타의 기술적 특징 그리고 지위를 나타내는 특징에는 별로 관심이 없다. 안전을 우선시하는 스웨덴의 브랜드 볼보(Volvo)가 수행한 전략은 이 영역에 알맞다. 스웨덴의 디자이너들은 스웨덴 문화의 핵심인 돌봄(*caring*)이 스웨덴 자동차 디자인의 자연적 구성요소로서의 안전(*safety*)으로

〈그림 8-6〉 자동차 구매동기

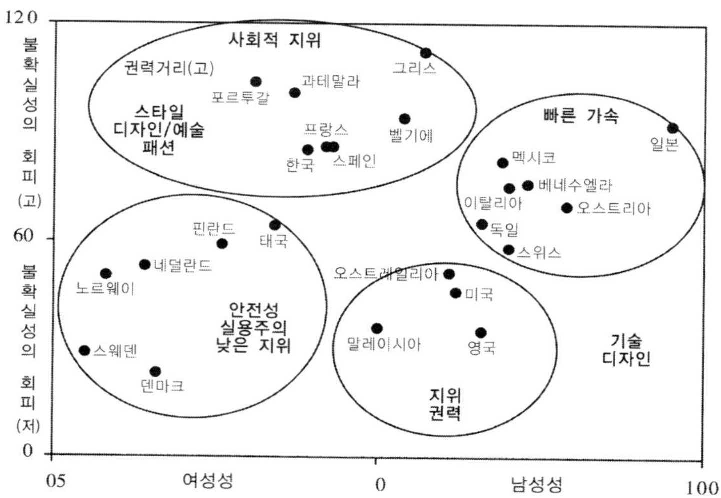

출처: Data Hofstede(부록A 참조).

유도한다고 언급한다.[18] 〈그림 8-7〉의 볼보 이탈리아 광고는 비유적 방법으로 안전을 실증하여 제시한다. 이렇게 접근하면 이탈리아 시장에서 볼보는 틈새시장에만 머무를 수밖에 없을 것인데 이는 이탈리아가 남성성이 높은 문화권이기 때문이다. 볼보는 미국시장에서도 같은 전략을 취했는데 미국 역시 그림에서 우측 하단에 위치하는데 남성성과 불확실성의 회피가 낮은 문화권의 통합을 특징으로 한다. 이런 문화권의 사람들은 물질적 성공을 과시하고 싶어한다. 이들에게는 기술 역시 중요한 요소이므로 크고 강력한 엔진을 갖춘 자동차들이 관심을 끈다. 미국의 SUV(스포츠용 자동차)가 이런 선호에 전형적으로 부합되는 상품이다. 〈그림 8-7〉의 네온(Neon) 광고에서는 광고하는 자동차가 실제로는 파워가 강하지 않은데도 엔진의 파워를 강조하고 있다.

우측 상단 사분면은 남성성과 불확실성의 회피가 높은 특성이 있는 문화권을 나타낸다. 불확실성의 회피가 낮은 문화권의 소비자들은 과속운전을 하는 경향이 있고 속도가 빠른 자동차를 선호하는 경향이 강하다. 위험을 혐오하는 불확실성의 회피가 높은 문화권에서는 안전을 추구하는 구매동기가 강할 것으로 예상되기 때문에 이런 성향은 다소 모순되게 여겨질 수도 있다. 이런 추론이 잘못된 이유는 불확실성의 회피가 높으면 풀어야 할 스트레스가 그만큼 많을 것이기 때문이다. 과속운전은 스트레스를 해소하는 효과가 있다. 남성성이 강한 소비자 역시 거칠게 운전을 하는 성향이 강하다. 그리고 차량은 기술이나 디자인 면에서 높은 수준에 올라있어야 하며 안전검사도 확실하게 받아야 한다. 이탈리아 브랜드 알파 로메오가 이 영역에 가장 적합하지만 폭스바겐(Volkswagen)도 "기술을 통한 선두"

---

18) Grinyer, Clive, "Design differentiation for global companies: Value exporters and value collectors," *Design Management Journal*, Fall 2001, pp. 10~14.

(*Vorsprung durch Technik*)라는 주장으로 소비자에게 접근한다. 아우디(Audi)도 독일상품이라는 점을 강조하며 은연중에 소비자들이 자동차를 독일식 디자인에 바탕을 둔 탁월한 제조 기술이라는 이미지와 연결시키려고 한다.[19] 〈그림 8-7〉에는 두 가지 사례가 있는데, 기술을 강조하는 독일 브랜드 아우디와 예술과 디자인을 강조하는 이탈리아 브랜드 란치아(Lancia)이다.

좌측 상단의 사분면에는 남성성은 낮고 불확실성의 회피는 높게 나타나는 문화권을 모아 놓았다. 사람들은 '스포티한'(*Sporty*) 운전과 속도를 즐기지만 반드시 거칠게 운전하는 것은 아니다. 이런 성향의 소비자들은 예술과 패션에서나 접할 수 있는 만족할 만한 디자인에 보다 많은 관심을 나타낸다. 시트로엥(Citroen), 르노(Renault), 푸조(Peugeot) 같은 프랑스 자동차 브랜드들이 이런 소비자들의 기호를 만족시킬 수 있다. 상단의 두 가지 사분면은 권력거리가 높은 문화권을 포함하는데 이는 사회적 지위 욕구에 봉사하는 기능인 자동차 디자인의 소구법을 강화시킨다. 〈그림 8-7〉의 사례는 시트로엥 잔티아(Xantia)이다.

19) Grinyer, 2001.

〈그림 8-7〉 자동차 광고

볼보: 안전

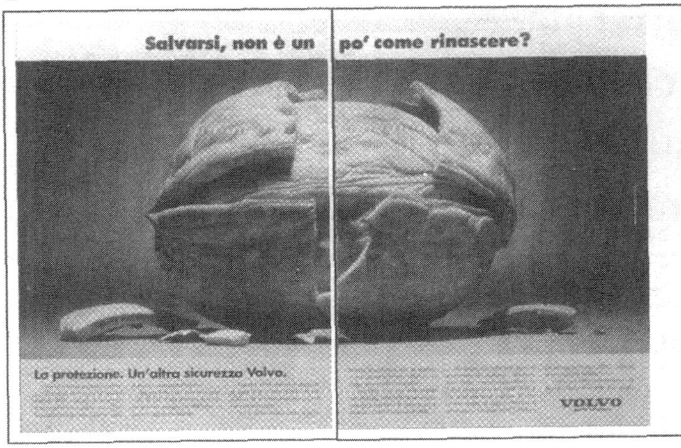

미국: 크고 강력한 엔진

독일: 폭스바겐/아우디, “기술을 통한 선두”

이탈리아: 예술, 디자인

프랑스/스페인: 자동차는 예술의 대상

2) 색조 화장품

색조 화장품(*color cosmetics*)은 젊어 보이거나 개성을 표시하고자 하는 소비자의 욕구를 만족시킨다. 화장품은 자연적인 것이 아닌 인공적인 것이다. 따라서 화장품의 사용은 낮은 수준의 불확실성의 회피와 유의한 상관관계를 나타낸다. 불확실성의 회피가 높은 문화권에서는 인공적인 것에 대한 반감과 순수함에 대한 수요가 두드러진다. 이런 문화권에서 인공적인 것을 받아들이기 위해서는 과학적 근거가 제시되어야 한다. 독일에서 두발 관리, 치약, 개인위생 관련 용품에 과학적인 주장을 담는 것은 이 때문이다. 과정보다 결과를 중시하는 불확실성의 회피가 낮은 문화권보다 불확실성의 회피가 높은 문화권에서 과학적 근거를 제시한 광고가 보다 설득력이 높다. 화장품과 관련된 순수성에 대한 지대한 관심은[20] 불확실성의 회피가 높은 일본 문화권에서도 두드러진다. 〈그림 8-8〉은 권력거리, 불확실성의 회피, 그리고 개인주의에 관련된 색조 화장품의 네 가지 영역을 묘사하고 있다.

권력거리와 불확실성의 회피가 낮은 문화권(좌측 하단)에서는 많은 사람들이 색조화장품을 사용한다. 권력거리가 낮으면 사람들은 젊어 보이려 하고 불확실성의 회피가 낮으면 인공적인 것에 대한 거부감을 줄여준다. 이 영역에 위치한 국가들 역시 개인주의 성향을 나타낸다. 자존감은 중요한 가치인데 왜냐하면 자신감 있는 사람들은 다양성을 좋아하고 새로운 색상의 상품을 구매하려고 하며 브랜드를 종종 바꾸기도 하며 광고에 설득되지 않고도 구매행동을 할 것이기 때문이다. 충분한 선택의 기회가 주어지면 상품 스스로 판매를 유발한다.

---

20) Becker, C., "Hair and cosmetic products in the Japanese market," *Marketing and Research Today*, February 1997, pp. 31~36.

〈그림 8-8〉 색조 화장품 지도

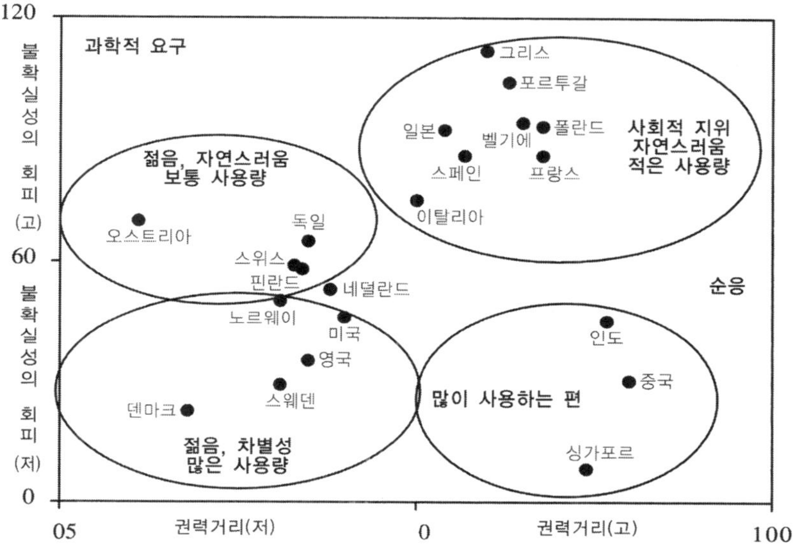

출처: Data Hofstede(부록A 참조).

우측 하단에 위치한 권력거리가 높고 불확실성의 회피가 낮은 문화권에서는 보통이나 높은 수준에서 색조화장품을 소비하는 것으로 나타났다. 이 영역의 문화에는 집단주의적 성향도 나타난다. 순응(*conformity*)은 강력한 동기가 될 것이다. 사회적 지위를 나타내는 브랜드들이 이 영역에서 중요해질 것이다. 중국, 싱가포르, 그리고 인도가 이 영역에 적합하다.

좌측 상단에 위치하는 권력거리가 낮고 불확실성의 회피가 높은 문화권은 중간 정도의 구매력을 보여준다. 이 범주의 국가들은 역시 중간 정도의 집단주의적 성향을 나타낸다. 권력거리가 높은 경우, 사용하는 화장품의 범주가 제한되는 반면 권력거리가 낮은 문화권에서는 젊게 보이기 위해 다양한 화장품을 더 많이 사용한다. 자연적인 순수함에 중점을 두고 과학적으로 제조한 상품이나 브랜드가 이 문화권에서 보다 안정적인 판매고를 올리게 된다. 안전성(*security*)이 매우 중요한 가치로 자리매김한다.

우측 상단에 위치한 권력거리가 높고 불확실성의 회피가 높은 문화권에서는 다른 문화권에 비해 판매가 촉진될 것이며, 과학적 접근과 지위를 나타내는 브랜드들이 가장 잘 팔릴 것으로 기대된다. 안전성과 사회적 인식은 모두 중요한 최종적 가치이다. 여기에는 개인주의 문화(프랑스와 벨기에)와 집단주의 문화가 포함되며, 따라서 접근방식도 하위 영역에 따라 두 가지로 차별화되어야 하며, 로레알(L'Oreal) 같은 대형 화장품 브랜드는 이 문화권에서 태어났다.

5. 비교문화적 가치와 라이프스타일 연구

소비자행동 연구의 초기에 학자들은 심리적 성격 측정에 바탕을 둔 소비자의 선택을 설명하는 데 많은 관심을 가졌다. 라이프스타일 연구는 여기에서 파생되었다. AIO(태도 *attitude*, 관심사 *interest*, 의견 *opinion*)라는 변인에 따라 세분시장은 "행복한 주부"나 "가격 민감성 소비자"로 구분되기도 하였다. 그러나 이런 분석은 소비자의 구매행동에 대하여 아주 제한적인 설명력을 가질 뿐이었고 시간이 지나며 분류틀도 다소 불안정한 모습을 나타내기도 하였다. 1970년 후반에서 1980년대 초반에 연구자들은 소비자행동을 보다 잘 설명하며 시간의 변화에 영향을 받지 않는 안정적인 변인들을 개발하기 위해 일반적인 가치들을 조사하기 시작했다. 스탠퍼드 연구소(SRI, Stanford Research Institute)에서 개발한 VALS(*Values and Lifestyles*) 프로그램은 소비자행동 분석을 위한 심리학적 연구의 시초의 하나였다. 캘리포니아 멘로 파크에 있는 SRI 인터내셔널(SRI International)[21]에 의해 개발된 VALS는 로키치(Rokeach)의 가치체계에 바탕을 두고 있다.

VALS는 동기와 인구통계학적 특성을 알 수 있는 질문들을 담고 있는데 이들을 통해서 소비자의 취향을 예측해 낼 수 있다. 이후 이에 비견할 만한 파리 사회변화 국제연구소(International Research Center for Social Change in Paris)의 이름을 딴 RISC가 유럽에서 부상하였다.[22] 그 외에 다른 국가들에서도 유사한 연구가 이루어졌다.

이러한 연구들의 유사성은 소비, 응답자, 그리고 가치를 나타내는 2차원 공간을 사용한다는 점이다. VALS의 일차적 차원은 (최소한의 자원을 지닌) "투쟁자"(*struggler*) 대 (충분한 자원을 지닌) "실현자"(*actualizers*) 및 "원칙지향적"(*principle oriented*) 대 "행동지향적"(*action oriented*) 차원이다. RISC의 3가지 차원은 (변화에 대한 개방과 저항인) "모험성-안정성"(*exploration-stability*), "사회적-개인적"(*social-individual*), 그리고 "지구적-지역적"(*Global-Local*)이다.[23] VALS는 미국에서 개발되었기 때문에 미국 소비자들의 보편적 가치를 포함한다. 그럼에도 불구하고 국제적인 조사회사와 광고회사들은 이 틀을 다른 지역에도 적용시키고 있다. 한 문화권에서 나온 가치연구의 차원들은 그 문화의 특징을 담고 있으므로 그 의미가 다른 문화권의 연구에 그대로 적용되는 일은 없다. 따라서 이러한 관행에는 다소 문제가 있을 수 있다. 다음의 몇 가지 사례를 보자.

프랑스의 연구모형인 CCA에는 두 가지 차원〔"진보적-보수적"(*progressive-conservative*) 그리고 "물질적-정신적(*material-spiritual*)〕이 반

---

21) Holman, Rebecca H., "A values and lifestyles perspective on human behavior," in *personal values and consumer psychology*, edited by Robert E. Pitts, Jr. and Arch G. Woodside, Lexington, MA: Lexington Books, D.C. Heath, 1984, pp. 35~54.

22) Hansen, Flemming, "From life style to value systems to simplicity," *Advances in Consumer Research*, 25, 1998, pp. 181~195.

23) RISC, Why people buy〔Brochure〕, International Research Center for Social Change, Paris, 1995.

영되었다. 또 다른 프랑스의 분석모형인 소프레(Sofres)는 "조화-갈등"(*harmony-conflict*) 그리고 "질서-자유"(*order-freedom*)라는 두 가지 차원을 사용한다. 비교적 차별적인 가치라고 한다면 "의존성-독립성"(*dependence-independence*), "사회적 공포"(*social fear*), 그리고 "사회질서"(*social order*)이다. 이런 차원들은 권력거리가 높고 불확실성의 회피가 높은 문화적 통합의 가치를 반영한다.

벨기에의 시장조사 기관인 센시디엄(Censydiam)은 정신분석학자 아들러(Adler)의 이론을 차용하였다. 아들러는 열등감과 긴장의 공포에 관심을 가졌다. 아들러에 따르면 개인의 실존에 가치를 부가하는 에너지는 열등감과 긴장을 회피하려는 성향에서 나오게 된다고 한다. 센시디엄은 "행동이란 (만족되지 못한 욕구나 실현되지 못한 동기 같은) 긴장이나 열등감과 불안에 대한 공포를 해소하려는 노력이나 마찬가지"라는 철학에 근거하고 있다.[24] 이 이론에 따르면 소비자들은 이러한 긴장을 피하려는 기본적 전략을 세우게 된다. 불안에 대해 초점을 맞추는 것은 벨기에인의 높은 불확실성의 회피를 반영한다. 센시디엄은 벨기에 사람들의 특성을 반영한 이런 분석모형을 네덜란드에 판매하였다. 벨기에 사람들을 대상으로 한 연구에서는 "사회적 확증-사회적 통합"과 "감정의 표현-감정의 통제"라는 두 가지 차원이 나타났다. 그러나 이런 차원은 권력거리가 높고 불확실성의 회피가 높은 문화권에서 전형적으로 나타나는 것으로, 권력거리가 낮고 불확실성의 회피가 중간 정도인 네덜란드 문화권을 분석하는 데는 적절한 분석모형이 아니다. 설상가상으로 그런 연구들을 보면 연구결과에서 벨기에 소비자를 대상으로 한 분석모형을 바탕으로 하였다는 설명을 하지 않는 문제점도 있다.[25]

---

24) Callebaut, Jan; Janssens, Madeleine; Lorré, Dirk; and Hendrickx, Hendrik, *The naked consumer. The secret of motivational research in global marketing*, Antwerp: Censydiam Institute, 1994, p. 106.

스칸디나비아 반도의 소비자를 대상으로 갤럽(Gallup)에서 개발한 상업적 모형인 콤파스(Kompas)는 '근대적-전통적' 그리고 '개인주의적-사회적 가치'라는 차원으로 분석한다.[26] 후자의 '개인주의적-사회적 가치' 차원은 개인주의와 낮은 남성성이 병존할 때 생기는 모순을 반영한다. 즉, 개성의 표출이 중요하지만 서로를 인정하는 것이 더 중요한데 개성의 표출은 갈등의 원인이 되기도 하기 때문이다.

일본 사회는 욕구를 "외부 지향적-내부 지향적"의 차원과 "혼돈-질서"의 차원으로 구분한다. 이는 "참여-자유" 그리고 "변화-안정"이라는 두 가지 축으로 표현할 수 있다. 이 역시 개인주의에 내재하는 바람직한 형태의 자유와 참여 간에 발생하는 모순을 반영하는 것이다. '변화-안정'과 '혼돈-질서'의 차원은 불확실성이 높은 문화권에서 전형적으로 나타난다. 덴츠(Dentsu)[27]에서 개발한 다른 모형은 '성취자-구성원 의존'이라는 차원과 '집단 장점-지능적 비순응'이라는 차원으로 분석하는데, 이는 개인주의-집단주의 간의 모순을 나타낸다.

국제적 가치연구들은 유사성을 찾아내는 데 중점을 둔다. 가치를 나타내는 문장은 모든 문화권에서 타당해 보이는 질문들로 구성된다. 어떤 연구에서는 바람직한 가치(*the desirable*)에 대하여, 또 다른 연구에서는 바라는 가치(*the desired*)에 대하여 질문한다. 따라서 다른 연구는 다른 변인을 측정하는 것이나 마찬가지이다. 로퍼 스타치(Roper Starch)[28]가 수행한 전세계의 가치연구에서는 소비자들에게 생활의

---

25) Wijman, Erwin, "Autostudies van Censydiam gaan alleen over Belgen, Turnhout is geen Tilburg"(Car studies by Censydiam are about Belgians only. Turnhout is not Tilburg), *Adformatie*, 28, June 2001, pp. 36~38.

26) Hansen, Flemming, "From life style to value systems to simplicity," *Advances in Consumer Research*, 25, 1998, pp. 181~195.

27) De Mooij, M., *Advertising worldwide*(2nd ed.), London: Prentice Hall International, 1994, pp. 178~183.

28) The Roper Reports Worldwide Survey, *The public pulse*, October/November

'지표가 되는 원칙'에 대해서 묻기도 하였다. RISC 같은 다른 연구에서는 실제 행동을 측정하려고 한다.

일반적으로 요인분석을 통해서 가치에 대한 응답들이 분석되고 결과로 도출된 요인들은 연구자의 상상력을 바탕으로 요인명을 부여받는다. 결과적으로 명칭 역시 연구자의 문화적 배경에 좌우될 수밖에 없는 것이다. 미국 연구자들이 "노력하는 사람", "열성적인 사람", 그리고 "흥미를 추구하는 사람"이라고 명명한다면, 프랑스 연구자들은 "신화적"이나 "감정적"이라는 명칭을 사용하며, 영국 연구자들은 계층에 따라 용어를 붙이는 경향이 있다. 글로벌 가치로 세계의 소비자들을 구분해 보았자 매력적이지만 유용성은 떨어지는 분석틀을 얻게 될 뿐이다. 왜냐하면 그런 가치들과 실제행동 간에 유의한 상관관계가 거의 나타나지 않기 때문이다. 일반적으로 그런 연구를 수행한 연구자들은 연구에 사용된 질문이나 자료 조작법에 대한 많은 정보를 제공하지 않는다. 그 예측력은 제한적이다.

6. 학문적 비교문화연구

학계에서 비교문화 소비자 연구는 드물다. 일류 마케팅 학술지에서도 아직 비교문화 소비자 연구를 행한 논문들을 거의 게재하지 않으며 대부분의 비교문화연구마저 단지 두 나라나 두 문화만을 비교할 뿐이다.[29] 사용된 조사유형의 대부분은 서베이, 내용분석, 그리고 실험이다.

1997.

29) Sin, Leo Y. M.; Cheung, Gordon W. H.; and Lee, Ruby, "Methodology in cross-cultural consumer research: A review and critical assessment," *Journal of International Consumer Marketing*, 11, 1999, pp. 75~96.

1) 서베이와 실험

서베이와 실험에서 대부분의 연구들은 편리하다는 이유로 학생들을 활용하는 경향이 있다. 유사한 전공영역에서 선발된 학생표본은 유사한 연령대의 사람들이기 때문에 적합한 표본으로 간주될 수도 있다. 하지만 그들의 소비와 구매경험은 상당히 제한적일 수도 있다는 점을 명심해야 한다. 소비자들은 상품과 브랜드에 대해 집에서의 사용경험이나 기타 특정 맥락과 관련지어 독특한 연상을 하게 되며, 다양한 맥락에서 각각 다른 사용경험을 하게 된다. 학생들은 그런 경험과 맥락을 겪어본 적이 별로 없으며 일정한 수입이 없는 경우가 대부분이라 구매행동에 대한 책임의식도 희박하다. 학생들을 대상으로 삼는 것은 단지 예비조사(*pilot study*)에는 적합할 수 있지만 결과의 함의를 확대 해석해서는 안 된다.

실험은 대개 가짜나 조작된 광고물을 가지고 실험실에서 이루어진다. 특히 상품사용의 맥락을 구성하기가 어려운데 이것이 왜곡된 연구결과를 초래할 수도 있다(제 5장 감정의 표현 참조). 그러나 잘 조직화된 많은 실험연구는 행동에 미치는 문화적 영향력을 설명하는 의미심장한 지표를 발견하는 데 기여한다.

2) 내용분석

많은 흥미로운 비교문화연구 결과들은 광고에 대한 내용분석으로부터 나온 것이다. 그런 연구에서 가설은 광고와 사람들의 행동 간의 관계나 사람간의 관계에 주목하여 생성된다. 현상은 문화의 특정 차원과 관련된다. 예를 들어, 성역할 묘사는 홉스테드의 남성성 차원으로 측정되고 광고에 나타난 가족 가치관은 개인주의-집단주의로 측정된다. 문화의 두 가지 측면이 면밀히 고려되어야 한다. 첫째, 단지 하나의 차원은 현상에 대한 변량을 거의 측정할 수 없다. 둘째, 가치의 역설(*value paradox*)은 오해의 원인이 될 수 있다.

예를 들어, 개인주의-집단주의가 문화 속에 어떻게 반영되었는지 측정할 때의 기준은 "가족가치"와 "사회적 양상"이 활용되는 경향이 있다. 그러나 사회적 관계는 여성적 문화권에서도 중요하기 때문에 그런 측정에서는 남성성 차원을 고려할 필요가 있다. 반대로 남성성-여성성의 반영을 측정할 때는 개인주의-집단주의 역시 고려해야 한다. 예를 들어, 스웨덴, 러시아, 미국, 일본 등 4개국을 대상으로 성역할 묘사의 차이를 연구한 밀너와 콜린스(Milner & Collins)[30]는 남성적 문화권의 텔레비전 광고에서 성역할의 차이를 보다 두드러지게 묘사하는 실증적 증거들을 발견하였다. 그들은 또한 남성적 문화권보다 여성적 문화권에서 남녀간의 관계를 더 묘사한다는 점을 발견하였다. 연구자들은 또한 여성적 문화권보다 남성적 문화권의 광고에서 고용에 대한 묘사의 비율이 더 자주 나타날 것으로 기대하였으나, 이 가설은 기각되었다. 아마도 일과 가정을 구분하는 양태가 여성적 문화권의 그것과 다르기는 하지만 집단주의적인 일본 문화권의 특징이 가설을 지지하는 데 장애요인으로 작용하지 않았나 싶다. 결국 직장 근무자들이 광고에 자주 등장하지 않는 이유는 집단주의 문화권과 여성적 문화권에서 다르다고 할 수 있다. 여성적 문화권에서는 가정과 여가를 강조하기 때문에 직장의 모습이 나타나지 않는다고 하겠다. 반면에 집단주의 문화권에서는 주로 업무에 관련된 상품광고에서만 직장의 모습이 등장한다. 이런 상품들은 인간관계와는 거의 무관하고 상품의 속성에 따라 판단되는 특성이 있다. 광고에 나타난 개인주의-집단주의를 측정할 때 그 범주는 "가족가치"를 사용하는 경향

---

30) Milner, Laura and Collins, James M., "Sex-role portrayals and the gender of nations," *Journal of Advertising*, 24, 2000, pp. 67~79.

이 있으며, 광고에 가족의 모습이 등장하는 빈도를 측정하기도 한다. 이때 반드시 가치의 역설이 고려될 필요가 있겠다. (사회적으로-옮긴이 주) 바람직한 가치(*the desirable*)를 측정할 것인지, 아니면 (개인적으로-옮긴이 주) 바라는 가치(*the desired*)를 측정할 것인가? 집단주의 문화권에서 가족은 저절로 형성되는 영역이며 따라서 개인적 정체성의 일부이다. 가족의 맥락에서 상품이 묘사될 필요가 있을 때에만 광고주는 광고에서 가족을 묘사할 것이다. 개인주의 문화권에는 가족 가치가 약하기 때문에 그런 가치는 바람직한 가치로 여기며 광고에서 하나의 소구법으로 사용되기도 한다. 사람들이 갖지 못한 상품을 원하듯이, 사람들은 또한 결여된 가치를 추구한다. 이 때문에 아마도 일본광고에서보다 미국광고에서 가족을 더 많이 발견할 것이다.

3) 서구적 편견

정보처리에 대한 서구적 관점은 왜곡된 광고분석이라는 결과를 초래하기도 한다. 정보처리연구는 소비자들이 광고에 부여하는 의미에 대해서는 그다지 관심을 두지 않는다. 역사적으로 인식되어 온 의미에 대한 관심은 없으나 광고의 세부사항에 대해서만 관심을 나타내고 있다. 이러한 연구에서는 헤드라인과 카피가 매력을 끄는지 유명인이 신뢰성이 있는지 그리고 광고의 초점은 무엇인지를 밝히려고 한다.[31]

많은 비교문화 광고연구에서는 광고의 정보내용을 비교한다. 정보적-비정보적 내용 간의 차이를 조작화하기 위해서 레스닉과 스턴(Resnik & Stern)[32]이 유형화한 틀이 자주 사용된다. 모두 14개 중에

---

31) Domzal, Teresa J.; Hunt, James M.; and Kernan, Jerome B., "Achtung! The information processing of foreign words in advertising," *International Journal of Advertising*, 14, 1995, pp. 95~114.

서 최소한 하나가 등장하면 그 광고는 정보적 광고로 평가한다. 이 정보단서들은 가격-가치, 품질, 성능, 부품이나 내용물, 활용성(구매장소), 특별제안, 맛, 포장이나 모양, 품질보증, 안전성, 영양가, 독립연구, 기업지원 연구, 그리고 새로운 아이디어이다. 정보단서들은 "특정한 소비자들로 하여금 여러 대안 중에서 하나의 지적 선택을 할 수 있도록 돕기에 충분한 단서"라고 규정할 수 있다. 비교문화연구에 사용된 레스닉과 스턴의 모형은 여러 나라의 광고에 사용된 다양한 단서에 있어서 유의한 차이가 있음을 나타내는 근거가 되었다.[33] 하지만 그렇다고 해서 그 모형이 비교문화연구에 적합한 절차를 수행하지는 못한다. 한 문화권의 소비자들에게 정보적인 요소들이 다른 문화권의 소비자들에게는 전혀 그렇지 않을 수도 있다. 제7장(광고에 대한 반응)에서 우리는 고맥락 문화권에서 광고의 상관성은 더 이상 쟁점이 되지 않는다는 점을 살펴보았다. 레스닉과 스턴에 의해 정의된 정보단서의 유형은 맥락의 영향을 측정하는 것을 허용하지 않는다. 간접적인 시각적 단서 같은 정보는 잘 드러나지 않으며 고맥락 문화권의 사람들에게는 정보적 요소로 판단될 수 있기 때문이다. 그것은 전형적인 서구적 분석 체계인데, 총체적으로 개발된 아시아 광고를 측정하기에는 적절하지 않다. 그런 서구의 척도를 사용하면, 동양사회의 정보는 미리 설정된 서구적 범주에 알맞게 커뮤니케이션을 함으로써 누락될 가능성이 있다.[34]

---

32) Resnik, A and Stern, B. L., "An analysis of information content in television advertising," *Journal of Marketing*, 41, 1977, pp. 50~53.

33) Al-Olayan, Fahad S. and Karande, Kiran, "A content analysis of magazine advertisements from the United States and the Arab world," *Journal of Advertising*, 29, 2000, pp. 69~82.

34) Ji, Mindy F. and McNeal, James U., "How Chinese children's commercials differ from those of the United States: A content analysis," *Journal of Advertising*, 30, 2001, pp. 79~92.

7. 문화권을 아우르는 조사기법과 방법

문화권을 초월하여 소비자의 심리적 사회적 과정이 다르기 때문에 측정도구는 각 문화권에서 동일한 효과를 발휘할 수 없다. 상품범주의 정의도 다르며 상품수명주기도 문화권에 따라 각각 다르다. 소매환경도 다르기 때문에 구매의 맥락도 너무 다양해진다. 쇼핑몰에서 사람들을 붙잡는 것은 이방인과 이야기하기를 좋아하지 않는 문화권에서는 효과적이지 않은 조사방법일 수 있다. 일본에서 행한 대로 화장실에서 사람들을 촬영하는 것은 사생활을 강조하는 네덜란드 문화권에서는 그다지 좋은 방법이 아니다. 적지 않은 집단주의 문화권에서 사람들은 추상적인 질문에 익숙하지 않으므로 가치, 속성, 브랜드에 대한 일반적인 질문은 삼가야 한다. 맥락이 고려되어야 한다. 언어적·시각적 자극은 해당 문화권의 시각적·언어적 성향의 분포에 따라 차이를 두어야 한다.

두 가지 이상의 문화권에서 행한 조사자료를 비교할 때 염두에 두어야 할 것은 자료의 동등성(*data equivalence*)이다. 이러한 동등성에는 네 가지가 있는데, 표본(*sample*)의 동등성, 언어(*linguistic*)의 동등성, 개념(*conceptual*)의 동등성, 측정(*metric*)의 동등성이 그것이다. 조사방식의 차이가 왜곡된 결과를 초래할 수 있다. 상이한 문화권에서 조사를 행할 때 자료에 대한 적절한 해석은 특히 중요하다.

1) 표본의 동등성

교육수준, 성, 연령, 직업에 따라 영향을 받기 때문에 문화권 내에서 가치에 대한 응답결과는 다양하다.[35] 어떤 직업적 위치는 개인에

---

35) Hofstede, Geert, *Culture's consequences* (2nd ed.). Thousand Oaks, CA:

게 하나의 유형을 좋아하게 하고 다른 유형은 싫어하도록 한다.36) 이 때문에 국가간 비교연구에서는 국적을 제외한 모든 면에서 유사한 대응표본(*matched sample*)을 사용해야 한다.

학생들은 동등한 표본을 구성하는 듯이 보이지만 실제로는 그렇지 않다. 제한된 소비경험과 더불어 학생들의 거주환경은 상이하다. 미국학생들은 대체로 캠퍼스에 거주하지만 유럽학생들은 독립적으로 스스로 살아가며, 아시아 학생들은 여전히 그들의 가족들과 함께 살고 있다.

2) 언어의 동등성과 개념의 동등성

글로벌 기업에서는 글로벌한 조사에 의존하는 경향이 늘고 있다. 그런 조사의 질문지는 연구자들의 모국어로 작성되어(대체로 영어로) 각각 다른 나라의 언어로 번역되어 사용된다. 사용되는 질문이 가치에 관한 것이라면 제6장에서 언급한 대로 각각 다른 언어에서 동질적 어휘는 존재하지 않는다는 점을 명심해야 한다. 결과의 정확도는 부분적으로 제기된 질문을 이해할 수 있는 응답자의 능력에 달려 있다. 번역-역번역(*back-translation*)은 어느 정도의 오류를 피할 수 있도록 하지만 개념의 동등성을 보장하지는 못한다.

질문방식이 왜곡된 응답을 유도할 수 있음에도 불구하고 소유 여부와 사용에 대한 질문에 대해서는 문제제기가 충분하지 않았다. 이는 국제 마케팅 연구에서 종종 간과되었던 문제이다. 하나의 문화권에서 유용한 질문이 반드시 다른 문화권에서 같은 수준의 의미를 지니는 것은 아니다. 정확하게 번역되었을지라도 같은 질문이 다른 문화

Sage, 2001.

36) Inkeles, Alex, *National character*, New Brunswick, NJ: Transaction, 1997.

권에서 상이한 의미를 가질 수 있다. 왜냐하면 사람들은 스스로의 배경이 되는 문화권에서 제시하는 규범에 따라 질문의 의미를 파악하고 응답하기 때문이다. 예를 들어, "텔레비전의 성적 묘사가 심하다"라는 진술문에 대한 동의 정도는 그에 대한 실제 자신의 의견만이 아니라 응답자의 해당 문화권에서 실제로 행해지는 성적 묘사의 정도에 따라서도 좌우되기 때문이다. 이런 맥락의 문제점이 영국의 라이프스타일 연구에서 나타났는데 문제가 되는 질문은 "우리는 예전보다 집에서 더 많은 와인을 마신다"는 것이었다. 와인을 잘 마시는 이탈리아 같은 국가에서 이 진술문에 대해서 표시하는 동의 정도는 영국에서 구할 수 있는 동의 정도와 상당히 다르다고 할 수 있다.[37] 가치관에 대한 질문이 내포한 의미전달의 어려움은 미국문화에 알맞게 개발된 VALS의 진술문에서도 나타난다. 예를 들어, "성경에 나온 대로 세상은 6일 만에 창조되었다"는 진술문은 일본의 불교신자들을 당혹스럽게 할지도 모른다.[38]

선택할 수 있는 응답도 다른 문화권에서는 다른 의미를 지닐 수 있으며, 응답 종류의 선택에서도 왜곡된 결과를 초래할 수 있다. 이러한 사례는 이미 제 6장에서 의사결정과정에 대해 언급하면서 다룬 바 있다. 비즈니스에서 의사결정과정에 참여하는 정도에 대한 인식수준을 측정할 때 문화의 영향에 따라 왜곡된 결과가 나타날 수 있다. 비즈니스 의사결정의 관여도에 대한 질문이 포함된 대부분의 상품군에

37) Williams, Jim, "Constant questions or constant meanings? Assessing intercultural motivations in alcoholic drinks," *Marketing and Research Today*, August 1991, pp. 169~177.

38) Beatty, Sharon E.; Homer, Pamela M.; and Kahle, Lynn R., "Problems with VALS in international marketing research: An example from an application of the empirical mirror technique," in *Advances in Consumer Research*, Vol. 15, edited by Michael Houston, Provo, UT: Association for Consumer Research, 1988, pp. 375~380.

서 "어느 정도 관련된"이라는 응답은 낮은 권력거리와 상관관계가 있었다. 따라서 기본적으로 제시된 질문들은 의사결정과정에서의 관여도를 측정했다기보다 문화적 차이를 측정했다고 말하는 것이 보다 정확하다고 할 수 있다.

또한, 사회적 지위와 체면에 대한 민감성이 응답에 영향을 미친다고 하겠다. 다음은 EMS의 음주행동 연구에서 사용된 세 가지 응답이다. "보통 집에 술을 보관하며 마신다", "규칙적으로 술을 마신다", "때때로 술을 마신다". 첫 번째와 두 번째 응답은 마지막 응답보다 객관적 소비행동 이상의 의미를 나타낸다. 진, 프리미엄 맥주, 스카치 위스키를 "때때로 마시는 것"은 낮은 남성성과 상관관계가 있으며(낮은 남성성에 의해 설명되며), "규칙적 음주" 행동은 다른 차원에 의해 설명되기도 한다. 겸손의 가치가 강조되는 남성성이 낮은 문화권에서는 질문에 대한 왜곡된 응답이 사람들에게 지위에 따른 술 소비를 저평가하도록 유인할 것이다.

3) 측정의 동등성(*Metric Equivalence*)

조사 반응에 대한 교차문화적 비교는 반응척도에 대한 수치들이 문화권을 초월하여 같은 의미를 지닐 때에만 의미가 있다. 하나의 문화권에서 개발된 척도가 다른 문화권에서도 유사한 효과를 항상 나타내지는 않을 것이다. 언어적 평정 척도에서 극단점에 표시하는 응답성향은 물론 성향의 차이인 이른바 극단적 응답성향(ERS, *extreme response style*)과 '예'나 '아니오'라고 말하는 이른바 동의하는 응답성향(ARS, *acquiescence response style*)은 국가와 국가 간에 차이가 있는 것으로 나타나고 있다.[39] 예를 들어, 독일인은 보다 자제하며 중간 정

39) Douglas, Susan P. and Craig, C. Samuel, *International marketing research*, Englewood Cliffs, NJ: Prentice Hall International Editions, 1983,

도에 표시하는 데 비해, 이탈리아인은 극단을 좋아하여 어떠한 의미 척도의 끝점에 표시한다. 이탈리아에서의 "전적으로 동의함"이라는 응답의 효과는 독일에서의 "전적으로 동의함"이라는 응답과 같은 가치를 지니지 못한다.[40]

극단적인 응답 성향은 리커트(*Likert*) 척도의 특성에 기인한다. 극단적 응답성향을 지닌 사람이 7점 척도를 부여받으면 극단적인 긍정이나 부정에 해당하는 응답을 하게 된다. 반대 성향의 사람들은 중간 정도의 점수에 표기하는 성향을 나타낸다.[41] 순응하는 성향의 문화권에서는 중도의 단정적이지 않은 특성을 나타내는 반면, 극단적 응답이 자주 나타나는 문화권에서는 솔직함과 확신이 보다 중요하다. 응답구간을 다양하게 하면 또 다른 결과가 나타난다. 척도를 5나 6으로 줄이면 극단적 응답성향이 약화된다. 집단간 차이는 7점 이상의 척도에서 가장 강하게 나타나며 3점 척도에서 최소로 나타나는 것으로 밝혀졌다.[42]

순응성향은 어느 한 집단 사람들이 다른 집단 사람들보다 체계적으로 더 강하거나 약한 응답을 하는 것을 말하는데 이때는 척도를 어느 정도 수정해야 한다. 3점이나 5점에 응답하는 것은 미국인들에게는 '의견 없음'과 마찬가지라고 할 수 있는데 한국인들에게는 "부분적 동의"(*mild agreement*)라고 여겨진다. 이런 성향을 반영하여 어느 정도 수정을 가하면 한국인들의 3점은 미국인들의 4점, 한국인들의 4점은

---

p. 192.

40) Williams, 1991.

41) Cheung, Gordon W. and Rensvold, Roger B., "Assessing extreme and acquiescence response sets in cross-cultual research using structural equations modeling," *Journal of Cross-Cultural Psychology*, 31, 2000, pp. 187~212.

42) Clarke, III, Irvine, "Extreme response style in cross-cultural research," *International Marketing Review*, 18, 2001, pp. 301~324.

미국인들의 5점에 해당된다고 할 수 있다. 순응성향에 대한 비교문화 연구는 높은 점수가 좋은 점수라는 사회적 당위(*social desirability*)와 집단주의 문화권에서 볼 수 있는 개인적 결함에 대한 편견으로 설명이 가능하다.[43]

극단적 응답성향은 시장조사 분석에서 심각한 문제점을 야기한다. 다변량 통계분석 방법은 유사한 응답자들을 하나로 묶어 동질적인 행동패턴을 보이는 집단으로 구성한다. 앞서 언급한 응답행동에서의 차이가 상관관계를 왜곡할 수도 있으며, 집단간의 차이는 오로지 극단적 응답성향에 따라 나타난 것일 수도 있는 것이다. 이러한 성향은 대부분의 전통적인 양적 시장조사에 영향을 미칠 수 있으며 연구자로 하여금 완전히 잘못된 결론을 도출하게 할 수 있다. 연구자들은 상품군은 물론 소비자 태도와 인지에 따라 나타나는 문화적 차이를 보고할 수도 있지만 이는 응답성향에 따라 최소한 부분적인 영향을 받은 왜곡된 결과일 수도 있다.

통계적으로 표준화된 자료를 사용하면 응답성향의 차이에 따라 왜곡된 문화적 차이를 조정할 수 있다. 문화권에 따라 표준점수를 사용하면 문화권간에 나타나는 평균값과 표준편차 중 최소한 한 가지의 영향은 제거할 수 있다. 그러나 유의한 차이가 사라질 수도 있다. 비교문화연구자인 반 드 비버(Van de Vijver)와 룽(Leung)[44]은 일반적으로 왜곡된 연구결과에 대한 위험성에도 불구하고 어느 정도는 비교문화연구 결과를 옹호한다. 비교문화연구에서 나타나는 차이란 응답성향에 따라서만 달라지는 것은 아니며 실제 유의한 차이점에 기인하는 것일 수도 있기 때문이다. 표준점수 등으로 왜곡된 결과를 조정하려고 하면 실제로 중요한 구성개념의 정보(*construct information*)를 잃

43) Cheung and Rensvold, 2000.

44) Van de Vijver, Fons and Leung, Kwok, *Methods and data analysis for cross-cultural research*, Thousand Oaks, CA: Sage, 1997, p. 15.

을 수도 있다.[45]

4) 비교문화연구 관리

비교문화연구의 모든 영역인 연구설계, 문항구성, 표집, 자료수집, 그리고 결과의 해석은 모두 문화적으로 섬세한 연구자에 의해 수행되어야 한다. 국제마케팅 학자인 크레이그(Craig)와 더글러스(Douglas)는[46] 다양한 문화적 배경을 지닌 연구원들을 포진시켜 연구진을 구성할 것을 권고한다. 이를 통해서 특정 지역에서 구한 연구결과를 다른 지역에까지 적용할 수 있는 기회를 마련할 수 있을 것이다. 각 지역출신의 연구원들은 중앙 통제적 연구시스템 하의 단순한 지역담당 조사자라기보다 초기의 실험설계에서부터 참여하게 된다. 이들은 문항구성, 조사도구의 설계는 물론이고 표집과 자료수집에도 참여하게 된다. 지역 담당 연구자들은 지역적 맥락의 요소들을 반영하여 담당 지역에서 나온 결과를 해석하게 되며 해당 지역의 특이점과 차이를 설명하게 된다.

45) Clarke, 2001.

46) Craig, C. Samuel and Douglas, Susan P., "Conducting international marketing research in the twenty-first century," *International Marketing Review*, 18, 2001, pp. 80~90.

8. 시장에서의 성공 예측

이 책이 전하고자 하는 가장 중요한 메시지는 경제성장 과정에서 각 국가들이 상이한 시장의 발전과정을 거치게 된다는 점이다. 1인당 GNP가 개발도상국간에 나타나는 차이를 설명해주기는 하지만 문화의 영향을 분석하면 향후의 발전과정까지도 예측할 수 있다. 문화의 영향을 제대로 이해하게 되면 판매량이나 광고효과를 사전에 알아보는 올바른 시험시장을 보다 쉽게 선정할 수 있다.

2000년 12월 6일 광고교육협회(AEF, Advertising Education Federation)에서 주최한 국제광고 세미나에 참석한 학생들과 사치 앤 사치(Saatchi and Saatchi)의 경영담당자인 데니스 버드뉴스키(Denis Budniewski) 간의 토론이 이루어졌다.[47] 참석자 중 한 학생이 데니스의 회사에서는 글로벌 시장조사를 어떤 방식으로 수행하는지에 대해 질문하였다. 그의 응답은 다음과 같았다. "모든 것을 모든 장소에서 다 테스트해 볼 수는 없습니다. 선택을 잘해서 대표성 있는 조사결과를 도출해야 합니다. 예를 들어, 유럽의 15개 국가들을 모두 테스트할지 아니면 2개 국가만을 검증할지를 결정해야겠지요." 하지만 이것은 위험한 조언이라 하겠다. 문화적 변인에 대해 민감한 연구자들은 2개국을 대상으로 한 테스트가 유럽연합 내 15개국에서의 광고효과는 물론이고 신상품의 성공 여부를 올바르게 예측하는 데 별 도움이 되지 않을 것으로 생각할 것이다. 독일에 소개될 신기술의 성패를 예측하는 데 혁신을 잘 수용하는 덴마크를 대상으로 한 사전연구 결과를 적용하는 것은 위험하다. 과거에 유럽의 통신회사들은 유럽이 지금보다 더 동질적인 모습을 띨 것으로 보았다. 아이모드(i-mode, 휴

47) Discussion on global advertising, Retrieved December 13, 2000, from www.aef.com

대폰과 인터넷을 연결한 무선 인터넷서비스) 서비스를 도입하기 위해서 일본의 통신기업 도코모와 제휴한 일부 유럽기업들은 아이모드가 유럽에서도 일본에서와 같은 성공을 거둘 것으로 기대하였다. 하지만 도코모의 아이모드 서비스는 역시 일본기업인 반다이(Bandai)의 만화 서비스와 일본인의 취향에 소구하여 성공을 거둘 수 있었다. 일본 이외의 세계 어디에서도 일본인들만큼 만화를 좋아하는 사람들은 없다.

해외 진출시 기업들은 종종 자국에서의 마케팅 결과를 다른 시장에서의 결과를 예측하는 데 적용하고는 한다. 비즈니스 잡지에서도 그러한 기대감을 고취하고는 한다. 중국인들의 행동양식에 대한 의견을 사례로 들어보자. "저축률이 40%에 달하며 중국은행들의 엄청난 예금 보유고와 2,230억 달러에 달하는 외환 보유고 등(거의 정확한 수치라고 여겨짐)을 참고했을 때 중국인들의 구매력은 매우 인상적이다."[48] 문제는 중국이라는 나라에서 저축이 구매력의 척도로 작용할 수 있을 것인가 하는 점이다. 자원절약은 중국에서 가장 중요한 가치이다. 은행에 넣어둔 돈은 적어도 당분간은 은행에 머물러 있기 때문에 결국 구매력을 나타낸다고 할 수는 없다.

9. 광고의 목적

마케팅 커뮤니케이션의 역할과 목적은 문화권에 따라 차이가 나며, 이 차이는 개인주의 문화권과 집단주의 문화권에서 두드러진다. 집단주의 문화권에서 광고의 목적은 판매자와 구매자 간의 관계와 신뢰를 구축하는 것이기 때문에 광고에 긍정적 정서가 간접적인 메시지

---

48) Liu, Melinda, "Why China cooks the books," *Newsweek*, April 1, 2002, pp. 40~43.

로 담겨지게 된다.[49] 미국에서 광고는 판매와 설득 그리고 태도변화를 단기적으로 추구하는 반면, 집단주의 문화권에서는 기업과 소비자 간의 신뢰와 관계구축에 초점을 맞춘다. 일본의 광고는 특정상품이나 기업에 대해 신뢰나 특별한 관계를 유지하기를 원하는 일본 소비자들의 성향 때문에 정보제공보다 긍정적 감정 유발에 초점을 맞춘다.[50]

미라클(Miracle)[51]은 두 가지 구별되는 방식으로 광고의 논리를 요약하였다. 서구 사회의 광고의 논리는 기본적으로 수용자에게 다음과 같이 말한다. (여기에서 당신은 브랜드나 광고주를 의미한다.)

① 당신이나 당신의 상품이 어떻게 다른가.
② 정보와 혜택을 분명히 언급함으로써 왜 당신의 상품이 최고인지를 설명한다.
③ 구매에 대한 명백한 이유와 정당성이 있기 때문에 소비자들은 구매하려 할 것이다.
④ 소비자들이 만족할 경우, 소비자들은 기업과 상품을 믿고 좋아하게 되어 반복구매가 이루어질 것이다.

---

49) Watkins, Harry S. and Liu, Raymond, "Collectivism, individualism and in-group membership: Implications for comsumer complaining behaviors in multicultural contexts," in *Global perspectives in cross-cultural and cross-national consumer research*, edited by Lalita A. Manrai and Ajay K. Manrai, New York: International Business Press/The Haworth Press, 1996.

50) Watkins and Liu, 1996.

51) Miracle, Gordon E., "Feel-do-learn: An alternative sequence underlying Japanese consumer response to television commercials," The Proceedings of the 1987 Conference of the American Academy of Advertising, edited by Florence Feasly, Austin, TX, pp. R73-R78.

아마 대부분의 아시아 집단주의 문화권에서도 타당하게 적용될 일본 광고의 논리는 본질적으로 그 반대이다.

① 목표 소비자들과 친구가 된다.
② 그들의 감정을 이해한다는 점을 입증한다.
③ 당신이 좋은 사람이라는 점을 보여준다.
④ 소비자들은 당신(즉, 브랜드와 광고주)을 믿고 친근감을 느끼기 때문에 구매하려 할 것이다.
⑤ 소비자들은 구매 후에 상품이 좋은지 그리고 무엇이 좋은지를 발견하게 된다.

제 7장에서 설명한 바와 같이 상이한 광고의 목적은 광고와 집행 스타일에서의 차이를 설명한다. 광고의 목적이 다르듯이 효과측정 방법도 달라져야 한다.

10. 광고 조사

광고의 효과성에 대한 서구적 측정 사례는 설득성, 태도변화, 회상, 인지, 브랜드 연상, 메시지 상관성, 또는 호감도이다.[52] 소비자나 광고 창작자 모두의 정신적 과정이 다르기 때문에 언급한 척도들이 보편적으로 적용될 수는 없다. 설득성은 주로 서구의 경우에 적용되는 광고목표이다. 호감도는 대체로 광고에 대한 태도(*Aad*)로 불리는데 브랜드 태도를 형성하여 구매의도에까지 영향을 미칠 수 있다.

---

52) Wilkins, Jon, "Why is global advertising still the exception, not the rule?" *Admap*, February 2002, pp. 18~20.

제 4장(태도와 행동)에서 필자는 개인주의와 집단주의 문화권을 초월하여 태도, 의도, 그리고 행동 간의 관계가 다양하다는 점에 대해 논의하였다. 상황적 변인의 중요성 때문에 태도와 행동 간의 관계는 개인주의 문화권보다 집단주의 문화권에서 다소 약하게 나타난다. 또한, 필자는 얼마나 상관성이 있는지가 효과적인 광고의 조건은 아니라는 점을 논의했는데, 특히 호감도가 광고목표인 경우에는 더욱 그렇다.

> 네덜란드와 일본을 대상으로 한 연구에서 프라엣(Praet)[53]은 양국 젊은이들의 호감도와 구매 간의 관계에서 나타나는 차이를 비교하면서 나이키, 아디다스, 리바이스 등 글로벌 브랜드에 대한 호감도를 분석하였다. 광고가 구매의도에 미치는 영향을 알아보기 위해 광고 호감도, 브랜드 호감도, 개인적 관련성, 적합성 등 4가지를 측정하였다. 일본에서는 광고에 대한 호감도가 구매의도에 대한 강한 지표인 반면 개인의 영향력이 훨씬 큰 네덜란드에서는 광고태도가 그다지 중요한 역할을 하지 못한다. 일본에서의 광고태도는 브랜드에 대한 호감을 형성하여 구매의도에까지 영향을 미친다. 반면 네덜란드의 경우에 광고태도는 정보처리를 계속할 것인지를 결정하는 게이트키퍼의 기능을 한다. 그후 개인적으로 관심이 있는 정보가 제공되어야 구매의도가 형성될 수 있다. 일본에서 나타나는 브랜드 선호도의 중요성은 일본인들이 브랜드의 영향력에 상당히 민감하게 반응하기 때문이다. 네덜란드 소비자들은 브랜드의 영향을 덜 받기 때문에 브랜드의 명성이 구매결정에 미치는 영향은 일본 소비자의 경우에 비해 비교적 미약하다. 이 차이를 설명하는 것은 개인주의-집단주의와 남성성이라는 2가지 차원이다.

53) Praet, Carolus L. C., The role of advertising likability: A cross-cultural study of young adults' perception of TV advertising, Working Paper, Otaru University, May 2000.

결국, 광고의 메커니즘은 시장의 여건, 문화적 차이, 브랜드의 역사 등 너무나 많은 요인들에 따라 달라지기 때문에 문화와 무관하게 광고효과를 측정할 수 있는 단일한 도구는 존재하지 않을 것이다.

11. 글로벌 광고의 미래

이 책에서는 글로벌 광고의 형식을 평가할 수 있는 정보를 제시하였다. 국제적으로 광고를 통일하는 결정은 잘못된 가정과 잘못된 이유에 따라 이루어진다. 예산에 대한 단기적 관점 때문에 어떤 문화권에서 성공한 광고가 다른 문화권에서 — 일부는 수정하여 — 다시 사용되기도 한다. 어떤 때는 보다 나은 광고가 나올 때까지 기존의 광고가 사용된다. 하지만 이러한 관행은 비효율적인 광고를 지원하는 낭비로 이어지거나 장기적으로 부정적인 브랜드 이미지를 형성하는 부정적 결과를 초래하기 마련이다.[54]

표준화된 글로벌 광고를 선택하는 이면의 대체적인 가정은 동질적인 동기와 보편적인 감정을 가진 사람들로 구성된 지구촌이라는 것이 존재한다는 믿음이다. 일부 경영학계와 광고회사들의 이러한 사고는 여전히 글로벌 마케팅의 중심에 있기는 하지만 21세기에는 낡았다고 할 수 있다. 세계 75개국에서 활약하고 있는 광고회사 다시(D'arcy)의 글로벌 기획 책임자인 샐리 포드-허친슨(Sally Ford-Hutchinson)은 2000년에 "우리는 다양한 문화권에 있는 유사성을 보다 자세히 살펴보아야 한다. 우리는 모성 또는 십대와 부모 간의 관계 같은 보다 본질적인 감정에 충실해야 한다. 이런 감정은 카이로에서나 쾰른(Cologne) 지방에서나 같다. 나는 훌륭한 전략적 사고는 지리적 여건

54) Wilkins, 2002.

에 영향을 받지 않는다고 믿는다"[55]고 말했다. "훌륭한 크리에이티브 아이디어"라는 문장은 그 문장을 이야기한 사람의 문화에 따라 만들어지는 개념이며 사실상 추상적 용어라고 할 수 있다. 사랑 같은 추상적 개념을 거부할 수는 없겠지만 그런 개념이 지역적 영향으로 달라지지 않는다고 할 수는 없다. 이 책의 앞부분을 읽은 독자들은 이해하겠지만, 보편적 감정이라는 생각은 자민족중심적(*ethnocentric*) 조사에 근거하며, 정신적·사회적 과정은 다양하며, 소비자행동은 문화권에 따라 근본적으로 차이가 있으며 그 차이도 너무 다양하기 때문에, 이제 글로벌 광고는 과거의 신화일 뿐이다.

좋은 아이디어란 그 아이디어가 나온 지역에서는 적합하지만 다른 지역에서는 꼭 그렇지만은 않은 아이디어를 말한다. 아이디어나 브랜드 포지셔닝에 관련된 문장들은 문화권에 따라 달라지는 것이므로 그런 아이디어를 이용하여 실제에 적용하는 것만으로는 충분하지 않다.

글로벌 광고가 무용지물이 되는 것은 시장과 소비자들의 차이 때문이다. 경쟁환경이 다르고 상품과 브랜드의 수명주기가 각각 다른 지점에 위치하기 때문에 시장의 조건은 차이가 있게 마련이다. 소비자들이 차이를 나타내는 이유는 오랜 세월동안의 관습과 필요 그리고 동기가 달라졌고 정보처리 양식도 다르게 발달했기 때문일 것이다. 대인과 대중매체의 형식도 다르며, 어떤 문화권에서 통하는 진술이나 소구법이 다른 문화권에서는 똑같이 작동하지 않을 것이며, 이 점이 시장의 조건에 다양성을 부여한다.

기업들의 전략적 사고 역시 동일하지 않다. 서구의 글로벌 기업들은 유사성, 독창성, 보편적 가치, 그리고 일관성을 강조하는 경향이 강한 반면, 동아시아 기업들은 맥락적 사고와 지역적 가치에 부응하

55) Vangelder, Phyllis, Market research for global advertising, *ESOMAR Research World*, July/August 2000, pp. 16~17.

려는 성향이 강하기 때문에 보다 유연한 전략적 사고를 한다. 보다 많은 기업들이 효율을 명분으로 내세워 국제적 체인망이 있는 광고회사를 선택한다. 하지만 그런 지역적 체인에서 가지고 있는 지역의 지식과 경험을 충분히 활용하고 있는 것 같지는 않다. 이런 지역의 특성에 민감한 인재들의 의견에 보다 귀를 기울인다면 글로벌 기업들은 보다 나은 글로벌 광고전략을 실행할 수 있을 것이다. 이런 의견들이 묵살되는 것은 "현지에서 창작되지 않은 증후군"(*not-invented-here-syndrome*) 때문이다. 효과적인 글로벌 브랜드와 광고전략을 위해서는 독특함이나 일관성보다 효과나 유연성에 더 집중해야 할 것이다.

디자인은 독특함을 강조하기 위해서는 물론 지역 내 시장과 소비자의 특성에 보다 접근하기 위한 좋은 도구가 될 수 있다. 서구의 기업들은 전 세계적으로 일관성 있는 정체성을 강화하기 위해 디자인에 집중하는 반면 집단주의적인 아시아 기업들은 외관을 강조하는 디자인에는 비교적 덜 민감하다. 소비자들의 가치관에 부응하는 마케팅을 위해서는 디자인이 최선의 방법이라는 점을 인식한 한국과 일본기업들은 미국과 유럽 소비자들의 가치와 기호를 상품과 서비스에 반영하기 위해 현지 출신의 디자이너들과 함께 작업하려는 경향을 보인다.[56]

글로벌 광고의 미래는 다지역(*multilocal*) 광고이다. 2002년에 미국과 홍콩의 소비자를 비교한 한 연구에 의하면, 소비자들은 외국에서 수입되어 표준화된 광고보다 자신의 지역적 특성에 적합한 광고를 보다 선호하는 것으로 나타났다. 이러한 현상은 홍콩처럼 지속적으로 서구문화에 노출되는 문화권의 사람들에게도 마찬가지이다. 홍콩의 소비자들은 꽤 안정적인 미국 브랜드의 이미지에 익숙해 있지만 여전히 홍콩에서 창작된 광고를 보다 선호한다. 지역적 특성을 담은 광고

56) Grinyer, 2001.

가 해당 지역의 소비자들이 이해하고 그들과 관련 있는 특성을 자연스럽게 표현할 수 있다. 외국에서 나온 표준화된 광고가 성공할 것처럼 보이지만 실제로는 지역화된 광고보다 덜 효과적이다.[57]

12. 결 론

세계의 각 나라는 물론 유럽에서의 문화적 다양성은 한 나라에서의 성공이 다른 나라에서도 성공을 의미하지 않는다는 점을 시사한다. 이는 신상품의 도입, 브랜드 전략, 그리고 광고에도 관련된다. 지리적 근접성이나 언어에 따라 시장을 구분하는 대신 문화적 요인에 따라 시장의 특성을 구분하는 것이 보다 나은 세분화 범주이다. 가장 상관성이 높고 중요한 문화적 가치를 발견하기란 매우 어려운데, 이는 대부분의 연구자들이 개인주의적이고 보편적인 가치를 추구하는 서구의 문화권을 배경으로 하기 때문이다. 서구의 시장조사자, 광고 창작자, 그리고 연구자들은 유사성을 찾는 데에 초점을 맞추지만 실제로는 차이점을 이해하는 데 초점을 맞추는 것이 보다 현명할 것이다. 글로벌 마케팅 관리자들은 해당지역의 문화적 특성에 알맞은 접근방식이 모국에서 쓰던 접근법을 그대로 유지하는 것보다 효과적이라는 사실을 알게 될 것이다.

과거의 마케팅 패러다임에서는 '시장은 사람'이라고 하였다. 이 책에서 우리는 글로벌 소비자의 실체는 존재하지 않으며 글로벌 시장이라는 개념은 순전히 이론적인 것이라는 것을 알게 되었다. 글로벌한 상품과 글로벌 브랜드는 존재한다. 그러나 사람들이 글로벌하지 않

57) Pae, Jae H.; Samiee, Saeed; and Tai, Susan, Global advertising strategy, The moderating role of brand familiarity and execution style, *International Marketing Review*, 19, 2002, pp. 176~189.

기 때문에 그런 브랜드에 대한 글로벌한 구매동기는 존재하지 않는다. 문화권을 초월한 사람들을 이해하는 것이 국제 마케팅의 첫걸음이자 가장 중요한 단계이다. 그것이 바로 이 책에서 달성하고자 하는 그 무엇이다.

2001년 국가별 1인당 GNP 및 홉스테드 국가별 지수(64개국)

부록 A

국가명	영문약자	1인당 GNP	권력 거리	개인 주의	남성성	불확실성의 회피	장기 지향성
아르헨티나	ARG	6,960	49	46	56	86	
오스트레일리아	AUL	19,770	36	90	61	51	31
오스트리아	AUT	23,940	11	55	79	70	31
방글라데시	BAN	0,370	80	20	55	60	40
벨기에	BEL	23,340	65	75	54	94	38
브라질	BRA	3,060	69	38	49	76	65
불가리아	BUL	1,560	70	30	40	85	
캐나다	CAN	21,340	39	80	52	48	23
칠레	CHL	4,350	63	23	28	86	
중국	CHN	0,890	80	20	66	30	118
콜롬비아	COL	1,910	67	13	64	80	
코스타리카	COS	3,950	35	15	21	86	
크로아티아	CRO	4,650	73	33	40	80	
체코	CZE	5,270	57	58	57	74	13
덴마크	DEN	31,090	18	74	16	23	46
에콰도르	ECA	1,240	78	8	63	67	
에스토니아	EST	3,880	40	60	30	60	
핀란드	FIN	23,940	33	63	26	59	41
프랑스	FRA	22,690	68	71	43	86	39
독일	GER	23,700	35	67	66	65	31
영국	GBR	24,230	35	89	66	35	25
그리스	GRE	11,780	60	35	57	112	
과테말라	GUA	1,670	95	6	37	101	
홍콩	HOK	25,920	68	25	57	29	96
헝가리	HUN	4,800	46	80	88	82	50
인도	IND	0,460	77	48	56	40	61
인도네시아	IDO	0,680	78	14	46	48	
이란	IRA	1,750	58	41	61	59	
아일랜드	IRE	23,060	28	70	68	35	43
이스라엘	ISR	16,710	13	54	47	81	
이탈리아	ITA	19,470	50	76	70	75	34

국가명	영문약자	1인당 GNP	권력 거리	개인 주의	남성성	불확실성의 회피	장기 지향성
자메이카	JAM	2,720	45	39	68	13	
일본	JPN	35,990	54	46	95	92	80
대한민국	KOR	9,400	60	18	39	85	75
말레이시아	MAL	3,640	104	26	50	36	
말타	MLT	9,120	56	59	47	96	
멕시코	MEX	5,540	81	30	69	82	
모로코	MOR	1,180	70	46	53	68	
네덜란드	NET	24,040	38	80	14	53	44
뉴질랜드	NZL	12,380	22	79	58	49	30
노르웨이	NOR	35,530	31	69	8	50	44
파키스탄	PAK	0,420	55	14	50	70	0
파나마	PAN	3,290	95	11	44	86	
페루	PER	2,000	64	16	42	87	
필리핀	PHI	1,050	94	32	64	44	19
폴란드	POL	4,240	68	60	64	93	32
포르투갈	POR	10,670	63	27	31	104	30
루마니아	ROM	1,710	90	30	42	90	
러시아	RUS	1,750	93	39	36	95	
살바도르	SAL	2,050	66	19	40	94	
싱가포르	SIN	24,740	74	20	48	8	48
슬로바키아	SLK	3,700	104	52	110	51	
슬로베니아	SLV	9,780	71	28	19	88	
남아프리카	SAF	2,900	49	65	63	49	
스페인	SPA	14,860	57	51	42	86	19
스웨덴	SWE	25,400	31	71	5	29	33
스위스	SWI	36,970	34	68	70	58	40
대만	TAI	n. a.	58	17	45	69	87
태국	THA	1,970	64	20	34	64	56
터키	TUR	2,540	66	37	45	85	
미국	USA	34,870	40	91	62	46	29
우루과이	URU	5,670	61	36	38	100	
베네수엘라	VEN	4,760	81	12	73	76	
베트남	VTN	0,410	70	20	40	30	80

출처: Hofstede, Geert, Culture's consequence(2nd ed.), thousand Oaks, CA: Sage, 2001.

자료원 부록 B

문화적 분석을 위한 많은 자료들이 이 책에 사용되었다. 데이터베이스의 몇 가지 유형은 다음과 같다.

(1) 상품의 소비와 매체 이용 실태를 매체사의 후원으로 조사한 소비자 조사가 있다. 이러한 조사로는 〈리더스 다이제스트〉가 조사한 "A Survey of Europe Today(1970)", "Eurodata 1991", "the European Media and Marketing Surveys(EMS) of 1995, 1997, 1999" 등이 있다.

(2) 유로모니터(Euromonitor) 같은 상업적 자료는 다양한 상품의 통계적 수치가 일인당 가격, 리터/킬로그램당 가격으로 조사되었다.

(3) 세계은행이나 UN, OECD, 그리고 유로스타트(Eurostat) 같은 정부기구나 비정부기구에서 발행한 경제 통계자료를 사용하였다.

(4) 주로 사용된 것은 유럽연합이사회(European Commission Directorate)에서 발행한 유로바로미터(Eurobarometer) 같이 정부기관이 조사한 자국민의 여론 및 행태조사도 있다.

(5) 학술적 가치를 지닌 자료에는 〈세계가치조사〉(*World Value Survey*)와 〈유럽인 가치연구〉(*the European value study*)가 있다.

(6) 업계자료에는 관광, 자동차, 텔레커뮤니케이션 업계 등의 자료를 들 수 있는데, 텔레커뮤니케이션 업계의 자료는 국제통신연합(ITU, International Telecommunications Union)의 전화에 관한 자료를 그 예로 들 수 있다.

(7) 시장조사 대행사나 매체사, 또는 기업들에 의해 조사된 특정지역의 소비자행동을 연구한 자료가 있는데, 〈리더스 다이제스트〉의 Roper Starch나 TGI, "신뢰하는 브랜드"(Trusted Brands)와 타이어 화사인 굿이어(Goodyear)가 조사한 환경에 대한 태도 조사가 있다.

이 부록에서는 (1) 부터 (5) 까지의 조사내용에 대해 설명한다. 이에 더하여 각 장마다 각주에 인용된 자료의 출처를 밝혀두었다.

1. 매체사가 후원한 소비자 서베이

리더스 다이제스트(*Reader's Digest*)

리더스 다이제스트(Reader's Digest Association Limited, London)는 유럽 17개국 소비자들의 라이프스타일과 소비습관, 태도 등을 조사하여 그 결과를 1970년과 1991년에 발행하였다. 1970년의 조사결과는 각국의 18세 이상 소비자를 표본추출한 조사였다. 1969년 초에 16개의 서유럽 국가에서 예비조사를 실시하였다. 약 24,000명을 인터뷰하였다. 〈유로데이터 1991〉(*Eurodata 1991*)은 1990년 5월과 6월에 비교 표본조사로 이루어졌다. 약 22,500명을 인터뷰하였으며 리더스 다이제스트 본사가 유럽 각 나라 지사에 위탁하여 조사하였다. 스웨덴을 제외하고는 갤럽의 제휴사들이 갤럽 런던의 통제 하에 조사를 수행하였다. 조사 표본은 17개국에서 18세 이상의 자기 집을 소유하고 있는 사람들로 구성되었다.

조사대상 국가는 오스트리아, 벨기에, 덴마크, 핀란드, 프랑스, 독일, 그리스, 아일랜드, 이탈리아, 룩셈부르크, 네덜란드, 노르웨이, 포르투갈, 스페인, 스웨덴, 스위스, 영국이다.

유럽매체와 마케팅조사(EMS, European Media and Marketing Survey)

EMS는 네덜란드의 암스테르담에 있는 Inter/ViewNSS(www.interview-nss.com)에 의해 1995년, 1997년, 그리고 1999년에 수행되었다. 유럽의 17개국에서 3개 분야를 동시에 조사한 업계 조사로, ① 기업과 브랜드 관리에 기초한 광고효과, ② 매체 관련 자료, ③ 응답자의 직업이나 신상에 관한 조사 등이다. 자료는 무작위 표집으로 추출되었다. 조사대상 국가 16개국 모두 가구당 소득 상위 20%의 계층이 주요 소득원이었다. 그리스를 제외한 EU와 스위스, 노르웨이의 (18세 이상) 인구는 약 4천만 명으로 추산되었다. 〈EMS 1996〉은 16,823건의 인터뷰와 8,221건의 자기 진술식 설문으로 이루어졌으며, 〈EMS 1997〉은 17,844건의 전화 인터뷰와 7,711

건의 우편설문조사로 이루어졌다. 1996년과 1997년을 합하면 34,667건의 전화 인터뷰, 15,940건의 우편 설문으로 이루어졌다. 보고서는 구독신청자만이 이용할 수 있다.

조사 대상 국가는 오스트리아, 벨기에, 덴마크, 핀란드, 프랑스, 독일, 그리스, 아일랜드, 이탈리아, 룩셈부르크, 네덜란드, 노르웨이, 포르투갈, 스페인, 스웨덴, 스위스, 영국이었다. 1997년과 1999년에 그리스는 포함되지 않았다.

2. 상업적 통계적 데이터베이스

유로모니터(Euromonitor)

유로모니터가 출판한 범유럽시장 내의 다양한 제품에 대한 판매량에 대한 요약보고서인 "Consumer Europe 1997"과 "Consumer International 1997"을 활용하였다. 유로모니터는 전세계(*Consumer World*)판으로 제품의 소비와 소유에 관한 데이터베이스와 특정 품목별 보고서를 출판한다(www. euromonitor. com)

"Consumer Europe 1997"의 조사대상 국가는 오스트리아, 벨기에, 덴마크, 핀란드, 프랑스, 독일, 그리스, 아일랜드, 이탈리아, 룩셈부르크, 네덜란드, 노르웨이, 포르투갈, 스페인, 스웨덴, 스위스, 영국이다.

3. 경제적 통계

세계은행(World Bank)

세계 개발 연차보고서에는 경제적 자료와 사회간접자본에 대한 자료가 수록된다. 세계 개발지표자료는 별도로 발행된다. 전 세계의 거의 모든 나라가 망라된다. 뉴욕 소재 세계은행에서 발행한다(http://econ.worldbank.org).

UN(United Nations)

UN통계연보에는 경제적 자료와 상품의 소유와 매체 소유에 관한 자료가 포함된다. 전 세계의 거의 모든 국가가 망라된다. 뉴욕 소재 UN 발행한다(http://unstats. un. org).

세계보건기구(WHO, World Health Organization)

인구 10만 명당 의사와 약사에 관한 자료가 포함된다(www. who. org).

경제개발협력기구(OECD)

사회-경제적 자료와 인구 통계적 자료, 내구재 소유실태에 관한 자료를 포함하는 경제적 조사이다. 경제개발협력기구가 OECD 회원국을 대상으로 조사를 실시하여 파리에 있는 OECD 출판부 발행한다(http://oecd piblications. gfi-nb. com).

유로스타트(Eurostat)

연차 보고서는 ① 유럽연합 회원국들의 인구통계 및 소비, ② 사회지표 보고서("Social Indicators reports"), ③ 가계예산("Consumers in Europe") 등에 관한 자료들을 다루고 있다. 1996년부터 2000년까지의 자료를 수록한 "Facts and Figures"(2001)는 룩셈부르크 소재 유럽공동체(European Communities)의 공식 출판물이다(http://eur-op. eu. int).

유럽연합 자료에 포함된 국가들은 오스트리아, 벨기에, 덴마크, 핀란드, 프랑스, 독일, 그리스, 아일랜드, 이탈리아, 룩셈부르크, 네덜란드, 포르투갈, 스페인, 스웨덴, 스위스, 영국 등이며, 일부 자료에는 후보 회원국인 불가리아, 키프러스, 체코공화국, 에스토니아, 헝가리, 라트비아, 리투아니아, 몰타, 폴란드, 슬로바키아, 그리고 터키이다.

4. 정부기관 여론 조사

유로바로미터(Eurobarometer)

표준 유로바로미터(standard Eurobarometer) 보고서는 유럽연합 회원국의 15세 이상 상주인구를 대상으로 한다. 기본적인 표본설계는 다단계 무작위(확률) 추출법을 사용한다. 2000년 10월에 발행된 53호 보고서의 인터뷰 표본수는 16,078이었다. 유로바로미터의 연구결과는 표와 자료 파일로 브뤼셀에 있는 유럽연합 이사회가 분석하고 출판한다. 결과는 유럽연합 홈페이지에도 게시된다(http://europa.eu.int).

특별보고서가 출판되기도 한다. 예를 들면 "Measuring the Information Society 1997 and 2000"이나 "The Young European 1997 and 2001", 1994년 11월에 발행된 "Trend Variables 1974~1994" 등이 있다.

5. 학술 지향의 가치 연구

세계가치조사(World Values Survey)

여론조사에 의한 가치 연구는 1980년대 초에 〈유럽가치조사〉(European Values Survey)로부터 시작되었다. 1990년에 두 번째 조사가 시작되었고, WVS(World Values Survey)로 새로이 명명되었다. 결과적으로는 세계인구의 약 70%를 대표하는 약 43개의 사회집단에 걸쳐 약 60,000명을 대상으로 360개 이상의 강제선택 질문으로 조사하였다. 조사 영역은 환경, 경제, 교육, 감정, 가족, 건강, 행복, 종교, 레저, 친구 등이다.

1990년 조사자료는 잉글하트(Ronald Inglehart)와 바사네즈(Miguel Basanez), 그리고 모레노(Alejandro Moreno)에 의해 《인간의 가치와 신념: 비교문화 자료집》(*Human values and beliefs: A cross-cultural sourcebook*)이라는 제목으로 1998년에 미시건 대학 출판부에서 출판되었다.

유럽가치조사(European Values Study)

1999/2000년 자료가 "European Values Study: A Third Wave. Source Book of the 1999/2000 European Values Study Surveys"라는 제목으로 홀만(Loek Halman)에 의해 네덜란드의 틸버그 대학에서 출판되었다.

〈유럽가치조사〉에 포함된 나라는 오스트리아, 벨로루시, 벨기에, 불가리아, 크로아티아, 체코, 덴마크, 에스토니아, 핀란드, 프랑스, 독일, 그리스, 헝가리, 아이슬란드, 아일랜드, 이탈리아, 라트비아, 리투아니아, 룩셈부르크, 몰타, 네덜란드, 북 아일랜드, 폴란드, 포르투갈, 루마니아, 러시아, 슬로바키아, 슬로베니아, 스페인, 스웨덴, 우크라이나, 영국이다.

찾아보기

(용 어)

ㄱ

ㄴ · ㄷ · ㄹ

ㅇ

ㅈ

ㅊ

찾아보기

(인 명)

ㅋ·ㅌ

ㅍ·ㅎ

옮긴이 약력

김유경

한국외국어대 신문방송학과를 졸업하고, 미국 하와이 주립대(마노아)에서 매스 커뮤니케이션학 석사, 시러큐스 대학에서 광고학 박사를 취득하였으며, 한국외국어대 언론정보학부 교수로 재직중이다.
주로 광고, 홍보 및 기업 및 국가 브랜드 전략에 관하여 연구하였으며, 저서 및 역서로는 《글로벌 브랜드 커뮤니케이션》(공역, 2007), 《브랜드 광고론》(공역, 2007), 《국가 브랜드, 국가 이미지》(역, 2004), 《글로벌 마케팅 커뮤니케이션》(공저, 2001), 《글로벌 시대의 국제광고론》(공역, 1999) 등이 있다.
한국광고학회 부회장(차기학회장) 및 한국방송학회 이사, 광고홍보학회 편집위원 등을 맡고 있으며, 기업 및 정부관련 자문교수로 활동하고 있다.

이상훈

한국외국어대 신문방송학과를 졸업하고 동대학원에서 광고학 박사를 취득하였으며, 영산대 광고홍보학과 교수로 재직중이다. 주식회사 제일기획 부산지사장과 (주)우리커뮤니케이션 상무이사를 지냈고, 현재 한국광고학회 이사를 맡고 있다.
공역서로 《광고비지니스》가 있다.

김병희

서울대 국어국문학과를 졸업하고 연세대 언론홍보대학원 석사를 거쳐 한양대 대학원에서 광고학 박사를 취득하였으며, 서원대 광고홍보학과 교수로 재직중이다. 대학으로 옮기기 전, 광고회사 선연에서 카피라이터 겸 크리에이티브 디렉터로 활동했다.
미국 일리노이대학(Urbana-Champaign) 광고학과 교환교수를 역임하였으며(2004.7~2005.8), 현재 한국광고학회 이사, 한국광고홍보학회, 한국언론학회, 미국광고학회 회원이다.
저서로 《광고카피창작론》(2007), 《광고 오디세이》(2006) 등이 있다.